O retalho

Philippe Lançon

O retalho

tradução
Julia da Rosa Simões

todavia

Alguns nomes foram modificados, o mínimo possível.

1. Noite de reis 9

2. Tapete voador 23

3. A reunião 44

4. O atentado 62

5. Entre os mortos 72

6. O despertar 100

7. Gramática de quarto 119

8. O pobre Ludo 145

9. O mundo de baixo 164

10. A anêmona 183

11. A fada imperfeita 197

12. A preparação 218

13. Calendário estático 249

14. A caixa de biscoitos 276

15. O retalho 293

16. Cena doméstica 309

17. A arte da fuga 337

18. O sr. Tarbes 366

19. O mal do paciente 392

20. O regresso 423

Epílogo 455

I.
Noite de reis

Na véspera do atentado, fui ao teatro com Nina. Assistimos, no Théâtre des Quartiers d'Ivry, no subúrbio parisiense, a *Noite de reis*, uma peça de Shakespeare que eu não tinha lido ou da qual não lembrava. O diretor era amigo de Nina. Eu não o conhecia e não sabia nada de seu trabalho. Nina insistira para que eu a acompanhasse. Ela estava feliz de colocar em contato duas pessoas de quem gostava, um diretor e um jornalista. Fui de cabeça fria e sangue doce. Não tinha previsto nenhum artigo — a melhor maneira de acabar escrevendo um, por entusiasmo ou, de certo modo, por surpresa. Quando isso acontece, o jovem que fui se depara com o jornalista que me tornei. Após um momento mais ou menos longo de hesitação, timidez e aproximação, o primeiro transmite ao segundo sua espontaneidade, sua incerteza, sua pureza, e sai de cena para que o outro, caneta na mão, possa voltar ao trabalho e, infelizmente, à seriedade.

Não sou um especialista em teatro, embora sempre tenha gostado de frequentá-lo. Nunca passei cinco ou seis noites por semana dentro de um, e não me considero um crítico de verdade. Em primeiro lugar, fui repórter. Tornei-me crítico por acaso, persisti por hábito e talvez por distração. A crítica me permitia pensar — ou tentar pensar — naquilo que via e dar-lhe uma forma efêmera por meio da escrita. Ela é o resultado de uma experiência ao mesmo tempo superficial (não tenho as referências necessárias para estabelecer um julgamento sólido sobre as obras) e íntima (não consigo ler ou ver o que quer que seja sem passá-lo pelo crivo de imagens, devaneios e associações de ideias que não podem ser justificados por nada externo a mim mesmo). Senti-me mais livre, acredito, no dia em que entendi isso.

A crítica me permite lutar contra o esquecimento? Claro que não. Vi muitos espetáculos e li muitos livros dos quais não me lembro, mesmo depois de ter lhes dedicado um artigo, sem dúvida porque não despertaram em mim nenhuma imagem, nenhuma emoção verdadeira. Pior que isso: costumo esquecer o que escrevi. Quando o acaso traz um desses artigos fantasmas à tona, sempre fico um pouco assustado, como se outra pessoa o tivesse escrito sob meu nome, um usurpador. Pergunto-me, então, se não escrevo para esquecer o mais rápido possível o que vi ou li, como as pessoas que mantêm um diário para limpar a memória do que viveram. Perguntava-me, até o dia 7 de janeiro de 2015.

Durante o espetáculo, peguei meu caderno. A última frase que escrevi naquela noite, no escuro e com pressa, vinha de Shakespeare: "Nada do que é, é". A seguinte estava em espanhol, em letras muito maiores e igualmente incertas. Foi escrita três dias depois, em outro tipo de escuridão, no hospital. Era para Gabriela, minha namorada chilena, a mulher por quem estava apaixonado: *"Hablé con el médico. Un año para recuperar. ¡Paciencia!".* Um ano para me recuperar? Nada do que nos dizem de fato é, quando entramos no mundo onde o que é não pode mais realmente ser dito.

Eu conhecia Nina havia pouco menos de dois anos. Tínhamos cruzado um com o outro numa festa, durante o verão, no parque de um castelo do Luberon. Levei um tempo para entender de onde vinha a simpatia imediatamente despertada em mim. Ela era uma mediadora nata, delicada e sem frescuras. Tinha a simplicidade, o afeto e o calor que levam algumas pessoas a misturar os amigos, como se suas qualidades, ao se tocarem, pudessem se ampliar. Ela se aquecia com a centelha produzida, mas era modesta demais para se gabar. Quase se apagava, como uma mãe discreta, sarcástica e bondosa. Quando eu estava com ela, sempre tinha a impressão de ser um filhote de sua ninhada e de estar voltando à toca de onde, por imprudência ou negligência, havia saído. A tristeza, ou a preocupação, que pairava em seu olhar escuro e intenso desaparecia na primeira conversa. Nem sempre me portei bem com ela. Ela ficou com raiva de mim, deixou de ficar. Tinha menos rancor do que generosidade.

Fazíamos um programa juntos de tempos em tempos, como naquela noite. Nina foi a última pessoa com quem compartilhei um momento de prazer e distração, tornando-se tão importante para mim como se eu tivesse passado a vida inteira a seu lado — uma vida interrompida, hoje quase sonhada, e que acabou naquela noite, numa sala de teatro na companhia do velho Shakespeare. Desde então, pouco a vejo, mas não preciso vê-la para saber do que ela me lembra ou para sentir que continua me protegendo. Ela tem um estranho privilégio: é uma amiga e uma lembrança — uma amiga distante, uma lembrança viva. Não corro o risco de esquecê-la, mas ela aparecerá pouco no restante deste livro porque tenho dificuldade de fazê-la viver fora daquela noite e de tudo que ela desperta em mim. Penso nela, tudo volta e tudo se apaga, ora sucessivamente, ora paralelamente. Tudo é um sonho e uma passagem, talvez uma ilusão, como na *Noite de reis*. Nina é o último ponto na margem oposta, à entrada da ponte destruída pelo atentado. Fazer seu retrato me permite permanecer um pouco, em equilíbrio, sobre as ruínas da ponte.

Nina é uma mulher pequena, morena e rechonchuda, de pele macia, nariz aquilino, olhos pretos, brilhantes e risonhos, que enche de humor suas emoções, sempre fortes e entregues aos caprichos dos outros por sua bondade. Ela é jurista. Cozinha bem. Não esquece nada. É socialista, mas de esquerda — ainda existem alguns. Parece um pequeno melro, austero e bem alimentado. Mora sozinha com a filha, Marianne, a quem dei minha flauta transversal, instrumento que eu não tocava mais e que provavelmente nunca mais poderei tocar. Suas experiências com os homens a decepcionaram, creio, mas não a tornaram amarga. Talvez pense não merecer mais prazer e amor do que aquele que recebeu deles; mas oferece bastante aos amigos, e à filha, para que o estado amoroso, essa ficção que tentamos escrever por meio do corpo, não seja mais uma necessidade. Talvez, como em política, sinta rondar uma decepção que sua natureza boa se prepara para enfrentar. Ela não renuncia a seus sentimentos tanto quanto a suas convicções. Não é porque a esquerda está sempre traindo o povo que Nina acabará, como tantos outros, à direita. Não é porque tantos homens são nulidades egoístas e vaidosas que Nina cessará de amar. A sensibilidade resiste aos princípios. Um detalhe que a torna admirável a meus olhos é o fato de nunca chegar a lugar algum de mãos abanando, e o que leva sempre corresponde às expectativas ou às necessidades daqueles que encontra. Em suma, ela presta atenção nos outros, tal como eles são, e na situação em que se encontram — o que não é muito comum.

Acrescento que é judia, que não se esquece disso, e que essa condição a adverte sutilmente, discretamente, de que nunca se pode ter certeza de escapar ao desastre. Sinto em seu sorriso, em seu olhar, quando a vejo, quando conversamos, esse algo que simplifica a vida e que só se manifesta com naturalidade em pouquíssimas pessoas, e sou-lhe grato por isso. Com ela, há sempre uma piada judaica pairando no ar, entre vinhos e massas, como um perfume que é desnecessário mencionar. Não creio que poderia ter terminado minha vida de antes com uma pessoa mais bem adaptada à situação.

Seu pai, professor de literatura americana, tinha sido um excelente tradutor de Philip Roth, escritor que eu admirava sem nunca ter acabado nenhum de seus livros — com exceção de *Patrimônio*, em que narra a doença e a morte do próprio pai, e que precisei criticar, tarefa da qual não me saí muito bem, sem dúvida porque não sabia direito o que pensar. Eu não conseguia ver Nina sem pensar naquele pai, que eu não conhecia, traduzindo esse ou aquele livro de Roth, lá nos Estados Unidos, sob a neve do inverno ou sob o sol de verão, ao lado de uma cafeteira e de um cinzeiro. Essa imagem, sem dúvida falsa, me tranquilizava. Ela se superpunha à de Nina, e eu sempre tentava imaginar semelhanças entre pai e filha. Mais tarde, ela me mostrou uma foto dele, creio que do final dos anos 1970. Ele usava uma grande barba preta, cabelos compridos, óculos de lentes fumê. Exalava a energia militante e a descontração libertária daqueles anos. Eu era criança na época, e aquele mundo que ainda parecia prometer outra coisa, outra vida, desapareceu tão rápido que não tive tempo de experimentá-lo nem de renunciar a ele. Foi uma época que não vivi nem esqueci.

Na noite em que fomos ao teatro, Nina não estava mais solteira. Fazia algum tempo que tinha um novo companheiro, produtor rural nas Ardenas. Eu não o conhecia. Não lembro se ela o mencionou naquela noite. Ia encontrá-lo nos fins de semana. Ela me contava das plantações, da colheita de morangos. Eu o chamava de "o javali"; perguntava a Nina: "E como vai o javali?". Ela respondia com um sorrisinho mudo e incomodado, delicada demais para dizer que aquilo a feria. "Javalis são animais pesados e violentos. Ele não é assim." "É só uma maneira de falar", expliquei-lhe um dia, "por causa das Ardenas. Eu também poderia chamá-lo de Verlaine ou Rimbaud." "Mas não chamou." Não, não chamei.

Estava frio e um pouco úmido, na noite de 6 de janeiro de 2015. Deixei minha bicicleta na estação Jussieu e peguei a linha 7 do metrô até a estação Mairie-d'Ivry. Nina me enviou uma mensagem de texto às 18h53 para dizer que me esperava num bistrô perto da saída do metrô. Ela salvou as mensagens, por isso sei a hora exata, as minhas desapareceram junto com meu telefone. Como me atrasei, ela acabou indo para o teatro, onde os encontrei, ela e um amigo, no bar, bebendo uma taça de vinho tinto e comendo queijos e fiambres em torno de uma mesinha redonda. Pedi uma taça de vinho branco e comi os fiambres com eles. "Você estava exultante", ela me escreveu alguns meses depois, "tinha acabado de ser informado de que iria para Princeton dar aulas de literatura por um semestre. Só precisava resolver alguns detalhes." Não lembro nem dessa alegria, nem de ter falado sobre isso com eles.

No entanto, os e-mails daqueles dias o confirmam: eu tinha acabado de descobrir que dentro de alguns meses estaria em Princeton e que minha vida, ao menos por um tempo, mudaria. Eu pensava, erroneamente, que o pai de Nina ensinara em Princeton. A universidade ficava a uma hora de Nova York, onde morava Gabriela, que estava passando por intermináveis problemas familiares, administrativos e profissionais. Eu poderia visitá-la, e a vida, guiada por um projeto, de novo encontraria, por meio da ação, um início de unidade. Planejei essa história que o atentado destruiu? Ou sonhei com ela até ele me acordar? Não faço ideia.

Para mim, Princeton era a universidade de Einstein e de Oppenheimer — e também do primeiro grande tradutor de Faulkner, Maurice-Edgar Coindreau. Eu estava indo para lá quase por acaso, com uma sensação de total ilegitimidade, para falar de alguns romances sobre ditadores latino-americanos. A relação entre literatura e violência é um mistério que a terra latino-americana tornou particularmente fértil, e o que lá floresceu, na História e na escrita, me deixava fascinado como uma criança. Estudá-las era a única maneira que eu tinha de tentar pensar alguma coisa sobre elas, como um adulto. Ainda que as ideias de um adulto raramente estejam à altura das visões — e dos medos — de uma criança.

Antes de minha chegada ao teatro, o diretor respondera às perguntas de uma turma de estudantes sobre a peça de Shakespeare que seria encenada e sobre seu trabalho. Ele havia explicado que se tornara diretor porque não tinha nenhum talento especial na vida.

Nina se lembra da minha chegada: "Você estava bem agasalhado, com um gorro, um blusão e um casaco quente". Pela primeira vez, tinha deixado minha bicicleta na estação Jussieu. Ela me lembrava da infância, dos anos em que minha mãe dava aulas de bioquímica na universidade de mesmo nome — os anos da fotografia do pai de Nina. Ao longo da Rue Cuvier, às vezes sentíamos o cheiro de animais selvagens. No laboratório de minha mãe, havia o cheiro de produtos químicos. Eu gostava de todos. Adorava os cheiros da infância, até e principalmente dos mais fortes, porque eram os vestígios mais intensos, com frequência os únicos, que me restavam.

Um ano mais tarde, no inverno de 2016, todas as manhãs de sexta-feira eu passava na frente do prédio amarelado da Rue Cuvier e sentia o cheiro dos animais ao longo do muro do Jardin des Plantes e do cais, a caminho do La Pitié-Salpêtrière. O lento caminho da recuperação se aproximava do da infância, sem nunca encontrá-lo. Eu ia para a consulta com um de meus cirurgiões ou com minha psicóloga, muitas vezes com os dois, um depois do outro, de acordo com um dos rituais hospitalares que passaram a marcar o ritmo da minha vida. Eles tinham se tornado meus amigos desconhecidos. A psicóloga usava um salto alto que fazia um barulho seco, cabelo chanel, e tinha um porte elegante e austero que lembrava minha mãe na mesma idade, quando ela trabalhava no laboratório. Quando ela chegava, eu por alguns segundos não sabia mais em que época estava nem que idade tinha. Os psicólogos que sabem ouvir talvez habitem uma época ideal, porque nos fazem voltar àquela em que éramos heróis cercados de heróis, e porque, nos ajudando a voltar a ela e a compreendê-la, nos auxiliam a deixá-la.

Eu chegava ao consultório, no setor de estomatologia, percorrendo os corredores pálidos de um subsolo onde sistematicamente me perdia, entre bustos e fotografias de cirurgiões mortos, adivinhando atrás de cada porta o laboratório onde minha mãe e seus amigos preparavam uma fórmula mágica que restaurasse a paz ou o esquecimento. Eu sempre chegava com dez minutos de antecedência, sabendo que iria perdê-los naquele labirinto porque não encontraria o caminho certo de primeira. Acabava entrando na sala de espera e aguardava sozinho ao lado de algumas plantas cansadas, numa sala por onde uma faxineira africana às vezes passava e de onde eu via o pinheiro levemente inclinado que, por meses a fio, ocupara minha vista nos quartos do primeiro andar. Eu tirava um livro da velha mochila preta manchada de sangue e mal tinha tempo de ler três linhas que ela chegava. Ela nunca se atrasava, eu também não. Era o som de seus passos que despertava a lembrança de minha mãe. Minha psicóloga era vintage, no fim das contas, e isso era suficiente para provocar um leve relaxamento da mandíbula, um esboço de confissão e uma pequena sensação de eternidade.

A bicicleta que prendi à grade da estação Jussieu pertencera à minha mãe: uma Luis Ocaña verde-água do final dos anos 1970, comprada quando o campeão espanhol, no auge da carreira, ganhara o Tour de France. Ela a usara muito pouco, detestava o esporte. Deu-a para mim quando decidi pedalar por Paris como vinha fazendo por Havana e pelos diferentes países da Ásia para os quais meu trabalho de repórter me enviava. Fazia vinte anos que era minha.

Comecei a usar essa bicicleta mais ou menos na época em que Luis Ocaña, entre seus vinhedos do sul da França, deu um tiro na própria cabeça. Ele apoiara o Front National, mas, que eu saiba, não foi isso que motivou seu ato, ainda que apoiar esse partido já pudesse ser indicativo de uma estúpida forma de desespero. Nunca vou esquecer a data de sua morte: nesse dia, fui buscar em Madri a mulher que chegava de Cuba e com quem eu logo me casaria, Marilyn. Na época do atentado, estávamos divorciados havia quase oito anos. Ela vivia no leste da França, numa cidade perto de Vesoul, com o novo marido e o filho. Ela não conhecia Nina, mas elas se pareciam em vários aspectos, físicos e morais, e como o futuro iria mostrar, de certo modo graças ao atentado, elas não tardariam a se tornar amigas. Na primeira vez em que dormiu na casa de Nina, Marilyn se sentiu em casa: mesmo tipo de roupas, mesma decoração e mesma atmosfera, que revelava os mesmos hábitos. Só fui perceber essa semelhança no dia em que vi uma ao lado da outra, em minha casa. Entendi por que Nina, na festa noturna do castelo no Luberon, logo me atraíra. Ela era o eco acolhedor, confortável, de uma vida passada. Eu pensava ter perdido o conforto depois de um divórcio e de uma depressão, fenômenos quase banais da vida ocidental contemporânea. Estava enganado.

Embora tenha esquecido quase tudo do espetáculo, com exceção de alguns detalhes não sem importância, desde então não parei de ler e reler *Noite de reis*. Sem dúvida, eu o li da pior maneira possível, como um enigma, em busca de sinais ou de explicações para o que viria a acontecer. Eu sabia que era uma coisa estúpida de se fazer, ou bastante inútil, mas isso nunca me impediu de fazê-la e de pensar, apesar de tudo, ou melhor, de sentir, que havia nesse concurso de circunstâncias algo mais verdadeiro do que na constatação de sua incoerência. Shakespeare sempre é um excelente guia quando se trata de avançar num nevoeiro enganoso e sangrento. Ele dá forma ao que não tem sentido algum e, fazendo isso, dá sentido ao que foi experimentado, vivido.

Com o naufrágio do barco que os transporta, os gêmeos Viola e Sebastian chegam separadamente a costas desconhecidas. Cada um acredita que o outro morreu. Eles são órfãos solitários, sobreviventes. Viola se disfarça de Cesário. Ela se torna o pajem e mensageiro amoroso do duque local, Orsino, por quem logo se apaixona. Mas ela precisa falar bem de Orsino para Olívia, que a vê como um homem e se apaixona por ela. Enquanto isso, Sebastian chega à corte depois de algumas peripécias. Olívia o confunde com sua irmã, Viola, e também se apaixona por ele. O amor é o joguete das aparências e dos gêneros, como dizemos hoje, sobre um fundo maquiavélico e puritano personificado pelo mordomo de Olívia, Malvólio. Maquiavelismo e puritanismo andam juntos: aquele que quer punir os homens por seus prazeres e sentimentos em nome do bem que acredita carregar, em nome de um deus, julga-se autorizado a fazer todo o mal necessário para chegar a seus fins. Malvólio quer tudo, toma tudo e, por fim, engana-se a respeito de tudo. O happy end que Shakespeare nos apresenta não passa de um sonho, pois tudo que o precede o desmente. Tudo é magia, tudo é absurdo, tudo é sentimento e reviravolta. A moral é proclamada por um bufão.

Eu nunca escreveria um resumo aproximado como esse num artigo, pois teria medo de perder os leitores no caminho. Aliás, que artigo eu teria escrito? Teria insistido em que ponto? Talvez dissesse que, como Olívia, várias vezes ao longo do espetáculo confundi Viola com Sebastian, sem saber quem era quem e, consequentemente, sem entender direito o que estava acontecendo. Seria culpa da direção? Do texto? Da tradução? De mim mesmo? Do vinho, dos fiambres, do inverno? Como sempre, eu não sabia; escrevia também para descobrir. Essa simples operação dessa vez me foi impedida pelas circunstâncias, e por mais frívolo que possa parecer, em vista do que iria acontecer, ainda lamento não ter tido tempo de tentar compreender *Noite de reis.* Essa compreensão agora me parece proibida. Os personagens e as situações passaram a um plano feérico que os acontecimentos tornaram vago demais para que eu possa defini-lo.

Se me lembro bem, o pequeno palco de Ivry simulava, em certos momentos, um hospital à moda antiga: os leitos brancos eram separados por simples cortinas claras. Nina sentou entre seu amigo e mim. Nesse ponto, minha memória me prega uma primeira peça. Escrevi acima que tinha pegado o caderno durante o espetáculo, eletrizado pelo que via e tomando consciência de que escreveria um artigo. Em seu e-mail retrospectivo, Nina me corrige:

> A primeira coisa que você fez foi pegar a sua Bic 4 cores e o caderno para tomar notas.

O jornalista esteve presente desde o início, ao lado do amigo distraído.

Nina também descreve o cenário, de fato com leitos brancos de hospital, e faz um inventário dos atores, dentre os quais uma jovem que, segundo ela, me agradou e que esqueci. Ela acrescenta:

> Você gostou da peça, acho, e disse que haveria espaço no jornal para publicar uma crítica. Fiquei feliz por Clément e pela companhia. Também gostei de ter desempenhado o papel de intermediária. Pensei comigo mesma que Clément finalmente teria um artigo sobre a peça, a anterior tinha recebido pouquíssimas críticas. Depois da apresentação, fomos beber um drinque. Você nos ofereceu uma taça de vinho, talvez para comemorar a viagem para Princeton. Você deve ter comido alguma coisa. Clément veio nos ver, alguns atores também. Clément disse que a tradução era dele, ou melhor, de Jude Lucas, seu pseudônimo oficial.

Mais tarde, aliás, ao voltar para casa, ele a enviou a você. Você tinha perguntado quem dizia certa frase da peça. Ele foi verificar, a citação era de Orsino, você anotou no caderno. Você e Clément falaram da peça, principalmente da confusão de gêneros. Voltamos de metrô com Loïc, Clément e alguns atores, como o que fazia Malvólio. Pegamos a linha 7 e você desceu em Jussieu para apanhar a bicicleta.

Que frase de Orsino tinha me marcado? Eu não achava mais o caderno. Mas ele estava dentro da mochila na hora do atentado e me seguiu até o hospital, onde o usei nos primeiros dias para escrever, pois não podia falar.

Um ano e meio depois, perguntei por e-mail ao diretor se ele se lembrava de alguma coisa. Ele me respondeu o seguinte:

Caro Philippe,

Lembro-me muito bem de nossa conversa e do fato de você querer verificar uma frase de Orsino. Lembro meu constrangimento, pois, apesar de ter traduzido, ensaiado e visto a peça várias vezes, não consegui reconstituir a frase em questão e por isso precisei recorrer ao texto. Infelizmente, não me lembro da citação. Sei que fiquei um pouco surpreso. Creio poder localizar a cena. Tenho uma hipótese.

Venha para cá, rapaz. Se algum dia te apaixonares,
lembra-te de mim nas doces agonias do teu amor,
pois assim como estou é como ficam os verdadeiros amantes:
instáveis e retraídos em todos os movimentos de seu coração,
exceto no levar dentro de si a imagem constante da criatura
*amada.**

---

* William Shakespeare, *Noite de reis*. Trad. de Beatriz Viégas-Faria. Porto Alegre: L&PM, 2004, pp. 31-2. [N.T.]

Ou, com mais certeza:

Uma vez mais, Cesário,
vai até lá, encarrega-te da mesma e suprema crueldade.
Diz a ela de meu amor, mais nobre que o amor de um sim-
*   ples mortal,*
porque não valoriza a quantidade de terrenos enlameados.
Quanto aos dotes de título e riqueza que o destino lhe concedeu,
diz a ela que eu, assim como o destino, não lhes dou importância.
O que nela me seduz a alma é esse milagre, realeza de
*   preciosidades*
*com que ela foi ornamentada pela Natureza.**

Deixo à sua disposição, é claro, nossa tradução completa, se ela puder ajudar.

Nenhuma das citações correspondia ao que eu imaginava. Algum tempo depois, guardando coisas, acabei encontrando o caderno daquele dia, já mencionado. Não levei muito tempo para encontrar a página com as frases de Shakespeare. Demorei muito mais para decifrá-las. Nenhuma me trouxe a revelação que eu esperava. Seja como for, não era a frase que eu tinha pedido a Clément e que de todo modo não reconheço mais. Não era a frase do bufão Feste, que citei no início do capítulo: "Nada do que é, é". Li e reli *Noite de reis* para comparar minhas anotações com o texto. Talvez, no escuro e com pressa, tivesse escrito algo atravessado? Não. Não encontrei a frase que procurava. Parecia uma dessas frases muito nítidas em sonho mas apagadas pelo despertar, ou transformadas por ele em algo banal, idiota ou incompreensível. A réplica de Orsino que me martelou a cabeça por meses a fio, que embalou

---

* Ibid., p. 33. [N.T.]

meus dias e minhas noites hospitalares, a frase que eu tinha na ponta da língua e cuja verdade me impressionou e como que me fulminou, essa frase não existe.

O e-mail de Nina acabava assim:

No dia seguinte, os atores reencenaram a peça, e Clément dedicou a apresentação a você.

A canção final foi modificada e os atores, brandindo lápis escolares, cantaram: "*Estou a caminho e, custe o que custar, encontrarei você como um boneco armado de uma espada (um lápis) de madeira*".

Aquela noite, para mim, permanece suspensa entre dois mundos. No dia seguinte, a queda foi vertiginosa. Ter estado tão perto de você na véspera e, no dia seguinte, sabê-lo tão longe da própria humanidade, é insuportável.

Permaneci na margem certa da vida e você escorregou para o horror, embora estivéssemos sentados lado a lado algumas horas antes. Desde então, esses dois mundos parecem paralelos, ignoro se um dia eles poderão se encontrar.

Não poderão, nem na vida nem neste livro. As palavras, de um lado, e nossos encontros, do outro, tendem a reconstruir entre nós a ponte destruída. Mas resta um buraco bem no meio. Pequeno o suficiente para que de um lado e de outro possamos nos ver, nos falar, quase nos tocar. Grande o suficiente para que nenhum de nós possa alcançar o outro nessa zona feita de hábitos, improvisações, amizade e, acima de tudo, continuidade.

Nina foi assistir à peça de novo quando ela foi reencenada, em 2016. Convidou-me para acompanhá-la. Não tive forças. Teria a impressão de estar visitando a antecâmara de um túmulo ou de estar olhando para o meu próprio caixão aberto, como Tintim ao encontrar o seu e o de Milu em *Os charutos do faraó*. Voltarei a ver *Noite de reis* no dia em que a tiver esquecido.

2.
Tapete voador

Sempre me irrito com escritores que dizem escrever cada frase como se fosse a última de suas vidas. Atribuem importância de mais à obra, ou de menos à vida. Eu ignorava que o atentado me faria viver cada minuto como se fosse a última linha: esquecer o mínimo possível se torna essencial quando nos descobrimos brutalmente apartados do que vivemos, quando nos sentimos escorrer por todos os poros. Acabei pensando mais ou menos como aqueles que me irritavam, embora por razões e em circunstâncias diferentes: deveríamos registrar os mínimos detalhes do que vivemos, de todas as pequeníssimas coisas, como se fôssemos morrer no minuto seguinte ou mudar de planeta — não mais hospitaleiro que este. Seria útil para a viagem e uma recordação para os sobreviventes; mais útil ainda para os renascidos, aqueles que, não menos vivos que os outros, chegaram longe demais para voltar inteiramente ao mundo em que todos continuam tratando de seus assuntos como se a repetição dos dias e dos gestos tivesse um sentido linear, definido, como se esse teatro fosse uma missão. Os renascidos leriam essas anotações, veriam os outros levando a vida, fariam com que recordações e vidas se tocassem. Sob a chama produzida, comparariam ambas e, aquecendo-se sob sua luz, talvez se lembrassem de um dia terem vivido.

Um breve pensamento surgido no banheiro teria mais importância, para a futura vítima, do que uma declaração de guerra, uma reunião de trabalho ou a demissão de um ministro. A escrita suspenderia o tempo, cuja trama ela restitui, e uma vez redigida, a peça recomeçaria até o momento de ser brutalmente interrompida. Não seria exatamente como *As coisas da vida*, filme de Claude Sautet, em que o herói revê os momentos importantes de sua trajetória enquanto perde a vida num acidente. Não, não se trataria de registrar coisas essenciais e grandes marcos, perspectiva do homem vivo e saudável. Haveria apenas coisas muito pequenas, acontecidas nos últimos minutos, como as cinzas do último cigarro do condenado, que não sabe ainda que a sentença foi pronunciada e que o carrasco está a caminho, com armas e munições no porta-malas de um carro roubado.

Não foi o que fiz, obviamente. Não fiz esse registro das horas que precederam a chegada dos assassinos, pois era uma manhã como outra qualquer, mas tenho a impressão de que alguém fez isso por mim, um farsante que deu no pé e que tento, escrevendo, apanhar.

Dormi sozinho em casa, em lençóis que tinham passado da hora de ser trocados. Sou obcecado por lençóis limpos, eles embalam meu sono e meu despertar, e uma coisa que me faz sentir falta dos hospitais é que eles eram trocados todas as manhãs. Acordei de mau humor, portanto, cansado por algum tipo de insatisfação, que era, sem dúvida, exagerada pelo tempo, cinzento, frio e sem luz. Acompanhar, na volta do teatro, uma entrevista de Michel Houellebecq na France 2 a respeito de seu novo romance, *Submissão*, não ajudou muito. Não se deve ver televisão antes de dormir, pensei, pesa na consciência e no estômago tanto quanto lençóis sujos. Disso eu lembro. Da impressão de ter caído na armadilha de uma curiosidade preguiçosa de fim de noite, a minha, e que fecha o dia com um programa de notícias em vez de acabar em silêncio, se possível com beleza.

Eu tinha publicado uma crítica do livro de Houellebecq no fim de semana anterior, no *Libération*, jornal que havia organizado, para a ocasião, um dossiê especial "de capa", como se diz. Voltarei a isso, leitor, e temo que bastante, pois a figura de Houellebecq hoje se mistura à lembrança do atentado: para os outros, uma combinação de circunstâncias, cômica ou trágica; para os que sobreviveram aos assassinos, uma experiência íntima. *Submissão* seria lançado justamente no dia 7 de janeiro.

No mundo dos comentaristas prolixos de opinião instantânea, todos ou quase todos dariam sua opinião, pois se tratava de Houellebecq. No programa a que assisti antes de dormir, ele parecia um cão velho e pouco dócil, abandonado numa autoestrada ao lado de um fast-food simpático, mas também parecia o Droopy ou o Gai-Luron, o cachorro inventado por Gotlib, o que a meu ver o tornava engraçado. Eu o imaginava escarrapachado numa poltrona, como Gai-Luron, os braços cruzados em cima da barriga, dizendo: "Sinto um pesado torpor caindo sobre mim". O torpor provocado por uma entrevista previsível e pela tempestade que ela provocaria.

Ela daria ainda mais o que falar porque Houellebecq estava acordando um fantasma particularmente explosivo, o fantasma de Poitiers: o medo dos muçulmanos e a chegada dos islamistas ao poder na França. Eu tinha dado boas risadas com *Submissão* e suas cenas, seus retratos, suas provocações falsamente amenizadas, sua melancolia *fin de siècle* e de fim de civilização. O fato de ele ter colocado um importante ministro islamista no apartamento do antigo diretor da *Nouvelle Revue Française*, Jean Paulhan, implacável gramático jesuíta, me divertiu — mesmo sendo uma piada para os happy few. Se o romance merece existir, é porque nos permite imaginar qualquer coisa, qualquer pessoa, em qualquer situação, como se estivesse falando deste mundo e de nossa própria vida.

Descobri Houellebecq na época em que ele escrevia crônicas cheias de mau humor num semanário cultural da moda, crônicas que eu quase nunca perdia. Os bons cronistas são muito poucos: alguns se submetem aos temas importantes do momento e à moral circundante; outros, a um dandismo que os leva a bancar os espertinhos e a escrever na contracorrente. Alguns se submetem à sociedade; outros, ao próprio personagem. Nos dois casos, querem fazer estilo e logo perdem o viço. O pessimismo e o sarcasmo lacônico de Houellebecq tinham uma naturalidade que não perdia o viço. Na época, imagino que o consideravam de esquerda. É verdade que ainda se ignorava que a esquerda corria como uma galinha sem cabeça. Depois, li seus livros com prazer. Quando chegava à última página, sentia certa ameaça no ar e um gosto ruim na boca, como uma nuvem de poeira sobre um campo em ruínas, mas havia um sorriso dentro da nuvem. Sua misoginia, sua ironia reacionária, nada disso me incomodava: o romance não é lugar de virtude. Comecei a achar Houellebecq preguiçoso no conteúdo, nunca na forma, até que compreendi, um pouco tarde, que o clichê (turístico, sexual, artístico) era uma de suas matérias-primas, e que para ele era essencial não evitá-lo. Ignoro se, como foi dito, ele era o grande romancista, ou um dos grandes romancistas, das classes médias ocidentais. Não faço sociologia ao ler um romance e muito menos quando acabo de lê-lo. Acredito total e exclusivamente nos destinos e no caráter dos personagens, como quando tinha dez anos. Eu seguia os de Houellebecq como teria seguido alguns *losers*, num hipermercado, enchendo seus carrinhos nas prateleiras de produtos em promoção e transformando seus butins, no estacionamento, em símbolos friamente proféticos da miséria humana.

Como eu sempre fazia quando trabalhava com um livro, estava decidido a evitar ler ou ouvir qualquer coisa a respeito de *Submissão*, pois o único resultado disso seria uma leve náusea: suportar a entrevista depois do Shakespeare já fora suficiente. Queria me poupar, sobretudo porque teria uma entrevista com o escritor no sábado seguinte. Mesmo tendo escrito a crítica e organizado o dossiê do *Libération*, eu não tinha a menor ideia do que perguntar. Precisaria falar de outra coisa, de tudo e de nada, menos de *Submissão*. Ele não ia me explicar o que eu deveria ter lido e eu não ia explicar a ele o que acreditava ter lido. Quase todas as entrevistas com escritores e artistas são inúteis. Não fazem mais que parafrasear a obra que as suscita. Alimentam o zum-zum midiático e social. Por função, eu contribuía para esse zum-zum. Por natureza, ele me enojava. Eu o considerava um ataque à intimidade e à autonomia do leitor, não compensado pelas informações ali contidas. O leitor careceria de silêncio, e eu, de fazer outra coisa, mas eu já sabia, como todos os que tinham lido o livro antes do lançamento, que *Submissão* não se beneficiaria de silêncio algum. Talvez isto seja um pensador moralista: um homem que escreve livros que sempre são julgados como provas de seu gênio ou de sua culpa. O fenômeno não era novo. Com Houellebecq, assumia proporções alarmantes o suficiente para justificar seu pessimismo e seu sucesso.

Naquela manhã de 7 de janeiro, a perspectiva desse debate nacional e dessa entrevista em particular simplesmente me deixava de mau humor. Eu tinha ido dormir sob o signo de Shakespeare e de Houellebecq. Acordava sob o signo de Houellebecq e precisaria escrever sobre Shakespeare. Que dia estranho.

Eram cerca de oito horas. Vi traças correndo pelas cortinas da sala — livros demais, bagunça demais, tecidos velhos demais. Desci para buscar o exemplar do *Libération* na caixa de correio. Voltei, matei algumas traças com ele. Elas deixavam como que pequenas manchas de tinta na parede. Matá-las era uma forma de aquecimento. Depois, passei os olhos pelo jornal bebendo meu café e abri o computador para ler os e-mails da noite.

De Nova York, o amigo e professor a quem eu devia o posto em Princeton me parabenizava. Ele aproveitava para comentar o artigo sobre Houellebecq. Respondi com poucas palavras. Outro e-mail: de Clément, o diretor de *Noite de reis*. Ele me enviava sua tradução da peça, dizendo:

> Aqui vai o texto de *Noite de reis* tal qual você o ouviu hoje à noite — a exata noite da peça. *Twelfth Night* é a décima segunda noite depois do Natal: dia 6 de janeiro.

Li o início da tradução, comparando-a com as que tinha em minha biblioteca. Senti-me incapaz de julgar seus respectivos valores. Mas por que deveria fazer isso?

Comprei uma passagem de avião para Nova York, onde me encontraria com Gabriela em uma semana. Fechei o computador e, como todas as manhãs, olhei meu velho apartamento — ou, mais exatamente, o do proprietário — perguntando-me por onde começar.

Fazia 25 anos que morava ali. O carpete estava puído; as paredes, amareladas. Livros, jornais, discos, cadernos, objetos e bibelôs ocupavam todos os espaços. Vinte e cinco anos de vida! E nada, sem dúvida, que merecesse uma sobrevida. Exceto uma bela cama-trenó em mau estado que uma amiga de meus pais tinha me oferecido no ano da mudança. Seu marido tinha o costume de usá-la para ler, escrever, fazer a sesta. Era um excelente jornalista, endurecido e destruído pelo álcool. Mudava de personalidade quando bebia. Quando comecei a trabalhar, foi no mesmo jornal que ele. Ele adorava trens e um dia se atirou embaixo de um na estação de triagem de Villeneuve-Saint-Georges. Tinha o corpo atarracado, olhos azul-acinzentados, comprimidos num rosto vermelho e quadrado. Falava pouco, articulava menos ainda. Não se mantinha sóbrio, mas sua escrita sim. Sua morte foi, para muitos de nós, acredito, o fim de uma era. Uma era profissional que pouco conheci, a não ser, justamente, por pessoas como ele. E que se retirava, como a maré, no momento em que eu colocava os pés na água pela primeira vez. No dia seguinte ao enterro, sua mulher me convidou para ir buscar a cama-trenó. Ela não a queria, mas preferia que não ficasse com um desconhecido. Quando deito nela para ler ou fazer a sesta, tenho a impressão de que o espírito do morto zela por mim.

O grande tapete da sala vinha do Iraque. Comprei-o em Bagdá, num mercado, em janeiro de 1991, dois dias antes do primeiro bombardeio americano. Éramos três jornalistas, pelo que lembro, e tínhamos tomado chá e conversado por um bom tempo e com muito gosto com o velho vendedor, em meio a uma atmosfera tranquila que nos parecia irreal, dada a proximidade da guerra. A cidade se esvaziara de ocidentais nos dias anteriores. O mercado estava quase deserto. As embaixadas haviam fechado. Nada pode ser mais lisonjeiro e excitante do que estar onde os outros já não estão, no vazio que a expectativa cria no olho do furacão. Éramos jovens, inquietos, ávidos. A História parecia nossa aventura e nossa propriedade. Tínhamos o entusiasmo e a fraqueza dos correspondentes internacionais, esses aventureiros privilegiados cujos necrológios, quando eles morrem em missão, sempre se assemelham: celebram sua coragem, que falta aos que os leem.

O tapete tinha mais ou menos cinco metros de comprimento por dois de largura. Era grande e pesado. O velho vendedor de Bagdá o enrolou, dobrou, amarrou, colocou dentro de um velho saco e eu o levei. Vinte e cinco anos depois, estava bem gasto. Alguns buracos vinham destruindo sua beleza, dominada por tons de tijolo. Tinha várias dobras, como uma pele idosa, e parecia digerir a poeira: ela adquirira, ao se depositar sobre ele, a aparência de um compensado. Matéria e poeira estavam irreversivelmente ligadas pelo cheiro, um cheiro indefinido em que se misturavam aromas de café matinal, pó perfumado com essência de pinho para aspirador, sola de sapato, líquidos derramados, xampu, incenso tibetano.

Dois dias depois de comprar esse tapete, peguei o último voo para Amã. Foi um erro, que o jornal para o qual trabalhava à época me deixou cometer, pois a direção avaliara que eu deveria ser o único a tomar a decisão de ficar ou não. Eu tinha 27 anos. A idade já não era uma desculpa para meus erros. Deveria ter ficado em Bagdá, para cobrir os bombardeios junto a um punhado de sujeitos estranhos, inflamados, ávidos, iluminados, como sempre nesse tipo de lugar, todo um elenco que me dava a impressão de estar participando de uma farsa, mais do que de uma epopeia; ainda não tinha entendido a que ponto as duas andam juntas. O hotel no qual convidados e jornalistas tinham sido reunidos pelas autoridades iraquianas se assemelhava ora a um teatro, ora a um hospício: cruzávamos com atores e desequilibrados, ninguém se entediava nos quartos ou na hora das refeições.

O que unia os últimos "convidados" de Saddam Hussein, muito mais, de todo modo, do que o apoio que lhe traziam, era a aversão pelo governo americano. Estavam ali para testemunhar os horrores do Império do Mal. Os mais burlescos eram os pacifistas americanos, felizes por desempenhar o papel de idiotas úteis e de escudos humanos. Os jornalistas presentes — com exceção da maioria dos jornalistas árabes, incapazes de distanciamento — não tinham a menor compaixão por esses imbecis, que exibiam caretas de palhaço ante os acontecimentos. Faziam isso apoiando um ditador da pior espécie, antigo melhor amigo do Ocidente, em cujos porões se ouviam chicotes e torqueses. Embora a cruzada de Bush pai preocupasse e indignasse mais ou menos a todos nós, jornalistas, não chegávamos ao ponto de ignorar a natureza do regime que ela visava. Naquele episódio, havia somente idiotas, cínicos e maus.

Entre os "convidados", Daniel Ortega, que deixara de ser um guerrilheiro marxista e ainda não se tornara um caudilho cristão, parecia, com suas botas de caubói, um pequeno delinquente dos subúrbios da história. Fiquei pasmo: tinha acreditado (frouxamente, é verdade) na luta sandinista. O homem à minha frente me lembrava certas reportagens nos subúrbios, quando ainda era possível passear por eles de mão no bolso e caneta na mão. Falando com ele, perguntei-me se, como certos "jovens" — expressão que estava nascendo —, ele exigiria um "espaço" ou subvenções a Saddam, para ter a ilusão de ser alguém. Aquele era de fato o antigo líder da Nicarágua? A cada entrada sua na grande sala de refeições, ele me parecia menor, mais medíocre. Ele era o incrível homem que encolhia. Encolhendo, ele encolhia a História, essa velha gananciosa. Ainda não tinha se tornado um demagogo cristão.

Louis Farrakhan, o dirigente negro da Nation of Islam, era de uma elegância e de um desdém absolutos. Cercado de guarda-costas, atravessava, num terno preto impecável, o saguão cheio de brancos como se eles não existissem. Às vezes lhes respondia, pois alguns eram jornalistas; mas respondia sem olhar para eles. Eu tinha a sensação de ser um judeu entrevistando um nazista, num mundo em que o primeiro ainda não tinha sido liquidado pelo segundo. Aquele era o lugar para isso: *Mein Kampf* era exibido nas vitrines das livrarias de Bagdá. O mundo árabe não precisava da internet, que ainda não existia, para espalhar teorias conspiratórias sobre as quais não detinha a exclusividade. Havia teorias de todos os tipos, azuis, verdes, vermelhas, todas igualmente idiotas e aumentando a atmosfera de irrealidade geral. Nenhuma deixava de mencionar os judeus.

Jean-Edern Hallier já não era um escritor lido: as piadas de mau gosto tinham acabado com ele na consciência de seus antigos leitores. Ele era acompanhado por um pequeno secretário calado e bem-vestido, com uma maleta preta, que se chamava Omar. Os que haviam frequentado aquele estranho binômio nas águas do *L'Idiot International*, jornal dirigido e financiado por Hallier, chamavam Omar de alma danada. À mesa, o escritor bradava seu antiamericanismo e sua vida heroica a quem quisesse ouvi-lo. Omar abria a maleta em silêncio e tirava fotografias que correspondiam aos episódios heroicos narrados por seu patrão, que estava ali por gosto do paradoxo e do espetáculo, para que falassem de sua pessoa e para se apropriar do infame, ao lado do qual facilmente se posicionava. Oferecia os fatos a si mesmo. Quando falava, voltava para uns e outros seu olho cego, sucessivamente, como um ciclope ou um bicho, realçando a loucura do mundo ao ostentar a sua. Tinha mais candura do que egocentrismo ou patifaria, o que não é pouca coisa, e, ao menos uma vez, o contexto neutralizava sua maldade. Talvez ele tivesse razão e aquilo tudo não passasse de um teatro, do qual era melhor ser o fantoche ou o escriba. Hallier estava tão tomado pelo próprio personagem e pelo circo itinerante que arrastava consigo que não temia nem um pouco o que poderia ter lhe acontecido. Era uma caricatura circense de Chateaubriand, que víamos e ouvíamos, uma caricatura que transformava o hotel e a cidade num cenário de papelão. No dia do bombardeio, ele saiu com Omar e um motorista para visitar as ruínas da Babilônia. Reconstituída com todo o mau gosto local, era um belo lugar para assistir ao Apocalipse que nos era prometido — sem vê-lo. Este, aliás, não aconteceu — ou não imediatamente. Fui embora antes do retorno do grande homenzinho e nunca mais o vi.

Quanto mais a hora do ultimato se aproximava, mais o hotel se tornava a fábula animal que ele encarnava. Era isso o acontecimento? Era sério? Eu poderia ter lido Malraux ou Lawrence em altas doses e nada teria mudado: meu senso de história era limitado por aquilo que via, e meu respeito por seus atores era próximo de zero — naquela masculina e bigoduda região do mundo, em todo caso. O embaixador da França tinha ido embora, como quase todos os outros. O homem que o substituía fechou a embaixada dois dias antes do ultimato. Os jornalistas franceses estavam todos lá. Ele recebera ordens de partir. Aconselhava-nos, por meias palavras, com um meio sorriso, a ficar. Percebíamos que ele não conseguia entender que pudéssemos hesitar. Era firme, tranquilizador, sereno. Esvaziamos as garrafas da adega e todos telefonaram para suas famílias por conta da embaixada, sentados no chão, no saguão repleto de aparelhos de fios pretos que desenhavam espaguetes de tinta de lula nos azulejos. Esse momento me lembra de que vivi numa época em que os celulares não existiam. Mais tarde, o diplomata e sua pequena equipe fecharam o prédio e foram levados de carro, através do deserto e noite adentro, para a fronteira jordaniana. Presenciamos a partida. Os novatos, como eu, se sentiram de repente sozinhos, entregues às garras do futuro incerto. Os antigos fizeram caras de entendidos. Alguns olhares começaram a brilhar: aquela aventura finalmente se tornava interessante.

Um deles tinha guardado provisões consideráveis de água e conservas. Disse-me com um sorriso ao mesmo tempo tranquilo, inflamado e provocador: "Se lançarem gases, vou para a adega do hotel e espero. Um mês, se for preciso. Previ tudo". Esperava o desastre, a pressão, a novidade. Vivia como se estivesse na época em que Rimbaud saíra de Charleroi. Vinha de uma tribo em que o jornalismo era o relato de uma experiência vivida por aquele que a contava. Louro, pequeno e atarracado, lembrava Tintim. Morreu três anos depois, aos 34 anos, de uma doença adquirida durante uma reportagem na Ásia. A notícia de sua morte, lida num jornal, me deixou abalado. Ele era tão jovem e tinha se arriscado tanto que pensei que sobreviveria a tudo, pois parecia tão velho, tão lúcido. Eu devia achar que uma despreocupação inteligente e informada tornasse a pessoa eterna, mas não me lembro mais das coisas que eu pensava. Eu tinha uma tendência a admirar aqueles que realizavam aquilo que eu era incapaz de fazer. Ele, morto? Então, era possível morrer durante uma reportagem, de uma reportagem? Era possível cair do tapete voador sobre o qual se sobrevoava o mundo? Sim, era possível. Eu era ingênuo, otimista, angustiado, quase inocente. Creio que, na época, quase todos éramos. O mundo que chegava ao fim ainda permitia que fôssemos jovens pelo maior tempo possível.

Em Bagdá, os futuros assassinos religiosos do Estado Islâmico ainda eram os assassinos laicos de Saddam, personagem rechonchudo que tinha seus retratos malfeitos espalhados por toda parte. No mundo árabe, eram distribuídos em bótons, assim como se fabricavam broches no formato de mísseis, os mísseis que o Iraque queria lançar sobre Israel. A Guerra do Golfo era uma história de mau gosto, para boi dormir, e a única leitura que eu tinha levado para Bagdá era *As mil e uma noites*. A grande ameaça preenchia o vazio marmóreo do hotel, de onde enviávamos os textos por fax.

Ben Bella sorria, como Tintim diante do próprio caixão, quando os jornalistas perguntavam se ele iria embora antes do bombardeio americano. Ele dizia: "Acham que já não vi outros, nos porões de Argel?". Sabia o valor de seu personagem, por mais desgastado que estivesse. Morrer em Bagdá? Nem todos tinham a oportunidade de acabar seus dias na ilha de Santa Helena com um câncer de estômago, nem o gênio para viver o que a isso se precedeu. Talvez Ben Bella também sentisse que, apesar de a população iraquiana ainda ter pela frente algumas décadas de caos, as testemunhas internacionais da origem desse caos, como ele, não corriam grandes riscos. Ele tinha experiência, pontos de comparação. Era alto, vigoroso, bastante gordo, o que me surpreendeu: eu imaginava, não sei por quê, que os antigos combatentes da Frente de Libertação Nacional fossem pequenos, magros e nervosos, como se continuassem vivendo escondidos no matagal de um vilaiete ou circulassem clandestinamente pelas favelas de Nanterre. Entre tantos charlatães, políticos desgarrados e bandidos internacionais, ele foi o único que me impressionou; ou melhor, o único que me deu a sensação de estar assistindo ao fim de uma era — a da descolonização — e o início de alguma coisa preocupante. Vivíamos esse momento sem perceber: a atmosfera histórica de fundo ainda era leve, os repórteres pareciam descontraídos. Costuma-se dizer que o desastre atual teve início com a revolução iraniana. No meu caso, foi em Bagdá que tudo começou. Tudo que levaria, entre outras coisas, ao 7 de janeiro. Estive lá, mas fui embora cedo demais. No dia 7 de janeiro, também estive lá, mas me levantei para ir embora tarde demais.

Quando se é repórter, é preciso ficar onde as coisas estão acontecendo, e se possível ao lado dos fracos e oprimidos, das pessoas comuns que se veem no meio de uma situação extraordinária, para lhes dar um nome e lhes restituir a vida que uma potência qualquer tenta ceifar. Portanto, era preciso permanecer ao lado dos iraquianos, mesmo que seu dirigente fosse um criminoso, mesmo que aquele hotel luxuoso do qual era tão difícil sair fosse um lugar de propaganda e encenação, mesmo que investigar naquele país tivesse se tornado quase impossível. Era preciso porque as grandes potências estavam contra eles e simplesmente porque era preciso, o máximo possível, testemunhar as consequências do bombardeio. Era muito simples, mas eu não fiquei. No fim, os que ficaram foram expulsos no dia seguinte ao bombardeio. Não viram quase nada. Mas não tínhamos como saber. Por que fui embora? Por medo? Quase todo mundo tinha medo, e, no entanto, alguns ficaram. Não consegui controlar esse medo? É possível; mas não é certo. Em Amã, alguns dias depois, um amigo, que havia embarcado no último avião comigo, me disse: "Você foi embora por causa do tapete". Ele não estava errado, é tudo o que se pode dizer. Continuo pensando que, naquele dia, ao entrar no avião para

Amã junto com os últimos jornalistas europeus — os americanos tinham partido havia muito tempo, sujeitos às ordens de seus diretores, por sua vez sujeitos às injunções de seu governo —, renunciei à carreira de repórter que parecia à minha espera. Uma vida possível chegou ao fim, talvez uma vida de mochilas e solidão, não tenho como saber, mas ainda assim outra vida, uma vida simbolizada por aquele tapete.

Na noite do bombardeio, eu jantaria na casa de um diplomata palestino apresentado por um velho pintor iraquiano que conheci naquela cidade alguns anos antes. Não cancelei o jantar, pois naquela manhã eu ainda pensava em ir até lá. Se tivesse ficado, seria de lá que teria assistido àquela noite iluminada. Ele também já vira outras, talvez acabássemos a noite em sua adega, bebendo vinho e champanhe. Aquilo criaria um laço entre nós. Ele se tornaria um amigo. Eu seria apresentado a seus amigos, que se tornariam meus amigos. Talvez eu tivesse me tornado um semiespecialista naquela região do mundo e, em 7 de janeiro de 2015, não fosse um crítico cultural do *Libération* e um cronista do *Charlie Hebdo*. Os textos que eu teria enviado de Bagdá! Em vez disso, fugi. Ao mesmo tempo, ainda sem saber, disse adeus ao mundo árabe no qual começava a me sentir à vontade e que, 24 anos depois, sob uma forma imprevisível e no coração de Paris, viria atrás de mim. Esse tapete tinha passado todos aqueles anos embaixo do meu nariz, dos meus pés. Fazia constantemente que eu me lembrasse do Iraque, do diplomata palestino ainda à minha espera para jantar, da vergonha e do arrependimento que se seguiram, do arrependimento e do esquecimento — certo esquecimento. Ele aos poucos se desfez, como minha memória, como tudo o que ela carregava de mais pungente e anódino.

Olhei para ele, como todas as manhãs, pensando como todas as manhãs que estava na hora de jogá-lo fora e sabendo como todas as manhãs que não o faria, porque ele sempre me fazia voar, sem que eu soubesse direito como nem por quê. Deitei nele para fazer meus exercícios, como todas as manhãs, depois de ter ligado o rádio, como todas as manhãs. O convidado da France Inter era — vejam só! — Michel Houellebecq. Só fui me lembrar disso um ano depois, ao pesquisar quem eu poderia ter ouvido naquela manhã. Tinha me esquecido de tudo. Ouvi o programa de novo. Os assassinos se preparavam para agir enquanto ele falava, numa voz falsamente sonolenta, sobre a república e o islã. Eles verificavam suas armas enquanto ele murmurava suas provocações em modo menor. Em duas horas, sua ficção seria ultrapassada por uma excrecência do fenômeno que ele havia imaginado. Não controlamos a evolução das doenças que diagnosticamos, que provocamos ou que alimentamos. O mundo em que Houellebecq vivia era ainda mais imaginativo do que aquele que descrevia.

Alonguei os músculos enquanto ele chamava *Submissão* de "sátira", de "ficção política, não necessariamente verossímil". Fiz flexões enquanto ele descrevia a reeleição de François Hollande como "um truque de prestidigitação que cria uma perturbação, uma situação estranha no país". Fiz a postura da vela enquanto ele dizia que a democracia saía ridicularizada dessa eleição, e devo ter começado os abdominais no momento em que ele dizia que o islã descrito em *Submissão* lhe parecia, no fim das contas, mais moderado. "Creio que há muito piores", ele disse, rindo imperceptivelmente, enquanto eu ofegava e contraía os músculos. Em duas horas, ele teria razão.

Devo ter ouvido a entrevista com uma atenção não totalmente flutuante. Descrevo-a agora como talvez o fizesse na crônica da edição seguinte de *Charlie*, de 14 de janeiro, se o atentado não tivesse tornado obsoleto o que foi dito naquela manhã. O apresentador Patrick Cohen, que tem ouvintes demais para não confundir seu papel, seu personagem e sua função, parece surpreso, quase indignado, pela maneira de o escritor atiçar o fogo. Ele diz: "Lembro que os muçulmanos, na França, são 5% do eleitorado. Cinco por cento!". Houellebecq: "Sim. Isso mesmo. Fico desolado; para mim, é muito constrangedor que algumas pessoas não possam ter representação". Como costuma acontecer, ele não está errado, os muçulmanos são mal representados na França, e, como sempre, ele é perverso: faz dessa população uma ameaça, enquanto afirma defender seu direito à representação. Cohen reage: "O senhor essencializa os muçulmanos". "O que quer dizer com 'essencializar'?", pergunta o escritor, que sempre, implacavelmente, identifica aquilo que Gérard Genette chama de "midialeto": as belas palavras que minha profissão repete sem pensar e que não passam de signos de uma moral automática. Cohen se atrapalha um pouco e, como gosta de ter a palavra final, ataca: "No fundo, o que o senhor narra, o que imagina nesse romance, é a morte da República. É isso que deseja, Michel Houellebecq?".

Nesse momento, a entrevista desanda para o típico mal-entendido — um mal-entendido alimentado pela virtuosística ambiguidade de Houellebecq. Sem dúvida, foi quando decidi fazer meus agachamentos com a ajuda de um cabo de vassoura. Cohen interroga o convidado não mais como um romancista, mas como um ideólogo ou um político: tenta de tudo para evitar falar do texto. Houellebecq entendeu isso faz tempo, talvez desde o início, e vai e volta sem parar, cruzando a fronteira entre literatura e política como um glorioso contrabandista, acima de tudo para enriquecer seu negócio. Sou um pássaro, vejam minhas asas, sou um camundongo, vivam os ratos! "Não sei o que quero", ele diz a Cohen, antes de acrescentar com sua ironia melíflua: "posso me adaptar a diferentes regimes, hein...". No vídeo, podemos vê-lo esfregando a orelha como um cachorro velho. Parece coçar as pulgas que o outro lhe envia. Cohen: "O senhor não tem ponto de vista?". "Não, não muito." O jornalista insiste: "Mesmo assim, percebe-se, lendo seu livro, que não é possível escrever um romance como esse sem ter um ponto de vista". Houellebecq responde na qualidade de romancista: "Não, justamente, o que mais se precisa para escrever um romance como esse é não ter ponto de vista. Há vários personagens com ponto de vista nesse romance. Melhor não ter ponto de vista para deixar que tomem a palavra, um de cada vez".

A seguir, falam da relação da França com seus muçulmanos, e o escritor diz: "Não, no fim das contas, depois de uma leitura aprofundada do Alcorão, tenho certeza de que se pode negociar. O problema é que sempre há margem para interpretação. Pegando uma sura, explorando-a a fundo, eliminando cinco outras, pode-se chegar ao jihadismo. É realmente preciso uma grande dose de desonestidade para ler o Alcorão e chegar a isso, mas é possível". O que fazem os assassinos, enquanto isso? Leem uma sura, que dentro de duas horas e meia exploram a fundo? Creio ter chegado ao fim de meus exercícios enquanto Houellebecq dizia que a República não era um de seus absolutos. Desliguei o rádio e fui tomar banho.

Depois, pensei em *Noite de reis*. Eu ainda não havia decidido, ao sair de casa, se escreveria meu artigo direto no *Libération* ou se primeiro participaria da reunião de pauta do *Charlie*: o primeiro jornal ficava a caminho do segundo. Como era a primeira reunião do ano, seria bom revê-los todos, principalmente Wolinski, com quem era sempre um prazer encontrar. Mas Shakespeare me esperava... Eu estava indeciso.

Escrevi a Gabriela dizendo que Princeton havia confirmado minha ida e que eu tinha comprado a passagem. Escrevi a uma editora dizendo que gostaria de me encontrar em Nova York com o escritor Akhil Sharma. Ele publicava um romance, *Family Life* [Vida de família], que tinha um início que me agradava e que nunca acabei de ler.

Mais tarde, entre centros cirúrgicos e cuidados intensivos, entre morfina e insônias, várias vezes imaginei o relato resultante dessa entrevista. Eu encontrava o escritor em seu bairro, no Brooklyn ou no Queens, dependendo do devaneio. Bebíamos chá e falávamos da Índia, onde ele havia nascido e para onde eu não viajava fazia muito tempo. Falávamos de imigração e literatura como companheiras ideais, ainda que geralmente estivessem separadas. Caminhávamos pelo bairro nova-iorquino de sua infância. Eu voltava para lá mais tarde, para jantar com Gabriela, que era louca por comida indiana. Eu detalhava os pratos, os cheiros, o lugar, os garçons, nossas discussões. Às vezes acabava na Índia com Gabriela, em Bombaim ou Madras, em vez de Délhi. Quando era em Madras, nos beijávamos no pequeno aquário que Henri Michaux havia descrito e que por isso eu tinha visitado. De preferência o fazíamos diante de um dos baiacus que, segundo ele, tinham "uma cara muito estufada, inchada, sem forma, como um odre". Você parece um deles, ela me dizia, pois eu estava desfigurado. E ríamos. Depois imaginávamos a vida de cada animal, não uma fábula, mas sua história: como ele havia chegado ali, o que sentia, como coexistiam dentro dele as sensações de aprisionamento, de luz, de olhares atrás do vidro e de morte. Eu saía desses devaneios um pouco tarde demais para não me sentir entristecido e esgotado por sua fraqueza, sua impossibilidade e pelas dores nervosas que provocavam.

O misterioso Akhil Sharma não foi o único a participar dos fragmentos de vidas que não tive. Eu com frequência imaginava os diferentes encontros que teria tido em Cuba se tivesse escapado do atentado. Uma semana antes, depois de uma longa estada na França, minha ex-sogra voltara para Havana, onde vivia, e insistira para que eu a acompanhasse. Eu ficara tentado, mas a perspectiva de me encontrar com Gabriela em Nova York me fizera mudar de ideia: eu contava ir a Cuba, para uma reportagem do *Libération*, no mês seguinte. Nunca mais voltei. A editora me passou as coordenadas de Akhil Sharma 45 minutos depois do atentado. Ainda não sabia de nada. Só fui ler o e-mail dez dias depois. Como tantos outros, chegava de outro mundo. Só respondi em fevereiro.

Ainda escrevi um e-mail a respeito de Houellebecq para Claire, minha amiga e chefe. A irritação, que em mim nunca está muito longe, ressurgiu. Na France 2 e na France Inter, contei-lhe, achei que ele parecia "uma espécie de personagem 'gurutizado', que não diz nada, e em cujo vazio se perdem as conversas e os julgamentos dos outros — como se ele fosse um profeta. É impressionante a loucura do pessoal do sistema. Isso abre caminho, no sábado, para uma entrevista que espero mais sensata e precisa".

Não me orgulho desse e-mail e de alguns outros do mesmo tipo escritos na sequência, tampouco da frivolidade de que nascem e que eles alimentam. Eu teria preferido "acabar" minha vida anterior com frases um pouco mais calmas, um pouco mais engraçadas, um pouco mais interessantes, ainda que fossem tudo, menos definitivas. Não creio que teria preferido escrever "como se fosse a última frase de minha vida". De todo modo, quando o que vem a seguir acontece por acaso, não temos tempo de preparar nossas roupas, nossos gestos e nossas palavras finais. Aquelas frases anódinas, bastante desdenhosas e não desprovidas de autoindulgência foram escritas como se a vida fosse continuar. Por isso, sinto certa compaixão por aquele que as enviou: são as últimas palavras de um jornalista comum e de um ingênuo. Escritas antes do atentado que é preparado enquanto ele as escreve. Últimas se eu deixar de fora um e-mail a um colega, informando que pensava escrever sobre um livro de jazz intitulado *Blue Note*, que acabara de receber. Esse livro, como se verá, provavelmente salvou minha vida. Escrevo isto, como escrevo todos os dias, a poucos metros dele. Tornou-se meu talismã imóvel; é um pouco pesado para me acompanhar. Meu exemplar anotado de *Submissão*, por sua vez, rolava pelo *Libération*, onde desapareceu.

Um e-mail de Gabriela chegou quando eu ia desligar o computador. Ela me respondia com uma única palavra:

Eba!

Eram quatro horas da manhã em Nova York, ela não estava dormindo, e enquanto eu enfiava o casaco e o gorro para sair, ela me ligou pelo FaceTime. Seu rosto sonolento e sorridente surgiu na escuridão de seu apartamento nova-iorquino. Eu o adivinhava na penumbra, levemente iluminado pela luz azulada do celular. Senti, como era comum acontecer, uma pequena dor, nascida da frustração de não poder atravessar a tela para sentir sua presença, seu calor, seu hálito, seu cheiro. Gostaria de poder recomeçar minha noite lá. Dissemos *"te quiero"* um ao outro, repetimos que logo estaríamos juntos, então murmurei que estava atrasado e que ligaria depois do almoço. Ela me beijou na tela, que deve ter ficado embaçada do seu lado. Desliguei e saí. Subi na bicicleta e foi então, num dos bulevares, na altura do Monoprix, onde parei para comprar um iogurte, que decidi começar pelo *Charlie*.

Quando cheguei, a reunião já tinha começado. Procurei um exemplar da edição daquele dia, mas tinham acabado, e de novo fiquei irritado. Entrei resmungando na sala onde todos já estavam sentados. Havia um lugar ao fundo, entre Bernard Maris e Honoré. Lembro-me de ter dito algo como: "Não deixa de ser incrível que não haja exemplares suficientes para todos no dia em que o jornal é publicado e no lugar em que devemos falar dele". Charb esboçou um sorriso irônico e bondoso que significava: "Pronto, Lançon está tendo seu chilique!". Honoré, com sua habitual gentileza, tirou da mochila um de seus dois exemplares e o estendeu para mim. Éramos um grupo de amigos mais ou menos próximos num pequeno jornal quebrado, quase morto. Sabíamos disso, mas éramos livres. Estávamos ali para nos divertir, nos xingar, não levar a sério um mundo desesperador. Tive vergonha de minha reação e olhei para a capa.

Fora desenhada por Luz, atrasado naquela manhã. Mostrava Houellebecq como um quase mendigo, pálido e bêbado, cigarro na mão, nariz de pinguço e chapéu estrelado na cabeça, ao estilo ressaca de festa regada a muita bebida de baixa qualidade. Acima dele, a frase: "As previsões do mago Houellebecq". Abaixo, as tais previsões: "Em 2015, perco a dentição... Em 2022, faço o Ramadã!". Ele tinha previsto tudo, de fato, menos o atentado. Alguns traços e duas frases resumiam, melhor do que eu poderia, minha irritação diante do circo que se anunciava: virtude agressivamente elíptica da caricatura. No rodapé da página, uma propaganda para um "número especial" sobre a vida do Menino Jesus. Enquanto eu analisava a capa com mais detalhe, a discussão que minha entrada havia interrompido foi retomada. Ergui a cabeça e prestei atenção. O assunto era Houellebecq.

3.
A reunião

Por que eu sempre me atrasava para a reunião de pauta, se quase nunca me atraso? Havia uma espécie de brioche na frente de Cabu. Wolinski desenhava num caderno enquanto olhava com um sorriso para quem estivesse falando. Geralmente desenhava uma mulher, de preferência nua, com curvas elegantes, e a fazia dizer algo engraçado, inesperado, absurdo, inspirado por aquilo que alguém menos engraçado acabava de dizer. Eu adorava sentar a seu lado. Via seu talento transformar a realidade ao vivo, deformá-la para torná-la não mais aceitável, porém mais inteligente, mais fantasiosa e mais burlesca: para fazê-la tornar-se parte da vida desenhada de Wolinski. Naquela manhã, não havia lugar a seu lado.

Fabrice Nicolino ainda não dera início a um de seus monólogos nervosos e melancólicos contra a destruição ecológica do mundo. Fabrice precisava estar indignado para não ficar desesperado, e mesmo assim ficava desesperado — um bon vivant desesperado. A voz estridente e penetrante de Elsa Cayat ecoou, seguida de uma gargalhada selvagem, de bruxa libertária. Eu gostava muito de Elsa: ela sempre parecia estar rindo de Macbeth, dos lacaios que o seguiam e de sua criminosa alienação. Tignous talvez estivesse desenhando. Às vezes desenhava durante a reunião de pauta, e sempre quando ela terminava. Eu gostava de vê-lo trabalhar: cara de criança, atarracado e concentrado, esforçado, lento, os ombros pesados, um artesão. Costumava levar um brioche, mas não o que estava na frente de Cabu naquela manhã. Atrás, sentavam Laurent Léger, de silhueta alongada e sorriso discreto que mascaravam sua preocupação com uma nova cruzada contra algum abuso de poder ou alguma corrupção, e Franck Brinsolaro, o guarda-costas de Charb, que parecia ouvir distraidamente as falas e discussões, e mais uma vez me perguntei, observando seu rosto, o que devia pensar de todas as asneiras que pipocavam em torno da mesa, pois estávamos ali para isso: falar asneiras. Falar qualquer coisa que nos passasse pela cabeça, brigar e rir sem nos preocuparmos com boas maneiras ou hierarquias, sem sermos razoáveis ou sensatos, e menos ainda sábios. Falar para acordar.

Insisto, leitor: naquela manhã, como nas outras, o humor, a provocação e uma forma teatral de indignação eram os juízes e os batedores, os bons e maus espíritos, numa tradição muito francesa que não era nem boa nem má, mas que logo se revelaria estranha ao restante do mundo. Eu tinha demorado para me livrar de minha seriedade e aceitá-la, e aliás não tinha tido total sucesso. Não fora programado para compreendê-la, e além disso, como a maioria dos jornalistas, eu era um burguês. Em torno daquela mesa havia artistas e militantes, mas poucos jornalistas e menos ainda burgueses. Bernard Maris, sem dúvida, continuava no *Charlie*, naqueles últimos anos, pelo mesmo motivo que eu: porque ali se sentia livre e despreocupado. Contar qualquer coisa sobre tal escritor ou tal acontecimento não era importante até o momento que levasse a algo que os metamorfoseasse: uma ideia, uma piada ou um desenho. As palavras corriam como cães esfomeados, de boca em boca. Nos melhores casos, encontravam uma presa. Nos piores, se perdiam e eram esquecidas entre copos vazios e papéis mais ou menos preenchidos. As pessoas obcecadas por suas competências escrevem artigos rigorosos, certamente, mas acabam carecendo de imaginação. Ali, dizíamos ou gritávamos muitas coisas imprecisas, erradas, banais, idiotas, espontâneas, como se estivéssemos aquecendo o motor, mas quando ele engrenava, a imaginação seguia junto. Eu tinha mau gosto suficiente para não nos poupar de nenhuma de suas consequências.

Como eu ainda não tinha entrado na discussão, passei os olhos pelo local que lhe servia de palco. Era uma sala muito pequena num prédio muito pequeno de uma rua muito pequena, que parecia sem saída. A rua tinha um nome que eu nunca conseguia guardar, de um industrial que, no fim do século XVIII, inventara a conservação de alimentos e abrira a primeira fábrica de conservas do mundo. Nicolas Appert era filho de estalajadeiros. Depois de fazer fortuna, fora arruinado pelo bloqueio continental. Morrera aos 91 anos. Seu corpo fora enterrado numa vala comum. A rua ainda se chama Nicolas-Appert, e agora lembro seu nome, mas isso faz pouco tempo. Ela fica entre a praça da Bastille e a da République, entre a Revolução e a Comuna, diriam alguns amigos, mas seria lisonjeiro demais àquele miserável segmento urbano, onde os arquitetos pareciam ter se unido para vencer um concurso de feiura.

A sede do jornal ficava no segundo andar de um prédio amplamente envidraçado e com cara de Lego, no qual tínhamos tanta vontade de entrar quanto num lava-louça ou numa delegacia. O banheiro comum ficava fora do *Charlie*, a alguns metros, no meio de um corredor sempre deserto. Mais tarde, no hospital, esse banheiro adquiriu para mim uma importância retrospectiva — como uma porta que não cessarei de abrir. Ele me fazia vislumbrar a fuga e um outro destino, embora desse para uma parede de tijolos. Eu me imaginava mijando enquanto os assassinos entravam. Não, não imaginava: todo intubado, vivia aquela cena. Estava naquele banheiro quando eles chegaram e mijava enquanto matavam todo mundo, sem saber de nada, sem ouvir nada.

Numa versão, eu voltava do banheiro no momento em que eles estavam saindo da sala do *Charlie*, cruzava com eles no corredor e eles me matavam. Em outra, eles me faziam de refém e, por alguma razão misteriosa que meu estado me impedia de descobrir, eu era poupado. Numa terceira versão, um dos assassinos entrava no banheiro para verificar se não tinha deixado ninguém para trás e eu segurava a respiração, equilibrado em cima da patente. Quantas vezes vi esse tipo de cena em filmes? Às vezes o assassino me descobria, às vezes não. Numa quarta, eu saía do banheiro depois de eles terem ido embora, sem ter ouvido nada, e me deparava com o massacre, meus companheiros mortos e feridos. Essa versão se encerrava ali, pois, tendo sido ferido, eu não conseguia me desdobrar a ponto de me imaginar socorrendo a mim mesmo. Como nas anteriores, eu abandonava essa versão assim que ela se tornava um filme no qual me era proibido atuar. Cada versão provocava, cedo ou tarde, um estado de pânico ou tristeza do qual eu não podia escapar mais do que daquele maldito banheiro.

De volta à sede. Ela atestava o progressivo, caótico e alegre empobrecimento do jornal que a ocupava. Falávamos ao mesmo tempo naquela sala apertada, como se, diante do desaparecimento dos leitores, esses ingratos, as paredes aos poucos tivessem se estreitado, como na caçamba de um caminhão de lixo, em torno de corpos e palavras. Os gritos, as risadas e as discussões me lembravam de Cuba, ilha onde as pessoas falam alto e alardeiam humores extravagantes, como loucos num asilo em que ninguém os ouve, mas que acabam conseguindo o que querem de tanto dizerem tudo e qualquer coisa. Era provável que o velho semanário satírico acabasse seus dias em breve, bem sabíamos, e, fatalistas, ríamos. Nós? Eu fazia parte desse "nós"? E, se fazia, o que isso queria dizer?

Na adolescência e na juventude, num subúrbio ao sul de Paris, eu lia o *L'Express*. Era o jornal que meus pais assinavam. Era um bom jornal, na época: um projeto, um estilo, uma unidade, grandes reportagens, boas crônicas, grandes nomes.

Eu admirava Raymond Aron, que para mim representava tudo o que parecia me faltar: cultura associada à razão. Um dia lhe escrevi uma carta, talvez porque fosse impossível escrever a um morto que se chamava Sartre, e ele me recebeu em seu escritório. Tinha a pele pálida e fina como um pergaminho, um nariz grande, e não teria me deixado mais impressionado que um dinossauro. Creio que estava contente de receber um jovem, mesmo um jovem sem talento específico, ele que havia sido tratado por todos os sartrianos e por toda a geração de 1968 como um professor dublê de velho estúpido. Falamos de *A náusea* e de *A metamorfose*. Eu disse que tinha tido dificuldade de ler o primeiro no liceu. Ele se irritou que nos fizessem ler a obra tão cedo. Balançava a cabeça, resmungando: "É difícil demais para vocês! Difícil demais... É preciso amadurecer um pouco para compreender o alcance desse livro". Percebi, enquanto ele falava, toda sua melancólica admiração por Sartre. Sobre *A metamorfose*, ele disse uma banalidade: "É um enorme pesadelo!". Senti-me culpado por não poder dizer nada que transformasse aquela banalidade em ouro, mas ela estava na medida certa. Eu a merecia. A banalidade era eu.

Às vezes eu também lia o *Charlie Hebdo*, na casa de um colega, e ria junto com ele. Se um de nossos heróis era Corto Maltese, o outro era Reiser, de quem líamos todos os livros com uma alegria quase frenética. Como eu não tinha nenhum senso político, não ia além disso. Do *Charlie* lembro-me apenas de uma capa: uma grande régua para medir o próprio pau; além de certo tamanho, explicava o desenho, estava-se na categoria dos negros, dos judeus, dos árabes e dos imigrantes. Ao menos essa é minha lembrança, e não quero verificar se está certa. De todo modo, resumia o espírito do jornal. Partir do ponto de vista ou da fantasia mais abjeta ou mais ridícula para transformá-la por meio do absurdo numa grande gargalhada e com o máximo de mau gosto possível — esse era o humor do *Charlie* numa época em que o "bom senso" era o capacho mais compartilhado pelos homens de sapatos bem engraxados, aquele para baixo do qual a sociedade pós-gaullista varria suas pequenas imundícies. O *Charlie* era uma bandeira de caveira ondulando sobre os Trinta Gloriosos. Para adolescentes revoltados com tudo, muitas vezes a contragosto, e que tão naturalmente afogavam sua revolta em besteiras, aquele humor servia de guia, de válvula de escape e de estimulante.

Pelo que me lembro, eu ficava assustado com a brutalidade das atitudes e das palavras daquela época. Depois de um breve episódio de revolta e esperança, a sociedade passava de volta pelo cinza para chegar ao berrante, aquele dos anos 1980, e à abjeção inculta, demagógica e desigual da qual nunca mais saímos. Eu não tinha consciência de nenhum dos dois. Era jovem demais, indolente demais e mal informado demais para isso; mas sentia essa transição e sofria. Minha família era de direita. Meu colégio e meu liceu eram de esquerda. Eu não era nada. Militantes de todo tipo, que ainda floresciam, horrorizavam-me com o barulho que faziam. Giscard era presidente; Barre, primeiro-ministro; a relação geométrica entre o corpo dos dois, um alto e magro, o outro baixo e gordo, isso sim me divertia. Ainda não existiam fantoches de seus personagens. Eu os criava para mim.

No entanto, o pessoal de esquerda tinha seus alvos preferidos, que circulavam pelo liceu como num parque de diversões. Tinham nomes de ministros que já morreram e que, se eu os citasse, não diriam mais nada a ninguém, exceto a pessoas que ninguém sabe se ainda vivem. Voltava-se a falar em Mitterrand, que eu achava muito feio, com seus dentes salientes e seus olhos piscantes, e Giscard me parecia ridículo com aqueles sibilos nobiliárquicos. Era isso a política? Eu tinha quinze anos, lia Céline e Cendrars — e deixo ao leitor a tarefa de compreender como esses escritores podiam incitar um garoto a querer escapar das perspectivas de seu meio. Alguns professores às vezes nos levavam a manifestações dentro de uma caminhonete. Eu seguia, subia, caminhava, esquecia. Falava-se muito em antirracismo.

No liceu, os árabes eram majoritariamente relegados ao LEP, o liceu de ensino profissional. Era uma população estrangeira, com quem só cruzávamos, através de seus membros mais agressivos, na garagem do subsolo, onde alguns faziam a limpa — era a palavra que usávamos — nas mobiletes, enquanto outros ficavam de guarda. Dizia-se que andavam com facas, evitava-se descer à garagem nas horas mortas. Talvez fosse uma fantasia. Não fui verificar. Minha mobilete, uma Peugeot 104, foi limpa várias vezes. Eu ficava triste, mas não muito surpreso, pois aquilo parecia fazer parte de minha condição de pequeno-burguês. Eu não era nada, mas imagino que era de esquerda, sem saber e sem me preocupar com isso. Vivia, como muitas crianças de classe média branca, num mundo sem árabes, sem negros, a não ser de longe, e não creio ter ouvido uma única vez, naqueles anos todos, alguém pronunciar a palavra "muçulmano". O aiatolá Khomeini, que começava a se tornar conhecido, era chamado de aiatolá Frajola. Aquele barbudo com cara de vovô e com um turbante na cabeça que lembrava o grão-vizir Iznogud era levado tão a sério quanto um desenho animado ou uma história em quadrinhos. A violência estava em toda parte, mas não existia. Na sala de aula, um amigo judeu chamava Napoleão de pequeno Hitler, e o professor de história, um comunista apaixonado por Gracchus Babeuf, não o desmentia. Eu gostava muito da professora de uma disciplina facultativa de literatura. Ela era hippie, entusiasmada, excêntrica, e me fizera descobrir, entre outros, Richard Wright e Panaït Istrati. Não me esqueci nem de seu cheiro de incenso, nem de seu corpo pesado envolto em panos soltos, como se estivesse voltando de uma temporada num *ashram*, nem de seu sorriso de dentes feios, nem de seus longos cabelos castanhos nunca penteados, em luta com os lenços que os continham, mas me esqueci de seu nome.

Na biblioteca de meus pais, havia muitos sucessos editoriais, prêmios literários: a classe média comprava livros e, ao contrário do que se costuma pensar, eles eram lidos, qualquer que fosse o seu valor. Foi assim que descobri e gostei de dois livros de Cavanna, *Les Ritals* e *Les Russkoffs*. Nunca deixamos de ser tudo que já fomos: 25 anos depois, quando vi no *Charlie* aquele homem forte e refinado, de voz aguda e fraca, com seu bigodão branco, não foi o jornalista do *Libération* que olhou para ele, mas o aluno que havia lido seus livros, deitado num beliche, à luz de uma pequena lamparina, ao lado de um grande mapa da Indochina.

Até o fim, Cavanna me intimidou. O jovem leitor se manteve mais forte e mais presente do que o homem que se tornou seu colega. Não perdi nenhuma de suas últimas crônicas, cada vez mais breves, nas quais ele narrava com raiva e humor o avanço do Parkinson e do declínio. Um dia, Charb me disse com um sorriso satisfeito: "Mais uma crônica maluca. Ele vai escrever até o fim, não seremos poupados de nada, e você vai ver que continuará do fundo da cova, de onde o ouviremos falar da vida das varejeiras". Cavanna estava certo de ir o mais longe possível, de não recuar em nada, e eu daria tudo para que os mortos que me acompanham pudessem escrever o que vivem, ou não vivem, onde estiverem, como estiverem. Gostaria de conhecer seus manuais de decomposição, seus risos cheios de terra, porque houve um período, de algumas semanas, em que me pareceu viver com eles, entre eles, através deles, e em que a sensação de que se afastavam me causou mais tristeza e solidão do que tudo o que ainda precisaria enfrentar.

Havia muita gente no enterro de Cavanna, no Père-Lachaise. Durante a cerimônia, alguns cartunistas desenhavam. Se bem me lembro, eu estava sentado ao lado de Tignous, no lugar reservado para a equipe do jornal. Como sempre, sentia-me estranho e orgulhoso de estar ali, entre eles e como um deles. Foi em 6 de fevereiro de 2014. Chovia um pouco. Apareço por dois segundos num vídeo do YouTube, na rua, com Charb, Luz, Catherine e Patrick Pelloux. Um morreu, os outros foram embora. Meu rosto aparece em segundo plano entre a cabeça deles, sorrindo. Uma grande careca brilha sob o céu cinza: não sei de quem é. Estou com o gorro vermelho-ferrugem, o casaco e o rosto que usarei pela última vez no dia do atentado. Charb parece mais rechonchudo do que eu lembrava. A lembrança de sua morte o terá emagrecido? Tem uma expressão fleumática. Catherine está séria. Eu os vejo viver, em algumas imagens fugazes, enquanto Cavanna é enterrado, e penso em outra coisa. Alguns dias depois da *fatwa* pronunciada pelo aiatolá Khomeini contra Salman Rushdie, este comparece ao enterro do amigo Bruce Chatwin. Outro escritor, Paul Theroux, se vira para ele durante a cerimônia e diz: "Ano que vem estaremos aqui de novo, mas por você". No enterro de Cavanna, ninguém teve uma dessas manifestações de humor inglês pelos futuros mortos. Era imprevisível, ou prematuro. O enterro do fundador do *Charlie* marcou o fim de uma era, como se diz, como todos dizíamos. Foi o último enterro de um camarada antes do atentado. Ele participou das reuniões da redação o máximo que pôde. Se tivesse vivido mais um ano, talvez estivesse presente no dia 7 de janeiro. Há vezes em que os ausentes têm sempre razão.

Tenho uma lembrança precisa do dia em que disse a outro ausente, Philippe Val, então diretor do jornal e amigo, que aceitava escrever para o *Charlie*. Era um belo dia parisiense de fim de primavera. Fui vê-lo num vernissage para anunciar minha decisão, depois fui casar dois americanos desconhecidos no Jardin du Luxembourg. Um amigo, correspondente nos

Estados Unidos, conhecera ao longo de uma reportagem um jovem advogado que defendia a causa dos indígenas em Oklahoma. Ficara fascinado com sua inteligência, sua tenacidade e sua eficácia. Os dois se tornaram amigos. Jon tinha acabado de se casar com uma jovem, Pamela, e os dois queriam aproveitar a lua de mel para celebrar o casamento de novo, simbolicamente, em Paris. Os americanos às vezes fazem essas coisas. A cidade representava o amor — uma forma agradável e eterna de amor, tocada pela graça de suas pontes e de seus prédios. Meu amigo me pediu para casá-los. Aceitei. Minha mulher, Marilyn, ficou encantada com a aventura. Devíamos encontrá-los no hotel em que estavam hospedados, no Boulevard Saint-Michel, e procurar juntos um lugar adequado para a cerimônia. Eu diria algumas palavras e os casaria. Para me preparar, reli um de meus livros preferidos, *Paris é uma festa*.

Antes de se suicidar, Hemingway relembra a Paris de sua juventude, a cidade em que foi pobre, amou e se tornou escritor. Toda sua lacônica depressão é expressa no livro, toda sua sensibilidade, toda sua aspereza também, tudo o que nasce e vive no paraíso perdido. Eu voltava com frequência a esse livro. Quanto mais envelhecia, mais me parecia que ele remetia o leitor à idade, variável segundo cada um, em que ele estivera menos distante de seus sonhos. Ele atraía o leitor para o labirinto sem saída da nostalgia, para o espelho sem compaixão dos fracassos. Eu seguia relendo o livro porque ainda não encontrara, em mim, essa idade mágica deixada para trás. Eu a buscava enquanto Hemingway me falava da sua. Eu buscava, esperava, não encontrava, e agora sei que não virá. Está enterrada em algum lugar antes do dia 7 de janeiro, se é que existiu. Pouco importa. Não tenho mais nostalgias ou arrependimentos: nesse plano, o acontecido me tirou tudo.

Depois dos atentados de 13 de novembro, *Paris é uma festa* se tornou um best-seller, por um motivo sem relação com seu conteúdo, ligado apenas à tradução do título. As pessoas queriam que Paris fosse uma festa, que continuasse sendo, desesperadamente: como Hemingway desesperadamente quisera, uma última vez, não totalmente em vão, para si mesmo.

Marilyn e eu estávamos vestidos para a ocasião. Eu usava um terno preto sem colarinho que me faria passar por um pastor. Maquiada e de cabelo feitos, ela usava uma calça bordô, uma blusa branca e um casaco chinês comprado em Hong Kong no inverno anterior. Jon e Pamela nos esperavam, sentados, na entrada do hotel. Usavam shorts, camisetas e bonés. Marilyn olhou para mim: os americanos casavam daquele jeito, mesmo num casamento simbólico? Houve certa hesitação, até que Jon entendeu o que não estávamos entendendo. O casamento seria no dia seguinte. A ideia para hoje era caminhar por Paris, fazer um reconhecimento de campo, como nos filmes, e escolher o local para a cerimônia. Eles acabaram escolhendo a Fontaine Médicis, no Jardin du Luxembourg.

Depois de nos despedirmos, passamos pela galeria do vernissage para a qual Philippe Val me convidara. Eu tinha anunciado minha decisão: escreveria no *Charlie*. Falara a respeito com Serge July, diretor do *Libération*, que não tivera objeções a fazer. Serge tinha sido meu primeiro chefe e o era de novo: sua opinião era essencial para mim, mas não pelos motivos que se poderia esperar. O *Libération*, tal qual o *Charlie*, não era uma empresa como as outras. Lá dentro, a liberdade reinava, e era mais ou menos impossível impor qualquer coisa a quem quer que fosse. Em suma, as velhas palavras de ordem estavam vivas: era quase proibido proibir. Os que se opunham a Serge, ou aos nomeados por ele, insistiam no "quase", e às vezes se diziam censurados. Eles estavam certos, e ele não estava errado: fazia parte do jogo. O *Libération*, na verdade, era um lugar de poder sem autoridade. Os conflitos podiam surgir violentamente à sombra de Serge, ora próximo, ora distante, como um animal selvagem. Havia vencedores e vencidos. Serge nunca estava do lado dos vencidos. Embora isso não fosse algo que agradasse à moral dominante, era uma grande virtude. Ele não gostava do fracasso e, a seus olhos, os que perdiam careciam de inteligência, sorte ou energia, ou as três coisas ao mesmo tempo. Todos os demais faziam mais ou menos o que queriam, o que gostavam de fazer: era um prazer intimidante aprender o ofício num lugar em que as pessoas eram tão enérgicas e surpreendentes. O jornal consumia as tropas que armava, e esse movimento implacável permitia apreender os da sociedade. O *Libération* tinha muitos mortos, muito mais do que outros lugares. A vida continuava.

Na época em que o jornal ficava na Rue Christiani, na encosta leste de Montmartre, várias vezes vi Serge almoçando sozinho, com seus jornais, num pequeno restaurante grego. Seu silêncio obstinado e sua mineralidade me pareciam admiráveis: apesar de seu poder e de suas relações, mantinha-se solitário e, no fim das contas, em guerra. Sua cinefilia, seu gosto por Stendhal, sua inteligência metálica, sua independência mental, sua violência fria e sua ausência de sentimentalismo, tudo isso havia me formado e impressionado o suficiente para que a menor de suas opiniões importasse. Ele nunca me proibiria de escrever no *Charlie*, mas poderia me desaconselhar a fazê-lo. Faria isso com um olhar implacável. Eu me sentiria pregado ao chão e não iria. Na galeria, Philippe Val dissera: "Em sua crônica, faça o que quiser. Teste, transgrida, experimente, invente formas. Está aqui para isso". Qualquer que fosse o tamanho do meu talento, foi isso o que procurei fazer.

No dia seguinte, no início da tarde, Marilyn e eu nos encontramos com os americanos. Dessa vez, eles estavam arrumados. Jon usava um terno preto e uma gravata-borboleta; Pamela, um vestido longo na cor creme. Eles não deviam se ver até a hora do casamento. Marilyn levou Pamela ao cabeleireiro, e eu saí para caminhar com Jon. No metrô, na noite anterior, ele tinha conversado com um jovem violonista siberiano que passava o chapéu e tocava muito bem. O violonista nos encontraria no fim da tarde na Fontaine Médicis. Na hora marcada, ele estava lá. Tinha os olhos extraordinariamente claros e doces, lembrava um cervo. Vimos Marilyn e Pamela chegando de longe, enfeitadas e sorridentes. Eu tinha comprado champanhe e taças, baratas mas de vidro. Eles se posicionaram na minha frente. Fiquei de costas para a Fontaine. Marilyn tirava fotos. Li minha fala num inglês aproximativo. Perdi o texto e não lembro mais o que disse, mas ainda guardo algo dele, algo bastante enfático. Depois de mencionar o livro de Hemingway, desejei que Jon e Pamela vivessem o máximo possível todo o amor que, antes da morte, o escritor parecia, ao menos por escrito, lamentar ter abandonado. Renunciara ao que havia de melhor e mais intransigente em si mesmo, ele nos dizia, ao núcleo duro que às vezes se expressa e vive na literatura e na arte, e com essa renúncia aos poucos entrara, não importava qual fosse a qualidade de sua obra, no caminho do suicídio. Esse caminho, na realidade, fora traçado no dia em que deixara Paris e a primeira mulher, Hadley, para se tornar um personagem cansativo, agressivo e masoquista, Papa Hemingway. Terei usado a palavra "suicídio"? Creio que não. A exigência da felicidade pairava sobre a Fontaine. O violonista siberiano começou a tocar. Marilyn chorava um pouco. Um guarda do parque se aproximou para dizer que qualquer tipo de manifestação privada, sem autorização, estava proibida. Marilyn o convenceu a ser um pouco menos chato. Eu a via falar enquanto terminava meu sermão. O guarda se afastou, vigiando-nos, como se Marilyn tivesse conseguido mentir sobre o sentido do que ele estava vendo. Passantes nos observavam com insistente discrição. Enchemos as taças com champanhe, depois Jon e Pamela colocaram uma no chão e, seguindo o costume judaico, quebraram-na com o pé. Marilyn e eu estávamos alegres. A vida e o amor passavam na nossa frente, na frente deles, eram como um belo dia de primavera que nunca chegaria ao fim: prova disso era aquela pequena história, da qual éramos testemunhas e atores improvisados. À noite, eles nos convidaram para jantar, junto com o violonista siberiano, num restaurante do Panthéon. Cozinha francesa tradicional. Pedi um *confit de canard*. Nunca voltei a vê-los. Quatro anos depois, eu tinha me divorciado.

Eu precisava de um café, mas a cafeteira do *Charlie* às vezes não funcionava ou eu é que chegava tarde demais para conseguir uma xícara. O assunto era Houellebecq, e no início não prestei atenção, pois estava pensando em Shakespeare. Eu costumava sair do *Charlie* por volta das 11h30 para ir ao *Libération*, levava quinze minutos a pé ou cinco minutos de bicicleta para pisar em seu carpete azul, mais sujo que um babador. O carpete não era trocado desde sua instalação, em 1987 — vejam só, eu estava lá. A julgar pelo estado das finanças e das redações de sua imprensa menos disciplinada, a França era uma democracia em péssimas condições. Fingíamos ignorar a que ponto isso era verdade, sem dúvida porque não podíamos fazer nada a respeito. Eu vivia nesses dois jornais, segundo processos diferentes mas por motivos semelhantes, a mesma experiência: quanto mais se enfraqueciam, mais eram atacados — tendência que os homens têm de condenar os vencidos, polegar para baixo, antes de esquecê-los.

O *Charlie* teve importância até o momento das caricaturas de Maomé, em 2006. Foi um momento crucial: a maioria dos jornais, e mesmo algumas figuras ilustres do desenho, não se solidarizou com um semanário satírico que publicava caricaturas em nome da liberdade de expressão. Alguns, por declarada preocupação com o bom gosto; outros, porque os muçulmanos não deviam ser provocados. Como se estivéssemos num salão de chá ou na réplica de uma célula stalinista. Essa ausência de solidariedade não foi apenas uma vergonha profissional, moral. Ela contribuiu para, ao isolá-lo e apontar o dedo para ele, fazer do *Charlie* um alvo dos islamistas. A crise que se seguiu afastou do jornal uma boa parte dos leitores de extrema esquerda, mas também os gurus culturais e os influenciadores, que, por alguns anos, tinham feito dele um jornal da moda. A seguir, seu declínio foi pontuado por uma sequência de novas sedes, feias ou muito afastadas, que pareciam destinadas a nos fazer sentir falta da antiga sede na Rue de Turbigo, no coração de Paris, com sua grande sala envidraçada. A mais sinistra era a que ficava num bulevar periférico, incendiada por um lançamento noturno de coquetel molotov, em novembro de 2011. Numa manhã fria e cinzenta, nos vimos diante do que restava do incêndio, depois que a água dos bombeiros acabara de destruir o que o fogo havia arruinado. Os arquivos tinham se transformado numa massa escura. Alguns choravam. Estávamos consternados com uma violência que não compreendíamos direito e que o restante da sociedade, com exceção da extrema direita, por razões e objetivos muito diferentes dos nossos, recusava-se a ver. Não conhecíamos os responsáveis, mas não tínhamos dúvidas de suas motivações.

No dia 7 de janeiro de 2015, por volta das 10h30, não havia muita gente na França para ser *Charlie*. Os tempos tinham mudado, e não podíamos fazer nada. O jornal era importante apenas para alguns fiéis leitores, para os islamistas e para todo tipo de inimigos mais ou menos civilizados, que iam de garotos suburbanos que não o liam aos eternos amigos dos condenados da terra, que o chamavam de racista. Percebíamos o crescimento dessa raiva mesquinha, que transformava o combate social em fanatismo. O ódio era uma embriaguez; as ameaças de morte, comuns; os e-mails ofensivos, numerosos. Às vezes eu ia a uma banca, geralmente árabe, onde me diziam, com uma cara que parecia revelar a própria mentira, que não haviam recebido o jornal. Aos poucos, os ares estavam mudando. Houve um momento, sem dúvida depois do incêndio criminoso de 2011, em que parei, não sem sentir vergonha, de abrir o *Charlie* no metrô. Atraíamos a má vontade das pessoas como um para-raios — o que não nos tornava, admito, nem menos agressivos nem mais inteligentes: não éramos santos e não podíamos responsabilizar os outros pelo fato de o estado de espírito do *Charlie* estar obsoleto. Ao menos sabíamos disso e não deixávamos de rir. Uma noite, Charb me disse num restaurante auvernês de que gostava: "Se for para respeitar os que não nos respeitam, melhor fechar as portas". E continuamos a beber nosso vinho tinto e a comer nossa carne, mandando à merda as religiões e o grande medo dos conformistas, que sentíamos crescer. Desde que tínhamos parado de sentir a necessidade de provar tudo a todos, as reuniões de quarta-feira voltaram a se tornar livres e amigáveis, o que elas tinham deixado de ser ao fim dos anos Val e durante a crise que se seguiu à sua saída. Por ocasião dessa crise, mais uma vez percebi a que ponto o mundo da extrema esquerda tinha talento para o desprezo, a fúria, a má-fé, a ausência de nuanças e o insulto degradante. Nesse aspecto, ao menos, não deixava nada a desejar ao da extrema direita. Ainda me pergunto se, nesse processo de deformação, as convicções deformam o caráter ou se o caráter deforma as convicções.

Bernard Maris começou a dizer tudo o que admirava em *Submissão*. Houellebecq se tornara um amigo e, visivelmente, o afeto se somava à admiração que nutria por ele. Senti uma vontade súbita de ir ao banheiro, mas me contive: a conversa se tornava animada. Cabu reclamou: "Houellebecq é um reacionário". Eu ainda não conhecia o texto horrível que o escritor dedicara a ele muitos anos antes, e ainda me pergunto se Cabu o havia lido, se lembrava de seu conteúdo. Mas sei que ele não tinha lido *Submissão*. Bernard e eu éramos os únicos que tínhamos feito a leitura e fomos os únicos a defendê-lo. Quase todos os outros se mantinham em silêncio ou o atacavam.

Meu mau humor voltou. Mesmo ali, onde tudo era permitido e até exigido, eu detestava debater livros que tinha lido com pessoas que não o tinham. Detestava ainda mais, diga-se de passagem, a aula de literatura que eu estava prestes a dar. Era uma aula inútil, porque o que causava controvérsia não era o livro, mas as opiniões e as provocações de seu autor — seu pedigree, de certo modo. Ora, esse pedigree não deixava dúvidas: o que Houellebecq atacava quase sistematicamente era tudo aquilo por que o *Charlie* havia lutado nos anos 1970. A sociedade libertária, permissiva, igualitária, feminista, antirracista. Seu romance, nesse ponto, era claro: o islamismo sem violência, no fundo, não era tão ruim assim. Colocava os homens e as mulheres no seu devido lugar e, embora não nos livrasse do mal, ao menos nos livrava da angústia de sermos livres. Claro que, como ele havia dito na France Inter, tratava-se de um romance: nenhum dos pontos de vista expressos no livro podia ser atribuído a seu autor. No entanto, deles emanavam certo perfume que correspondia à época. Era ele, Houellebecq, o ícone pop, que o espalhava com seu talento de narrador e sua eficaz ambiguidade. Ele soubera dar forma aos pânicos contemporâneos. *Charlie* é um dos meus dois jornais, pensei comigo mesmo, mas o bom romancista tem sempre razão, pois é e será lido. Creio, de fato, ter feito, junto com Bernard Maris, essa explicação do texto, essa defesa e ilustração de Houellebecq, sob o olhar claro e terno de Sigolène Vinson, cuja delicadeza me tranquilizava. Teria chegado ali naquela manhã, mais leve que uma corça, em sua enorme Harley-Davidson? Eu não a vira na rua quando estacionei minha bicicleta. Bernard falava, eu falava, Cabu praguejava, Wolinski desenhava, sorrindo. Perguntei-me se eu não acabaria em seu caderno, ao lado de uma mulher pelada me dizendo algo como "Cale a boca!", numa forma que eu seria incapaz de inventar. Mas devia estar desenhando um nu inspirado em Sigolène, cujo charme e silhueta ele admirava. Inventava criaturas belíssimas, muito atraentes, para lhe dizer abertamente, insolentemente, tudo o que ele gostaria de falar ou ouvir. A beleza tem desses privilégios.

Não sei mais como nem por meio de quem a discussão passou do romance de Houellebecq para a situação dos subúrbios, mas imagino que os muçulmanos tenham sido uma transição natural. "Como chegamos a esse ponto?", alguém perguntou. "Como foram deixar populações inteiras assim, à deriva?" Era Tignous, acredito, que começou a atacar a esquerda e as políticas dos últimos trinta anos. Bernard Maris reagiu na mesma hora: "Não! Não é culpa do Estado! Colocaram toneladas de dinheiro nos subúrbios. Tentaram de tudo, tudo, e nada deu certo!". Tignous levantou a voz. Falou do subúrbio de onde vinha, Montreuil, e dos amigos de infância. Muitos estavam mortos, presos ou detonados: "Eu consegui sair, mas e eles? O que fizeram por eles, para que tivessem uma chance? Nada! Não fizeram nada. E continuam a não fazer nada pelos próximos, por todos os jovens que não têm trabalho nem coisa alguma, que ficam vadiando pela periferia e que estão condenados a se tornar o que hoje são, islamistas, loucos radicais, e não venha me dizer que o Estado fez tudo por eles. O Estado não fez absolutamente nada. Ele os deixa morrer. Não está nem aí há muito tempo!". Reconstituo, resumidamente, uma fala muito mais cortante, colérica, clara, uma fala que vinha do coração, lápis em riste, transformada pelo sotaque popular do desenhista num grito de raiva a favor dos marginais, dos desempregados, dos assaltantes, dos negros, dos muçulmanos, dos terroristas. Bernard se calou e eu pensei que estava na hora de ir embora.

4.
O atentado

Eram 11h25, talvez 11h28. O tempo desaparece quando tento recordá-lo com segundos de precisão, como uma tapeçaria tecida por uma parca chamada Penélope, em que o conjunto dependesse de cada pequeno ponto individual. Tudo se conserva, mas tudo se desfaz.

Levantei-me e vesti o casaco. Estava na hora de ir para o *Libération* escrever sobre *Noite de reis*, mas primeiro sobre *Blue Note*, o grande livro de jazz guardado na mochila trazida cinco anos antes de Medellín, na Colômbia. Era uma pequena mochila preta de pano, muito leve, com reproduções de caricaturas de celebridades nacionais. Eu raramente a tirava. Ela desapareceu.

Eu a ganhara do escritor Héctor Abad, autor de um livro sobre a vida e a morte de seu pai e a trágica história de seu país, *A ausência que seremos*. Estávamos no sebo que ele havia montado com alguns amigos. Fiquei sabendo, mais tarde, que por falta dinheiro tiveram que mudar de endereço. Sempre gostei das pequenas livrarias em que os livros velhos invadem todos os cantos e parecem ocupar o espaço do próprio ar. São como abrigos no meio das cidades, no meio das florestas. Tenho a impressão de que nada de ruim pode acontecer dentro desses lugares: são labirintos sem angústias ou ameaças. Aquele sebo era bem pequeno e se chamava Palinuro.

Palinuro é o timoneiro de Eneias. Apolo o faz dormir durante uma travessia noturna. Depois de cair na água junto com o leme, ele chega a uma praia onde é assassinado por homens cruéis. Sua alma vagueia pelo inferno, onde Eneias o encontra — ele pensava que seu timoneiro tivesse apenas se afogado. A sombra de Palinuro lhe narra seu verdadeiro fim. É preciso alcançar os mortos para descobrir até onde eles chegaram, mas naquele dia, às 11h25, talvez 11h28, mochila preta de pano no ombro, eu ainda não sabia disso. Netuno prometera a Vênus que Eneias e os seus chegariam sãos e salvos ao porto de Averno, mas essa imunidade teve seu preço: "Um só será perdido e procurado no abismo. Por essa multidão será dada uma cabeça, só uma".

O pai de Héctor, militante democrata, é assassinado em 1987 por sicários paramilitares numa calçada de Medellín. Seu filho logo chega ao local do crime. Num bolso da roupa do pai, encontra um poema atribuído a Borges, que começa com o verso que dá título ao livro: "Já somos a ausência que seremos". Ele é o talismã e o último vestígio, o último mistério do morto. Como o poema não é uma obra repertoriada, sua autenticidade é contestada. Héctor vai de um canto a outro do planeta atrás de sua origem incerta. Sua busca é objeto de um segundo livro, *Traiciones de la memoria*. Verificar se o poema é falso ou não se torna essencial. Ele é a mensagem que seu pai, sem querer, lhe deixou. A investigação dos vestígios de uma vida brutalmente interrompida é o que nos resta quando a morte leva aqueles que nos fazem falta, e é o que nos deixa, de certo modo, sozinhos no mundo. É comum o investigador desse tipo ser criticado por sua obsessão, porque ele não pode ser criticado — não imediatamente — por sua tristeza ou aflição. Os que não ficam obcecados, os que passam para outra coisa, os elegantes e os indiferentes, não vivem no mesmo mundo em que ele precisa viver. Existem várias maneiras de repassar de novo e de novo a versão dos próprios lutos, sem dúvida. Mas, como na escola, uma vez entregue o trabalho final, não existe borracha para apagar o que aconteceu.

Aquela pequena mochila sempre me lembrava de Héctor, de seu livro, da morte de seu pai, da vida e da morte do narcotraficante Pablo Escobar, dos poemas de Borges e da beleza do vale de Medellín. Com ela, sentia-me aqui e longe daqui, aberto a toda a humanidade, e tinha a sensação de poder a todo momento voltar para a Colômbia, país onde, em meio à beleza mais extrema, as coisas mais horríveis haviam sido cometidas. Estava saindo quando, vendo Cabu, peguei o livro de jazz para lhe mostrar — mostrar especialmente uma foto do baterista Elvin Jones.

Em 2004, depois de saber de sua morte, escrevo uma crônica sobre ele no *Charlie*. Cabu se lembra das circunstâncias em que viu o baterista no festival de Châteauvallon, ao ar livre. Ele me fala a respeito e eu insiro sua lembrança na crônica: "De repente, estoura uma tempestade. É violenta. Pouco a pouco todo mundo, músicos e público, desaparece, como em *A sinfonia do adeus*; todo mundo, menos Jones. Fora de si, descontrolado, batendo o compasso do além-túmulo, o gigante de mãos de aço anima peles e couros entre relâmpagos, sozinho como um deus esquecido, um deus oriental de mil braços. A tempestade parece criada por ele, para ele. Ele se funde a ela. Tem cinquenta anos esse trovão". Era 1977. Vinte e sete anos depois, Cabu faz um desenho que, publicado ao lado da minha crônica, lhe confere um valor que ela não tem, que em todo caso não teria sem ele: ser "ilustrado" por Cabu, especialmente sobre jazz, ou melhor, acompanhar por escrito um de seus desenhos me faz voltar a uma adolescência feliz, em que eu descobria Céline, Cavanna, Coltrane e Cabu. É mais ou menos como se, em 1905, escrevendo um romance que se passasse no mundo das bailarinas, as ilustrações do livro fossem de Degas.

Se Elvin Jones não tivesse morrido, eu não teria escrito essa crônica. Se eu não tivesse escrito essa crônica, Cabu não teria feito seu desenho. Se Cabu não tivesse feito seu desenho, eu não teria parado para lhe mostrar, naquela manhã, o livro de jazz que me fizera lembrar dele. Se não tivesse parado para mostrar o livro, eu teria saído dois minutos antes e teria me deparado, na porta de entrada ou na escadaria, refiz esse cálculo cem vezes, com os dois assassinos. Eles, sem dúvida, teriam atirado uma ou várias vezes na minha cabeça e eu teria me unido aos outros Palinuros, meus companheiros, na praia dos homens cruéis e no único inferno que existe: aquele onde não vivemos mais.

Coloquei o livro de jazz em cima da mesa de reunião e disse a Cabu: "Olha, queria te mostrar uma coisa...". Levei algum tempo para encontrar a foto que procurava. Como estava com pressa, pensei que deveria ter marcado a página; mas como poderia ter feito isso se não sabia, até um minuto antes, que a mostraria a ele? Eu não sabia que ele estaria presente naquele dia — embora raramente perdesse uma reunião de quarta-feira: Cabu tinha desenhado uma infinidade de alunos vagais, mas era um cdf.

A foto de Elvin Jones data de 1964 e aparece nas páginas 152 e 153. É um close-up. Ele acende um cigarro com a mão direita, enorme e fina, que segura as duas baquetas em cruz. Usa uma elegante camisa com um xadrez miúdo, ligeiramente aberta. As mangas não estão arregaçadas. De olhos fechados, ele puxa o ar pelo cigarro. Um pedaço de seu rosto, imponente e anguloso, é capturado no triângulo superior desenhado pelas duas baquetas, como num quadro cubista. A fotografia foi tirada durante uma sessão de gravação de *Night Dreamer*, um disco de Wayne Shorter. Cabu, como eu, achou-a linda. Fiquei feliz de mostrá-la. O jazz, no fim das contas, era o que mais nos aproximava. Quanto ao livro, ele já o conhecia.

Nós o folheamos e eu voltei a fechá-lo quando Bernard, aproximando-se, me disse: "Não quer escrever sua crônica sobre

Houellebecq?". Eu era sensível a seu entusiasmo, sempre anunciado com um grande sorriso bondoso; sensível àquela candura muito particular, não desprovida de malícia, que nascia de seus acessos de simpatia e de sua eterna curiosidade, mas respondi mais ou menos assim: "Ah, não! Acabei de escrever no *Libération* o que pensava, não quero mais essa punheta". Da outra ponta da mesa, Charb lançou: "Ah, por favor, bate essa punheta pra gente...". Alguns sorrisos se esboçaram e foi então que, depois da piada, um estampido seco, como um petardo, e os primeiros gritos na entrada interromperam o fluxo de nossas piadas e de nossa vida. Não tive tempo de guardar o livro de jazz na pequena mochila preta de pano. Não tive nem tempo de pensar nisso, e tudo que era normal desapareceu.

Quando a morte não é esperada, quanto tempo se leva para sentir a sua chegada? Não é apenas a imaginação que é superada pelos acontecimentos; as próprias sensações o são. Ouvi outros pequenos estampidos secos, não eram como as estrondosas detonações dos filmes, não, estalos surdos e sem eco, e pensei por um momento que... mas no que pensei, exatamente? Se escrevesse uma frase como "pensei por um momento que tínhamos visitantes inesperados, talvez indesejáveis ou mesmo absolutamente indesejáveis", imediatamente eu a corrigiria segundo uma gramática que não existe. Ela uniria todas essas hipóteses e, ao mesmo tempo, as afastaria o suficiente para que não pertencessem mais à mesma frase, nem à mesma página, nem ao mesmo livro, nem ao mesmo mundo. Sem dúvida, eu já havia, como os outros, passado para a dimensão em que as coisas acontecem de maneira tão violenta que parecem atenuadas, retardadas, a consciência não tem mais como perceber o instante que a destrói. Também pensei, não sei por quê, que talvez fossem crianças, mas "pensei" não é a palavra certa, foi uma simples sucessão de pequenas visões que logo se dissolveram. Ouvi uma mulher gritar "Mas o que é que...", outra voz de mulher gritar "Ah!" e mais outra voz soltar um grito de raiva, mais estridente, mais agressivo, uma espécie de "Aaaaaah", mas essa eu pude identificar, era a voz de Elsa Cayat. Para mim, seu grito claramente significava: "Mas quem são esses merdaaaaas?!". A última sílaba se estendeu de uma sala à outra. Continha raiva e medo, mas também muita liberdade. Talvez tenha sido o único momento de minha vida em que essa palavra, liberdade, foi mais do que uma palavra: foi uma sensação.

Eu ainda achava que o que estava acontecendo era uma farsa, mas ao mesmo tempo imaginava que não, sem saber o que de fato era. Como um papel vegetal mal colocado sobre o desenho a ser copiado, as linhas da vida normal, daquilo que numa vida normal desenharia uma farsa ou, como estávamos ali, uma caricatura, não correspondiam mais às linhas, desconhecidas, que acabavam de substituí-las. Tínhamos de repente nos tornado pequenos personagens presos dentro de um desenho. Mas quem estava desenhando?

A irrupção da violência em estado puro isola do mundo e dos outros aquele que a sofre. Em todo caso, ela me isolou. Na mesma hora, Sigolène trocou um olhar com Charb e viu que ele tinha entendido. Não surpreende: Charb tinha poucas ilusões sobre o que os homens eram capazes de fazer, não tinha nenhum sentimentalismo, nenhuma afetação, e era também por isso que, como um furão pendurado no bigode de Stálin, ele era tão engraçado. Sem dúvida, levou menos tempo que os segundos que lhe restavam de vida para compreender de que medíocre história em quadrinhos saíam aquelas cabeças vazias e encapuzadas que traziam o fanatismo e a morte, para encará-las tal como elas eram antes que o desfigurassem.

Eu já não via nada nem ninguém, exceto, bem na minha frente, de costas para a entrada, na outra ponta da pequena sala, o silencioso Franck, guarda-costas de Charb. Estava ali a trabalho e, ao que parecia, por hábito. Ameaças só destroem a percepção habitual da vida quando transformadas em ações. Da mesma forma, guarda-costas parecem não servir para nada, apenas como acompanhantes fantasmagóricos e benevolentes, até o dia em que gostaríamos de vê-los servir para alguma coisa, ou para tudo. Vi Franck se levantar, virar a cabeça e o corpo na direção da porta da direita, e foi então, observando seus gestos, vendo-o de perfil sacar a arma e olhar para a porta que se abriria para alguma coisa, que entendi que não se tratava de uma farsa, nem de crianças, nem mesmo de uma agressão, mas de algo completamente diferente.

Ainda me era impossível determinar a natureza dessa coisa, mas eu a sentia invadir a sala, anunciada pelos ruídos e pelos gritos, e desacelerar absolutamente tudo a meu redor e dentro de mim, criar o vazio e a suspensão. Alguém havia entrado e espalhava essa coisa, mas eu não sabia quem era ou quantos eram — só viria a saber depois de vários dias. Vi Franck sacar a arma com uma sensação mista de esperança e pânico, mas essa esperança e esse pânico eram turvos, nebulosos: a partir do momento em que o corpo de Franck se torna a última imagem viva a ocupar meu campo de visão, toda sensação vem acompanhada da sensação inversa, como siameses inseparáveis, como uma criança fazendo o contrapeso de outra numa gangorra. Eu não sabia que coisa era aquela que nos cercava, mas sentia que Franck era o único a poder nos proteger dela. Eu sentia isso, mas também senti que ele não conseguiria, e pensei: "Você precisa sacar a arma mais rápido. Mais rápido! Mais rápido!". Sem saber exatamente por que ele havia sacado a arma. Nunca tinha falado com ele e, sem abrir a boca, como num sonho, eu o tratava por você. E enquanto começava a curvar os ombros e a me virar para a direita e para a parede do fundo e suas janelas inexistentes, como se quisesse fugir e não ver mais nada, eu o via e revia agir cada vez mais lentamente, girando o tronco e colocando a mão no revólver e olhando para a porta por onde vinham os barulhos. "Mais rápido! Mais rápido!", mas era eu que desacelerava. Alguma coisa repassava a cena cada vez mais devagar, ela se repetia, se esticava como se tivesse sido, ou devesse ter sido, forjada, como este texto, revisado incessantemente. O movimento de Franck me acompanhava sem parar na queda, de maneira a retardá-la, para evitar o que viria a seguir. Mas o que viria a seguir já estava ali. Eu ouvia com nitidez crescente o estampido seco dos tiros, um de cada vez, e depois de me encolher todo, não vendo mais nada nem ninguém, como que preso no fundo de um poço, me ajoelhei e deitei lentamente, quase com zelo, como se estivesse num ensaio, pensando que assim, além do resto — mas que resto? —, não me machucaria ao cair. Foi durante esse movimento por etapas na direção do solo que fui atingido, no mínimo três vezes, a uma pequena distância, diretamente ou por balas perdidas. Não senti nada e não tomei consciência de nada. Acreditava-me ileso. Não, ileso não. A ideia de ferimento ainda não fizera seu caminho até mim. Eu estava no chão, de barriga para baixo, os olhos ainda fechados, quando ouvi o barulho dos tiros se separar totalmente da farsa, da infância, do desenho, e se aproximar do poço ou do sonho em que eu me encontrava. Não eram rajadas. O sujeito que caminhava até o fundo da sala e na minha direção atirava uma vez e dizia: "Alá akbar!". Atirava outra vez e repetia: "Alá akbar!". Atirava mais outra vez e de novo repetia: "Alá akbar!". Com essas palavras, a impressão de estar vivendo uma farsa voltou uma última vez e se superpôs à de estar vivendo aquela coisa que tinha me feito ver e rever Franck sacando a arma alguns segundos antes, alguns segundos, mas muito tempo atrás, pois o tempo era interrompido por cada passo, cada tiro, cada "Alá akbar!", o segundo seguinte extinguia o precedente e o remetia a um passado longínquo e muito distante, a um mundo que não existia mais.

Aquela coisa tinha me derrubado, mas a farsa continuava com aquele grito dito por uma voz quase doce e que se aproximava, "Alá akbar!" — esse grito, eco demente de uma oração ritual, tornou-se a réplica de um filme de Tarantino. Teria sido fácil, naquele momento, compreender o fascínio despertado pela abjeção; perceber de que modo aqueles que a justificam se sentem mais fortes e aqueles que tentam explicá-la, mais livres. Mas era mais fácil sentir, naquele momento, a que ponto a abjeção superava essas falas e esses raciocínios. Eles faziam parte da miséria e do orgulho cotidianos, do tempo comum e da lógica, por mais deformada e degradada que ela fosse; a abjeção, não. Ela era o gênio que saía de uma lâmpada negra, e pouco importava a mão que a havia esfregado. A abjeção vivia sem limites e de não ter limites.

Houve mais tiros, alguns segundos se passaram, outros "Alá akbar!". Tudo era ao mesmo tempo nebuloso, nítido e desarticulado. Meu corpo estava deitado na estreita passagem entre a mesa de reunião e a parede do fundo; minha cabeça, virada para a esquerda. Abri um olho e vi surgirem, embaixo da mesa, do outro lado, perto do corpo de Bernard, duas pernas pretas e a ponta de um fuzil, que mais flutuavam do que avançavam. Fechei os olhos, depois abri-os novamente, como uma criança que pensa que não será vista ao se fingir de morta; pois eu me fingia de morto. Eu era essa criança que uma vez existira, era essa criança de novo, brincava de morto pensando que talvez o dono das pernas pretas não me visse ou que me julgasse morto, pensando também que ele me veria e me mataria. Eu esperava ao mesmo tempo a invisibilidade e o golpe de misericórdia — duas formas de desaparecimento. Ainda me acreditava livre de ferimentos. Mas estava ferido, imóvel o suficiente e com a cabeça provavelmente já bastante encharcada de sangue para que o assassino, aproximando-se, não tenha julgado necessário acabar comigo. Senti-o de repente quase em cima de mim e fechei os olhos, mas voltei a abri-los na mesma hora, como se, para ver alguns pedaços de seu corpo e o resto da história, eu estivesse disposto a correr o risco de suportar o fim: era mais forte que eu. Ele estava ali, como um touro farejando o toureiro imóvel depois da chifrada, as pernas pretas, o fuzil apontando para baixo como chifres, quem sabe se perguntando se deveria insistir ou não. Eu o ouvia respirar, oscilar, talvez hesitar, sentia-me vivo e quase morto, um e ou-tro, um no outro, preso a seu olhar e a sua respiração; então ele se afastou lentamente, atraído por outro corpo, outras capas vermelhas, outras coisas, na verdade na direção da saída, como eu soube muito mais tarde, pois tudo aconteceu em pouco mais de dois minutos. E tudo se tornou silencioso. A paz des-ceu sobre a pequena sala, expulsando aos poucos a ameaça de uma continuação ou de um retorno dos assassinos. Eu não me mexia, mal respirava. A névoa se dissolvia. Eu não sentia nada, não via nada, não ouvia nada. O silêncio criava o tempo e, en-tre mortos e feridos, as primeiras formas de sobrevida.

5.
Entre os mortos

Os mortos quase se davam as mãos. O pé do primeiro tocava a barriga do segundo, cujos dedos tocavam o rosto do terceiro, que pendia para o quadril do quarto, que parecia olhar para o teto, e todos, como nunca mais e para sempre, nessa posição, se tornaram meus companheiros. Parecia uma imagem de dança macabra, como a que eu ocasionalmente ia ver, havia vinte anos, na igreja de La Ferté-Loupière, a caminho da casa de meus avós na região do Nivernais, ou uma guirlanda de bonecos de papel recortados por uma criança, uma espécie de ciranda estática, ou de uma Descida da Cruz na horizontal, ou ainda uma versão inédita e mórbida de *A dança*, de Matisse. Eu era um dos personagens, mas não estava morto e, nos minutos que se seguiram à partida dos assassinos, a princípio não os vi assim, porque não via absolutamente nada. Meu campo de visão estava reduzido ao vazio que nascia dos fatos e de minha própria imobilidade, ou, para ser mais exato, de minha suspensão. Eu ainda não atribuíra a palavra "assassino" ao vulto que vislumbrara e não sabia se ele viera sozinho ou acompanhado. Não tinha tomado consciência do atentado, mas ele já havia posto seus arreios e abria seu sulco na direção dos desastres solitários da infância: naquele momento, eu estava sozinho no meio dos outros e não tinha mais que cinco ou sete anos.

A sala da redação foi o plano fixo de um filme opaco e misterioso, que ainda não se tornara trágico, nem totalmente iniciado nem totalmente acabado, um filme em que eu atuava sem querer, sem saber o que fazer ou como fazer, sem saber se era protagonista, coadjuvante ou figurante. A cena brutalmente improvisada pairava acima dos destroços de nossa própria vida, mas não fora interrompida pela mão de um cineasta, e sim por homens armados, por seus tiros; cena que nós, profissionais da imaginação agressiva, não tínhamos imaginado, simplesmente porque ela era inimaginável. A morte inesperada; o elefante na loja de cristais; o furacão rápido e frio; o não ser.

O não ser é uma expressão já não muito utilizada que citei em artigos demais por ter lido poesia demais, ou por tê-la lido mal demais, uma dessas palavras que inchou nas consciências ao envelhecer, como um cadáver na água, que incha e depois estoura. Refere-se a um estado que podemos imaginar, mas que empregamos e pensamos geralmente como um tiro de festim, sem nunca poder aplicá-lo a nós mesmos. Só era possível conceber o não ser, naquela pequena sala comum e relativamente feia, como sobrevivente — prestes a descrevê-lo ou a desenhá-lo, antes de passar ao texto ou ao desenho seguinte. Mas o que eu era naquele momento? Um sobrevivente? Um renascido? Onde estava a morte, a vida? O que restava de mim? Eu não pensava essas questões a partir de fora, como temas de dissertação. Eu as vivia. Elas estavam ali, no chão, em torno de mim e dentro de mim, concretas como uma lasca de madeira ou um buraco no assoalho, indefinidas como um mal não identificado. Impregnavam-me e eu não sabia o que fazer. Ainda não sei e não acredito estar escrevendo para descobrir ou para me consolar de ter perdido, além de um grande pedaço de mandíbula, não sei bem o quê. Tento apenas circunscrever a natureza do fato para descobrir como ele modificou a minha. Tento, mas não consigo. As palavras permitem chegar mais longe, mas quando se chegou tão longe, de uma só vez, a contragosto, elas deixam de explorar, deixam de conquistar; contentam-se, agora, em acompanhar os fatos, como velhos cães cansados. Contemplam limites artificiais, estreitos demais, na multidão anárquica de sensações e visões.

No chão, voltei a abrir um olho sobre uns poucos metros quadrados e esse mundo ilimitado. Os destroços não eram feitos de pó, cinzas, vidro ou gesso. Eram feitos de silêncio e sangue. Eu não sentia o sangue em que estava mergulhado, ainda nem tinha visto o meu próprio sangue, mas ouvia o silêncio, era inclusive a única coisa que ouvia. Ele me envolvia e agarrava meu corpo para fazê-lo levitar acima de mim mesmo e dos outros, levitar às cegas e indefinidamente por alguns segundos, alguns minutos, uma eternidade, leve, leve, enquanto o homem de antes, que estava quase morto e permanecia colado ao solo, me dizia: "Mas o que aconteceu? Será possível que nada tenha acontecido comigo? Estou vivo, estou aqui? Ou não?". Ou algo do gênero. O semimorto acrescentou: "Talvez o sujeito do Alá akbar ainda não tenha ido embora. Não se mexa". Tudo se reduzia à volta de um par de pernas pretas e à espera de seu retorno.

De resto, as palavras que o semimorto pronunciava eram um tanto semelhantes, creio eu, às que são ditas durante um sonho: claras para aquele que dorme e incompreensíveis para aquele que, acordado a seu lado, as ouve. Eu já não podia entender totalmente aquele que eu tinha sido, mas não sabia disso. Eu o ouvia falar e pensava: mas o que ele está dizendo?

Eu estava deitado de barriga para baixo, a cabeça virada para a esquerda, portanto foi o olho esquerdo que abri primeiro. Vi uma mão esquerda ensanguentada saindo da manga do meu casaco e levei um segundo para entender que aquela mão era minha, uma nova mão, com o dorso rasgado e um ferimento entre duas articulações metacarpofalangeanas, do indicador e do dedo médio. Palavras aprendidas mais tarde, pois precisei aprender a nomear as partes feridas do corpo, os cuidados que recebiam e os fenômenos secundários que desenvolviam. Nomeá-las era conhecê-las e poder conviver um pouco melhor, ou um pouco menos pior, com aquilo que designavam. O hospital é o lugar onde todos, em palavras ou ações, têm o dever da precisão.

A voz daquele que eu ainda era me disse: "Veja só, fomos feridos na mão. Mas não sentimos nada". Éramos dois, ele e eu, ele abaixo de mim, mais exatamente, eu levitando acima, ele se dirigindo a mim por baixo e falando em nós. O olho passou pela mão e enxergou, atrás dela, a um metro de distância, o corpo de um homem deitado de barriga para baixo, cujo casaco xadrez reconheci, e que não se mexia. Subiu até a cabeça e viu entre seus cabelos o cérebro desse homem, desse colega, desse amigo, saindo um pouco do crânio. Bernard está morto, disse aquele que eu era, e eu respondi que sim, está morto, e nós nos unimos a ele, ao ponto de saída daquele cérebro que eu teria gostado de recolocar para dentro e do qual não conseguia mais sair, pois era através dele, naquele momento, que finalmente sentia, compreendia, que algo irreversível havia acontecido.

Por quanto tempo olhei para o cérebro de Bernard? Tempo suficiente para ele se tornar uma parte de mim mesmo. Precisei fazer força para me virar e girar a cabeça para o outro lado, na direção do outro braço. Tudo com muito vagar. Creio que não estávamos de acordo, o eu de antes e o eu de agora, sobre a necessidade e a natureza desse movimento. Houve um debate. O eu de antes não queria descobrir as consequências do que havia acontecido, era suficientemente sensato para saber que as notícias ruins podem esperar quando as boas não chegam para temperá-las, mas era obrigado a seguir aquele que as vivia, pois não estava no comando, extinguia-se pouco a pouco, sem saber, na nova consciência que, como num sono confundido com a vigília, emergia.

Virei a cabeça muito lentamente, como se o assassino estivesse ali: como a criança que continua se fingindo de morta depois da partida dos malfeitores e que não consegue deixar de espiar por entre os dedos aquilo que, se estivesse morta como finge estar, não poderia ver: os mortos a seu redor, depois do ataque.

Vi à minha frente as pernas de um homem que não se movia e que julguei morto, embora ele não estivesse: era Fabrice. Como eu até então, ele, sem dúvida, se fingia de morto ou esperava o golpe de misericórdia, ou pairava naquele espaço que ainda não era de todo um universo de dor. Minha cabeça continuou a girar e pousou delicadamente sobre a bochecha esquerda. Vi que a manga do casaco em meu outro braço, o direito, estava rasgada, depois vi o antebraço aberto do cotovelo ao punho. "Como por um punhal", disse aquele que não estava totalmente morto, e ele avistou uma faca estilo Rambo, comprida, dentada, bem afiada. A carne estava totalmente aberta. Olhando para o ferimento, ele acrescentou: "Parece fígado de vitela". E se lembrou de que o fígado de vitela que sua avó fazia, quando ele era criança, na Rue des Blancs-Manteaux, tinha exatamente a mesma cor e a mesma textura, e aquele que ainda não estava morto sempre gostava de contemplá-lo antes de comer. "Para o gato", acrescentou, "minha vó comprava fígado de boi" — mas o sangue que corria do ferimento, secando no silêncio cada vez mais assustador, interrompeu a rememoração e me fez pensar: "Fui ferido no braço". Um pouco acima, minha outra mão também estava ensanguentada, mas eu não sabia, não sentia se o sangue vinha do braço ou de algum ferimento ainda não percebido. Todo o sangue vem do mesmo ferimento, pensei, e me perguntei se, naquele ferimento, os ossos estariam quebrados. Mexi a língua dentro da boca e senti pedaços de dentes soltos por toda parte. Depois de alguns segundos de pânico, aquele que ainda não estava morto pensou "a boca está cheia de ossinhos", e repassou toda a infância através das partidas do jogo de ossinhos, disputadas no quarto ou no chão empoeirado. Então os dentes substituíram os ossinhos, fazia 25 anos que eles tinham sua história ligada a meu dentista, envelhecemos juntos e, pensei, ele tinha tido todo aquele trabalho por nada. O pânico voltou e preferi esquecer tudo, os ossinhos, os dentes, o dentista, pois não estava vivo o suficiente para voltar totalmente à infância ou à juventude, à vida que se morde com todos os dentes, expressão que se tornava cômica quando eu perdia os dentes quase tendo perdido a vida, não estava nem vivo nem morto o suficiente para encarar o que teria pela frente.

Voltei a cabeça para o corpo de Bernard e, fixando novamente em seu crânio e seu cérebro, pela primeira vez experimentei uma tristeza meticulosa, meticulosa porque tive a sensação de ser cada um dos fios de seus cabelos molhados e colados uns aos outros por aquilo que saía dali: meu corpo inteiro, e o que me restava de consciência, tinha entrado num microscópio. Fechei os olhos pela última vez, para apagar o que havia acontecido, como se aquilo, ao não ser visto, pudesse não ser vivido. Voltei a abri-los, e Bernard continuava ali. Aquele que eu me tornava quis chorar, mas aquele que ainda não estava totalmente morto o impediu. E disse: "Eles foram embora, agora é preciso levantar". Falou no plural, "eles foram embora", como se não fosse nada de mais. Aquele que ainda não estava morto tentava retornar a seus pequenos hábitos. Tinha pressa de pegar a mochila, subir na bicicleta e entregar o artigo sobre Shakespeare. Procurava seus hábitos e seus escrúpulos. Avançava de reflexo em reflexo, como uma galinha sem cabeça.

Aos poucos me pus de lado, depois ergui o tronco e me encostei na parede, sentado no chão, de frente para uma das portas. Passei a mão pelo pescoço e percebi que o cachecol continuava ali, mas que estava furado. À minha frente, quase embaixo da mesa, estava o corpo de Bernard e, logo a seu lado, deitado de costas, o de Tignous. Na hora não vi algo que o relatório policial, lido dezoito meses depois, me revelou: os dedos de uma de suas mãos ainda seguravam uma caneta, na posição vertical. Tignous estava desenhando ou escrevendo quando eles irromperam na sala. Os investigadores registraram esse detalhe, que indica a rapidez do massacre e o estupor que precedeu a execução de cada um de nós. Tignous morreu com a caneta na mão, como um habitante de Pompeia surpreendido pelo vulcão, mais rápido ainda, sem sequer tomar consciência da erupção e da chegada da lava, sem poder fugir dos assassinos através do cartum que estava esboçando. Todo cartunista desenhava para ter o direito de desaparecer no que desenhava, assim como todo escritor acabava se dissolvendo, por certo tempo, no que escrevia. Essa dissolução não era uma garantia de sobrevivência, nem mesmo de qualidade, mas era uma etapa necessária no caminho que podia levar a isso. Dessa vez, não apenas esse direito à dissolução foi recusado aos desenhistas, como aconteceu o exato oposto: eles foram forçados a entrar num cartum que não tinham imaginado, uma ideia negra de Franquin, e nunca mais saíram. Se os assassinos estavam possuídos, meus companheiros mortos estavam despossuídos. Despossuídos de sua arte e de sua violenta despreocupação, despossuídos da vida. Quando Salman Rushdie foi vítima da *fatwa* do aiatolá Khomeini, o escritor V. S. Naipaul se recusou a apoiá-lo, dizendo que, no fim das contas, aquilo não passava de uma forma extrema de crítica literária. Muito mais inspirado por seu mau-caratismo e por uma crítica desagradável que Rushdie fizera sobre um de seus livros do que por uma simpatia que ele não tinha pelos muçulmanos, seu sarcasmo não era desprovido de sentido: toda censura é de fato uma forma extrema e paranoica de crítica. A forma mais extrema só podia ser exercida por ignorantes ou iletrados, isso estava na ordem das coisas, e era exatamente o que acabava de acontecer:

fomos vítimas dos censores mais eficazes, aqueles que acabam com tudo sem nunca terem lido nada.

Os cartunistas não tiveram tempo de pensar no cartum que se fechava sobre eles. Será que pensaram em alguma coisa? Se sim, o que cada um pensou? Tendo a crer que não tiveram tempo de pensar em nada. Eu, em todo caso, não pensei em quase nada. O medo talvez fosse isto: a redução ao mínimo da distância que separa o último segundo de vida do acontecimento que a interrompe, uma morte sem aviso prévio. Nesse intervalo, não há espaço para muita coisa. No entanto, essas poucas coisas não têm mais fim. Todo o resto, quando sobrevivemos, fica submetido a elas.

Não sei quanto tempo o silêncio durou. Mas era tão presente que acabei entendendo que minhas vozes estavam certas: os assassinos não voltariam. Estendi o braço na direção da mochila, atirada no chão a poucos centímetros de distância, e abracei-a com força como uma velhinha com medo de ser roubada. Meus papéis e meus livros estavam lá dentro; logo, minha vida naquele momento. Mais tarde fiquei sabendo que a sala da redação era um mar de sangue, mas, como já disse, embora estivesse mergulhado nele, quase não o via. Só via o crânio de Bernard, o rosto de Tignous, as pernas de Fabrice, sem consciência nem mesmo do fato de que a perna de outra pessoa estava em cima de mim e de que o corpo de Honoré se interpunha entre essa perna e o restante do corpo, como fui informado muito depois. E eu só via meu próprio sangue, prolongamento natural dos meus ferimentos.

Vislumbrei alguns vultos, mas não os reconheci de imediato, eles não se aproximavam, até que reconheci Sigolène, seus olhos claros, seu perfil esguio de corça. Fiquei contente de vê-la. Ela tentava se aproximar de mim, mas não conseguia, e eu não entendia por quê. Acho que chorava um pouco, com sua habitual discrição; ninguém pode ser mais discreto que ela.

Vê-la na Harley-Davidson era uma experiência deliciosa, a leveza montada na potência, unidas pela elegância e pela fragilidade. Mas dessa vez tínhamos cavalgado o pangaré de *O rei dos elfos*. Pangaré é uma palavra que se poderia encontrar no *Charlie* e também no *Dom Quixote*. Seu trote frágil não correspondia nem à Harley-Davidson de Sigolène, que me encarava chorando, agora eu tinha certeza, nem ao galope potente do animal que carrega uma criança para a morte. Mas era a palavra que convinha para cada um de nós, para esse jornal, para a velha esquerda, para uma parte crescente dessa sociedade, pangaré, pangaré, os pangarés são sacrificados. Percebi que estava com a respiração curta e não entendi por quê.

Sigolène acabou se aproximando, mais tarde ela me disse que falamos um pouco e que me entendeu perfeitamente. Não lembro o que lhe disse. Lembro apenas que ela foi a primeira pessoa viva, ilesa, que vi aparecer, a primeira que me fez sentir a que ponto os que se aproximavam de mim agora vinham de outro planeta — o planeta em que a vida continua.

Seu vulto se apagou não sei como naquele além nebuloso, ruidoso e frio que ficava atrás da porta da sala da redação, em breve atrás da porta do quarto do hospital. Era um além onde as pessoas iam e vinham livremente, num espaço proibido e distante, galopavam de um ponto cego a outro antes de aparecer na minha frente por alguns instantes, como atores num palco, quase imóveis, desempenhando seus papéis e deixando suas vidas na porta. O vulto de Sigolène se afastou e eu me vi sozinho, por um tempo indeterminado.

No silêncio renovado por seu afastamento, o vulto de Coco apareceu. As duas pareciam saídas do caixão em que eu quase havia entrado. Viva também!, pensei. Viva? Olhei para os cabelos pretos e os olhos escuros da jovem cartunista enquanto ela se aproximava, eu a via duplicada. Aquele que ainda não tinha morrido totalmente olhava para ela como a vira pela primeira vez, silenciosa, desconhecida, com seu ar quase egípcio, sentada atrás dos participantes na reunião de pauta alguns anos antes. O jornal ainda ficava na Rue de Turbigo, no centro de Paris. Cavanna estava presente, com seu queixo dubitativo e seu bigode de mosqueteiro. Aquele que viveria olhava para ela como uma criatura vinda de outro mundo, ao qual ele não pertencia mais. Ela se curvou sobre mim. Como Sigolène, estava chorando. Eu não sabia que fora obrigada a abrir a porta aos assassinos sob a mira de suas armas e que, embora não tivesse culpa de nada, já começara a viver sob o peso dessa lembrança, uma dessas lembranças que nos isolam e nos puxam para trás, na direção de uma cena que gostaríamos de repetir de outra maneira, livremente, idealmente, e que sempre se reencena da mesma maneira, para melhor nos encerrar.

Eu olhava regularmente para a direita, para o crânio aberto de Bernard. Embora recordar essa imagem me cause uma grande dor, que provoco como se mexesse no nervo de um dente cariado, não tenho a menor vontade de que o dia de seu esquecimento chegue rápido demais, quero viver o bastante para contradizer a morte e me lembrar dessa imagem o máximo possível, o melhor possível, sem precisar descrevê-la ou repeti--la em outro lugar que não neste texto que a perpetua.

Peguei o celular no bolso do casaco, digitei o código de acesso e entrei na lista de contatos. Estava com pressa, mas a lista era interminável e me pareceu obsoleta. Como eu podia conhecer tanta gente, se alguns nomes não me diziam mais nada? E por que aqueles desconhecidos pareciam rapidamente se igualar, ali, sob meus olhos, àqueles que eu ainda conhecia e que se tornavam, segundo após segundo, à medida que os nomes passavam, cada vez mais obscuros? Não apenas obscuros: dolorosamente obscuros? Os nomes desfilavam e aqueles que designavam me diziam adeus, e esse adeus, silencioso, quase apagado, assemelhava-se a uma anestesia.

Era isso a vida de um jornalista — de um homem de 51 anos? Uma longa existência infindável — até o número de minha mãe, registrada como "Madre". Quem mais eu poderia chamar, e para anunciar exatamente o quê? Gabriela estava em Nova York dormindo. Meu irmão estava em Nice, em viagem de negócios. Meu pai quase nunca usava o celular. Eu me sentia tão lúcido quanto um deportado, sem saber o objeto dessa lucidez, nem para onde estava sendo deportado. Estendi o celular para Coco e foi então, ao estendê-lo, que vi o reflexo de meu rosto na tela. Os cabelos, a testa, o olhar, o nariz, as bochechas, o lábio superior, tudo estava em ordem e intacto. Contudo, no lugar do queixo e da parte direita do lábio inferior, havia não exatamente um buraco, mas uma cratera de carne dilacerada e pendurada que parecia ter sido colocada ali pela mão de uma criança que pinta, como uma pasta de guache num quadro. O que restava de gengiva e dentes estava aparente, e o todo — essa união de um rosto três quartos intacto e um quarto destruído — fazia de mim um monstro. Tive alguns segundos de choque, mas eles não duraram. Coloquei a mão na mandíbula, para segurá-la e arrumá-la, como se, ao sustentar as carnes unidas umas às outras, elas pudessem se soldar, o buraco desaparecer e a vida continuar.

Mas não: esse gesto, Sigolène me disse mais tarde, com certeza, eu já o fizera quando ela se aproximara de mim. Fazia alguns minutos que eu pegara o telefone e vira o meu rosto. Sigolène e Coco se fundem numa operação que distribui falsas lembranças do fato que a provocou. Não suporto essa confusão: os fatos eram as únicas bagagens que gostaria de levar na viagem que se seguiu; mas os fatos, como o resto, se deformam sob pressão. A violência corrompera aquilo que não destruíra. Como uma tempestade, ela naufragara a embarcação. Lembranças vinham à tona, desordenadas, deformadas e danificadas, às vezes não identificáveis, mas com uma presença firme. Eu acabara de viver aquele momento e seus vestígios já se depositavam desordenadamente na ilha onde eu havia naufragado, naquela pequena sala saturada de papel, sangue, corpos e pólvora. Eu precisava fazer uma triagem impossível, mas indispensável, como Robinson Crusoé com os restos de seu navio. No processo, percebo que esse navio não tinha nome e, na véspera de uma travessia hospitalar e de uma temporada insular e psíquica em que você talvez me acompanhe, leitor, pergunto-me com certa inquietude como foi possível que o famoso náufrago embarcasse num navio que não havia sido batizado. Com certa inquietude, porque, nesse estágio, não sei como batizar minha própria embarcação, sem falar de minha ilha — ou, mais exatamente, de minhas ilhas. Se escrever consiste em imaginar tudo o que falta, em substituir o vazio por certa ordem, não escrevo: como poderia criar qualquer ficção se eu mesmo fui engolido por uma ficção? Como construir uma ordem qualquer sobre tais ruínas? Seria como pedir a Jonas que ele imaginasse estar dentro de uma baleia no exato momento em que ele está dentro de uma baleia. Não preciso escrever para mentir, imaginar, transformar o que aconteceu comigo. Vivê-lo foi suficiente. E mesmo assim, escrevo.

Creio ter dito a Coco: "É o número de minha mãe, avise-a!". Mas ela hesitava. Comecei a ficar irritado, primeiro porque ela parecia não me entender, depois porque sem dúvida tinha um bom motivo para não me entender. Eu, por minha vez, não entendia sua resistência. Todos estavam mortos à nossa volta, mas não havia motivo para não nos comunicarmos entre sobreviventes. Eu me entendia, ouvia minha voz, minhas palavras, tudo estava perfeitamente claro, e eu sabia o que devia fazer, mas seu olhar me dizia que ela estava com dificuldade para me acompanhar. Minha voz, no entanto, estava saindo, bem colocada, a voz que eu não suportava e que pela primeira vez ficava feliz de ouvir.

Alguns pedaços de dentes passaram da direita para a esquerda, dentro da boca, e da esquerda para a direita, minha língua tocou-os como se fossem migalhas de pão, e então percebi que talvez não estivesse articulando muito bem as palavras. Coco pegou meu celular, leu o nome na tela e perguntou: "É sua mãe? Ligo para sua mãe?". Eu disse que sim. Ela ligou e a ouvi dizer: "Bom dia, aqui é Coco, sou cartunista do *Charlie*. Houve um atentado. Seu filho foi gravemente ferido. Ele está comigo, está vivo, está desfigurado". Ela disse isso? Em minha lembrança, sim, e creio recordar minha reação: "Não diga isso!". Coco falou por mais alguns segundos com minha mãe, não lembro direito, e desligou, ofegando em silêncio e chorando. Mais tarde fiquei sabendo que minha mãe lhe perguntou o que havia acontecido e onde eu estava. Pensou que eu era a única vítima e que alguém atirara em mim por causa do artigo sobre Michel Houellebecq. Não era verdade, mas, no fim das contas, não era totalmente mentira. Os que querem matar sempre têm alguma razão para fazê-lo, e é interessante imaginar que não estejam errados.

No entanto, segundo Coco, fui eu quem disse: "Ligue para minha mãe, diga que estou desfigurado!". É possível. É possível que, tendo visto meu próprio rosto e sob o choque dessa revelação, que, aliás, me deixava indiferente, eu tenha pedido a Coco que comunicasse o que deve ter me parecido, afinal, a mensagem principal. Se isso aconteceu, então Coco me entendia perfeitamente — ou, em todo caso, o suficiente. Por que sempre a revejo hesitando, boiando, como se não entendesse nada do que eu pedia? Seria eu o hesitante, que não entendia nada, que falava sem perceber e que, como um mentiroso profissional mas por razões menos inconfessáveis, construía uma memória isolante e seletiva? O homem que triava as lembranças como se um século o separasse do minuto anterior era aquele que já estava quase morto ou aquele que começava a substituí-lo? Eu não sabia qual dos dois vivia e não sei qual dos dois escreve.

O diário do meu irmão perturba um pouco mais a ordem retrospectiva das coisas. Na hora do atentado, ele estava numa reunião de trabalho em Nice e com o celular desligado. Ele escreveu: "Às 12h10, terminada a reunião, fui ouvir minhas mensagens. Primeiro, uma mensagem de trabalho, depois a mensagem de 'meu irmão'. Uma voz de mulher... alguns segundos de espanto: 'Bom dia, aqui é Coco. Trabalho com seu irmão no *Charlie Hebdo*. Houve um massacre. Ele está desfigurado'. Por um segundo, penso se tratar de uma pegadinha. É tão irreal. Mas não pode ser uma piada de mau gosto: a chamada foi feita do celular de Philippe e ninguém poderia fazer uma coisa assim. Mais tarde fiquei sabendo que, consciente, Philippe havia tentado nos ligar, mas que, sem conseguir falar, passara o telefone para Coco, sobrevivente do massacre, e indicara o nome dos nossos pais, o meu e o do diretor do *Libération*". Também pedi a Coco que avisasse meu irmão que eu estava desfigurado? Ou ela repetiu a ele o que acabara de dizer à minha mãe? Seu filho está desfigurado, seu irmão está desfigurado... Por que não esqueci que ligou para minha mãe na minha frente? Por que esqueci que ligou para meu irmão? E por que essas perguntas, que podem parecer insignificantes, tornaram-se para mim tão importantes quanto a solução de um crime do qual dependesse a vida de um detetive? Sou ao mesmo tempo o detetive, a testemunha e a vítima?

Com uma mão nervosa e hesitante, peguei de volta o celular que estava com Coco e procurei o número de Laurent Joffrin, registrado sob o nome "Joffrin OK", porque ele havia mudado de número e eu não havia apagado o anterior: assim como tinha dificuldade de jogar fora coisas velhas, parecido nisso com meu avô materno, que amontoava em sua cozinha externa tudo o que deveria acabar no lixo, eu também tinha dificuldade de apagar os números antigos das pessoas, como se eles pudessem do nada renascer e voltar a ser usados, como se tudo o que pertencesse ao passado estivesse apenas adormecido e destinado não apenas a voltar à vida como a comutar as vidas que o haviam substituído. Tudo dormia numa espécie de represa, em quarentena indeterminada, e o que eu havia sido até então talvez tivesse acabado de se juntar aos objetos e números que mereciam desaparecer na zona cinzenta onde as coisas do passado, ainda que desativadas, conservam certos direitos, modestos, à existência. É o que se chama de suspensão de pena.

Entre essas coisas, havia meu gorro vermelho-ferrugem, comprado em Nova York, e luvas forradas, que uma velha amiga me dera alguns meses antes. Nunca consegui recuperá-los e não tentei fazê-lo. Dezoito meses depois, quando li o relatório policial escrito nas horas que se seguiram ao atentado, descobri que os investigadores haviam encontrado, "colado à esquerda da cintura" de Bernard, "um gorro alaranjado sem marca aparente" e, "nas proximidades" de seus pés, "um par de luvas de cor cáqui e forro bege pousadas no chão e muito manchadas de sangue": eram meu gorro e minhas luvas. Reencontrá-los naquele relatório, concretizados por ele, como pequenos troncos encalhados numa praia desconhecida e hostil, uma praia de árvores altas escondendo índios predadores e armados, me deixou estupefato e literalmente sem fôlego. Ao mesmo tempo, eles acenavam para mim e me puxavam em direção à vida de que faziam parte e que chegara ao fim. Tinham acabado assim então, perto de Bernard, como uma pequena carícia em seu corpo mortificado. Eram o último eco da presença das coisas que ele não sentiria mais. Lendo aquelas palavras, senti a presença das coisas como nunca havia sentido a presença de nada no mundo, uma presença tão intensa quanto frágil, ali para sempre, ameaçada para sempre, destruída pelo que acontecera e salva pelas frases de um relatório policial. As luvas e o gorro formavam uma pequena ponte, feita de cotidiano, palavras e perpetuidade, entre o corpo de Bernard e a vida que me restava. Abaixo dela, havia outra coisa. Reli o relatório várias vezes para não cair nela.

Os investigadores notam em seguida a presença, entre os corpos de meus companheiros, de uma faca da marca Laguiole "de cabo cinza e comprimento total de 28 centímetros e lâmina de uma dezena de centímetros" e de "uma embalagem de alumínio com um bolo e pedaços de *cake* embebidos em sangue". Mas onde então tinham ido parar as bolachas de Cabu?

Ele sempre comia bolacha durante ou depois da reunião, quando não um pão velho ou algo do gênero, enrolado em papel-alumínio. Talvez aqueles fossem os únicos instantes em que não desenhava — mas não tenho certeza disso, pois ele podia desenhar com uma mão e comer com a outra. Eu olhava com simpatia e preocupação, como quando se olha para uma criança até que se percebe que ela tem oitenta anos, fenômeno que significa que nós mesmos não temos mais vinte anos. Cabu e sua franja não tinham idade, no sentido de que ele era constantemente rejuvenescido e como que iluminado pelos desenhos que a prolongavam e, de certo modo, a justificavam. Ele era como suas bolachas, seu pão velho: sua inteligência talvez fosse limitada, mas seu gênio dava sabor a qualquer coisa. Sempre seria o aluno insolente, tinhoso, tímido e supertalentoso que caricaturava as autoridades numa velha mesa de madeira toda rabiscada e que, no fim da aula, pegava o pacote de bolacha para comer uma ou duas, como um roedor de inverno, antes de continuar com traço firme o pior e o melhor dos mundos, o nosso, o único, sobre qualquer superfície, inclusive no próprio bolso ou, por que não, na palma de uma mão ou numa sola de sapato. Tudo servia de parede em sua caverna, na qual deixava inscrições e a sombra de um sorriso.

Eu tinha chegado à reunião de pauta em jejum. Naquele dia, Cabu tinha um pouco de *cake*, porém, mais para o fim, fez passar um pacote de bolacha. Era mesmo dele? Não sei. Mas ele que me ofereceu as bolachas que foram minha última refeição antes da destruição. Alguns minutos antes da entrada dos assassinos, comi uma, não sem escrúpulos, porque não me sentia no direito de aceitar qualquer coisa da parte daqueles com quem eu compartilhava tão pouco e ao lado de quem, apesar dos anos, eu ainda me sentia marginal e ilegítimo, muito pouco apto a travar qualquer combate ou a me lembrar de qualquer epopeia: eu não tinha sido adulto durante os anos 1960 e 1970, não tinha experimentado liberdades das quais me beneficiara. Eu era um homem sem excessos entre homens que haviam cometido excessos ou que, em todo caso, os haviam narrado, comentado e desenhado. Era essa falta de excesso que com frequência me impedia de aceitar o brioche de Tignous ou as bolachas de Cabu.

Dessa bolacha excepcional, a primeira e última que peguei, restam-me o cheiro e o gosto levemente amanteigado. Eu a tinha na boca do estômago quando cheguei ao centro cirúrgico, e ali ela ficou, pronta a voltar aos lábios e acabar na melancolia verde-azulada de alguma patente. Depois, a cada descida ao centro cirúrgico, ela sempre voltava quando eu ficava angustiado, como se, presa ali, perto da boca, fosse subir à garganta e provocar um acidente anestésico.

A faca Laguiole pertencia ao jornal. O *cake* que ela cortaria tinha acabado de ser comprado por Sigolène na padaria da esquina, para comemorar o aniversário de Luz, de quem estávamos à espera e que, felizmente para ele, não acordara a tempo para a reunião. Eu estava tão pouco ligado à vida cotidiana do jornal que não sabia disso. O atentado colocou algumas vidas no centro da minha, no exato momento em que a maioria delas desapareceu.

Coco ligou para Laurent Joffrin chorando, mas seu telefone estava desligado, e ela olhou para mim como se dissesse, como se fosse culpa dela: "Sinto muito, é demais, não consigo!". Lamentei terrivelmente o fato de Laurent não atender, senti-me abandonado por minha profissão. Afinal, ele era o único amigo que também era meu chefe. Olhei mais uma vez para os olhos escuros e desfigurados de Coco. Fiquei irritado de novo, porque naquele momento não sentia nada além da impaciência de ter de lidar com detalhes. Queria que ela me devolvesse o celular: quando estava com ele, sentia-me autônomo. Eu já quase não me mexia e estava um pouco sem fôlego, mas nada me parecia grave, nada me parecia justificar nem as lágrimas nem as hesitações. Toda emoção havia desaparecido, ou melhor, só existia para os outros: os que não estavam presentes ou feridos. Quanto aos mortos, os pobres mortos, quanto mais o tempo passa, mais penso como Baudelaire, algo que não deixei de sentir depois daquela manhã: eles têm dores enormes. E essas dores, às quais eu voltaria no quarto de hospital onde logo aterrissaria, não eram as dores daqueles que as choravam. Eram dores eternas e eternamente elementares.

Coco se afastou com meu celular, como se não percebesse o que fazia. Eu queria gritar para que o devolvesse, mas não tinha mais forças para falar. Vi que ela o deixara em cima de uma mesa, muito longe. Outras pessoas se aproximaram.

Entre elas, um jovem jornalista de uma agência com sede ao lado do *Charlie*. Nove meses depois, ele me escreveu, no exato momento em que eu enfim deixava o hospital para voltar para a casa que não era mais totalmente minha. Seu e-mail se intitulava "Aquele que desviou o olhar". Cito-o porque, além da emoção e da compaixão que despertou em mim, ele mostra como podem viver aqueles que viram coisas que não deveriam ter visto:

Permito-me lhe escrever esta mensagem depois de pensar muito nas consequências que ela pode ter sobre o senhor e sobre mim. Quero falar do dia 7 de janeiro e de minha covardia. Receio que seja difícil para o senhor falar sobre isso, então, se preferir, pare agora mesmo de ler esta mensagem, ela não lhe fará bem algum. Faz meses que está nos meus rascunhos. Hoje a envio porque não consigo mais avançar, sr. Lançon.

Peço-lhe que me desculpe por lhe impor meu relato, mas a culpa me corrói a cada dia. Escrevo esta mensagem esperando — por puro egoísmo — obter o seu perdão. Serei breve.

No último dia 7 de janeiro, eu era seu vizinho.

Estávamos no escritório que fica em frente ao *Charlie*.

Quando ouvimos os tiros, nos escondemos no telhado. Fui eu que filmei os assassinos fugindo e atirando nos policiais de bicicleta.

Depois que eles fugiram, após alguns minutos, prestamos auxílio às vítimas. Ao lado dos meus colegas, fui um dos primeiros a entrar no *Charlie*.

Depois de arrastar as mesas para facilitar o acesso dos socorristas, de tirar Simon de sua cadeira, de dar uma volta pela redação para orientar os jovens bombeiros — paralisados —, vi o senhor. Sozinho. Encostado numa mesa ou numa cômoda, não lembro mais. O senhor estava em choque, desnecessário dizer. Não podia falar, evidentemente, mas seus olhos diziam tudo: imploravam por ajuda. Seu olhar cruzou com o meu. E eu desviei os olhos. Covardemente. Pensei comigo mesmo que nunca me recuperaria da imagem do senhor, sofrendo, em meus braços ou em minhas mãos. Pensei inclusive que o senhor talvez fosse morrer e que eu não poderia fazer nada para impedir. Desviei os olhos porque tive medo do senhor. Preferi ajudar os outros, os menos desfigurados. Reconfortei Laurent Léger, Patrick Pelloux. Acompanhei toda a redação do *Charlie* até o nosso escritório. E o deixei sozinho.

O socorro chegou, obviamente. O senhor se salvou, obviamente. Mas não há dia em que eu não me lembre de minha covardia diante do senhor. Não há dia em que eu não me olhe no espelho e não veja minhas limitações de Homem. Não há dia em que não pense no senhor.

Tenho consciência de que minhas palavras são difíceis e que podem fazê-lo sofrer ainda mais. Foi o que me impediu de lhe escrever até agora. Mas não aguento mais guardá-las para mim. Perdoe-me, sr. Lançon.

Sei que o senhor está sofrendo. Espero que possa sair desse túnel nebuloso e sombrio e voltar para a luz. A vida é bela, dizem.

Li o e-mail com perplexidade. Não me lembrava dele, de nossos olhares cruzados. Os meses anteriores tinham me ensinado a viver com consideráveis brancos de todo tipo, e a que ponto podiam estar desamparados ou assustados, ou mesmo em pânico, aqueles que se aproximavam de meu olhar e de minha mandíbula cheia de bandagens como de um buraco no qual pudessem cair. Eu não era apenas o amigo e o homem que havia visto o urso, também havia sofrido seu peso e suas garras — era aquele cuja simples presença lembrava, contra a própria vontade, contra a vontade dos outros, sem palavras, como a vida é incerta e como pode ser uma audácia ou uma inconsciência esquecer-se disso. Não lembrar nada, em relação a esse rapaz, me marcou quase tanto quanto todas as minhas lembranças reunidas. Eu não queria esquecer nada do que tinha vivido, absolutamente nada, a vida dos mortos e a continuação da minha dependiam de cada detalhe; mas como fazer para não esquecer momentos e aparições que pareciam ter sido completamente apagados? Como viver com o atentado se uma coisa tão importante como aquela parecia nunca ter acontecido?

Eu preferiria não ter cara de *memento mori* e não creio ter espírito de padre ou de confessor. Mas precisava aliviar quem escrevera aquele e-mail, na medida do possível, e oito horas depois, respondi-lhe simplesmente o que então me parecia, se não a verdade, ao menos o que eu sentia:

Obrigado por sua mensagem. Há muitas coisas de 7 de janeiro de que me recordo, mas confesso que não me lembro nem de sua aparição, nem de seu olhar desviado. Eu estava sentado contra a parede do fundo, atrás de Bernard Maris e Honoré. Ainda não tinha tomado consciência do que havia acontecido comigo. Só fui compreender depois de entregar meu celular a Sigolène, pois me vi no reflexo da tela. Foi quando tudo ficou claro.

A memória é seletiva — quanto mais o que a sobrecarrega é violento, mais ela se torna seletiva — e, não sei por quê, ela não o selecionou.

Mas penso sinceramente que não deve se sentir fraco nem covarde: foi uma situação horrível para todos, para os sobreviventes feridos ou não, e para os que, como você, chegaram logo depois. Cada um fez o que pôde, e se o 7 de janeiro me ensinou alguma coisa, foi a fugir de julgamentos sobre o que uns e outros fazem quando se veem numa situação como aquela.

Após o atentado, fiquei pairando num universo infinitamente exato e distante, e em momento algum tive a sensação de pedir ajuda, estava em outro mundo e neste ao mesmo tempo — embora eu saiba, por outros testemunhos que vão ao encontro do seu, que meu olhar passava exatamente essa impressão.

Depois, vivi dois meses e meio de inferno, mas nesse inferno fui apoiado e acompanhado — pela equipe médica, pela família, pelos amigos, pelos colegas. E logo me senti um elemento de uma corrente humana — e isso me ajudou a aguentar firme e, por fim, a atravessar esses meses em relativa paz. Nem a alegria nem as emoções estiveram ausentes, em momento algum, e, como sou jornalista, tive tempo de explorar e compreender um universo hospitalar que conhecia muito pouco.

Se este e-mail puder servir para alguma coisa, que seja, realmente, para aliviá-lo. Não o culpo de nada, mas lhe sou grato por ter escrito.

Com amizade,

Philippe

Dois dias depois, ele me respondeu:

Caro Philippe,

Eu que agradeço pela mensagem. Sinto-me profundamente tocado. Obrigado pelas palavras e pelo relato. Sua absolvição é generosa e corajosa.

Vejo-o cheio de lucidez e — devo dizer — com uma calma impressionante.

Não o incomodarei por mais tempo, espero apenas ter a oportunidade de um dia voltar a vê-lo, caro colega.

De resto, desejo-lhe, mais uma vez, o melhor.

Obrigado,

M.

A calma e a lucidez com que ele me honrava à distância, se existiam, não passavam de longos reflexos de sobrevivência. De resto, eu o havia absolvido? Eu o havia culpado? Reli o e-mail várias vezes, incomodado. De modo algum gostaria de obter do atentado, da sobrevivência e de minha experiência um poder que sem eles eu não teria.

Pouco depois que Coco se afastou, os socorristas chegaram. Eu não sabia de nada. Olhava ora para o crânio de Bernard, ora para as pernas de Fabrice, que ainda pensava estar morto. Não sabia de nada, mas agora ouvia vozes: "Ali, morto! Ali, morto! Ali, morto!". Essa palavra, "morto!", fazia eco ao grito que os assassinos repetiam a cada tiro "Alá akbar!". Alá akbar, morto. Alá akbar, morto. Alá akbar, morto. O par odiosamente burlesco valsava em mim como uma dupla claudicante, enquanto os socorristas se aproximavam lentamente, de corpo em corpo, por caminhos que me pareciam tão inexplorados quanto misteriosamente tortuosos. Como se eles fossem alpinistas fincando seus ganchos, em meio à neblina, num paredão quebradiço e congelado. A percepção daquele avanço cadenciado me dizia que eu estava vivo, sem que eu soubesse direito como nem por quê. Chegariam até mim? Sem dúvida, pois em momento algum pensei que fosse morrer — nem mesmo desmaiar.

Ao longe, no marco da porta por onde Franck Brinsolaro havia desaparecido, arma na mão, vi Patrick Pelloux, nosso colega cronista e médico emergencista. Ele me viu e disse: "Aqui, Philippe está aqui. Está ferido na mandíbula!". Na verdade, não sei mais se pronunciou meu nome. Mas lembro que me agarrei como a uma âncora a seu rosto familiar, contraído pela necessidade de agir e já marcado pelo peso da tristeza; ele também parecia vir de outro mundo, o mundo dos homens em pé que não haviam passado por aquilo com que alguns, como eu, precisariam conviver. Eu não poderia ter formulado as coisas assim, pois tudo não passava de sensações, hesitações, imprevisíveis turbilhões de pensamentos e reminiscências, e de uma compaixão quase insuportável pelos mortos e pelos vivos. Eles também não seriam alcançados pela violência que nos derrubara? Não seria contagioso? Até que ponto eu fora contaminado? Eu não me beneficiava de algum tipo de elevação. Eu padecia dela. Como Baudelaire, que logo me acompanharia como um passageiro clandestino nos momentos mais delicados, eu quase poderia dizer:

Depois do tédio e dos desgostos e das penas
Que gravam com seu peso a vida dolorosa,
Feliz daquele a quem uma asa vigorosa
*Pode lançar às várzeas claras e serenas**

Quase, apenas quase. A asa vigorosa era sobrecarregada por alguma coisa, enquanto os primeiros socorristas se debruçavam sobre mim e, para meu grande pesar, para me soltar, cortavam com uma enorme tesoura brilhante as mangas de meu belo casaco. Protestei, não queria me separar dele, não queria perdê-lo, nem ele nem a mochila nem o celular nem nada, mas o homem com a tesoura continuou o que estava fazendo com movimentos amplos enquanto me dizia para manter a calma e não me mexer. Retirado o casaco, o homem se afastou e eu peguei a mochila e a colei contra a barriga para não a soltar mais. Compreendia que logo seria carregado. À minha direita, ouvi alguns gemidos, monótonos e insistentes, tão insistentes e tão monótonos que pareciam fingidos. Então havia um sobrevivente ali. Era Fabrice, que sentia dor quando suas pernas eram tocadas. Fiquei aliviado por não ser o único sobrevivente e também por outra coisa, mas o quê? Eu ouvia os gemidos de Fabrice e de repente entendi: percebi que não estava sofrendo. Nem meu braço direito, nem minhas mãos, nem meu rosto tinham qualquer tipo de sensibilidade. Olhei para eles para tentar entender esse mistério, que minha cirurgiã, alguns

---

* "Elevação". In: Charles Baudelaire, *Poesia e prosa*. Trad. de Ivan Junqueira. Rio de Janeiro: Nova Aguilar, 1995, p. 108. [N. T.]

dias depois, esclareceu com sua didática e jovial naturalidade. Olhei para minhas mãos e pensei nos artigos sobre Shakespeare e sobre o livro de jazz, que naquele dia não escreveria.

Outros homens se aproximaram. Perguntaram-se como me carregar. A passagem era estreita, atravancada por todos aqueles mortos que não deviam ser deslocados. Pegaram uma das poltronas da sala e me acomodaram sobre ela, depois me levantaram. Em minha lembrança, a poltrona tinha rodinhas, como é comum em redações. Dois homens a carregavam, um terceiro segurava minhas pernas. Insisti para ficar com a mochila. Eles me levaram lentamente, ainda que com bastante agilidade, e pela primeira e última vez sobrevoei alguns de meus companheiros mortos. Baudelaire acaba "Elevação" com estes versos:

Aquele que, ao pensar, qual pássaro veloz,
De manhã rumo aos céus liberto se distende,
Que paira sobre a vida e sem esforço entende
A linguagem da flor e das coisas sem voz!*

Ao me elevar, eu me distendia rumo a quê? Meus pensamentos eram um pássaro veloz? Pássaro sem voz! Eu planava sobre meus companheiros mortos e compreendia sem esforço sua linguagem indolor. Compreendia desesperadamente o mutismo daqueles que deixava para trás, pois naquele momento ainda era um deles.

Não vi Honoré, que morrera quase em cima de mim. Não vi Cabu, que tinha o corpo embaixo do meu. Mas vi Tignous, deitado de costas, o rosto um pouco amarelado em torno dos óculos, os olhos fechados, como uma estátua jacente. Não vi a caneta entre seus dedos, fiquei hipnotizado com seu rosto e senti, passando acima dele, a solidão de estar vivo. A tristeza

---

* Ibid. [N.T.]

de ir em direção a alguma coisa, a algum lugar, sabendo que ele não poderia me seguir. Nunca fomos próximos, mas havia uma simpatia instintiva entre nós. O acontecimento nos uniu no exato instante em que nos separou. Não poderíamos tirar proveito da intimidade criada por aquelas trevas. Até que a morte nos separasse, como se diz, para todo o sempre. Olhei para seu rosto o máximo de tempo que o transporte permitiu, depois, virando a cabeça para a direita, vi o corpo de Wolinski. Ele estava levemente encostado na parede. Seu rosto estava sereno, um pouco triste, os olhos fechados, pensei num velho e esplêndido pássaro, uma águia extremamente culta, e também que a melancolia que ele escondia tão bem o havia alcançado. O sorriso havia desaparecido. Os mortos não sorriem e não fazem rir. Georges se juntou a Tignous e ao crânio de Bernard e, de minha cadeira voadora, aos solavancos, eu disse a eles, como se estivessem vivos: "Vocês estão com sorte, para vocês acabou. Para mim, está apenas começando". Um pouco à frente, vi o blusão azul-marinho de Charb, mas assim que o avistei me tiraram da sala. Esse movimento me poupou da descoberta do que haviam feito com seu rosto.

Na entrada, reconheci meu celular em cima de uma mesa. Estendi o braço na direção dele e fiz um sinal para meus carregadores, tentando mostrar o que queria. Um deles olhou para mim, hesitou e perguntou: "Quer alguma coisa? Não temos tempo, veremos isso mais tarde", e saímos. Olhei para meu celular pela última vez, o máximo possível, como se meus olhos pudessem imantá-lo. O momento em que ele sai de meu campo de visão dá início a um período de quatro meses em que passo a depender totalmente dos outros.

Não sei mais se me transferiram para uma maca ali mesmo ou no térreo. Lá fora, o dia estava cinzento e frio. Havia gente, barulho e ambulâncias por toda parte, um exaustivo desfile de vivos. Pela primeira vez senti algo que não cessaria de se renovar, com mais ou menos intensidade, de hospital em hospital: eu saía de um casulo onde tudo era silêncio e imobilidade, onde vivia com os mortos assim como viveria com a equipe médica, abandonado numa antessala de vibrações profundas e acolchoadas, para entrar num mundo agitado, indiferente e incompreensível, a céu aberto, um mundo em que as pessoas iam, vinham e agiam como se nada tivesse acontecido, como se suas ações tivessem alguma importância, como se elas se julgassem vivas.

A maca foi depositada na frente de um homem fardado, um bombeiro, sem dúvida. Para mim, ele era um gigante. Sua potência vertical e seu uniforme me tranquilizaram. Ele me olhou e quase gritou: "Isso é um ferimento de guerra!". A frase explodiu e ressoou como um eco, íntimo e, no entanto, externo, um eco provocado por uma história que me invadia sem me pertencer. Eu era uma vítima de guerra entre a Bastille e a République, a alguns quarteirões da livraria russa, da mercearia italiana e do *Libération*, a cem metros da padaria onde eu às vezes comprava um croissant depois das reuniões de quarta-feira, a poucos metros de minha bicicleta, presa a um poste. Pensei: "Minha bicicleta! Vai ser roubada, como meu celular!". Eu era um ferido de guerra num país em paz e me senti desamparado. Guardei a expressão do gigante e apertei um pouco mais a mochila contra o corpo, sentia que sua incongruência era preciosa e que deveria guardá-la e carregá-la para todos os lados como uma estranha bênção, como uma estranha maldição; carregá-la junto com tudo que aquela mochila continha naquele dia, meus livros, meus cadernos, minhas canetas, meus papéis, minhas fotografias de documento, os cartões de visita de pessoas esquecidas e até duas pedras recolhidas numa mina chilena, perto da cidade natal de Gabriela, que estavam sempre comigo.

Na ambulância, um homem se sentou a meu lado e disse para eu não me mexer. Não obedeci e abri o bolso da frente da mochila para pegar a carteira de saúde e a de identidade:

embora alguns indivíduos estivessem mortos ou feridos dentro de mim, o segurado social obediente e numerado visivelmente não estava. Fazia gestos que a burocracia esperaria dele em tempos normais, e os fazia com grande zelo, com grande culpa, como se sua existência numerada e seu futuro administrativo dependessem disso. Enquanto o ferido de guerra era transportado, o bom cidadão Lançon pensou: "Chegando ao hospital, preciso mostrar esses papéis, caso contrário eles não vão saber quem eu sou e vão levar um tempo insano para me reembolsar — se me reembolsarem! Minha ficha será perdida e não serei reembolsado". O ferido nem tinha entrado no hospital, e o cidadão, essa mula numerada, já tinha saído. Mostrei ao homem sentado minhas duas carteiras, meus dois passes, como se, antes da queda do Muro de Berlim, estivesse passando pelo Checkpoint Charlie. Ele pegou tudo e largou entre minhas coxas. Um tempo indefinido se passou, eu olhava para o céu pela janela, para tentar adivinhar, como nos filmes, para que lugar estava sendo levado. Perguntei-me se iria para o norte ou para o sul, se atravessaria o Sena. O navio de Robinson não tinha nome e nenhum nome de hospital me veio à mente.

Mais tarde, fui tirado da ambulância, a maca foi empurrada até um hall de entrada. Comecei — de repente? enfim? — a sufocar e a chorar no momento em que uma enfermeira morena de rosto bondoso e concentrado me dizia que ficasse tranquilo, que estava tudo bem, que eu tinha chegado, que dormiria, que cuidariam de mim e que tudo daria certo. Ela me colocou uma máscara no rosto e conversou comigo, mas eu não a entendia mais, senti que sufocava e, enquanto era invadido pelo pânico, comecei a chorar, tinha de novo cinco ou sete anos, para sempre terei essa idade, estava perdido na escuridão e numa terra distante, sem pais, sem amigos, sem colegas, sem mulher, sem nada, somente com o rosto daquela enfermeira, e foi assim que tudo se apagou.

6.
O despertar

Acordei nos meandros cotidianos do êxtase, como em Cuba, sentindo cheiro de café. Estava em minha cama, descansado, de bom humor. Amanhecia. Tinha dormido bem e me preparava para levantar, beber aquele café, fazer um pouco de ginástica, tomar uma ducha, me perfumar, ler e fazer anotações, depois, tendo passado no *Charlie*, escrever no *Libération* meu artigo sobre *Noite de reis*. Acordei em minha cama e, ainda semiadormecido, na penumbra, repassei o dia mentalmente, como quase todas as manhãs, mas com uma precisão fora do comum — uma precisão de inventário. Era um dia que nunca aconteceria e que já acontecera.

A caminho do jornal, eu parava no Monoprix para comprar uma garrafinha de iogurte que bebia na calçada do bulevar — e senti o cheiro de baunilha do iogurte. Comecei a formular as frases do artigo, sentindo os aromas matinais da cidade, os agradáveis e os menos agradáveis, aos quais sou exageradamente sensível. Um pequeno grupo de mendigos, sempre o mesmo, estava sentado no banco perto do Monoprix. Eles emitiam sons roucos, violentos, incompreensíveis para mim, e mais uma vez me perguntei o que poderiam estar dizendo naquele tom, com aquelas vozes, que vidas poderiam ter tido, mas não ousava me aproximar ou lhes dirigir a palavra, por conforto ou por pudor, e também porque eu não era mais o jornalista de vinte anos cuja primeira reportagem marcante, em Lyon, havia sido viver nas ruas e em abrigos por alguns dias junto com dois mendigos. Ao jogar a garrafinha de iogurte vazia no lixo mais próximo, lembrei-me dos dois mendigos de Lyon, como quase todos os dias e como se os tivesse visto na véspera e como se eles estivessem ali, na minha cabeceira, com seus rostos de morangos silvestres, "morango silvestre" era o apelido de um deles, o que não falava. Lembrei-me da aula de mendicidade que eles tinham me dado diante de pessoas iguais a mim, pessoas para quem a cidade não é um território de luta e de conquista, um território sem abrigo, como ela logo se tornaria para mim, por outros motivos. Lembrei-me de quando eles me aconselharam a voltar para casa, você é jovem demais e o inverno é rigoroso demais, e me deram cinquenta francos para pegar um trem ou um ônibus, cinquenta francos que não pude recusar.

Eu ainda não tinha me mexido. Em uma semana, estaria em Nova York com Gabriela. Seu último sorriso antes do atentado, na tela do iPad, tinha sido, pensei, há poucos minutos. Eu logo o veria fora da tela, diante do East River, e ao cheiro do café imediatamente se misturou o do hálito de Gabriela. Senti-os, um e outro, um no outro, antes de abrir os olhos. É provável que continue a senti-los até a morte, intactos, flutuantes, pois nunca tiveram tanta força e intensidade quanto no momento em que foram uma ilusão e um adeus.

Vi e vivi tudo isso em poucos segundos, em vinte anos, tudo isso ceifado pelo tempo de um único gesto, como um buquê de flores que pareciam colhidas no campo e que se revelam, à luz da sala, artificiais. Eu estava habitado pelos doces fantasmas do amor, do futuro e do hábito. Esses fantasmas são resistentes, a eternidade está sempre atrás e à frente deles; naquele momento, porém, eles eram frágeis e, de repente, tudo se desfez: o apartamento, a cama, o café, o iogurte, as frutas, os mendigos, a aula de mendicidade, o dia, Shakespeare, o sorriso e o hálito de Gabriela, junto com tudo o que havia sido e poderia ter continuado a ser minha vida.

O homem de pernas pretas entrou no devaneio e começou a perturbá-lo sem que eu pudesse reconhecê-lo ou interpretá-lo: eu ainda era o homem de antes, mas alguma coisa começou a se desordenar. As pernas pretas entravam em tudo sem serem convidadas. Modificavam rostos, gestos, cheiros. Elas os afastavam, apagando-os como lampiões que desaparecem ao longe. Elas me indicavam um caminho desconhecido que eu não queria seguir e que mesmo assim seguia. Um detalhe, subitamente, me deixou alerta: eu ainda não tinha aberto os olhos e me perguntei como podia estar sentindo cheiro de café se ainda não me levantara e se a cafeteira não era automática. Foi então que, abrindo os olhos, vi a grande sala de recuperação e sua luz baça, entre o amarelo e o verde, e baixando-os até o pé da cama, em vez da balaustrada em ferro fundido e do edredom, vi o estranho lençol amarelo sobre o qual repousavam dois braços e duas mãos enfaixadas. Levei alguns segundos para entender que eram meus e, nesses segundos que iam muito além da cama, todo o resto foi engolido, o atentado e os minutos seguintes, e também os 51 anos de uma vida que acabava ali, naquela tomada de consciência, naquele exato instante.

Ergui os olhos e, à minha esquerda, acima de mim, apareceu o rosto de meu irmão, Arnaud. Senti, pela primeira vez, que alguma coisa de grave acontecera comigo, que, embora o café e o resto fossem um sonho, o atentado não era, e olhei, eu, o mais velho, para o meu irmão, como nunca havia olhado antes. Como estava magro! E estranhamente pálido... Tinha emagrecido e empalidecido em tão pouco tempo? O que estava fazendo ali, sozinho? Há quanto tempo eu não o via? Poucos dias... As luzes daquele lugar desconhecido haviam desbotado sobre ele. Meu irmão tinha sido repintado nas cores de minha nova vida e, ao mesmo tempo, tinha sido rejuvenescido, nas profundezas do cansaço e da angústia, rejuvenescido e consolidado na missão que estava aceitando e iniciando. Essa missão faria dele meu duplo e meu braço direito médico, administrativo, social e pessoal por vários meses. A despeito dele e a despeito de mim, aquela primeira troca de olhares selou esse pacto. Movimentei minha mão na direção da sua com uma dupla exigência: eu o consolaria e ele me consolaria, uma coisa não aconteceria sem a outra, não haveria consolo em sentido único.

Cada um de nós só tinha um irmão, o outro, e tentei imaginar o que seria sua vida sem a minha, e, olhando fixamente para ele, a minha sem a dele. As crianças às vezes fazem essas coisas, de brincadeira, para assustarem umas às outras e para testar os limites de sua resistência ao medo — para se tranquilizarem, enfim. O exercício exige complacência — como quando mordemos o dente dolorido para confirmar a presença da dor e para ter o delicado prazer de nos queixarmos ao renová-la. O que estava acontecendo comigo talvez fosse da mesma natureza, mas de intensidade diferente: eu não estava brincando, eu é que estava em jogo, e essa compreensão caiu em cima de mim sem que eu estivesse preparado.

Quando imaginamos o inimaginável com uma força imprevista e como que separada de nós mesmos, uma força tão grande que transforma a cena imaginada na única possível, alguma coisa se rompe no frágil e resistente tecido que nos serve de consciência: a perspectiva de nossas mortes simultâneas abriu um campo que, logo pressenti, apesar do embrutecimento, se o percorresse, me deixaria tão louco quanto ao olhar demais para o cérebro de Bernard. Eu via meu irmão morto e tudo o que viria depois, o enterro, nossos pais arrasados, eu me encarregando deles etc. Eu me via morto e tudo o que viria depois, meu irmão no meu enterro, nossos pais arrasados, ele se encarregando deles etc. Nos dois casos, o enterro acontecia no vilarejo da família e o túmulo de cada um era o de nossos avós, a poucos metros da do escritor Romain Rolland. As cenas saíam de mim e giravam, como cavalos de madeira num carrossel, mesclando-se para me envolver e me encerrar em sua fixidez e repetição. O carrossel voltaria com regularidade nos meses seguintes, apresentando cenas diferentes, mas recorrentes, que giravam e giravam. Algumas me faziam viver o que eu mais temia; outras, as mais fortes, o que eu tinha vivido e nunca mais poderia viver: eu assistia em sequência ao enterro de minhas vidas passadas; mas quem exatamente ficava de luto? Eu não sabia. Era o campo do pior, uma sequência de imagens que me encurralavam para estrangular os restos de minha própria existência e enchê-los de incertezas, de vazio. Eu me tornava aquilo que via e aquilo que eu via me fazia desaparecer. Da mesma maneira que uma revoada de corvos sobre um campo de trigo um dia se tornara, enquanto era pintada, a única realidade do artista de orelha cortada e da nuvem em que ele se perdeu.

O campo Van Gogh apareceu pela primeira vez naquele momento, na noite do despertar. Fechei os olhos para escapar, esperando voltar à ilusão do café e do hálito de Gabriela, por meio da realidade. Mas o atentado não permite esse tipo de ficção: ele dissolve toda tentativa de retorno. Ele é o futuro que ele mesmo destrói, o único futuro, sua única destruição e, enquanto ele reinar, é só o que será. Abri de novo os olhos. Meu irmão continuava ali e continuava vivo. Eu também. O campo Van Gogh havia desaparecido. A enfermeira chegou para verificar meu estado e o das perfusões. Ela nos deu um quadro branco e uma canetinha azul para que pudéssemos nos comunicar.

Como é a relação entre irmãos, entre irmãs? Como se misturam as lembranças de uma intimidade cotidiana — a da infância — com o afastamento progressivo que costuma lhe suceder? Arnaud e eu nos dávamos bem, sem tensões ou conflitos, mas não nos víamos muito, salvo em refeições familiares. Tínhamos vidas e amigos diferentes ao extremo — dois cães de mesmo porte, mas de raças diferentes, que só encontram seus instintos comuns na casinha que os devolve ao tempo perdido e compartilhado. Adquirida ou inata, essa distância foi pelos ares na sala de recuperação — ou nossa intimidade, latente, tirou proveito de uma ocasião que teríamos dispensado para então ressurgir. Nossos pais ainda não estavam ali, eu não sabia se era dia, tarde ou noite; Arnaud se encarregava de minha vida e de meus horários. Ele o fez com a confiabilidade, a diplomacia e o senso moral que o caracterizavam. Nossa infância em comum, nossas férias, nossas festas, nossas piadas infames, nossos almoços rápidos e regulares num restaurante chinês na Avenue de la République, onde sempre comíamos exatamente a mesma coisa, os mil e um laços que nos uniam sem que precisássemos pensar neles, tudo parecia ter existido para que chegássemos ali, àquela sala de recuperação, primeira etapa da prova que teríamos pela frente. O atentado caiu sobre nossas cabeças com tanta força que nunca houve necessidade, nos meses que se seguiram, de comentários ou explicações: sua violência e a violência de suas consequências simplificaram tudo.

Arnaud chegara perguntando-se o que teria que enfrentar. Ignorava a que ponto eu fora atingido, se estava consciente ou prejudicado. Seu medo era deparar com um vegetal ou com um homem totalmente desfigurado. Descobriu um rosto com dois terços intactos. O terceiro terço, inferior, estava coberto de bandagens. Só se podia imaginar a ausência de lábio, de dentes, e o buraco. A operação durou algo entre seis e oito horas. Os ortopedistas esperaram os estomatologistas acabarem sua parte para remendar as mãos e o antebraço direito. Minha cirurgiã, Chloé, almoçava com uma amiga quando foi chamada. "Sabe do que estávamos falando?", ela me disse, dois anos depois. "De Houellebecq! Minha amiga estava com *Submissão*, para me dar..." A refeição das duas tinha sido interrompida. Mais tarde, ela leu o livro e gostou. Como o teria avaliado se minha chegada ao centro cirúrgico não tivesse abreviado seu almoço? Quando ela me contou isso, estávamos em seu consultório, eu não estava mais na horizontal e nós apenas rimos da coincidência, mas, afinal, era uma coincidência? Houellebecq me pareceu muito longe, naquele momento. Era parte de minhas lembranças, assim como é parte de meu livro. Pergunto-me quem ficou com meu exemplar anotado de *Submissão*, que perdi.

Eu não sabia que horas eram, nem quanto tempo se passara, se uma hora, um dia ou um mês. Mais tarde, fiquei sabendo que era meia-noite. Arnaud disse com voz doce: "Temos muita sorte, meu irmão. Você está vivo...". Só fui entender que poderia estar morto ao ouvir suas palavras e, olhando novamente para minhas mãos e meus braços enfaixados, lembrando que tinha a mandíbula destruída, perguntei-me por que eu não estava morto. Não havia raiva, pânico ou queixa nessa pergunta muda, dirigida a não sei quem. Havia apenas a busca de um norte. Eu estava desorientado. Olhei de novo para meu irmão, senti dificuldade para respirar. Meu antigo corpo partia e dava lugar a um amontoado de sensações específicas, desagradáveis e inéditas, mas educadas o suficiente para sempre entrar na ponta dos pés.

Arnaud olhava para mim, eu definitivamente o achava magro e pálido como a luz da qual parecia sair. Ele tinha um ar tão jovem, tão solitário! Mais um pouco e eu ficaria com pena dele e o pegaria nos braços; mas meus braços não queriam se mexer. Olhamos um para o outro, dessa vez ao mesmo tempo, como dois irmãos que estiveram a ponto de nunca mais se ver e que acabavam de ser reunidos pela perspectiva da morte. Nem tentei falar. Ainda não tomara consciência das bandagens que fechavam meu rosto e da traqueostomia, a tráqueo, como logo me ensinariam a dizer, nem da sonda nasal que logo me irritaria a garganta e o nariz insuportavelmente, mas alguma coisa me dizia que falar era impossível. O paciente pressente aquilo que ignora. Seu corpo violado é um cão de guarda. Ele anuncia a chegada dos convidados, dos desconhecidos e de quase todos os indesejáveis à consciência, que se acreditava dona da casa. Fiz um sinal lento a Arnaud, um pequeníssimo gesto de moribundo soberano, e ele começou a falar. De quê? Pouco importa. Estava falando comigo.

Mais tarde, fiz outro gesto. Ele entendeu que eu estava pedindo o quadro trazido pela enfermeira. Escrevi com dificuldade, em letras maiúsculas: "Fodeu tudo com Gabriela". Em poucas palavras, fui direto ao ponto: ela vivia e sobrevivia em Nova York, sem dinheiro, sem situação sólida; passava por um divórcio difícil, que a deixava louca; seu pai morria lentamente no deserto do Atacama, recitando poemas de Pablo Neruda ao vento. Ela nunca aguentaria, qualquer que fosse a força de seu amor, a maratona que se anunciava. O futuro provaria que eu estava enganado, ao menos em parte. No entanto, não escrevi essa frase no quadro branco para exorcizar o que ela anunciava. Escrevi-a para me consolar da tristeza que pressentia: escrever era protestar, mas também aceitar. A primeira frase, então, teve essa virtude imediata: fazer-me compreender até que ponto minha vida mudaria, e que precisaria aceitar sem hesitação tudo o que a mudança imporia. As circunstâncias eram tão novas que exigiam um homem, se não novo, ao menos metamorfoseado no plano moral como no físico. Tudo foi decidido, creio eu, naqueles primeiros minutos. Uma mistura de estoicismo e boa vontade definiu minha atitude nos meses seguintes: ela teve origem naquele momento, sob aquela luz e com aquela simples frase: "Fodeu tudo com Gabriela". Essa mistura não excluía certo dandismo: eu queria ser visto, em todas as circunstâncias, como aquele que eu mesmo havia decidido ser, do centro cirúrgico ao banheiro, da poltrona à maca, do austero corredor hospitalar ao lindo parque sombreado do La Salpêtrière. Mas à medida que meu corpo sofria uma metamorfose brutal e irreversível, essa maneira de ser se tornou minha segunda natureza, que a acompanhava. A necessidade, aceitar tudo, e o dever, aceitar com o máximo de gratidão e leveza possível, com gratidão e leveza de ferro, me levariam a tornar imutável a única coisa que podia e devia ser imutável: meu caráter na presença dos outros. Os cirurgiões ajudariam a natureza a consertar meu corpo. Eu deveria ajudar essa natureza a fortalecer o resto. E não conceder ao horror vivido a honra de uma raiva ou de uma melancolia que eu tão facilmente expressara em dias menos difíceis, já passados. Eu estava numa situação em que o dandismo se tornava uma virtude.

Apaguei a primeira frase, escrevi a seguinte: "Um jornalzinho que não fazia mal a ninguém". Era do *Charlie* que falava — com uma ingenuidade um tanto chorosa, uma ingenuidade de criança triste e desamparada, mas não apenas. É comum citar a última frase pronunciada por alguns escritores, quando ela parece ter um sentido esclarecedor de sua vida e das circunstâncias, como na missa. Quando Tchékhov morre dizendo *"Ich sterbe"*, estou morrendo, isso é de fato Tchékhov, ponderamos. Ele diz a única coisa a ser dita no momento em que morre. Seu lacônico pleonasmo acaba com qualquer efeito de literatura. Eu, que estava no limbo e tinha muito pouco de escritor, escrevia agora minhas "primeiras frases". E como costumo ser pomposo e sentimental, este "Um jornalzinho..." tendia naturalmente a isso. Enquanto nossos defeitos nos seguirem, estaremos vivos, só nos restará moldá-los. A pequena frase seguia o caminho aberto por meu avô materno, um homenzinho encantador que nunca pensava mal de ninguém. Ele havia nascido numa família de camponeses pobres dos Pirineus, perto da fronteira espanhola, e tinha, como se diz, a lágrima fácil, que talvez viesse do derretimento das geleiras que ficavam diante de sua aldeia. Era um velho radical-socialista, nascido do povo e fiel a ele. Embora estivesse ausente há 32 anos, era ele quem segurava minha mão naquele momento. Morrera na época em que eu iniciava a carreira que acabara de me conduzir àquela sala de recuperação, e mais ninguém poderia ter escrito, depois de tirar a boina preta e tremer um pouco as bochechas com cheiro de tabaco, aquela pequena frase precisa e chorosa: "Um jornalzinho que não fazia mal a ninguém".

Esse "jornalzinho" tinha uma grande história, e seu humor, felizmente, tinha feito mal a um número incalculável de imbecis, fanáticos, burgueses, celebridades e pessoas que se levavam muito a sério. Fazia alguns anos que estava agonizando; desde a véspera, não existia mais. Mas estava voltando à vida. Os assassinos lhe conferiram, subitamente, um estatuto simbólico e internacional que nós, seus produtores, preferiríamos dispensar. Não queríamos aquela glória, aquela gente, meu avô diria "aquelas gentes", mas não tivemos escolha, e seria preciso tirar proveito daquilo, sem dúvida, mas também suportá-lo. Tínhamos nos tornado um jornalzão que fazia mal a um monte de gente.

Meu irmão fotografou a frase e mais tarde enviou a imagem a amigos, a colegas do *Libération*; afinal, era uma prova de vida: eu sabia pensar, recordar, me comover, sabia desenhar letras e juntar palavras, estava vivo entre os vivos, portanto. Peguei a caneta e avisei a Arnaud que minha bicicleta estava estacionada na frente do *Charlie* e que seria preciso recuperá-la sem demora. Vi em seu olhar que ele ficou estupefato.

Por volta das duas horas da manhã, a enfermeira voltou e lhe pediu que saísse. Os curativos do paciente vizinho precisavam ser refeitos. Ela aproveitou para me trazer um grande caderno cor salmão, da Assistance Publique. Ao voltar, meu irmão ficou surpreso de me ver com a caneta presa aos três dedos não enfaixados da mão esquerda e o caderno aberto em cima da barriga, sobre os lençóis. Ele guardou esse caderno e o devolveu alguns meses depois. Abro-o novamente e vejo as grandes letras desenhadas de maneira hesitante, como se escritas numa língua estrangeira, menos por um sobrevivente do que por um desconhecido, um ancestral, um quase dinossauro, nas paredes de uma caverna. As letras, maiúsculas, se inclinam na página em todos os sentidos. Cada linha tem apenas uma ou duas palavras, como se escritas de olhos fechados. Pego uma tocha e circulo pela caverna que me trouxe de volta. Ilumino essas inscrições.

Primeira página: "Quem morreu? / Cabu Wolinski Charb / Riss? / Que dia? / Quem vem? A mochila está aqui comigo". Sinto um grande prazer em escrever pontos de interrogação, em desenhá-los. Eles são os ganchos aos quais me agarro. Preciso saber se houve mais mortos do que os que vi, e quais. Será que vi mesmo o que vi? O que não vi? Faço as contas. Verifico. Preocupa-me que a mochila tenha desaparecido, com meus livros, meus cadernos, meus papéis. Lembro do casaco rasgado pelos tiros e pela grande tesoura dos socorristas. As chaves do meu apartamento estavam num dos bolsos. Volto a pensar na bicicleta. Esses desaparecimentos me angustiam. Além de tudo que aconteceu, eu talvez seja roubado, espoliado. Não sei mais as respostas de meu irmão. Seu diário pessoal afirma que ele fala e fala comigo, sobre tudo e nada, sobre o que se sabe do atentado, naquele momento não muita coisa, sobre os amigos que pedem notícias, sobre todos os que logo vão entrar na caderneta de baile hospitalar controlada por ele, repito, com a compenetração de um duplo e a eficácia de um braço direito. Quando ele para de falar, dou-lhe um tapinha no cotovelo. Ele pergunta: "Quer que eu fale com você?". Faço que sim com a cabeça, sistematicamente. Quero que ele fale: do atentado, mas principalmente das coisas mais cotidianas, de nossos pais, de seus filhos, por enquanto essa é a única coisa que me prende à vida. Assim, mesmo quando não sabe mais o que dizer, ele continua.

Ele estava em Nice naquele dia, para ver clientes da empresa de informática que fundara havia quinze anos. Às 11h45, recebe a ligação de Coco de meu celular, mas não atende: está em reunião. Ele está prestes a sair para almoçar com os outros quando, isolando-se para ver suas mensagens, escuta o recado. Atordoado, consulta as notícias pelo celular e descobre que de fato houve um atentado no *Charlie*. Ele telefona para meus pais, que já estão a par de tudo. Laurent Joffrin, diretor do *Libération*, havia ligado para eles. Eles sabem que eu estou vivo, mas não sabem onde nem em que condições. Meu irmão comunica a notícia a seus clientes e vai para o aeroporto, dirigindo "como um robô", são as palavras que utiliza.

Ao pousar em Orly, por volta das dezesseis horas, ele é informado por nossa mãe que estou no La Pitié-Salpêtrière. A família recebe notícias pelo marido de uma jovem prima, Thibault, que tinha começado a trabalhar de anestesista nesse hospital. Seus amigos o mantêm informado da intervenção cirúrgica quase em tempo real. Ela se prolonga e Thibault aconselha meu irmão a não ir ao hospital durante a noite, pois eu estaria grogue demais para falar qualquer coisa com qualquer pessoa. Em seu diário, meu irmão escreve: "É inimaginável que, depois de tudo que passou, Philippe não encontre um rosto familiar e uma presença afetuosa ao abrir os olhos. Prefiro estar lá, mesmo que para nada, a ficar em casa". É a escolha certa: sua presença, estabelecendo-me numa lucidez obsessiva e comovida, provoca inúmeras... como dizer: emoções, reflexões? Emoções reflexivas, talvez. Saio de um atentado e de uma operação de seis ou oito horas, estou coberto de sondas e curativos, não sinto nada e já sofro por tudo, mas estou obcecado pelos detalhes práticos e pelo sentido de uma experiência que ainda não assimilei ou nem mesmo, para falar a verdade, vivi.

Segunda página: "Cancelar / Air France Cancelar / Estado mandíbula / Iria para NY no dia 14/01 / Cancelar Air France".

Meu irmão decifra as palavras, repete-as, preenche as lacunas, como num ditado. Quase morri, mas penso no reembolso da passagem da Air France: o pequeno-burguês sobrevive a tudo. Terceira página, que sem dúvida se dirige à enfermeira de plantão, pois meu irmão conhece Gabriela: "Minha namorada Gabriela está em NY". Quarta página, de novo dirigida a meu irmão: "Obrigado / Foi como um sonho / Quem é? / Assassino". Aqui, posso preencher as lacunas. Agradeço-lhe por estar a meu lado, primeiro agradecimento de uma melodia recorrente e destinada a todos, cujo refrão logo se tornaria: "Muito obrigado". Até o dia em que, no hospital dos Invalides, três meses depois, uma cáustica e engraçada auxiliar de enfermagem antilhana me cortou com um: "Por que muito obrigado? É demais. Obrigado é suficiente. Seja simples, não gosto de puxa-saco". Está errada. Não puxo o saco de ninguém: esforço-me para ser o mais educado possível com aqueles dos quais dependo. E está certa: pouco a pouco deixo de dizer "muito", para que a educação não seja confundida com a bajulação daquele que vive à custa dos que o ouvem. Aceito ser raposa, mas somente o suficiente para não transformar os cuidadores em corvos.

"Foi como um sonho" são minhas primeiras palavras, banais, para definir o atentado. Banais e não totalmente exatas: não foi nem como a vida, nem como um sonho. Foi num espaço e num tempo para os quais nada poderia nos preparar. E esse espaço e esse tempo não eram o contrário de um sonho, mas seu prolongamento para além dos nervos cortados. "Quem é?" se refere à palavra seguinte, "Assassino", que meu irmão a princípio não entendeu. Ainda não se sabe quem foi, eu ainda acho que foi um único assassino, o das pernas pretas, o único que vi, embora tivesse pensado: "Eles foram embora". As páginas seguintes dizem a meu irmão o que ele já sabe (mas que eu não sei que ele sabe): Coco ligou para ele com meu celular, Luce Lapin, a assistente do jornal, precisa ser avisada, para que ela o recupere. Não tenho consciência de que esse celular, como o resto, se tornou uma prova do crime. Depois volto à mochila: "Cheguei com mochila preta / Dentro, iPad". E na página seguinte: "Marilyn? / Eles nem vão acreditar! / Nunca perdi consciência". Pergunto a meu irmão se minha ex-mulher foi avisada. A certeza de sua dor me assusta. Como ela reagirá? Deixei de ser importante, mas sei o que nos une. Vivemos dez anos numa fusão quase total: ela é a única que compreende, em mim, tudo o que me escapa. "Eles nem vão acreditar!" se refere a meus pais. O "nem" e o ponto de exclamação não estão ali por acaso: tento dar um toque de familiaridade ao desastre, como se todos estivessem à mesa, há poucos dias, com nossas piadas e um bom vinho; como se eu fosse aparecer com uma máscara de carnaval no rosto. "Nunca perdi consciência" é uma circunstância, boa ou má, da qual eu me orgulhava. O assassino acertou o homem, mas errou a testemunha. Sorte a minha, azar o dele.

Agora, minha página preferida:

Toquei
Braço e rosto Entre
Os mortos e
compreendi
Adeus, Princeton!

Embora ainda fosse um leitor de poesia, fazia tempo que não escrevia nenhuma, a não ser na forma de bordões e versinhos rimados. Quando não se trata de se tornar um La Fontaine ou um Rimbaud, a melhor coisa a fazer é aplicar seu talento residual às circunstâncias, ao prazer e ao esquecimento. O surgimento do SMS facilitou a ressurreição de um modo menor, sem amanhã. Essas palavras, escritas na sala de recuperação no meio da noite, talvez sejam meu melhor poema. Ele tem o mérito de ser involuntário e, como é uma experiência, o inconveniente de exigir um pouco demais da vida. "Adeus, Princeton!", gosto dessa queda, que mistura Fitzgerald, Perrette e seu pote de leite, gosto dela porque não a busquei. Adeus, Gabriela, "Adeus, Princeton!", escrevi isso na madrugada como uma boa piada, com os olhos no teto, enquanto dizia adeus a um bom número de coisas, e a tráqueo, revelando sua desconfortável existência, começava a me informar que logo teria que dar boas-vindas a outras.

Na página seguinte, escrevi com naturalidade: "Preciso de vocês / e de / Gabriela!". Aqui, o ponto de exclamação tem um sentido completamente diferente do de Princeton. Digo para minha família e para Gabriela, ausente, que é inconcebível continuar sem eles. Mas continuar não é a palavra certa. Eu ainda não sei: é de uma louca sequência de nascimentos que se trata — cada nascimento apagando as dores do anterior sob o peso das dores seguintes. Aliás, eu não tinha escrito, duas horas antes, que estava tudo acabado com Gabriela? Nessas horas, a memória é um disco rígido saturado. Ela apaga ou modifica aquilo que a consciência, em luta no presente, não poderia suportar.

As últimas páginas desse primeiro caderno estão cada vez mais cheias de palavras: o intenso costume de escrever recupera seu mandato e se impõe ao corpo ferido, à morfina, a todo devaneio, a qualquer coisa. Descrevo a meu irmão os momentos que se seguiram ao atentado: "As pessoas / tinham mais / medo que eu. Eu / via isso em / seus olhos. E minha / desfiguração!". Depois: "Não senti / a bala. / Fingi de morto. / O sujeito passou / gritando Alá akbar!". Quando escrevo essas palavras, Alá akbar, sinto um frio na espinha e uma náusea descendo e subindo por todo o corpo. Dissolvo-me nelas. Alá akbar se derrama sobre mim como há pouco o campo Van Gogh, e é nesse instante que sinto a que ponto a expressão se tornou a réplica de um personagem de Tarantino: a oração religiosa que tantas vezes ouvi nos países árabes, na Índia, na Indonésia, a oração que me embalava e me acordava antes do amanhecer, quando eu dormia perto de uma mesquita, a oração pacífica que ampliava o céu anunciando o dia, essa oração se tornou um simples grito de morte, tão ridículo quanto sinistro, uma encenação estúpida pronunciada por mortos-vivos, um grito que nunca mais poderei ouvir sem sentir vontade de vomitar de nojo, de sarcasmo e de tédio. Depois: "Não movi / um fio. / Pensei em Gabriela / e nos nossos pais / Estranhamente calmo". O caderno chega ao fim com uma constatação: "Estava acabando / Eu ia embora!". E esta observação: "Eu via / o cérebro / do pobre Bernard Maris / embaixo do meu nariz". Choro pela primeira vez ao escrever essas palavras no caderno, o nome da mulher que pensava nunca mais rever, mas cuja presença pairava sobre mim, dentro de mim, enquanto as pernas pretas apareciam; o nome de um companheiro que eu queria, nesse contexto, não precisar escrever. Eu choraria contra a minha vontade, nos meses seguintes, a cada vez que pensasse, dissesse ou escrevesse esses nomes que estabelecem em mim, em torno de mim, a presença daqueles que designavam e que, enquanto o assassino se aproximava e se afastava, me acompanharam.

Meu irmão saiu por volta das quatro horas da manhã e eu, graças aos remédios, consegui dormir. Meus pais chegaram pela manhã, enquanto me transferiam do setor de emergência para o de estomatologia. Eu não os via desde o fim de semana anterior. Tínhamos festejado o Ano-Novo na casa deles. Eretos e bem-vestidos, carinhosos e um pouco perdidos, vinham daquele outro mundo cheio de ostras, presentes, lembranças e foie gras. Olhei para eles de baixo e perpendicularmente, deitado no berço onde eu não podia chorar ou acreditar que renasceria, mas também de cima, como uma espécie de Buda levitando acima de seus corpos, de suas dores. Eles sofriam, eu percebia, mas eu não: eu era o sofrimento. Viver dentro do sofrimento, totalmente, ser determinado exclusivamente por ele, não é sofrer; é outra coisa, uma modificação completa do ser. Eu sentia que me destacava de tudo o que via e de mim mesmo para melhor digeri-los. O rosto de meu pai e o de minha mãe flutuavam como o de personagens que eu precisava criar, nutrir e desenvolver, pessoas íntimas que não o eram mais. Eu entrava com eles e por meio deles nessa ficção particular que é o brutal excesso de realidade.

Escrevi-lhes, com uma caneta azul, mais ou menos o que havia escrito a meu irmão algumas horas antes, com variantes que poderiam parecer deslocadas se não indicassem que eu já tentava, por todos os meios, tomar alguma distância daquilo que me tornara. Por exemplo: "Fingi de morto / muito rápido / Deitei / e não me mexi mais / Todos mortos ao redor / Vista desobstruída do cérebro do pobre", e aqui, de novo, o nome de meu vizinho morto e as lágrimas silenciosas que o acompanham. Depois pedi que me contassem o que se comentava lá fora. Quis ser embalado por suas vozes como tinha sido pela de meu irmão, pela eternidade tranquila de nossos laços, e me tornei exatamente aquilo que nunca tinha deixado de ser, cria deles. Tinham 81 anos e gozariam, por alguns meses, desse extravagante privilégio, o de voltar a ser indispensáveis à vida de seu velho filho, como se ele tivesse acabado de nascer. Escrevi a eles e a meu irmão que precisava cancelar o cartão do banco, cortar a calefação do apartamento, avisar os vizinhos que tinham as chaves, regar as plantas dentro de alguns dias etc. Todas as providências cotidianas criavam uma nova barragem ao absurdo por meio do absurdo: eu era como os pobres K de Kafka. Essa tendência logo se acentuaria. Eu queria fazer tudo direitinho para não ser criticado por nada. Queria estar em dia com as autoridades. Quanto mais a situação se tornava extraordinária, mais eu queria estar nos conformes. Quanto mais eu compreendia ser vítima, mais me sentia culpado. Mas de que era culpado, senão de ter estado no lugar errado, na hora errada? Já era muito, já era demais. Olhei para meus pais, sólidos, com boa saúde, parados à direita e à esquerda da cama. Era no mínimo culpado por aquilo: impor-lhes aquela provação no fim da vida. O assassino poderia ter tido alguma consideração, se não por mim, ao menos por eles. As velhas mãos firmes, quentes e enrugadas me tocaram de leve, como se me esculpissem. Senti em seus olhares a força, o desespero e o amor que sentiam, e também, em vez de bandagens, os cueiros em que gostariam de me enrolar. A barba branca de meu pai, sempre bem-feita, sua elegância e sua postura, a placidez aparente de minha mãe e seus pequenos gestos de carinho acompanhados por seus olhos franzidos, tudo isso me tranquilizava. De novo, como com meu irmão, quis consolá-los tanto quanto eles me consolavam. Quis consolá-los por estarem ali, naquela grande sala desbotada onde pessoas sofriam e às vezes morriam, ao lado do vizinho tão intubado quanto eu, ali e não na casa deles, com minha mãe fazendo palavras cruzadas, meu pai lendo *Le Figaro*, uma revista marítima ou um texto em inglês depois de tomar um café, ouvindo uma cantata de Bach sob os olhos cegos da máscara que ele, nos anos 1950, trouxera da África.

Fui colocado numa maca. O período de espera estrita chegava ao fim. Esse período entre sonho e sensação, entre medo e levitação, em que nos lembramos de tudo que perdemos e de tudo que acontece como se tivesse sido vivido por outra pessoa, mas outra pessoa que cresce dentro de nós mesmos, como um nenúfar, esse período de intensidade nebulosa e de submissão total que faz as vezes de destino, esse compartimento em suspensão, tudo isso só havia existido por algumas horas, em meio à solidão e junto com meu irmão, um pouco também com meus pais, e agora se dissipava.

Enquanto me transferiam, a dor chegou, a verdadeira, e junto com ela, por um instante, como uma luz vermelha atrás de uma persiana, a percepção do combate que eu precisaria travar. Eu breve e violentamente senti o fim daquela noite de espera, que me dera acesso a um estado que as palavras não permitem restituir. A última que me ocorreu foi Pilar, a enfermeira da sala de recuperação: era o nome da mulher de um poeta, Jules Supervielle, cuja melancolia de exilado enfeitiçara minha adolescência, e o nome que, por isso mesmo, eu havia dado à heroína de meu primeiro romance, escrito sob um pseudônimo, na época em que me considerava indigno de publicar qualquer coisa, a ponto de fazê-lo com um nome que não o meu. O poeta estava esquecido e meu romance não teve êxito algum, o que não tinha a menor importância, pois eu já não sabia muita coisa daquele que o escrevera. Mas esse nome, Pilar, voltou à tona junto com aquela sólida fada dos primeiros cuidados. Voltava das páginas, dos sonhos, dos mortos, através dos cheiros fictícios do café e do hálito de Gabriela, e através dos cheiros, bem reais, de Betadine e desinfetante. O romance se intitulava *Je ne sais pas écrire et je suis un innocent* [Não sei escrever e sou um inocente]. Era um verso de um poeta cubano. Onze anos depois de publicado, o título se justificava: eu estava num estado e numa situação que faziam de mim, literalmente, um inocente, e aos poucos precisaria superar, se possível, a sensação de não saber escrever o que acontecia comigo. Precisaria fazer isso para simplesmente reaprender a viver.

Meus pais me acompanharam na ambulância que me levava ao outro extremo do La Pitié-Salpêtrière. O hospital era uma cidade em patchwork, produto de três séculos e meio de uma arquitetura e de uma política policial e sanitária que pareciam destinadas a justificar um curso de Michel Foucault. Eu não via nada pelas janelas fechadas. O prédio do setor de estomatologia ficava no extremo oposto da entrada principal, bem ao fundo, não muito longe do metrô aéreo. Devia ter sido construído nos anos 1970. Era particularmente feio. Fui instalado no primeiro andar.

7.
Gramática de quarto

No dia 8 de janeiro, ao entrar no quarto 106, pensei, entre sondas e tubos, numa frase de Pascal. Um verdadeiro clichê, mas eu tinha lido muito Pascal na adolescência, idade em que não esquecemos quase nada e acreditamos em quase tudo, bom ou ruim, que nos caia nas mãos. Eu repetia a frase como um mantra e, 35 anos depois, no hospital por causa de um atentado, era ela que retornava: "Toda a infelicidade dos homens decorre de eles não saberem ficar quietos dentro de um quarto". Preciso logo confessar que, apesar dos sofrimentos, das angústias, dos pesadelos, das esperas, das decepções, da visão de meus ferimentos, da sequência de cirurgias, da sensação de não ter futuro algum fora daquele quarto, experimentei certa felicidade de viver ali sem telefone, sem televisão, quase sem rádio, sob vigilância policial constante, com visitas sistematicamente filtradas. O sentido do combate tinha se simplificado.

Essa felicidade era a frágil felicidade de um pequeno rei impotente, imóvel e improvisado, mas ainda assim de um rei, finalmente entregue a si mesmo e a seus próprios meios, sem distrações nem encontros inúteis, tendo por únicos acompanhantes, além da equipe médica, a família e alguns amigos, alguns livros, um computador e música; a felicidade de um rei que prestava contas a um único deus, seu cirurgião, e a um único Espírito Santo, sua saúde. Era uma felicidade parecida com a do capitão Nemo no *Náutilus*, mas uma felicidade sem amargura, sem raiva. Minha tristeza era compassiva para com meus anfitriões, e eu não tinha contas a ajustar com o gênero humano. Não era, contudo, a felicidade desejada por Pascal, pois não há descanso dentro de um hospital. Em todo caso, para mim, no setor em que me encontrava, ele era quase nenhum. O hospital é um lugar onde o emprego do tempo é corrido, onde tudo é ação, tensão, espera, disciplina e crise de nervos, como no exército; um lugar onde me tornei, durante os três primeiros meses, por necessidade, um atleta acamado.

Detido após um duelo, o herói militar de *Viagem à roda do meu quarto*, o romance que Xavier de Maistre publicou em 1794, faz o leitor passear por seu quarto ao longo de 42 dias. Logo contei o número de passos necessários para percorrer num sentido e no outro o corredor hospitalar do setor onde eu estava, 52, e os contava até o atordoamento, mas não contei os dias que passei nos quartos do La Salpêtrière e dos Invalides. Posso ao menos enumerar os quartos, cinco, em que vivi essa época que me parece tão recente quanto pré-histórica. Recente e pré-histórica: aceite a contradição, leitor, pois, desde o atentado, é muito raro que eu, ao sentir ou pensar uma coisa, não sinta ou pense imediatamente o seu contrário. As quatro paredes do hospital criaram uma espécie de dialética desenfreada, espontânea, que sobreviveu a elas e que rompe todos os horizontes. Não consigo mais me livrar das sensações que a desencadeiam. O cansaço acentua o fenômeno: constante, ele dissolve todas as ambições de tentar escapar dele. No quarto, não há amanhã. A realidade não parece ser mais que uma negação da realidade. Talvez a vida que me foi dado continuar não fizesse mais que me remeter à morte que eu visitara. Se era isso, a gemelaridade e o antagonismo das duas espalhavam sua gramática por tudo que me cercava e constituía.

Se eu mordesse uma maçã, meus dentes cairiam e os pomares desapareceriam, até que um raio de sol — ou o sorriso de uma enfermeira, ou o verso de um poeta, ou uma melodia de Chet Baker, que também, agora me dou conta, perdeu de uma só vez quase todos os dentes — restabelecesse a mandíbula, a luz, o pomar e o horizonte. Mas, no hospital, o horizonte logo desaparece: o paciente passa da aurora ao crepúsculo e teme a noite que o espera como temeria a peste. Ele é um personagem estranho, atormentado por nuanças cruéis e, ao mesmo tempo, simples.

A novilíngua do Grande Irmão de *1984*, romance de George Orwell, me permitiu formalizar o que senti no primeiro quarto que ocupei: meu estado flutuante era o do "morvivo", o reflexo que lhe convinha era "simnão". As três categorias em que a novilíngua divide o vocabulário estavam adaptadas à situação: vocabulário A (palavras necessárias à vida cotidiana), vocabulário B (palavras criadas para fins políticos, destinadas a impor a disposição mental desejável à pessoa que as utiliza), vocabulário C (palavras técnicas e científicas). Eu poderia ir além: o vocabulário A e o vocabulário C, no quarto, tendiam a se confundir. O vocabulário B, por sua vez, decorria de uma atitude mental bastante simples, que a enfermeira responsável do setor, parada na minha frente de uniforme branco e rosto operado, resumiu logo após a minha chegada: "Dentro de um ano, sr. Lançon, o senhor verá que não se verá mais nada!". Claro que era mentira e claro que acreditei. Ela também não tinha passado por um acidente terrível? Observei sua pele em torno dos olhos ferozes, intensos e um pouco obsessivos: nada. Ou então eu preferi não ver nada. Seria igual comigo. Muitos, ali, contavam suas desgraças passadas ou presentes, e a moral era sempre a mesma: é preciso lutar, podemos nos recuperar. Acreditei em tudo que me diziam porque precisava acreditar para ter a chance de que aquilo acontecesse um dia, mais tarde, o mais rápido possível. Tudo ia mal, mas tudo melhoraria, então tudo ia bem. Também inventei uma palavra para isso: é preciso estar "melhormelhor".

A novilíngua também tinha uma palavra que significava um pouco mais que experimentar ou sentir, "ventressentir", que, explica Orwell, quer dizer "sentir com as entranhas". Comecei a conjugá-la aos poucos, segundo as horas do dia e os pontos de incômodo — "incômodo" é a palavra que logo escolhi para definir aos outros o que meu corpo padecia. Não era um gracejo, e não era apenas um eufemismo: reduzindo a palavra, eu reduzia a dor e o patético que a acompanhava. O incômodo podia ser "mandíbulassentir", ou "narizsentir", ou "gargantassentir", ou "olhossentir", ou "mãossentir" ou "braçossentir" e, à noite, como um brinde final, "tudossentir". Onde quer que fosse o sentir, ele coçava, irritava, queimava, penetrava. Pensei em todas essas palavras, e em muitas outras, mas não as escrevi e ninguém as ouviu.

Deveria tê-las pronunciado? Não necessariamente. Por um lado, já estava falante demais, mesmo sem poder falar. Por outro, ao entrar no quarto 106 e ao longo dos meses que se seguiram, quase todos os meus sentidos me pareceram afetados ou apagados para sempre. Eu enxergava mal. Não podia abrir a boca. Tinha tubos e drenos nos braços, um dreno no pescoço, um enorme e complexo curativo no terço inferior do rosto, uma desagradável sonda gástrica no nariz — como diz o outro, é preciso comer para viver, não viver para comer. Minhas mãos estavam enfaixadas, eu mal podia tocar nas coisas. Não podia nem comer, nem beber, nem sorrir. Por sorte, não tinha perdido o olfato e, se tivesse ficado cego, conseguiria identificar a equipe médica rapidamente pelo cheiro ou pelo perfume. Como não podia beijar ninguém, logo recuperei um reflexo da infância: oferecer a testa aos lábios dos outros quando eles se aproximavam para me beijar. Suas bocas intactas tocavam meus cabelos. Levei dois anos para perder esse reflexo de oferecer a testa. Os últimos a dele se beneficiar foram meus pais.

Quatro num hospital, um no outro: esse é o número de quartos que ocupei em tempo integral entre 8 de janeiro de 2015 e

17 de outubro de 2015. Se eu finalmente fizer as contas e não estiver enganado, um total de 282 dias. Os prisioneiros é que contam os dias, e às vezes os doentes, porque prefeririam fugir e desaparecer. Eu não era prisioneiro nem estava doente: era uma vítima, um ferido, e queria ficar naqueles hospitais o máximo de tempo possível. Eles me protegiam e me poupavam de um mal que eu tinha grande dificuldade de entender e ao qual não queria nem podia opor fúria alguma. Acima de tudo, eu não queria fazer como Henri Charrière, ou Papillon, que fugira da prisão. Foi graças ao cotidiano hospitalar que consegui assimilar o que havia acontecido.

Nesse período, dormi fora em quatro ocasiões: uma noite na casa de um amigo, com Gabriela, um final de semana no campo, na casa da família, três semanas de férias de verão em família e na casa de amigos, uma primeira reacomodação de alguns dias em minha casa no outono, entre vazamentos e obras, um mês antes de realmente "voltar" — palavra que uso entre aspas porque não compreendia e ainda não compreendo o que ela pode significar: "voltar", para mim, significa voltar ao hospital. Aqueles quartos tinham se tornado meus portos seguros, meus refúgios. Algumas vezes acreditei ou temi, ao ouvir durante a noite o carrinho de uma enfermeira, o grito de um paciente ou o estouro de um motor, que os assassinos estivessem nos corredores atrás de mim. Nunca acreditei nisso o suficiente para me levantar e me esconder embaixo da cama — onde, aliás, eles teriam me encontrado, eu dizia para mim mesmo quando ficava tentado a fazê-lo. Eu imaginava a cena com nitidez suficiente para vivê-la, mas não a vivia o suficiente para agir. Nada, para falar a verdade, me parecia totalmente verossímil: nem a vida, nem a morte. Mas as duas, juntas, funcionavam bastante bem, com a força e a fragilidade de irmãos siameses que, sabemos, quando um morrer, o outro o seguirá.

O 106 era um quarto pequeno e limpo onde logo assisti a um balé de jalecos brancos e azuis rodopiando a meu redor. Tudo o que entrava no meu quarto era uma aparição.

Eu não podia falar, devido à cânula não fenestrada que tinha no pescoço; como esta se tornou uma segunda natureza, eu não sentia necessidade de falar. Ainda não sentia de fato a dor que lhe era própria, embora tivesse a impressão de não conseguir respirar direito. Meus pais foram retirados do quarto e começaram a primeira de suas intermináveis esperas no corredor vazio e frio enquanto eu era atendido. Havia duas cadeiras perto do elevador. O café mais próximo ficava a algumas centenas de metros. Em um lugar sem consideração, eles sempre foram tratados com muita consideração. O paciente luta, sobrevive, morre. Os outros estão apenas de visita. Sua vida cotidiana e seu conforto são inoportunos. Eu pouco pensava nisso: o que ficava atrás da porta do quarto e do elevador pertencia a um mundo que me parecia mais que afastado, improvável. As pessoas sem dúvida tinham vida, lá fora, mas essa vida, desde o primeiro dia, desapareceu nos bastidores, de onde só saía para existir ali, no meu palco, dentro daqueles poucos metros quadrados. Os que entravam no quarto tinham, fora dele, menos existência do que os personagens de um romance após fechado o livro. Eu não conseguia mais imaginá-los fora do círculo reduzido de minha própria vida.

A primeira aparição de que me lembro, Émilie, era uma enfermeira baixinha e morena de 21 anos. Obstinada e voluntariosa, fechava e apertava a pequena boca quando contrariada. Creio lembrar que era bretã. Aquele era seu primeiro emprego. Exames de sangue tinham sido solicitados, como sempre quando se chega a um novo setor. Mas de onde tirar o sangue, com aqueles tubos por toda parte? Alguém mais experiente ajudou-a a encontrar uma veia. Ela estava irritada. Deitado na cama e respirando como podia, vi-a trabalhar enquanto me perguntava como minha vida podia depender de alguém tão voluntarioso e, mais ainda, tão jovem. As enfermeiras e as auxiliares de enfermagem do setor eram, no entanto, em sua maioria, jovens, ou muito jovens, quando não voluntariosas. Essa sensação se acentuou nas horas seguintes. Percebi que não tinha mais nenhuma familiaridade com pessoas de vinte ou trinta anos. Senti-me subitamente velho e, pela primeira vez na vida, *entregue àqueles que sobreviveriam a mim*. Olhando para o rosto concentrado e franzido de Émilie, empreendi, através dele, com ele, uma meditação incerta em que a angústia enfrentava de igual para igual o entusiasmo. Cada detalhe iluminava a luta, seus lábios, seus olhos, seus cabelos, suas mãos, seus gestos, sua voz aguda e firme, que dizia: "Ah, era só o que faltava! Não é fácil tirar sangue do senhor! Suas veias parecem ter decidido se esconder". Peguei meu caderno com a outra mão e, com dificuldade, escrevi: "Elas são tímidas". Émilie torceu o nariz: "Bom, mas seria melhor se não fossem!". Encarávamos juntos a viagem, ela como enfermeira, eu como paciente, mão na veia. Sua inexperiência amparava a minha, e esse primeiro momento, como o despertar ao lado de meu irmão, determinou o que veio a seguir. Fui envolvido por sua juventude como por um tapete, sem dúvida áspero, sem dúvida esburacado, mas voador, que corria instável na direção de um lugar que eu não poderia visitar sozinho, um lugar onde a vida era, brutalmente, a mais forte. E pouco importavam os erros cometidos durante a viagem, os curativos malfeitos e o resto, tudo fazia parte do caminho.

Naquela noite, só consegui dormir, de maneira intermitente, graças à morfina. Foi minha primeira noite na nova vida. Esqueci tudo, mas, no dia seguinte, escrevi um sonho sob o efeito da morfina, em maiúsculas hesitantes e em espanhol: "Eu estava numa bela casa à beira-mar. De repente, milhares de ciganos chegavam para celebrar a festa da melancia". Não escrevi o resto, mas, lendo essas palavras, lembrei: as melancias estavam amontoadas em pirâmides, que se tornavam mais altas do que a casa e ameaçavam cair a todo momento. Pouco a pouco, o deslumbramento foi substituído pela ameaça e pela asfixia. O fim do sonho, esquecido, despertou uma recordação de infância.

Em certo verão, num mercado espanhol, quando eu tinha sete anos, minha mãe me entregou uma melancia enorme. Eu devia carregá-la para que ela continuasse suas compras. Eu estava no meio dos adultos, do barulho e da atmosfera alegre dos mercados espanhóis daqueles anos. A melancia estava em meus braços. Eu a segurava como se fosse uma criança, ou uma bola nova, ou um travesseiro. Eu a apertava e apertava, tinha medo de deixá-la cair. Então comecei a pensar em outra coisa e, obviamente, deixei-a cair. Ela explodiu a meus pés. O líquido vermelho, cheio de sementes, se espalhou por vários metros a meu redor. As pessoas riam, eu comecei a chorar, e o meu choro as fazia rir mais ainda. O dia inteiro não foi suficiente para me consolar. No quarto, revivi a história da melancia como se tivesse sete anos. Estava de novo no mercado espanhol. A melancia, a meus pés, estava partida e se esvaziava. No que eu pensava quando a soltei? Ponderei que a vida devia ser circular e que, naquele mercado, 44 anos atrás, eu havia pensado no que acabara de me acontecer.

Na manhã seguinte, eu ainda não sabia quem eram os assassinos e não pensava nisso, mas precisava levantar para ir ao banheiro e tomar a primeira ducha. Linda me ajudou, começando por me levantar. Linda era uma auxiliar de enfermagem antilhana particularmente forte, que beirava os sessenta anos, de caráter bastante enérgico, que não parecia incomodada de se aproximar da aposentadoria. A vida era difícil naquele setor, e alguns pacientes, odiosos: Linda os tratava com soberana indiferença. Nem se quisesse me ocorreria tratá-la mal. Em contrapartida, gostava de ouvi-la e de vê-la em ação. Como muitas auxiliares de enfermagem, ela dispunha de um certo poder sobre a vida dos pacientes e das enfermeiras, mas havia algo mais. Era dotada, de certo modo, de uma bondade marcial, alicerçada no que havia aprendido no trabalho e na própria vida, e isso me tranquilizava. Ela tinha força e um quê encantador.

Seu doce perfume, como o sonho da melancia, me fazia mergulhar na infância. Seus cachos, sempre perfeitos, me acalmavam. Lembravam os de minha avó materna, que tinha os cabelos parecidos, grisalhos, finos, cacheados, abundantes e sempre limpos. Aos 94 anos, minha avó saía do banho impecável, anunciada por uma nuvem de água-de-colônia que, vinte anos depois de sua morte, pairava ao meu redor, naquele quarto. Eu tocava de leve em seus cabelos, que tinham a leveza de um sopro. Ela se afastava rindo, com cara de zangada, e ralhava: "Ah! Não estrague meus cachos!". Acompanhei a aproximação de Linda com cobiça. Gostaria de tocar nos seus cabelos, mas mal conseguia respirar e me mexer, e em vez da ralhada póstuma de minha avó, que se chamava Germaine, ouvi Linda anunciar, num tom jovial: "Vamos, sr. Lançon, hora do fanho!". Ela queria dizer "hora do banho!", e sem dúvida foi o que disse, mas eu ouvia mal e, além disso, tudo me remetia ao orifício destruído de onde nada podia sair. Talvez fosse um sinal adicional da presença de minha avó, que, além dos cachos, costumava deformar as palavras que não conhecia e os nomes das pessoas, como fazem alguns personagens de Proust. Em sua alfândega do Berry, a estranheza e o estrangeiro pagavam pedágio, cujo preço era ser impiedosamente transformado. Foi assim que o *magret* de pato, quando ela o descobriu, se tornou o Magreb de pato, embora ela nunca tivesse visitado a África ou qualquer país estrangeiro, sem dúvida em referência ao cuscuz que descobrira na mesma época e de que tanto gostava, principalmente o da marca Garbit, que preferia ao Buitoni. Estava na hora do fanho e eu a seguia numa vida sedentária da qual também precisava aprender tudo, para poder deformá-la.

Linda me segurou pelo braço. Lentamente, mancando, um monstro bicolor de duas cabeças, quatro pernas, quatro braços, um suporte de soro e vários tubos se dirigiu ao banheiro e ao azulejo antiderrapante que logo me encantou. A cada nova temporada hospitalar, volto às longas ranhuras do solo como à madeleine ou à calçada irregular. Elas não me conduzem, como ao pequeno Marcel, ao vitral de uma igreja, à sexualidade de um alfaiate ou à indiferença de uma duquesa, mas à certeza amniótica de estar vivo. Na verdade, sou eu que me dirijo à ducha, com uma fragilidade burlesca e segurado pelo forte corpo de Linda. Várias vezes, mal me aguentando nas pernas, quase caí. A massa carnuda e musculosa de Linda me sustentava e me envolvia como a um recém-nascido.

No banheiro, ela me ajudou a tirar, ou melhor, a rasgar o avental cirúrgico, para não ter que passar os tubos pelas mangas, e a me enrolar em sacos de lixo para o banho. Os sacos de lixo protegiam as cicatrizes abertas, os curativos e as perfusões. Não é fácil colocá-los, mas no dia em que se consegue fazê-lo rapidamente e sozinho, sente-se um orgulho legítimo. Os sacos também anunciavam uma característica da vida num setor cirúrgico de ponta: uma mistura de técnica, rusticidade e pobreza. Linda enrolou meus braços. Eu estava proibido de molhar o rosto. Para lavar os cabelos, precisei sentar e me inclinar o máximo possível para trás. Linda se encarregou do xampu, dizendo: "Da próxima vez, o senhor vai fazer tudo isso. Vai conseguir, o senhor verá". Eu adorava sua bondosa aspereza. Dois meses e meio depois, entrando no quarto e esquadrinhando meu rosto, que não via, por causa das férias, havia um mês, ela me disse, sorrindo: "Deixe ver. Não ficou tão ruim. O senhor nem está tão desfigurado assim! Já vi piores!". Ali, sempre víamos piores, mas não pude deixar de ficar chocado com sua reação. Coloquei um disco de Bach, acalmei-me e concluí que, no fim das contas, ela tinha razão. A mesma observação, ou mais ou menos a mesma, seria feita um mês depois, em meu vilarejo, por Ginette, a camponesa que desde minha infância nos fornecia ovos. Ela faria um gesto com a cabeça, como quem espanta um lamento, e diria: "Grande coisa, a estética! Quem se importa… O senhor está vivo, pode comer e falar". Ventava. Seus gansos começaram a grasnar.

Durante o banho, quase caí várias vezes. A cada vez, o corpo de Linda me servia de amortecedor, colete e bengala. Quanto mais a água corria, mais eu encolhia e mais Linda crescia. Se o banho tivesse durado uma hora, eu teria ficado do tamanho de um camundongo e ela de uma montanha. Naquele momento, sufocando, à beira da metamorfose e do desfalecimento, entendi do que aquilo me lembrava: um trecho de *L'Île* [A ilha], de Robert Merle, um romance que me fascinara na adolescência. O herói britânico, exaurido, quase moribundo, escondido numa caverna pelos indígenas que o protegem dos bandidos, é massageado e aquecido pelo corpo enorme, cheiroso e nu de Omaata, uma taitiana saída de um quadro de Gauguin. Li esse trecho dez vezes, cem vezes, ele me trazia o mesmo conforto e a mesma força vital que conferia a seu pobre herói, Adam Purcell. No dia 8 de janeiro, durante o banho e totalmente vestida, Omaata reencarnou em Linda.

Observei como ela fazia para retirar os sacos: simplesmente os rasgava. Depois, endireitou-se e, me agarrando de novo, me secou e me massageou com uma água-de-colônia que não era a mesma de minha avó, mas que me fez me lembrar dela e que tinha sido trazida por meus pais. Linda me acompanhou até a cama, que tinha arrumado enquanto eu esperava sentado na cadeira, tremendo, perto do banheiro. Os cuidados podiam começar.

Nas primeiras horas, haviam posto diante de minha porta um pacato e magro vigia africano cuja discrição me comovera e que eu havia saudado da maca ao entrar, com o gesto mais amigável possível, como se fôssemos viver juntos e como se minha vida inteira dependesse dele. Ele logo foi substituído por quatro policiais armados com fuzis Beretta, dois na frente da porta, dois na entrada do elevador. As enfermeiras não gostavam muito daquilo, mas em pouco tempo começaram a lhes servir café e a puxar assunto. Em poucos dias, eles se tornaram parte da paisagem. Com aquelas armas e os coletes à prova de balas, carregavam duas dezenas de quilos no corpo e eram substituídos a cada nove horas. Eu com frequência ouvia a troca de turno sem ter conseguido cumprimentar os que haviam montado guarda à noite. Eu ouvia suas conversas, seus rádios, mas eram vozes sem rostos: eram as vozes atrás da porta. Visto que meu primeiro quarto ficava quase na frente do elevador, eles formavam um batalhão a seu redor. A porta do elevador se abria e os visitantes davam de cara com aqueles homens fardados, armados e relativamente ameaçadores, principalmente no início, quando lhes perguntavam aonde iriam. Não levei nem dois dias para perceber a que ponto, do mesmo modo que a morfina me aliviava, a presença deles me tranquilizava. Ela apavorou tanto meus sobrinhos, de seis e oito anos, que eles não ousaram se aproximar de mim na primeira vez em que entraram no quarto. O medo inspirado por aqueles homens armados os seguiu até o pé de minha cama. Não era como na televisão.

Então chegaram, como se saíssem de uma caixinha de surpresas, Toinette e Christophe, seu companheiro. A manhã chegava ao fim, fiquei surpreso, meu irmão não me avisara nada e eu sabia que as visitas, mais que seletas, começavam às 13h30. Fiquei feliz e, ao mesmo tempo, curioso e abalado: com Toinette, minha infância e meu vilarejo irrompiam no acontecimento que me parecia tê-los destruído, e faziam isso quando eu menos esperava. Alguma coisa explodia, como se dois planetas colidissem sobre algo que não era mais, ou ainda não era, uma mesa de dissecação. Fiquei aterrorizado.

A longa cabeleira ruiva de Toinette se espalhou pelo quarto como uma folhagem de outono. Seu nome não combinava direito com ela, porque mais que uma criada de Molière, ela parecia uma *soubrette* de Marivaux. Não tinha mais idade para ser *soubrette*, mas tanto fazia: com ela, sempre estávamos no teatro. Toinette estava nisso desde a infância, era sua paixão e seu ganha-pão, mas seu temperamento a levava para universos diferentes dos de Molière ou Marivaux: o teatro elisabetano, o grand-guignol, o teatro barroco, tudo o que colocasse a morte, a loucura e o sangue no palco com o máximo de violência, contrastes e efeitos. Sua comicidade direta, mórbida, tinha algo do burlesco. Um dos grandes amigos de Toinette se suicidara, creio que se enforcou, e outro, que eu havia conhecido em nossa juventude, morrera de ataque cardíaco, ainda jovem, enquanto corria. A morte era sua vizinha, uma dessas viúvas idosas de olhos penetrantes como as que viviam em nosso vilarejo e batiam a nossas portas à noite, quando menos esperávamos. Ela a visitava bastante, acredito, e a apavorava um tanto. De todo modo, Toinette falava comigo sobre a morte e sonhava com ela, e a suportava tão pouco, tão mal, que a convidava a subir ao palco para amansá-la — em vão. Depois caía na gargalhada, pois era doce, até mesmo delicada, e tinha uma natureza boa. Christophe atuava em quase todas as peças que ela produzia. Sem dúvida havia sacrificado, se não seu talento, que era grande, ao menos uma parte de sua carreira a Toinette e à família deles; mas, se o fez, foi com uma naturalidade e uma equanimidade que sempre considerei admiráveis. Eu gostava de correr e de conversar com ele, e apreciava ouvi-lo declamar, em nosso vilarejo, todos os poemas de que eu gostava. No verão anterior, entregara-lhe meus velhos exemplares de Francis Ponge, na esperança de que os decorasse.

Toinette era uma amiga de infância, passávamos as férias no mesmo vilarejo do Nivernais, onde meus avós e sua tia-avó moravam. Foi lá, em seu sótão, que ela começara a montar peças para as outras crianças. Eu não assistia a elas na época, talvez porque fosse um pouco mais velho, certamente porque nessa época nem o teatro nem a literatura me interessavam de verdade. Eu preferia pedalar pelas trilhas florestais, nadar no rio Yonne, jogar cartas ou croqué num gramado. Eu e Toinette levamos trinta anos para dar sentido à nossa amizade. Na primeira vez em que eu a revi, em Paris, perto do Jardin du Luxembourg, ela havia se tornado diretora de teatro, e eu, jornalista. Usava um espetacular macacão prateado que a fazia parecer uma astronauta de série de ficção científica barata dos anos 1970. Mais tarde, participei de um trabalho coletivo dirigido por ela, escrevi artigos sobre as peças que ela dirigia e que eu admirava. No verão, ela trabalhava em sua casa, eu na minha, ficávamos a algumas dezenas de metros um do outro. Nós nos encontrávamos no fim do dia, na casa dela, em torno de sua grande mesa de madeira, junto com Christophe, para beber alguma coisa ou para jantar. A luz do anoitecer era filtrada por uma nogueira. Dentro da casa, havia livros e velhos objetos por toda parte. O vinho nos fazia relaxar. Às vezes, jogávamos pingue-pongue. Era sempre um belo verão, que se iniciara aqui mesmo quando tínhamos dez anos e que tinha seus momentos adensados pelas lembranças.

Como ela tinha chegado ali? No pequeno quarto, assim que olhou para mim, Toinette pegou minha mão e a beijou como se eu, pensei ao observar aquela boca e aquela mão, fosse o detentor de um segredo terrível e mágico que ela buscava e temia havia muito tempo, desde sempre, em insônias e espetáculos. Eu ainda pairava entre a vida e a morte e ainda era virgem das reações dos outros: cada aparição me deflorava. Em pânico, olhei para Christophe. Ele estava ao pé da cama e também olhava para mim. Seu olhar e sua atitude, sóbrios, deveriam ter me tranquilizado, ele sempre tivera um bom senso e uma firmeza que me deixavam confiante; mas estava preso no turbilhão emotivo de Toinette, e sua silhueta e seu olho, atrás dela, não puderam fazer nada por mim. Peguei o quadro e escrevi: "MILAGRE!". Sentia-me incapaz de fazer os gestos que Toinette parecia esperar de mim, como se eu fosse um ator, os gestos que lhe revelariam a natureza do que eu havia sofrido. Mas eram de fato gestos o que ela esperava? O que esperava, exatamente? Talvez apenas isso: que eu pegasse um quadro e escrevesse "MILAGRE!".

Toinette ficara sabendo do acontecido pelo celular, num trem que a levava ao Havre, onde assistiria ao concerto de reabertura de um teatro. Antes do início, houve um minuto de silêncio pelas vítimas do *Charlie*. Toinette se perguntou o que estava fazendo ali, por que não estava em Paris, perto de mim. No amanhecer do dia seguinte, no trem de volta, ela disse a Christophe: "Vamos ao hospital, e azar se não devemos ir. Quero estar lá, com ele". Christophe respondeu: "Como quiser, estou com você". Chegando ao setor, ela deu de cara com minha cirurgiã. Chloé deve ter sentido a aflição de Toinette, pois a autorizou a entrar. Não era nem o momento, nem a hora, nem a regra, todos improvisavam e agiam segundo seus instintos. Meu pai dissera a Toinette que era cedo demais para vir, mas ela não conseguira esperar, precisava verificar que eu estava vivo, precisava me ver e me tocar. Eu sentia tudo isso, ela era minha amiga mais antiga, mas sua presença, sua posição, seu olhar, sua compaixão assustada, tudo isso se tornou insuportável para mim e tive inclusive a impressão — falsa, segundo ela — de que ela se ajoelhava diante de mim. Eles logo foram embora, meus minutos duravam mais que o dobro, e cruzaram com meu irmão e sua mulher, Florence, surpresos, na saída do hospital. Eles tinham acabado de almoçar no Saint

Marcel, o bistrô à moda antiga onde, entre dois filés, aterrissavam os melancólicos familiares dos pacientes. Poderia ter o mesmo nome do bar que ficava diante da penitenciária de Fresnes: Aqui... melhor do que na frente. Nas semanas que se seguiram, Toinette resolveu se instalar ali. Numa mesa perto da janela, trabalhava na tradução de *Os soldados*, de Lenz. Via passar rostos conhecidos, que entravam no hospital para me ver. Escrevia-me mensagens às quais eu não respondia. Esperava de minha parte um sinal que não veio.

Acredito que ela estivesse pagando pelo fato de ter me visto cedo demais. Um ano e meio depois, ela me contou em sua casa, em nosso vilarejo, o que sentiu à época:

— Se você tivesse morrido, o vilarejo e a vida nunca mais seriam os mesmos. Na hora, não entendi por que você me proibia de ir visitá-lo, de ajudar. Por que me deixava de fora de seu círculo de amigos. Se era assim, que sentido tinha nossa amizade?

— A amizade não estava em questão — respondi. — Eu não estava em condições de suportar sua presença e sua emoção. Tinha a impressão de que tudo seria teatralizado por você, e não queria isso. Precisei fazer uma triagem e essa triagem não tinha nada a ver, ou não apenas, com proximidade. Percebo que escolhi, naquele momento, aqueles que eu sentia que me fariam mais forte. Você não era uma dessas pessoas.

— Mas consegue entender o que senti?

— Consigo e, sem dúvida, conseguia. Mas, naquele momento, levar em conta o que você sentia era um luxo que eu não podia me dar. É importante que compreenda isso.

Será que compreendeu? Não sei, mas não me sinto culpado de nada. Fiz o que pude e, naquele 8 de janeiro, o que eu podia fazer, dentro da *no man's land* em que me encontrava, era livrar-me de Toinette, de sua mão, de seu olhar e de sua genuflexão aparentemente sonhada. Sacrifiquei-a àquele que, dali por diante, precisaria simplificar tudo. Agi sem hesitação, quase sem pensar. Mais tarde, voltei a vê-la com uma alegria que vergonha alguma e arrependimento algum vieram limitar. Pouquíssima culpa sobreviveu ao atentado.

Um pouco mais tarde, os cirurgiões e a enfermeira responsável pelo setor entraram no quarto onde a presença de Toinette ainda pairava. Eu ainda não os diferenciava. Via passar, um depois do outro, aqueles gigantes brancos, frios e bondosos, como se, do fundo do meu caixão, diante do altar, tivesse acordado para ver o desfile de desconhecidos que me abençoavam, observavam ou, por que não, ressuscitavam. Eu não os conhecia, mas sentia que meu destino dependia deles. Falavam com tranquilidade a respeito de um homem que devia ser eu e que, como eles, eu observava, porém de dentro. Agarrava-me ao olhar claro e muito expressivo da enfermeira, Christiane, antiga leitora do *Charlie Hebdo* que ficou particularmente abalada com o atentado e que transformaria minha internação numa questão pessoal. Eu estava ali, estava em outro lugar, estava com eles, onde estava? Não tenho a menor ideia. No corredor, junto com meus pais, meu irmão e minha cunhada, Marilyn esperava.

Ela chegara de Belfort e iria embora à noite. Meu irmão se encontrara com ela na véspera, num pequeno restaurante árabe que, quinze anos antes, costumávamos frequentar. Conhecíamos bem a dona, Naïma. Quando ainda morava em Paris, Marilyn adorava almoçar lá. Fazia tempo que eu não sentia o mesmo. Eu tinha sido próximo de Naïma. Falávamos de tudo, de nada, de nós. Além de cozinhar, ela fazia camisas para um grande costureiro, e certa vez me deu uma, que ainda uso no inverno. Eu almoçava em seu restaurante bem tarde, depois dos últimos clientes. Ela guardava um prato para mim. Um dia, alguns meses depois do 11 de setembro de 2001, Naïma me disse: "Sabe, fiquei sabendo por um tio, que trabalha no serviço secreto argelino, que as coisas não foram bem assim.

Estava tudo planejado. Foi um golpe de Israel. Ele não sabe mais que isso, mas é certo...". Eu sabia pela imprensa que esse cenário paranoico e antissemita estava disseminado entre os muçulmanos. Lê-lo era uma coisa, bastante abstrata, ouvi-lo na minha frente, da boca de alguém com quem eu convivia e que admirava, era outra. Não era a primeira vez que eu ouvia essa teoria: um jornalista argelino e um universitário iraniano a haviam compartilhado comigo, e também, para ser sincero, um cirurgião francês que não tinha nada de muçulmano. Só precisei suportar esses três sujeitos por uma noite. Para não deixar nada de fora, preciso acrescentar que a maioria de meus amigos latino-americanos comemorou, ainda que apenas por um minuto ou um dia, o atentado contra as torres do World Trade Center, dizendo: "Os ianques, que há tanto tempo perturbam e saqueiam o mundo em nome de sua moral, pediram por isso!". Essa reação não persistiu e os islamistas logo se mostraram pelo que de fato eram, infames desmancha-prazeres e um remédio cem vezes pior que o mal. Naïma não era islamista, mas era muçulmana e me via quase todos os dias. Eu não soube o que responder, pois já não acreditava possível convencer qualquer pessoa com esse tipo de discurso, que demonstrava uma derrota fantasiosa da inteligência. Parei de almoçar lá, mas continuei passando na frente do restaurante, com dor no coração e sem olhar para dentro.

No dia 8 de janeiro, Marilyn não encontrava Naïma havia um bom tempo. Contou-lhe sua vida, por que e como tínhamos nos divorciado oito anos antes. Naïma falou da sua. Com a chegada de meu irmão, os três começaram a falar do atentado, de meu estado. Naïma ouvia, compadecia-se, participava. Chegou uma amiga sua, também árabe, e então, pouco a pouco, Marilyn começou a se sentir mal. Ela não queria que aquelas duas mulheres soubessem coisas demais sobre mim, onde eu estava. Os assassinos ainda não tinham sido identificados nem encontrados. Estavam em algum lugar, talvez a poucos metros dali. Ela pensou: não podemos continuar falando na frente dela, talvez seja uma amiga dos terroristas. Se ela disser onde ele está, eles irão ao hospital e o encontrarão. A paranoia, ela me falou mais tarde, se instalara. Marilyn e meu irmão saíram do restaurante. Na rua, ele disse a Marilyn que meus ferimentos eram "arranhões", foi essa a palavra que usou. Ela sorriu, mais calma. Ele queria tranquilizar-se, tranquilizá-la. Ela acreditou.

À tardinha, Marilyn foi para a casa de velhos amigos, com quem passaria a noite. Tranquilizou-os por sua vez. Eles começaram a fazer piadas de humor ácido e ingênuo sobre mim, à la cubana. A coisa não fora tão grave, afinal. Uma amiga disse as seguintes palavras, que Marilyn nunca esqueceu: *"Ah, bueno, el bicho está bien, dejémosle el tiempo de recuperarse y ya iremos a verlo"*. O que queria dizer: "Ah, bom, o bicho está bem, damos um tempo para que se recupere e logo vamos visitá-lo". "El bicho", o bicho: um termo afetuoso, íntimo, animal, que me devolvia à vida cotidiana, ao passado cubano, como se nada tivesse acontecido.

Marilyn entrou sozinha no quarto e nos encaramos. Lentamente, pegou minha mão. Tínhamos nos amado tanto. O que pensou quando recebeu a notícia? O que viu? No verão de 2016, descreveu-me esse reencontro. Reproduzo sua carta, quase sem alterações:

A caminho do hospital, seus pais me passaram as notícias do dia a respeito da sua saúde, depois chegamos ao setor. Arnaud e Florence estavam lá. Você tinha seis ou sete visitas, altos funcionários do hospital, médicos. Esperamos do lado de fora. Enquanto isso, Florence me chama e me puxa para a escada. E me diz: "Você precisa se preparar psicologicamente, porque é difícil de ver", acho que foram essas as suas palavras, ou algo parecido. Depois: "Não é o Philippe que você viu da última vez, vai ser um choque, ele ficou desfigurado", e me mostra a parte do rosto em questão. Ela foi muito eficaz e inteligente na escolha de palavras. Os figurões do hospital saíram do quarto, mas ainda não podíamos entrar, pois estava na hora dos cuidados. Os figurões nos cumprimentaram, um por um, e nos apresentamos a eles, um de cada vez.

Depois a porta, que me parecia enorme, se abriu. Entro inspirando profundamente e vejo você. Era impressionante, é verdade, mas o que realmente me chocou e desestabilizou foram seus olhos e seu olhar. Estavam negros! Um olhar profundo, em que os olhos quase transbordavam, de tão negros. Não sei se foram as palavras de Florence antes de eu entrar que me causaram esse efeito, mas o ferimento na mandíbula não me traumatizou tanto quanto "os arranhões" dos braços. Não eram arranhões, era um massacre, e fiquei com raiva de seu irmão por isso. Olhei para o ferimento na mandíbula e fiquei mais tranquila porque pensei: "Dá para consertar". Eu quase via o trabalho que os cirurgiões teriam pela frente, mas me convenci de que daria certo.

Como os demais, Marilyn não viu a parte de baixo do meu rosto. Que aspecto teria, embaixo do curativo? Dois dias tinham se passado e eu já esquecia ou pensava esquecer o que tinha visto na tela do celular depois da saída dos assassinos. De resto, eu já havia mudado. Tinha passado pelo centro cirúrgico e o longo processo de reparação havia começado. Um colar de titânio fora posto no buraco para segurar o que restava da ossatura.

Dois anos depois, vendo-me deprimido por uma interminável e dolorosa reabilitação, a enfermeira de quem eu era mais próximo, Alexandra, me disse, num bistrô:

— O senhor não pode fraquejar. Não o senhor! Se tivesse visto a aparência que tinha ao chegar ao centro cirúrgico... Eu não estava, mas vi as fotos.

— Que aparência tinha?

— Os dois terços superiores do rosto estavam intactos. Até aqui...

Ela apontou para o lábio superior.

— Daqui para baixo, parecia um bife. Não dava para distinguir a carne do osso, parecia uma papa dependurada.

Era como em Racine, quando Atália sonha que a mãe se debruça sobre ela para chorá-la: "Sua sombra sobre meu leito pareceu descer;/ E eu estendia-lhe as mãos para abraçá-la./ Mas não encontrei mais que um terrível emaranhado/ De ossos e carnes mortificados e arrastados na lama,/ Retalhos cheios de sangue e membros horrendos,/ Que os cães vorazes disputavam". Depois que saí do hospital, pessoas que eu não conhecia, quase sempre comerciantes, me perguntavam o que havia acontecido. Eu respondia: "Um acidente". Era vago demais para elas. Muitas, pensando ter a resposta certa, diziam: "Mordida de cachorro, não?". Eu respondia que sim. Sempre respondia que sim às hipóteses que formulavam, elas ficavam mais tranquilas, mas acabei preferindo a dos cães vorazes sobre todas as outras, principalmente porque era verossímil. A hipótese correta nunca apareceu.

Minha mãe seguia Marilyn de perto. Disse que nos deixaria a sós e, como a mãe de Atália, debruçou-se sobre mim para me beijar. A diferença era que seu rosto não fora devorado, mas sim o meu. Apaguei a cena em que se debruçou sobre mim. Marilyn, não: "Ela o beijou na testa. Ver aquela senhora, tão forte, debilitada no espaço de poucas horas, algo que oitenta anos não tinham conseguido fazer, foi realmente intenso. Precisei me segurar para não chorar. Você tinha o olhar de garotinho que tanto me irritava quando estávamos casados, mas dessa vez ele adquiria outro tom, você estava incomodado porque não queria que ela passasse por aquilo que estava passando. Oitenta anos e cinquenta anos pesavam muito naquela cena.

Principalmente pelos lugares que ocupavam". Minha mãe saiu e Marilyn ficou comigo.

Ela não sabia o que dizer, eu tampouco. Peguei o caderno e pedi notícias de Jonathan. Jonathan era seu filho. Ele havia nascido um ano depois de nosso divórcio. O pai dele tinha se tornado marido de Marilyn. Pensei então numa coincidência que me escapara. Fora ali, no La Salpêtrière, dez anos antes, que tentáramos ter o filho que não tivemos. O hospital onde precisei me masturbar várias vezes, ao amanhecer, numa cabine cheia de velhas revistas pornográficas que não surtiam efeito algum sobre mim; o hospital onde eu via outros homens, dentro da mesma barca infernal, olhando para o chão e para os pés como elementos do desastre; o hospital onde alguns entravam na cabine e não saíam mais, porque não conseguiam ejacular; o hospital onde tivemos alguns encontros dramáticos com médicos que nos ofereciam uma psicologia de bar ("Se não conseguem ter filhos, talvez seja porque no fundo não os queiram?"); o hospital onde esses mesmos médicos, de setor em setor, acabaram perdendo nosso dossiê. O hospital onde em vão tentamos gerar uma vida era o mesmo onde eu agora devia fazer de tudo para reencontrá-la.

Um pouco mais tarde, vieram me buscar para fazer a primeira tomografia pós-operatória. A sala ficava em outro prédio. A maca chegou. Meu irmão perguntou se Marilyn queria me acompanhar. Ela aceitou sem hesitar. Uma enfermeira colocou uma máscara em meu rosto. Peguei a caneta e o quadro branco, inaugurando um hábito que, de maca em maca, não me abandonaria mais. Descemos pelo elevador de serviço e passamos por corredores no subsolo, lúgubres e desertos, cada vez mais sinistros. Eles nos permitiam passar de um prédio a outro evitando o mau tempo. Dois dos quatro policiais nos acompanhavam, mãos nos fuzis Beretta. Caminhavam, conforme as instruções, ligeiramente atrás de nós. Eu havia recuperado os sentidos sob o olhar de meu irmão. Agora, tinha a sensação de estar tranquilamente seguindo para a morte, e de fazê-lo na companhia de minha ex-mulher — a pessoa que, sem dúvida, melhor me conhecia. Ela segurava minha mão, acariciava meu braço. Em certo momento, no corredor mais vazio, ela acariciou minha testa e a beijou. Mais tarde, escreveu, sempre no francês aproximativo que me comovia e cujo segredo e simplicidade eu gostaria de deter: "Aquilo me fez pensar nos momentos de afeto que compartilhávamos quando casados. O afeto era a única coisa autorizada entre nós, e isso diminui o cansaço. Além disso, eu o via tão desamparado, perdido, *déprotégé*, que meus gestos eram uma maneira rápida de produzir algum alívio". *"Déprotégé"* é uma palavra que não existe em francês, uma palavra que vem do espanhol, "desprotegido", sem proteção. Era a palavra certa. Marilyn ficou na cabine técnica enquanto eu entrava no estreito túnel branco. Parei de me mexer, como me pediam, e pensei na vida que tivemos juntos, uma vida relativamente boa, e pensei que o inferno não era um lugar tão infrequentável assim. Era um lugar clínico e discretamente espetacular, localizado sobre a terra, onde assassinos surgiam do nada por razões desconhecidas. Eles executavam as pessoas a nosso redor recitando fórmulas misteriosas e estúpidas e nos enviavam, numa maca, aos limites de um outro mundo. Nas paragens desses limites, encontrávamos uma a uma as pessoas que havíamos amado, que amávamos. Elas apareciam como reis e rainhas de copas numa mesa de jogo para um jogo de cartas às cinco horas da manhã. Elas nos acompanhavam o mais longe possível na partida que precisávamos disputar e, quando entrávamos numa caixa, num sonho, elas desapareciam atrás de uma porta e finalmente podíamos nos entregar a tudo aquilo que a solidão, as lembranças e a tecnologia eram capazes de nos proporcionar.

O inferno, porém, não dura mais que o resto, saí da tomografia, e Marilyn me acompanhou de volta ao quarto. No quadro, escrevi o que ela já sabia: em duas horas, Gabriela chegaria de Nova York. Como num vaudeville, a ex-mulher precisava sair para a entrada da atual, sobretudo porque esta ignorava a presença daquela. Ninguém a avisara nem queria avisar, temendo sua reação caso ela descobrisse que Marilyn estivera lá antes dela. Marilyn me perguntou se Gabriela falava francês, preocupava-se com sua eficiência. Respondi que sim. De volta ao quarto, ela disse a meu irmão que Gabriela não podia desembarcar ali, naquele quarto, com os micróbios e a sujeira do voo, que precisava primeiro tomar um banho e mudar de roupa na minha casa. Meu irmão disse que Gabriela viria diretamente do aeroporto e tomaria banho ali, no meu banheiro. Marilyn soltou um grito furioso: "Mas é uma loucura!". Ela havia trabalhado dez anos num hospital e não tolerava alterações no protocolo sanitário. Meu irmão a acalmou, e disse-me ela: "bruscamente senti que não passava de uma intrusa num mundo do qual não fazia mais parte e no qual estava às escondidas". Não era verdade: a partir de 7 de janeiro, todos os mundos em que vivi e todas as pessoas que amei passaram a coabitar dentro de mim, sem preferências ou conveniências, numa louca intensidade, proporcional à sensação então dominante: eu ia perdê-los, já os havia perdido.

Mais tarde, Marilyn me ajudou a ir ao banheiro. Segurou os tubos enquanto eu mijava. Pela primeira vez desde nossa separação, me via nu. Provavelmente me via como se tivéssemos envelhecido juntos, pois era isso que tinha diante de si: um jovem ancião. Esse ancião queria mijar, voltar para a cama, dormir, apagar, segurando a mão de uma mulher que amara. Meu irmão voltou: perguntavam, lá fora, se eu queria escrever para o *Charlie*. Marilyn gritou de novo: "Não podem deixá-lo em paz? Ele precisa de calma, de repouso. Não está em condições de tomar decisões". Meu irmão respondeu, com toda a calma, que a família decidira pedir minha opinião a respeito de tudo. Eu ouvia sem ouvir, via sem ver. Marilyn olhou para mim. Ela viu em meus olhos duas expressões, que, segundo ela, significavam: "Faça alguma coisa, estou aterrorizado e cansado" e "Enfim, eles são gentis, mas não entendem nada". O que tinham que entender? A vida dos jornais continuava. As notícias, as reações, a vida dos outros, o que se deve fazer e o que não se deve fazer. Aliás, para que serviriam os jornais, se eles não acolhessem e reproduzissem a vida? Enquanto Marilyn e Arnaud falavam comigo, ou falavam na minha frente, eu mastigava a bolacha de Cabu, murmurava uma piada a Wolinski, via e revia com esperança, com desespero, Franck sacando a arma para marcar o fim do espetáculo. Ele não conseguia e o espetáculo então começava, aquele que pouco a pouco colocava a plateia no caixão e no palco.

Marilyn vestiu o casaco, pegou minha mão e beijou minha testa. Estava na hora de ir embora. Naquela mesma noite, voltava para sua cidadezinha, perto de Belfort. Eu a vi se afastar, pensando que talvez não voltasse a vê-la. Enquanto isso, descobria-se lá fora um tal Coulibaly fizera reféns clientes e funcionários de um supermercado kosher. Não fiquei sabendo de nada. Meu irmão e minha cunhada acompanharam Marilyn até a saída do hospital. Ela começou a chorar. Suas pernas tremiam. Eles a ampararam. No caminho, cruzaram com meu pai. Ele contava as últimas notícias, repetindo "e não acabou", "e não acabou". Disse o nome de Coulibaly. Esse é um sobrenome comum no Mali, e Marilyn se lembrou da jovem autista que ela havia acompanhado e que tinha o mesmo sobrenome. Na mesma carta, um ano e meio depois, ela escreveu: "A jovem autista tinha uma mãe muito bonita e altiva, alta e elegante em suas roupas africanas. Visitei sua casa no 19º Arrondissement de Paris, junto com a assistente social. A sra. Coulibaly era difícil.

Não falava francês, mas entendia o que queria entender. Toda vez que eu ouvia o nome Coulibaly pensava na pequena, tão doce e sorridente, tapando os ouvidos com os dedos e sentada no sofá do grupo infantil. Eu me perguntava: o assassino e ela são da mesma família?". Não tivemos tempo nem de tapar os ouvidos, no *Charlie*. Meu pai abraçou Marilyn, repetindo "e não acabou", "e não acabou", e eles começaram a chorar.

Uma hora depois, Gabriela entrou com sua grande mala pela porta que Marilyn havia fechado. Eu sempre a via com grandes mochilas de bailarina e grandes malas. O *Libération* se oferecera espontaneamente para pagar sua vinda de Nova York. O hospital instalara uma pequena cama para ela, paralela à minha. Gabriela mantinha-se ereta em seu sobretudo azul-marinho. Seus longos e espessos cabelos pretos caíam sobre a lã escura até o meio das costas. Seus olhos pretos me encaravam. Ela sorria. Ficaria ali por uma semana.

8.
O pobre Ludo

Um dia me disseram que havia uma passeata acontecendo em Paris. Foi meu irmão que me contou. Ele já tinha me dito que ela ocorreria, que quase todos os nossos amigos participariam, que era um momento importante para a França e para nós, mas eu devia ter esquecido. No quarto, as notícias chegavam como a luz que vem das estrelas, de muito longe, já morta, para acabar entre bandagens e sondas. Tudo era inverossímil e atenuado. De que planeta chegavam os que traziam notícias? Eu não tinha telescópio, nem nave espacial, nem energia para descobrir ou ver as coisas mais de perto. Eu não era como o astrônomo de *A estrela misteriosa*, que manda comprar caramelos porque o fim do mundo não chegou. Em todo caso, o fim de um mundo havia chegado, o meu, talvez o nosso. Ninguém se enganara nos cálculos, porque ninguém os fizera. Ainda que aquele fim fosse provisório, naquele momento ele era permanente e, de dentro do nevoeiro, eu não via nada. Dentro do nevoeiro do fim não havia nem renovação, nem revelação. Não havia nada, nem mesmo uma passeata de apoio. Para apreciar ou temer as notícias é preciso poder imaginá-las.

Na véspera, meu irmão entrara no quarto e dissera: "Eliminaram aqueles filhos da mãe. Ninguém vai chorar por eles". Foi assim que fiquei sabendo da existência dos irmãos Kouachi. As pernas pretas tinham um nome, e não estavam sozinhas. Havia dois pares de pernas pretas. Elas tinham desembarcado e acabado numa pequena gráfica fora de Paris. Houve outros atentados, outros assassinos. Um corredor foi atacado numa trilha verde ao sul da cidade, exatamente onde meu pai costumava correr e onde algumas vezes o acompanhei. Quem eram aqueles zumbis? De onde voltavam? Seria de onde eu estava mergulhado? Uma região em que os mortos eram uma espécie de vivos e onde qualquer visão tinha a força irreversível de um ato?

"Eliminar", "filhos da mãe", eu nunca tinha ouvido meu irmão falar daquele jeito, não era nem um pouco do seu feitio. Eu compreendia a dissonância, o efeito da emoção, mas fiquei chocado. Não queria nenhum tipo de violência naquele quarto, nem em minha própria vida. Queria um tanque de descompressão, uma dessas câmaras por onde é preciso passar quando se sobe rápido demais de um mergulho. Tudo que entrasse de agressivo ou inútil seria um obstáculo ao que me restava de vida. Tudo o que saísse de mim também precisaria ser pacificado e flutuaria num ar pacificado.

Fazia quatro dias que eu não podia falar. Além de logo ter ficado com a impressão de nunca ter falado, comecei a acreditar que, por tê-lo feito por tanto tempo, meu castigo era merecido. Você não acredita em Deus, eu dizia para mim mesmo, mas alguma coisa o castiga por ter falado e escrito tanto, por nada. Alguma coisa o castiga por suas tagarelices, seus artigos, suas piadas, seus julgamentos, suas cantadas, por todo o barulho que alimentou. Se você quiser, esse barulho ficará atrás da porta, junto com o barulho das vozes e dos rádios dos policiais e do carrinho das enfermeiras. Sim, você está sendo punido na mesma moeda com que pecou, embora não acredite em pecado, nem em redenção, e ainda que aqueles que o puniram o tenham feito por razões completamente diferentes. Tire proveito do silêncio que esses estúpidos assassinos lhe impuseram.

Policiais entraram e se debruçaram sobre mim. Estavam investigando os irmãos Kouachi e queriam saber o que eu tinha visto. Eram gentis, atenciosos. Eram dois. Eu procurava, no fundo de seus olhos, a resposta que eles não tinham vindo buscar e que eu era incapaz de dar. Com meus três dedos, desenhei num caderno a planta da sala de reunião. Retângulos representavam os corpos de que eu me lembrava. Achei tudo muito mal desenhado e me senti culpado por não ter muito a dizer. Como sempre, pensei. Até nisso você é mau jornalista, um sujeito que não tem nada a dizer aos outros. Nenhuma informação a dar, nada de novo. Apenas alguns riscos na página de um caderno. Nada que ajude nas investigações.

No hospital, todos pareciam horrorizados. E eu era vítima de algo que horrorizava. Vítima, eu? Um jornalista pode ser ferido ou morto durante uma reportagem, mas ele não pode ser a vítima. Um jornalista pode ser o alvo. Ele não é o assunto. Ele não é preservado, na história que cobre, mas não pode se tornar o centro dessa história. Ele é uma planta que cresce no ponto cego do acontecimento. Essa ideia não era exatamente um credo; era uma sensação. Esse ofício, eu havia aprendido, exigia discrição. Como ser discreto quando se está sob o olhar de todos e sem controle algum sobre aquilo que se vive?

No hospital, havia aqueles que, como Christiane, a responsável pelo setor, choravam a perda das figuras sarcásticas de sua juventude e, junto com elas, uma parte muito francesa da civilização. Ela havia recebido meus pais com lágrimas nos olhos. Cabu, Wolinski, como tinham feito aquilo com eles? Meus pais nunca tinham rido das coisas de Cabu e Wolinski, porque nunca tinham lido Cabu e Wolinski. Um dos meus prazeres, tingido de compaixão, pois eles não mereciam aquilo, foi vê-los entrar num mundo no qual eram estrangeiros: os assassinos realizaram esse prodígio. Meus pais entravam um pouco tarde nesse mundo, sem dúvida, e sem terem escolhido nele entrar. Corriam atrás dos mortos para apoiar o filho *desmandibulado*. Permaneceriam nele por solidariedade. Permaneceriam o tempo que fosse preciso, mais do que aqueles a princípio mais favoráveis (ou menos desfavoráveis) ao *Charlie*. Eles eram de direita, de classe média, apegados às convenções, à reserva, ao "menos é mais", fechados ao virulento sentido figurado do jornal e a seus combates. Eles tinham princípios, mas nunca utilizariam a palavra "valores". Não pertenciam ao mundo cultural e ignoravam suas maliciosas convenções.

Christiane poderia ter sido uma personagem de Wolinski, uma criatura perigosa e sensual, com olhos de tigresa prestes a saltar em cima de alguém, e talvez tenha visto morrer junto com Georges possibilidades íntimas de caricatura e ficção. Os mortos tinham revelado os ridículos que éramos, e também os que poderíamos ser. Vendo Christiane e alguns outros, meus pais descobriam que era possível ser sério, ao menos segundo os critérios deles, e apreciar o humor dos cartunistas do *Charlie*. Não havia tantos homens na Terra capazes de fazer os outros rir de tudo e qualquer coisa, de fazê-los rir despertando o que eles tinham em si mesmos de normalidade, mau gosto, infantilidade, anarquismo, indignação, intolerância, antiautoritarismo, recalcitrância. Era engraçado poder deixar nossos monstros falarem e continuar limpinho e bem-vestido.

Nos fins de semana, Christiane costumava ir para o campo andar a cavalo. Voltava com uma dor nas costas da qual falava bastante. Tudo o que contava a respeito de si, alegrias, desgraças, era sempre interessante o suficiente para me tirar de mim mesmo. Por alguns instantes, o galope de seu cavalo carregava minhas dores e sondas para longe. Aquele quarto era maravilhoso porque era concreto: os que ali entravam me fascinavam, desde que falassem de si, pois, se me contassem as notícias do mundo, dissolviam-se na abstração. Eu começava a cochilar. Esqueci o perfume de Christiane, mas sei que ela tinha um.

Mais jovem, ela havia sofrido um acidente de carro. Seu rosto, contou-me certa manhã, precisara ser refeito. Ela o esticou na minha direção, mostrou o perfil recuperado e disse: "Está vendo, sr. Lançon, não se percebe mais nada! Vai ser igual com o senhor!". Como fiquei feliz de acreditar! Ainda mais quando ela me trouxe um óleo que, segundo ela, era milagroso se utilizado para massagear, com firmeza, as cicatrizes. O óleo era tão grosso que, depois de espalhado, só podia ser espalhado de novo. Ele logo começou a me incomodar, pois a saliva que escorria o tempo todo pelo buraco da mandíbula umedecia o curativo que fechava o rosto, fazendo-o duplicar ou triplicar de peso até pender e cair como uma fruta madura. O que vinha de fora era uma intrusão; o que saía de dentro também.

Corinne, a fisioterapeuta delicada como um anjo, também conversava comigo quando massageava (sem o óleo de Christiane) meus dedos, que progressivamente ressurgiam das bandagens como pequenas múmias disformes. Ela me contou do acidente que lhe destruíra uma parte do rosto: caíra de uma escada. Quando sua filha a viu, não a reconheceu e, quando enfim o fez, desmaiou. O lábio inferior pendia, o queixo estava aberto, um verdadeiro açougue, ela me disse. Escrevi no quadro: "E agora?". "Agora", ela respondeu, "tenho apenas uma pequena cicatriz, mas não sinto quase nada, a não ser quando penso no que aconteceu e quando, por exemplo, falo a respeito, como agora." Aquela unidade hospitalar parecia cheia de renascidos, que estavam ali para me tranquilizar sobre o futuro. Eu olhava para o rosto de Corinne com atenção. Procurava a pequena cicatriz. Ficava encantado de não encontrar nada.

Em poucos dias, aquilo se tornou um hábito: sempre que Corinne ou Christiane entravam, eu espreitava seus ferimentos e sinais de seu desaparecimento. O rosto de cada uma delas era o mapa de meu futuro território. Eu os imaginava destruídos, um por acidente, o outro após uma queda. Faltava-me olho clínico. Eu via o que queria ver e não entendia a que ponto a parte de baixo de meu próprio rosto estava decomposta. Não se esperava, aliás, que eu entendesse. Eu tinha visto, alguns dias antes, no próprio local do atentado, aquela parte de baixo do rosto dependurada, mas a lembrança tinha, se não desaparecido, ao menos migrado para a estrela onde se amontoavam as notícias inúteis ou nocivas, como num porão ou num freezer. O fenômeno se acentuaria nos meses seguintes. As lembranças não desapareciam: elas se uniam à bruma espessa, fria, silenciosa, que caía indistintamente sobre o dia anterior e sobre uma década distante, como o nevoeiro que, em *Vikings, os conquistadores*, filme de Richard Fleischer, invade o fiorde quando Curtis e Janet Leigh tentam fugir. Esse foi um dos primeiros filmes que vi, dez meses depois, quando voltei para casa. Era noite, eu estava sozinho e, como sempre, não conseguia dormir. Desde a infância, era um dos meus filmes preferidos. Vi o olho de Kirk Douglas, furado por um falcão, o braço de Tony Curtis, amputado por uma espada. Eles eram irmãos, eu era irmão deles, e um mataria o outro. Gostaria de reconciliá-los durante o duelo final, devolver o olho a um, a mão ao outro, e aos dois, o contrário da raiva que os unia. Chorei.

Os funcionários do centro cirúrgico não estranhariam ter que atender um viking se tivessem vivido entre os vikings. Mas deparavam com algo inédito, um ferido de guerra em Paris. Muitos tinham visto e atendido feridos de guerra na África, na Iugoslávia, nos países árabes. Eu também tinha visto alguns. Em outros lugares. A consciência estava preparada pelo contexto. Dessa vez, não. No entanto, para enfrentar a novidade, a equipe médica tinha um privilégio: respondia à destruição com gestos precisos, concebidos para curar, como autômatos dotados de razão. Esses gestos substituíam as lágrimas, a tagarelice, a compaixão inútil, a piedade perigosa. "Teremos que aprender a viver como os libaneses. E eu que tinha pena deles...", disse minha cirurgiã, Chloé, depois do atentado seguinte, o do 13 de novembro. Em sua tese, ela havia citado uma peça de Sófocles, *Ájax*. Lembrou-se dela num momento oportuno e citou, durante uma consulta, um verso que não havia esquecido. Como não o anotei, mais tarde pedi que o repetisse. Ela me respondeu por mensagem de texto: "Tradução livre: um bom médico não recita fórmulas mágicas sobre um mal que convoca o ferro. É o que Ájax diz antes de se atirar sobre a espada de Heitor. Em outro contexto, é uma maneira de dizer: 'O que deve ser feito deve ser feito'. Bom dia".

Por fim, havia aqueles que ficavam simplesmente indignados com a imbecilidade dos assassinos, como Aïcha, a auxiliar de enfermagem árabe que lia todos os tipos de jornais e livros. Percebi, naqueles dias, de que modo um jornal como o *Charlie* participava do contrato social francês — ou melhor, do que restava desse contrato. A maioria das pessoas nunca assinaria esse contrato se o recebesse; mas ele não precisava ser assinado para ser vivido, mesmo que a contragosto. Bastava respirar o ar no qual sua tinta havia muito tempo secara. Não era o ar da boataria, nem mesmo o da sutileza ou da competência. Era o ar da farsa e do desrespeito, que deixava as pessoas num estado de desconfiança e de espírito crítico.

No início da tarde do dia 11 de janeiro, meu irmão me disse: "Parece que há uma multidão enorme na passeata. Se eu não estivesse aqui, estaria lá, com eles. Todos estão dizendo: 'Je suis Charlie' [Eu sou Charlie]. Todo mundo é Charlie. Parece um maremoto pelo país". Ou algo do gênero, não anotei. Eu não anotava quase nada, na época, é um hábito que não perdi. O pouco que eu escrevia era feito no quadro e apagado, por razões práticas, como se nunca tivesse existido. Por três meses, nos períodos em que precisei me calar para que o lábio inferior e seus arredores tivessem uma chance de cicatrizar, meus dedos não pararam de ir e vir no vazio daquele quadro e de serem enegrecidos pelas canetinhas, como um aluno relaxado. Era um mal menor. Isso me fazia lembrar as aulas no primário, quando ainda se escrevia com caneta-tinteiro, à sombra de Alphonse Daudet ou Henri Bosco. Eu era canhoto e sujava de tinta o papel, o dedo médio, o anular, às vezes a parte de baixo do punho. Agora, tinha uma grande massa sangrenta embaixo do curativo, entre as duas falanges do dedo médio e do anular, na mão esquerda. Como uma pilha de lama entre duas colinas. Será que um dia aquilo secaria? Meu irmão continuava falando daquela jornada nacional. Lá fora, manifestações. Aqui dentro, a infância seguia se manifestando. Era tirada do porta-malas, como um estepe, e a viagem continuava. Mas que viagem?

No quarto, logo foi preciso substituir o primeiro quadro branco. Guardei-o, por fetichismo, com as últimas palavras ainda escritas. Não compreendo — ou não compreendo mais — o que significam. Estão escritas em espanhol, em azul e em letras maiúsculas. Formam um poema. Devem ter sido escritas para Gabriela, mas não sei se ela as leu e, além disso, talvez não fossem para ela. Talvez eu as tenha escrito para mim mesmo ou para um de meus melhores amigos, Juan, com quem trocava poemas hispânicos por mensagens telefônicas, de voz ou de texto. Essas palavras me informam sobre o estado de espírito ou de alma, como preferirem, em que eu estava mergulhado quando meu irmão me contou da passeata. Traduzo: "Aproveita o sono do doente/ Na preguiça do mármore/ Coberto por seu lençol/ De morfina./ Há pouco me dançavas/ Um poema de Mickiewicz/ Que certamente não existe,/ 'Sonho de um homem calmo tranquilo'/ Sobre meu braço ferido".

Como o poeta polonês Adam Mickiewicz, de quem não creio ter lido nenhum verso, foi parar ali? Procurei uma resposta. Não a encontrei. Lembro-me de uma coisa: quando escrevi o poema no quadro, ele me pareceu resumir o que eu estava vivendo. Foi escrito como um sonho anotado em estado de sonolência, quando este parece determinante, mas que, ao acordar, é visto pelo que é: o vestígio medíocre e incompreensível de uma emoção vital, mas sepultada; o hieróglifo de uma personalidade desaparecida.

Ao falar da passeata, meu irmão sorria. Estava feliz e orgulhoso com o apoio geral, nacional, feliz de anunciá-lo. No entanto, deixara a mulher e os filhos em casa, no subúrbio. Creio que temia um novo atentado, comportamentos de massa, novas angústias. Fazia quatro dias que a família tinha visto o suficiente. O quarto estava na penumbra. Eu ouvia, assentia. A traqueostomia doía e a sonda nasal começava a irritar o nariz e a garganta. Eu não tinha certeza de compreender o que havia acontecido e, com exceção daquele mal-estar salpicado de dores, não sentia nada. Era a primeira vez que ouvia aquelas palavras de ordem: "Je suis Charlie". A passeata e as palavras de ordem se referiam a um acontecimento do qual eu fora vítima, do qual eu era um dos sobreviventes, mas esse acontecimento, para mim, era íntimo. Eu o levara, como um tesouro maléfico, um segredo, àquele quarto até onde ninguém podia me seguir, a não ser aquela que me precedia no caminho que eu agora tinha pela frente: Chloé, minha cirurgiã. Eu escrevia no *Charlie*, fora ferido e vira meus companheiros mortos no *Charlie*, mas não era Charlie. No dia 11 de janeiro, eu era Chloé.

Fazia dois dias que eu também era Gabriela. Ou melhor: o sorriso de Gabriela. O mesmo sorriso de 22 anos atrás, em Paris, quando fomos apresentados numa festa a que eu e dois amigos chegamos fantasiados. Eu estava voltando de Cuba. Ela estava sentada, sozinha, junto a uma parede. Usava uma calça de couro preta e tinha o pescoço e as costas eretas das bailarinas, os longos cabelos pretos e espessos, e o sorriso que tomava conta do rosto, um sorriso de corpo de baile que aparece em todas as circunstâncias, mesmo sob tortura. As bailarinas clássicas são soldados e Gabriela era um deles.

Dois dias antes da manifestação, seu sorriso entrara no quarto e me aliviara na mesma hora. Se ele tinha chegado até ali, a vida continuaria. Gabriela talvez fosse uma aparição destinada a me consolar de tudo o que acabara de acontecer, de tudo o que aconteceria, de não sei o quê, talvez simplesmente de mim mesmo. Com seu sorriso, eu vivia e revivia o momento em que a vira pela primeira vez. No entanto, aquela que devia esboçá-lo, embora presente, estava morta, como todos aqueles que eu havia conhecido e amado antes do atentado. Eu tinha 51 anos e um buraco na mandíbula. Eu tinha sete anos e a noite caía. Um belo espectro de rosto indígena surgia à minha frente na forma de uma mulher que eu amava e que não podia estar ali, naquele quarto, depois do atentado, porque aquele que olhava para ela não estava realmente ali. Como diria Verlaine, ela não era nem completamente a mesma, nem completamente outra. Ela voava naquele quarto estreito e escuro com cheiro de desinfetante. Talvez fosse dar um salto de dança? Lembrei que, ainda que a tivesse visto ensaiando ou dando aulas, nunca a vira dançar no palco. Agarrei-me ao sorriso como a uma visão e, por alguns segundos, abandonei minha idade e minha infância para voltar aos meus trinta anos. Estendi dois dedos na direção de Gabriela, é incrível como os signos se tornam pesados, quase religiosos, quando estão reduzidos a quase nada. Eu falava de Cuba, encostado na parede de um apartamento, bebendo um mojito. O dela, como sempre, não tinha álcool.

Foi em 1993. Ela havia passado três anos numa companhia de balé mexicana. Quando a conheci, acabava de se mudar do México e tentava a sorte em Paris. Logo nos separamos. Não fiquei sabendo nem que ela havia entrado no Opéra, nem que havia saído de lá.

Doze anos mais tarde, após um sonho e graças à internet, encontrei seu rastro. Ela levou alguns meses para me responder. Estava vivendo em Nova York, onde dava aulas de dança e de pilates. Interpretara a antagonista — latina, obviamente — em séries de televisão. Vivia com um banqueiro americano de Chicago, mais velho que ela. Não tinham filhos. Quando escrevi, ela tinha aberto um pequeno estúdio, onde vários chilenos dançavam. Como é a vida das pessoas depois que elas saem da nossa? Não sabemos nada e o que imaginamos quase sempre é errado.

Eles moravam em Manhattan, em Midtown, num apartamento relativamente grande e escuro perto do East River. Seu marido o havia comprado graças à breve crise imobiliária que se seguira aos atentados do Onze de Setembro. Naquele dia, ele estava fora e, depois da queda das torres, Gabriela caminhara sozinha na direção do rio, como tantos outros, em meio a um clima de fim de mundo, pensando que uma guerra estava começando. Ela havia passado a adolescência sob a ditadura chilena e ainda sabia de cor os hinos nacionalistas que fora obrigada a aprender na escola. Cantava-os para mim rindo, História e patriotismo se transformavam numa comédia que mais valia evitar. Amava seu país como uma lembrança que retomava com alegria, não sem irritação. Pensava sempre no pai doente no deserto do Atacama.

Ela havia deixado seu país aos dezoito anos, para dançar. Ganhara uma bolsa de uma companhia estrangeira, mas não tinha a passagem de avião. Sua família não podia comprá-la. Gabriela, quando queria alguma coisa, não recuava diante de nada. De Copiapó, sua cidade natal, ela escreveu a Pinochet, a quem detestava e temia, para explicar sua situação. Deve ter sido convincente: a Secretaria da Presidência marcou uma reunião com a garota do interior. Ela pegou o ônibus para Santiago à noite, junto com a mãe. Foram instaladas num sofá na frente de uma assistente desagradável, que anunciou que o secretário do presidente estava ocupado. O tempo passava. A mãe de Gabriela, com vergonha, queria ir embora. A assistente desapareceu sem dizer uma palavra. Gabriela afundou no sofá, fechou os olhos e, assim como a vi fazer mais tarde em meu quarto de hospital e em outros lugares, começou a respirar lentamente e começou a meditação, que, naquele dia, tinha um único objeto: "Aquela mulher vai voltar com um sorriso. Vai trazer uma passagem de avião e, além disso, vai nos servir um café". E foi exatamente o que aconteceu. A assistente voltou com um sorriso, um café, e anunciou que o secretário do presidente lhe conferia um vale para uma passagem a ser trocada junto à companhia chilena de aviação. Algum tempo depois, Gabriela voava para Genebra. Nunca tinha visto a neve e lhe disseram que aquela cidade estava cercada de montanhas. Desembarcou vestindo um casacão, mas era o mês de agosto, fazia um calor infernal, e ela correu para o banheiro do aeroporto para mudar de roupa, com tanta vergonha de sua ingenuidade quanto sua mãe na frente da assistente do secretário do presidente.

Fisicamente, ela havia mudado pouco em trinta anos. Em matéria de bebidas alcoólicas, só suportava o champanhe e, mesmo assim, apenas umas gotas para molhar os lábios. Ela não fumava, comia pouco, mas apreciava a boa mesa e era louca por gengibre e chocolate. Ficava com uma barriguinha assim que parava de dançar, mas parava pouco e treinava regularmente em casa, em aparelhos, entre duas trocas de e-mail e um livro para estudar. Não lia jornais, não via televisão, não ouvia rádio. As notícias não lhe interessavam e só chegavam a ela por meio dos outros, um pouco ao acaso, dentro de uma névoa de indiferença eletrizada por sua sensibilidade. Via nelas, acredito, a presença do mal e da inutilidade, de tudo que afastava os homens do que havia de melhor e mais útil em suas paixões — em seu caso, a dança. Ela se obstinava em viver dentro de seu "pequeno mundo", eram essas as suas palavras, como a rosa dentro da redoma, no planeta do Pequeno Príncipe. Não era uma rosa sem espinhos, aliás. Substituíra a afetação da planta demasiado humana de Saint-Exupéry por uma disciplina solitária que eu admirava, embora a considerasse austera, ou talvez justamente porque a considerasse austera.

Quando voltamos a nos encontrar, as circunstâncias e um divórcio em curso, particularmente difícil, haviam trincado a redoma dentro da qual ela vivia. Viver sem meios em Nova York e perseguida por um banqueiro tão ardiloso quanto convencido de seus direitos tornava-a infeliz, e mesmo louca, porque prisioneira de um círculo vicioso. Ela continuava indo e vindo com suas malas e mochilas na redoma, de uma academia a outra, de uma sala de dança a outra, de uma sala de aula a outra, de uma ponta do mundo a outra, de Copiapó a Nova York, de Nova York a Paris, e agora de Roissy ao La Salpêtrière. O ar frio do drama, que entrava pela rachadura, entristecera seu caráter, mas pouco modificara sua aparência e, para falar como os antigos, o sentido de seu destino. Suas distrações eram raras, bastante infantis. Sua disciplina de vida lutava contra a desordem mental imposta por sua imaginação, seus devaneios, sua situação. Ela fugia de tudo que a deixava triste, mas o que expulsava pela porta entrava pela janela e, quando não conseguia fugir, a cólera ou a mágoa se instalavam. O sorriso desaparecia, o rosto se fechava, o olhar endurecia ou se enchia de lágrimas, e não restava absolutamente nada da doçura tranquila de Gabriela: sapos acabavam saindo de sua boca. Eu gostava de suas lágrimas, pois me permitiam consolá-la, mas temia sua cólera, pois não conseguia contê-la. Uma hora de dança em algum lugar dissipava todas as nuvens, todos os sapos, e o sorriso reaparecia.

Ela tirou o sobretudo, debruçou-se sobre mim e, depois de tocar meus dedos bons, conversou comigo, deixando claro que não queria me cansar; a seguir, tomou um banho. Mais tarde, usando o quadro branco, pedi que contasse da viagem, que falasse da vida em Nova York. De novo, escrevi algumas palavras sobre o atentado, mas ela não quis entrar nos detalhes daquela realidade. Não lembro mais em que momento saiu em busca de uma sala de dança para ressuscitar. O quarto era pequeno, precisaríamos conviver ali por uma semana. A qualquer momento, Gabriela poderia ter que sair do quarto para eu receber algum tratamento. Ela não ouviria o som de minha voz.

À noite, qualquer movimento meu ou de meus pesadelos a acordava. Ela se sobressaltava. Eu tinha a impressão de ser acordado por seu sobressalto, que me tranquilizava. De sua cama, ela estendia o braço na direção do meu e, não sabendo como me tocar sem me machucar, apertava meus três dedos não enfaixados ou acariciava minha cabeça. Meu corpo inteiro vivia em sua mão. Por alguns minutos, eu voltava a dormir.

Na véspera da passeata, ela ajudou Linda na hora do banho e, a partir do dia 11 de janeiro, passei a tomá-lo sozinho com Gabriela. Ela ria e me sustentava com delicadeza, alguma fantasia. Era como um jogo, com suas regras e seus desafios; mas, quando minha cunhada a encontrou num corredor do mercadinho mais próximo do hospital, ela chorava. No banho, ela me disse:

— Eles não têm nada além de sacos de lixo? Bom, não faz mal. Você até que fica charmoso.

Eles não podiam evitar aquele charme: fora do centro cirúrgico, o hospital estava na pindaíba. Eu me beneficiava, porém, de um regime de favor. Com exceção dos pais de crianças hospitalizadas, ninguém podia dormir ali. Mas, como uma enfermeira logo me disse, "o senhor não é um paciente qualquer". Pela primeira vez, desde o maternal, eu era o queridinho. Como eu detestava o refeitório, a zeladora da escola me levava para sua casa ao meio-dia. Ela me oferecia a melhor parte de sua refeição, em particular seus bifes, e se contentava em engolir o meu. Na época, quando meu avô me levava à escola pelas ruas residenciais, eu o fazia mudar de calçada a qualquer latido de cachorro atrás das grades. Na cidade em que o príncipe é um menino, o menino quase sempre é tirânico e ingrato. Geralmente morre executado, como um príncipe, antes de ter tido tempo de se tornar uma lembrança. Dessa vez, o menino sobrevivera a tudo, em todo caso melhor do que os diferentes personagens que o haviam sucedido. Ele se juntava a mim naquele quarto, a todo momento. Pode aproveitar o bife da zeladora, ele me dizia, tudo que você está ganhando é um direito seu.

No dia da passeata, saí da cama. Gabriela me ajudou a dar os primeiros passos até a porta e minha primeira pernada no corredor. Havia tubos por toda parte. Ela empurrava o suporte de soro. Não demos nem os 104 passos de ida e volta naquela manhã, mas ela me corrigia com olhos de bailarina:

— Mantenha-se ereto, cabeça erguida, escápulas para dentro, imagine que é uma marionete e que o topo de sua cabeça está suspenso pelos cabelos. Está caindo para a direita, alinhe-se!

Andávamos em marcha lenta. Dois policiais nos seguiam a alguns metros de distância, as mãos nos fuzis Beretta. Os outros se mantinham perto do elevador, em pé. Não levei muito tempo para aprender a viver na companhia deles, como sombras que me seguiam sem depender de mim e sem se aproximar demais. Eu conviveria com eles 24 horas por dia ao longo de quatro meses e meio. No dia em que foram embora eu me senti nu. A presença deles reforçava a da equipe médica, instaurando uma privacidade sem solidão e me obrigando a aguentar firme.

Enquanto caminhava com Gabriela, eu olhava para a porta dos outros quartos. Todos, ali, eram ocupados por um único paciente. Quase todos eram casos graves, havia muitas traqueostomias, muitas sondas, muita baba no chão. A maioria dos pacientes vinha das classes populares. Muitos tinham câncer na mandíbula, na língua. Fumavam demais, bebiam demais. Alguns chegavam bêbados na véspera de uma operação. Outros, às vezes os mesmos, saíam do quarto sem avisar. Alguns fumavam dentro do quarto, até mesmo pela traqueostomia, quando a boca não permitia mais: a chaminé sobrevivia aos tubos. Alguns saíam com seus suportes de soro para fumar na rua, ao sol, sentados na mureta cinza em frente ao local de chegada das ambulâncias. Os mais ousados chegavam aos bancos do parque, suntuosos, entre os prédios e a grande capela construída sob Luís XIV.

Havia acidentados de todo tipo. Havia os pequenos infratores de mandíbulas fraturadas. Geralmente chegavam nos fins de semana, à noite, depois de uma briga. Recebiam muitas visitas de familiares ou parceiros, que olhavam para todos os lados nos corredores, como soldados em terreno inimigo. O corpo deles seguia os reflexos habituais, mas seus instintos não correspondiam e eles pareciam constrangidos. Esse constrangimento às vezes criava uma espécie de delicadeza. A incerteza detinha seus gestos. Nada do que eles gostariam de fazer parecia no lugar ou podia ser determinado. Às vezes, uma mãe ia ao posto de enfermagem solicitar alguma coisa, que conseguia ou não. Sua silhueta cansada, quase murcha, exalava a fragrância do destino. Era uma fragrância espessa, sobre um fundo de água sanitária e desinfetante. Como a umidade tropical, ela desacelerava o passo.

Eu não sabia o que havia atrás das portas fechadas, mas acontecia-me de ouvir o que se passava e, às vezes, com o correr do tempo, as enfermeiras e as auxiliares acabavam comentando comigo alguma coisa. Entre os pequenos infratores, alguns eram muito machistas e não suportavam depender de mulheres. Tratavam as auxiliares com raiva, desprezo. Um deles, que ocupou o quarto em frente ao meu, atirava o copo de plástico quando uma enfermeira entrava, gritando: "Pega!". Elas só entravam em seu quarto na hora dos cuidados.

Em geral, os quartos ficavam fechados e os pacientes não se relacionavam. Por um lado, eles não ficavam muito tempo. Por outro, como diria Corneille, cada homem está em sua própria noite — sobretudo num setor em que tudo que exigia uma ação da boca criava dificuldades. Às vezes nos cruzávamos no corredor, empurrando os suportes de soro, arrastando os pés e sem falar. No máximo, um pequeno sinal ou uma breve saudação. Não tínhamos intimidades e não desejávamos tê-las, estávamos no mesmo barco. Todos os rostos estavam deformados, zarolhos, retorcidos, inchados, azulados, encalombados, enfaixados. Por um dia ou para sempre. Aquele era o corredor dos *gueules cassées*, dos "caras quebradas". Uns acabariam voltando ao normal; outros, não. Alguns dos que tinham câncer morreriam, em um mês ou um ano. Qualquer que fosse o futuro, naquele corredor cada um era o espelho do outro. E somente os loucos e as rainhas más falam com seus espelhos, sobretudo os deformantes.

A porta dos quartos era deixada aberta em caso de urgência ou grave dificuldade, por exemplo, respiratória. A porta aberta costumava se abrir para o além. A poucos metros da minha, descobri a de um paciente todo encolhido em cima da cama, em posição fetal, imóvel e calado, a cabeça levemente virada para o teto. Ele tinha um rosto de lua, que formava uma oval côncava que ia da testa ao queixo. Uma serra parecia ter cortado o rosto e deixado apenas as duas extremidades e, no meio, no vazio, olhos que pareciam não enxergar mais nada. Suas pernas estavam tão magras que pareciam palitos de fósforo, prestes a quebrar ou pegar fogo. Fazia um ano que estava ali. Não caminhava mais, não falava mais. Tinham-lhe dado um rádio, que tocava sucessos barulhentos. Uma enfermeira me disse que ele gostava daquilo e que ainda reagia, com alguns movimentos. Bastava saber interpretá-los. Ele era chamado de Ludo. Pertencia a outra categoria de pacientes: os que tinham tentado se matar. Ludo tinha dado um tiro na cabeça, por causa de uma mulher, e errado.

Era a primeira vez que eu via aquele rosto sem rosto, aquele corpo emaciado pelo sofrimento, que tentava sobreviver. Fiz um gesto a Gabriela, que queria dizer: "Viu aquilo?". Ela tinha visto e me fez sinal para voltarmos. Eu já tinha feito esforço demais. Não precisava ver aquilo. Naquele dia, ao menos, não deveria passar do quarto de Ludo.

Depois dessa primeira caminhada, nunca mais consegui passar por aquela porta aberta sem me deter na frente do quarto daquele que eu agora chamava de pobre Ludo: olhar para ele era como uma oração. Eu não sabia nada a seu respeito, e continuo não sabendo muito mais, mas ele me acompanhava. Ele era o precursor e algo que eu poderia ter sido. Bastaria que o tiro tivesse passado um pouco mais para cima ou que um segundo tiro o tivesse seguido. Sua solidão, intocada por qualquer visita, me impressionava. No início, o pobre Ludo tinha recuperado algumas funções. Quase podia falar, ou ao menos se fazia entender. A família e os amigos vinham vê-lo. Houve uma época, tão distante e improvável quanto a dos dinossauros, em que ele mesmo se deslocava até o posto de enfermagem ou à pequena sala dos auxiliares. Seu aniversário fora comemorado, e embora Christiane sentisse uma antipatia inexplicável por ele, talvez apenas porque ocupasse uma cama e demorasse a morrer, Ludo se tornara a mascote do setor.

Depois, pouco a pouco, seu estado degenerou e as pessoas pararam de visitá-lo. Agora, estava sozinho. Morria na companhia da equipe médica. Os estilhaços que continuavam dentro de sua cabeça multiplicaram os problemas cerebrais, nervosos. Os intestinos se deterioraram. O pobre Ludo parara de se deslocar, de se expressar, de se mexer. Precisava ser virado, lavado, trocado. Ele se estilhaçava por dentro e por todos os poros. Não fazia mais do que ser: uma existência purgada de toda contingência, invadida por um sofrimento emudecido, em que tudo que restava de vida escapava aos vivos. Essa presença, de uma ponta à outra do corredor, definia minhas caminhadas e me ajudou a viver.

Um dia, vendo que eu olhava para ele, Linda me disse: "Ah, sr. Lançon! Quem quer se matar não deve nunca dar um tiro na cabeça ou se atirar pela janela, pois quando não dá certo... A melhor maneira ainda é comer uma bela fatia de bolo envenenado!". Ela disse isso num tom meloso, quase guloso, como uma cozinheira prestes a revelar sua receita de creme pâtissière. Perguntei-me de que cor seria o bolo e pensei: ainda assim, é preciso saber que ingredientes usar. Na mesma noite, escrevi a meu irmão dizendo que queria me inscrever na Associação pelo Direito de Morrer com Dignidade. Eu também, ele respondeu. Nunca o fizemos.

Uma madrugada, em fevereiro, logo antes do nascer do sol, o pobre Ludo morreu. Ouvi um barulho no corredor — um ruído específico, mistura nervosa de vozes, aparelhos e carrinhos, que eu aprendera a reconhecer. As enfermeiras que me davam os primeiros cuidados do dia trouxeram a notícia que eu esperava. Naquela manhã, fazendo minha caminhada, mesmo sabendo que ele havia partido, procurei o pobre Ludo. A porta estava aberta. O quarto estava vazio, o colchão plastificado, descoberto. Seria higienizado. Continuei pensando nele sempre que passava na frente daquele quarto, ocupado no mesmo dia por outro paciente e dali por diante fechado. Ainda penso nele, com frequência. Volto àquele dia em que, passando bem devagar, vi-o pela primeira vez, vivendo e se deixando morrer. Foi no dia em que me disseram que havia uma passeata em Paris. Ela aconteceu, não participei e, na manhã seguinte, voltei ao centro cirúrgico. Foi a primeira vez que lá chegava consciente. Durante um ano, em tudo, sempre houve uma primeira vez. O centro cirúrgico era uma sala da minha nova casa. Eu ainda ignorava até que ponto aquela sala se tornaria familiar, e mesmo desejável. Era a sala onde o corpo mudava e para onde os outros, os de fora, não me seguiam. Entrei nela para escapar ao destino do pobre Ludo.

9.
O mundo de baixo

— O senhor está na primeira posição, sr. Lançon.

Era a enfermeira da noite falando. Eu a via pela primeira vez. Ela me disse seu nome. O mesmo de uma personagem de Raymond Queneau, pensei, um nome datado, ela devia ter mais ou menos a minha idade, e eu também era datado. Quando somos datados, sobrevivemos a alguma coisa, ou mesmo a várias coisas, e talvez não devêssemos ter sobrevivido. Sobrevivemos, mas a quê? Do fundo de minha cama, eu agora acreditava que o atentado me dera uma data de validade. Fazia algum tempo que eu não me sentia mais adaptado a uma profissão enlouquecida, enlouquecedora, que exigia dedicação a um mundo que passava rápido demais e brutalmente demais para mim. As notícias tinham se tornado uma galeria de espelhos cheia de lâmpadas superaquecidas que não iluminavam mais nada e em torno das quais voejavam nuvens de mosquitos cada vez mais estúpidos, moralistas, propagandistas, nervosos. Agora, toda palavra, toda frase, me fazia sentir seu preço. Minha mandíbula destruída parecia uma metáfora, e isso não era tão ruim.

A enfermeira da noite tinha o nome de uma personagem de Raymond Queneau, mas também, pensei olhando para ela, o de uma garota que conheci aos dezoito anos e que, certa noite, enquanto eu pensava em beijá-la, me deu um bichinho de pelúcia, acabando com o clima. Na véspera, meu irmão instalara a internet no quarto, um pequeno e caro modem que me seguiria de quarto em quarto. Era possível pagar menos e usar a rede do hospital, mas ela funcionava mal. A televisão funcionava melhor, era como o ar poluído que respiramos, mas tomei uma decisão da qual nunca me arrependi: no quarto, nem televisão, nem rádio. Com eles, teria a sensação de ser atacado por mosquitos. Queria ouvir ou sofrer apenas os sons diretamente ligados à minha própria experiência, no maior silêncio possível. Em minhas primeiras caminhadas no corredor, quando os quartos eram abertos, eu descobria sem espanto que quase todos os pacientes, por mais pregados às camas e moribundos que estivessem, viam televisão noite e dia, no volume máximo, como se para acordar um surdo, ou os mortos que eles em breve poderiam ser, principalmente a última e mais eficaz das máquinas de descerebração por meio da informação, o canal de notícias BFM. Eu os entendia, e por nada no mundo julgaria a maneira como cada um enfrentava a condição que compartilhávamos, mas não queria somar às imagens que ocupavam minha mente, que ao menos tinham o mérito de ser íntimas e relativamente discretas, esse quadro coletivo do inferno: informação e entretenimento ininterruptos.

Um pouco mais tarde naquela noite, voltei a pensar em Raymond Queneau. Seu humor métrico e melancólico sempre me consolara, sem que eu soubesse direito do quê. Agora eu sabia. Dois versos surgiram do nada — é verdade que eu não conhecia muitos outros: "*Je crains pas ça tellment la mort de mes entrailles/ et la mort de mon nez et celle de mes os*".* Em posição horizontal, a mandíbula escorria menos, mas voltara a escorrer, eu babava por qualquer emoção, e a sonda nasogástrica me queimava a garganta e o nariz. Uma escara se formara dentro da narina por onde passava a sonda, que era retirada e recolocada a todo momento. Logo entendi que, para diminuir

---

* "Não temo tanto a morte de minhas entranhas/ nem a morte de meu nariz e de meus ossos." [N. T.]

aquele aborrecimento, precisava aceitar a sonda, acolhê-la, por assim dizer, da mesma forma que precisaria, num mergulho, se estivesse com um início de sinusite, abrir os seios da face com água salgada e aceitar que ela os desentupisse para ter uma chance de descer e, acima de tudo, de voltar à superfície sem danos. A sonda é dominante: quanto mais a tememos e mais resistimos a ela, mais ela pune e martiriza. O que valia para o nariz valia para as veias, na retirada de sangue e na colocação de cateteres, e logo valeu para o estômago. Era preciso amar as sondas, pois, embora nos violassem, eram para nosso próprio bem. Davam-nos água, açúcar, comida, medicamentos, soníferos e, por fim, a vida, a sobrevivência e o alívio. Eram tiranas do bem.

Por outro lado, eu me sentia culpado de sentir essas dores, pois se comparasse o estado do nariz ou das veias ao das mãos e, sobretudo, ao da mandíbula, a situação dos primeiros era, como seus efeitos, secundária. Queixar-se seria como se, depois de pisar numa mina, o amputado reclamasse de uma picada de mutuca na ponta do nariz. Eu queria hierarquizar as dores com a sabedoria do Buda, mas não conseguia. Não vivia embaixo de uma figueira ou ao lado de uma flor de lótus, mas numa cama de hospital, e me sentia culpado de não estar à altura da provação. Um enfermeiro tinha me falado na véspera, rindo: "Agora a família tem um herói!". Eu não me sentia um herói, mas tinha vergonha de não poder desempenhar o papel conferido a mim pelas circunstâncias. Era uma primeira manifestação dessa culpa específica, tão deprimente quanto suscetível: a culpa do paciente — que depende dos outros para quase tudo e gostaria ao menos de controlar como essa dependência se expressa. Nas semanas que se seguiram, ela não fez mais que aumentar e declinar de todas as maneiras possíveis, a ponto de se tornar um mal em si, um mal contra o qual eu precisava lutar, como os cirurgiões que lutavam contra minha perda de peso, a queimadura dos tecidos, a supuração das feridas, os vazamentos do queixo ou da boca e um esgotamento que, de cirurgia em cirurgia, tornava-se preocupante.

À noite, fui atrás do rastro da garota que me dera o bichinho de pelúcia. Lembrei que tinha o pescoço largo, o rosto andrógino, os cabelos curtos e louros, à la Jean Seberg. Demorei para me lembrar de seu sobrenome. Haviam se passado mais de trinta anos, ela talvez tivesse mudado de sobrenome. Nesse tempo eu estaria vivo? Busquei na internet em vão, ineficazmente. O rosto da garota entrava em meu corpo e fazia minha cabeça girar. Eu respirava cada vez pior. O efeito da morfina chegava ao fim. O bichinho de pelúcia, lembrei de súbito, era um esquilo, pequeno e gracioso roedor que evoca o outono, as árvores, um tufo de pelos e sua própria fuga. Quando eu o ganhei, Mitterrand tinha acabado de ser eleito, a Europa era um projeto de futuro que estudávamos em direito e que quase transformava os funcionários de Bruxelas em novos aventureiros. Fui atrás dos aromas da cafeteria da universidade e dos bistrôs enfumaçados, gordurosos, onde íamos beber um café, comer um misto-quente, falar de um ciclo de Bergman ou de Anthony Mann, do último filme de Godard ou de Truffaut. Também não os encontrei. Já tive dezoito anos e deixarei que digam que é a melhor idade de nossa vida, mas, na frente daquele computador, fazendo aquela busca, deitado naquela cama, era uma idade que nunca existira, mais uma que o atentado apagara, não todas as imagens, mas todas as sensações.

— O que está fazendo? — perguntou Gabriela.

A luz do computador a acordara. Escrevi no quadro branco:

— Nada. Pensando.

— Não vá pesquisar sobre os atentados, está bem? Precisa evitar isso a todo custo. Pense em coisas positivas, coisas que façam bem. Concentre-se, com muita força, numa paisagem bonita e junte-se a ela.

Gabriela parecia acreditar que bastava pensar no Bem para expulsar o Mal. Nunca consegui imaginar um lago dos Pirineus — sem dúvida a paisagem de que mais gosto no mundo — a ponto de me sentir mergulhando nele. Mas tampouco me informaria sobre os atentados. Repito: com ou sem razão, teria a impressão de estar desvalorizando o que tínhamos vivido. As notícias, agora, eram para os outros. Mas Gabriela não percorrera 6 mil quilômetros para descobrir que eu, sob o efeito da morfina, seguia o rastro de uma garota esquecida, enquanto ela se preocupava comigo. Como lhe dizer, aliás, que eu havia começado a seguir o rastro de tudo o que vinha à superfície, desordenadamente, como cadáveres na correnteza, sem nenhum motivo especial? Tudo, e em primeiro lugar o que estava desaparecido fazia muito tempo. Nomes, vultos e momentos que surgiam em curto-circuito. Eu não saberia me explicar a uma pessoa que, como ela, mesmo em plena crise, mesmo com rupturas, vivia na continuidade: o que Gabriela teria considerado uma indelicadeza serviria apenas para alimentar sua angústia e até mesmo seu ciúme. Estávamos, naquele pequeno quarto, como no ventre de uma baleia, ela com sua vida interrompida, eu com meu rosto destroçado, suspensos entre nossos dramas, e ela não mudaria de situação nem de caráter porque eu mudaria de mandíbula e de vida.

A enfermeira da noite tinha o nome de uma personagem de Raymond Queneau. Neste livro, em vez de Zazie, eu a chamaria de Madeleine. Seus cabelos eram compridos, claros e lisos. Seus óculos quadrados tinham uma armação leve que parecia brilhar intensamente no escuro. Ela se aproximou de minha cama, passando pela de Gabriela. Olhei para ver se Gabriela estava ali para me defender, caso — caso o quê? Bom, caso Madeleine tentasse me matar. Desde que os assassinos haviam aparecido de repente no *Charlie*, eu os imaginava assumindo todas as formas e invadindo todos os lugares, especialmente o meu.

Gabriela parecia dormir. Seus cabelos se mexiam um pouco sobre o travesseiro. O sorriso de Madeleine e sua voz doce, quase murmurante, se aproximaram ainda mais. Um pequeno olhar duro e um pescoço atarracado os contradiziam. Pensei que Madeleine devia ser solteira e esportista, o tipo que passava as férias percorrendo, sem conforto mas bem equipada, países distantes, pobres, países sem Queneau, sem enfermeiras, sem assistência médica, países onde se sobrevivia a um atentado de uma maneira muito pior do que aqui. Enquanto ela se inclinava sobre mim e falava comigo, perscrutei seu olhar e me perguntei se também viajava para países onde era impossível rir de tudo. Ela atravessou o pequeno quarto com passos macios de assaltante. Sem dúvida, calçava, como os outros, sapatos de borracha perfurada, pois eles guinchavam um pouco no piso. Ela era robusta, tinha ombros retos, e, enquanto mudava a bolsa de alimento e me injetava a salutar e nutritiva morfina, imaginei-a numa sala de ginástica olímpica, dando aulas no cavalo, nas barras paralelas, nas argolas, em todos os aparelhos, depois numa sala de tortura clínica onde se tornava, com cada paciente, um excelente carrasco. Ela logo assumiu esta última função em minha sequência de sonhos. Voltava a cada noite para me tirar alguma coisa e para me fazer confessar outra coisa, qualquer uma. Seu papel imaginário era obter a confissão e prolongar a pena. Na realidade, Madeleine nunca me maltratou, e como a maioria dos funcionários da noite, acima de tudo e principalmente, me tranquilizou; mas dela emanava uma ameaça e uma falta de afeto, e eu logo comecei a me sentir culpado de sofrer e de dizer que sofria. Aquilo era ruim? Não tenho certeza. Com Madeleine, não havia descontração. E ela me anunciou:

— O senhor está na primeira posição, sr. Lançon.

Na manhã seguinte, 12 de janeiro, desci para o centro cirúrgico um pouco antes das oito horas. Era a segunda operação e a primeira vez que ouvia aquela expressão, "primeira posição".

Pensei na pole position, no ronco dos carros de corrida na linha de largada, como cães de guarda, e no acidente que vi ao vivo e que levara à morte o piloto sueco Ronnie Peterson. Eu tinha quinze anos e decidira acompanhar, pela primeira vez, um grande prêmio de Fórmula 1. Ronnie Peterson era meu preferido. Na época, os suecos estavam no topo de meu imaginário, em parte por causa de Borg, o tenista que dominava o circuito como um Everest. Eram pessoas altas, louras, mudas e discretas, e embora ganhassem como os alemães, não eram tão desagradáveis quanto eles. Não tinham ocupado nosso país. Não tinham exterminado os judeus. Não tinham os árbitros nas mãos. Não alardeavam suas barrigas e seus gritos nas praias espanholas. Sua língua era igualmente incompreensível, mas ninguém era obrigado a aprendê-la no colégio. Os suecos eram meus bons alemães, os louros altos que me deixavam complexados sem ser antipáticos. Depois da morte de Ronnie Peterson, nunca mais assisti a uma corrida de Fórmula 1.

Na pole position para minha segunda operação... Estou na 17ª no momento em que escrevo estas linhas, em agosto de 2017, nos confins da Escócia. Chove, faz sol, o tempo aqui muda muito mais rápido que o coração de um mortal, sem nunca dar a impressão de ser caprichoso ou inconsequente: os homens que se adaptem. Novos atentados ocorreram não muito longe daqui, na Catalunha, na Rambla de Barcelona e num balneário popular. Tenho recordações de verão bastante desagradáveis nesses lugares. Franco tinha acabado de morrer. A Espanha e suas modestas pesetas, como hoje a Grécia, ofereciam à Europa do Norte a oportunidade de férias de baixo custo. Eu era adolescente e estava horrorizado com o gregarismo e a vulgaridade dos turistas, portanto, em primeiro lugar, com os alemães. Tinha a impressão de que meus pais cediam à atmosfera reinante, que sua cortesia se tornava uma submissão aos brutos. Eu não era diferente deles.

Nas praias próximas a Cambrils, eu lia ora Balzac, ora a coleção de espionagem *SAS*. Gostava muito de Vautrin e de Félix de Vandenesse, muito menos de Rastignac e Rubempré, e gostava de Malko, o príncipe espião e pornógrafo de Gérard de Villiers, que defendia o Ocidente dos Vermelhos. Os gigantes de Balzac se misturavam aos de Gérard de Villiers com grande naturalidade, entre barrigas de fora e biquínis. Não sinto falta daqueles anos, marcados pelo mal-estar, mas sinto falta de duas coisas, do isolamento proporcionado pela leitura em qualquer lugar e da ausência de bom gosto e de mau gosto: a mente não era mais exigente que o apetite de Balzac ou que minha fome saciada por um churros bem gorduroso num fim de tarde, quando a brisa do mar suaviza o ar.

Escrevo para lembrar também disso, de tudo o que quase esqueci, de tudo o que perdi, sabendo que mesmo assim tudo foi esquecido ou perdido. Acontecia-me, como a todo mundo, de perder e reencontrar tudo brutalmente, sem estar pronto para isso, mas a continuidade da vida me protegia de todas as ameaças desses clarões rememorativos. O 7 de janeiro colocou a ameaça em primeiro plano, cada dia, cada minuto, cada detalhe. Desde então, a cada atentado, tenho mais certeza de que morrerei num mundo em que os heróis de Balzac não existirão para mais ninguém, em que ninguém mais lerá um romance banal de Gérard de Villiers numa praia espanhola no verão. Como os atentados anteriores, o de Barcelona e o de Cambrils me afastam de uma história em que, depois de apagadas as velas e consolados os corações, todos fazem como se nada tivesse acontecido — é possível fazer outra coisa? — e como se os assassinos não fossem uma consequência desastrosa daquilo que somos, daquilo que vivemos.

Minha segunda operação, eu dizia. Não deixei de contar as operações, assim como não deixei de contar os atentados. Sei que a conta não acabou e que esse número se tornou desimportante. Sigo divulgando-o, não sem complacência, tanto aos que perguntam quanto aos leitores do *Charlie*. Ele alimentou a maioria dos artigos que mencionavam meu caso, as pessoas gostam de números e de recordes, e a maioria dos jornalistas está sempre disposta a lhes dar, assim como às crianças, aquilo que foram ensinadas a querer. Esse número me faz pensar numa coisa: enquanto houver centro cirúrgico, haverá esperança — de melhorar um pouco, bastante, muito, absurdamente. Ou nada, mas ainda não cheguei nesse ponto. Não estou, como se diz no jargão dos avaliadores do Estado, consolidado. O centro cirúrgico deixou de ser um hábito, mas continua sendo uma perspectiva e, sempre que retorno, ele volta a ser ambos. Sou o velho pangaré que mexe as orelhas e treme as narinas ao descer para aquela sala ligeiramente fria e ligeiramente verde, como o animal que segue para a prova de salto de obstáculos após a pesagem. O paciente, aliás, não é feito para ficar na cama. A ação acontece no mundo de baixo.

Naquela manhã, Madeleine me acordou por volta das 5h30. Gabriela se mexeu, mas já não dormia. Como na noite anterior, ajudou-me no chuveiro. Pela primeira vez, fiz a preparação que todo operado conhece. Ela logo se tornaria um ritual; mais tarde, quando as operações se espaçaram e três ou seis meses transcorriam entre elas, um prazer comemorativo. Ir para o banheiro com o suporte de soro. Rasgar a bata de dormir e jogá-la no lixo. Verificar se o kit está completo: as cápsulas amarelas de Betadine que fazem as vezes de sabão, o pano verde e áspero que serve de toalha, a touca para cobrir os cabelos molhados depois da ducha, sapatilhas para os pés descalços. Colocar os sacos de lixo em volta das ataduras e amarrá-los o melhor possível. Sentar na cadeira trazida por Gabriela ou pela auxiliar de enfermagem, inclinar a cabeça para trás o máximo possível. Abrir a água e molhar o corpo evitando ao máximo as zonas das ataduras e principalmente a mandíbula e seus arredores. Retirar os sacos plásticos. Secar o corpo com o pano verde que não seca, fazendo o mínimo de acrobacias possível. Vestir a bata cirúrgica. Amarrá-la na cintura. Pôr a touca e voltar para a cama, guardar as sapatilhas embaixo da mesa de cabeceira. Tomar o sedativo leve que a enfermeira dilui num mínimo de água. Depois, fechar os olhos e esperar a chegada da maca.

Dessa vez, não a ouvi chegar. Estava sonolento e ainda não me acostumara ao som das rodinhas que anunciavam, como a matraca de um leproso, a iminência da ação. Havia vários maqueiros no hospital. Um deles era antilhano, forte, muito bonito. Um dia, ao me buscar de uma cirurgia, ele prometeu que prepararia para mim seus pratos preferidos. Continuo esperando, mas não é isso que importa: a ideia dessa refeição, no elevador que me devolvia ao quarto, fez-me acreditar que um dia eu voltaria a comer.

O maqueiro que mais vezes me acompanhou era jovem, pálido, tinha cabelos castanho-claros e uma barba de alguns dias. Sua touca me impedia de ver a natureza e o comprimento exato de seus cabelos, os funcionários do bloco nunca descobriam a cabeça para cumprimentar o paciente que seria operado, e nunca pude calcular sua altura em relação à altura das paredes e dos outros auxiliares, pois sempre o vi, como a tantos outros, a partir da posição horizontal. Também não descobri seu nome, então o chamarei de Bill. Ele tinha uma voz suave, um tanto desanimada, e um senso de humor que faria dele um bom personagem de série televisiva, hospitalar ou não. Aproveito para dizer que, embora nunca tenha acompanhado *Plantão Médico*, tornara-me fã de *House*. Bill havia colado em seu armário a inscrição da porta do *Inferno* de Dante: "Deixai toda esperança, ó vós que entrais". O dr. House não diria melhor.

Bill não era o único a me acompanhar. Os dois policiais que tinham passado a noite na frente do quarto pacificamente exigiram nos seguir. Obedeciam ordens. Entramos os quatro no elevador que descia para o centro cirúrgico. Havia pouco espaço entre as paredes e a maca. Meu nariz e as sondas quase tocavam os fuzis Beretta. Eu olhava ora para o rosto de Bill, ora para o de cada um dos policiais, sorrindo como se minha vida dependesse disso: eles estavam ali para lembrar que os assassinos nunca estavam longe. Eles sorriam de volta. Não falávamos nada. Bill estava constrangido com a presença dos policiais. Peguei o quadro e a caneta, e escrevi: "Estranho lugar para uma reunião". Tinha a impressão de estar indo não para o andar de baixo, mas para um planeta desconhecido, distante, como Plutão. A porta se abriu para uma antessala estreita, atravancada de objetos e de roupas cirúrgicas, uma espécie de vestiário com luz mortiça. A negociação entre os astronautas teve início. Os policiais queriam me acompanhar o mais longe possível. Perguntei-me se estariam no centro cirúrgico durante a intervenção, se veriam Chloé consertando minha mandíbula. Parecia-me improvável que ela tolerasse a presença deles. Bill explicou que, depois da primeira porta, o acesso era proibido a quem não fosse paciente ou da equipe médica. De todo modo, por razões de higiene, mesmo permanecendo na antessala, eles deveriam usar toucas, sapatilhas descartáveis e batas. Sorrisos constrangidos passaram de um rosto a outro, como sombras numa paisagem. Pairávamos entre o trágico e o cômico. Imaginar os policiais na sala de cirurgia logo me fez pensar na chegada dos assassinos. Mas pensar é uma palavra fraca demais. A cena como que se projetou diante de meus olhos. Mais uma vez, eu fazia parte dela.

Um policial perguntou:

— Há mais portas de acesso ou esta é a única?

Bill disse que havia outra, do outro lado das salas de cirurgia, mas ninguém a utilizava. O policial disse que, se havia uma porta, alguém poderia utilizá-la, por isso um deles se postaria diante dela. Então, lentamente, pousaram as armas no chão e com muita dificuldade vestiram as toucas e as sapatilhas. Os astronautas flutuavam numa atmosfera sem gravidade. Talvez suas armas fossem sair voando, e eles junto, para acabar no teto como o uísque do capitão Haddock. A bata cirúrgica por cima da farda era impensável para eles, que precisariam tirar tudo e gastariam a manhã inteira na troca. Talvez por isso é que, lastrados pelos vinte quilos de farda, rádios, pistolas e cintos, permanecessem grudados ao chão.

Atrás da porta, os funcionários do mundo de baixo acompanhavam a cena com um ar entre zombeteiro e desorientado. Fazia frio, mas estávamos no teatro, em Plutão, e respirando com dificuldade, pensei que, se aquela fosse minha última visão, missão cumprida.

Entrei na "sala de espera" e vi um dos policiais desaparecer atrás do vidro da porta, a touca na cabeça e o fuzil-metralhadora na mão. Até logo! — pensei. Bill me posicionou junto a uma parede, desejando-me boa sorte, e disse que alguém viria se ocupar de mim. Foi então que a Castafiore apareceu.

Era a enfermeira responsável pela sala de recuperação. Chamavam-na assim porque era difícil ignorar sua presença e porque cantara por muitos anos. Adorava ópera, ser cantora lírica havia sido seu sonho. Em pouco tempo, nas cirurgias seguintes, esperando minha vez, foi disso que começamos a falar. Ela se chamava Annie. Pegava minha mão, ou meu punho, e massageava suavemente, acariciando os dedos e a palma das mãos, trazendo-me, com isso, certo reconforto. Meu corpo inteiro relaxava sob sua mão firme, enérgica e rechonchuda. Ela falava de suas árias preferidas. Ao contrário do capitão Haddock, sempre ele, eu bem que gostaria de ouvi-la cantar, mas o centro cirúrgico não é uma sala de concerto ou um estúdio de gravação, e a única coisa que Annie podia fazer era preparar minha entrada em cena operatória e, se ela tivesse tempo, me fazer companhia até o fim. Fazia isso de bom grado. De cirurgia em cirurgia, trocamos impressões sobre a interpretação de tal ou tal obra. Um dia, ela entrou na sala de cirurgia e, para me deixar mais confortável, quis arrumar os tubos de certa maneira e me dar algo para relaxar. Pediram-lhe grosseiramente para sair, porque o centro cirúrgico não era lugar de cortesia, e ela foi embora, murmurando: "Bom, se é assim, eu saio, mas só queria ajudar...".

Uma enfermeira anestesista veio preparar a veia. Naquele dia, foi fácil: eu ainda tinha veias. A cada cirurgia, elas se tornavam mais duras, mais raras, finas e discretas, escorregando e fugindo da longa agulha, desaparecendo sob a escassa camada de pele. Essa reação sensitiva acentuava a dor das picadas e o constrangimento das enfermeiras, que, depois de algumas tentativas infrutíferas, chamavam o cão farejador de primeira classe: o anestesista. Alguns dias depois, escrevi, no quadro branco, para minha anestesista preferida, Annette, de quem logo falarei: "Perdoe minhas veias, elas são tímidas". Para mim, era um milagre e um alívio vê-la aparecer (ela ou outro — eram quatro os anestesistas, entre os quais havia três mulheres experientes que ninguém cogitava contrariar). Ela tateava o antebraço, a mão e encontrava onde ninguém tinha visto alguma coisa a veia preguiçosa, retardatária, complacente, à espera de ser tocada e perfurada. Infelizmente, a anestesista chegava quando os outros tinham desistido, e a busca pela veia, depois da quarta cirurgia, tornou-se para mim a coisa mais desagradável, junto ao despertar. Eu gostava de encontrar o mundo de baixo e seus habitantes, sentia-me bem entre eles, mas por mais que eu desse o maior exemplo de civilidade a minhas veias, minhas pequenas prostitutas, elas se obstinavam a recusar o contato com os auxiliares. Elas não tinham mais que quatro ou cinco dias, entre duas intervenções, para se recuperar. Nunca era suficiente.

Um mês depois, dei, por algumas horas, uma de minhas primeiras saídas. Propus a meu irmão que organizasse, com os policiais, uma visita a um museu do qual gosto muito: o Museu Guimet, dedicado às artes asiáticas. Eu queria ver a China, que fica longe, e queria ver o Sena, que fica perto: ver outra coisa, rever a mesma coisa. Havia uma exposição sobre o esplendor da dinastia Han. As estátuas das dançarinas eram tão fluidas que pareciam se mover. Uma delas usava mangas recortadas que escondiam as mãos, como flores no formato de pequenos sinos. Seus corpos se mesclavam ao ar que se transformava nas mangas. Eu, que estava com dificuldade para fazer qualquer gesto e tinha um periscópio enferrujado no lugar do pescoço, fiquei intimidado com aquelas criaturas antigas, tão elegantes, tão flexíveis, que faziam a fronteira entre a imobilidade e o movimento desaparecer. Eu girava em torno delas penosamente, enquanto a vitrine refletia a silhueta de um dos dois policiais à paisana que me acompanhavam, aos poucos entrando na estátua para lhe dar mais vida. O outro policial ficava um pouco para trás: não se deve formar um alvo compacto a eventuais agressores. Os cavaleiros e seus cavalos, com seus pequenos e orgulhosos rabos amarrados em coques, pareciam sair do túmulo para realizar todo tipo de sonho e vingar todo tipo de humilhação. Havia a estátua de Tianlu, encarregado das riquezas concedidas pelo céu, e a de Bixie, que afasta os espíritos malignos. Mas a que mais me atraiu representava Guan Yin, a deusa de mil braços, pois eu gostaria muito de dispor do mesmo número no centro cirúrgico. A cada intervenção, eu estenderia um braço intacto ao garrote do anestesista, enquanto a Castafiore, sempre preocupada em me deixar relaxado e a me fazer pensar em outra coisa, diria: "Ah, sr. Lançon! Se todos os pacientes tivessem tantos braços quanto o senhor, as enfermeiras estariam no céu! E eu que sonho em conhecer a China...". Evitar algumas dores e facilitar o trabalho da equipe era uma missão que eu sonhava cumprir. Eu não era um herói, mas teria gostado de ser um. O fato de Guan Yin ser a deusa da misericórdia e da salvação das pessoas ameaçadas pelo ferro e pelo fogo, entre outras coisas, só aumentava seus encantos e sua utilidade.

O catálogo da exposição não saiu mais do meu lado até que, meses depois, e em sinal de agradecimento, ofereci-o a Joël, o cabeleireiro que várias vezes visitara meu quarto para cortar meus cabelos gratuitamente. A primeira vez foi logo antes da operação mais importante: o enxerto da mandíbula. "Não acha que está na hora de cortar o cabelo? Não pode continuar descendo ao centro cirúrgico assim!", dissera Chloé, que, como todas as cirurgiãs, não gostava de pelos. Joël cortou meu cabelo em silêncio enquanto ouvíamos *O cravo bem temperado*. Ele cortava o cabelo de burguesas do Sétimo Arrondissement parisiense, de atrizes, de chiques e famosos, mas também cortava cabelo em prisões e hospitais, e agora cortava o de um jornalista de rosto em construção. Chegava com seu material, e a cerimônia começava. Enquanto colocava a capa protetora e vaporizava minha cabeça, eu fechava os olhos e, sob esse orvalho artificial, sentia uma breve felicidade. Por alguns minutos, as dores se apagavam, eu estremecia, renascia um pouco e, com a ajuda de Bach, tinha a impressão sensível, amigável e quase terna de que, ao me conceder o corte do condenado, Joël me preparava da melhor maneira possível para uma execução.

Algum tempo se passou antes de me levarem para a sala de cirurgia. Havia agitação ao meu redor. Até o último minuto, segurei o quadro branco e a caneta. Por fim, fui levado à mesa de operação.

— Um pouco mais para cima, sr. Lançon!

A cabeça precisava ficar bem na beira da mesa, numa espécie de afundamento que a fazia pender para trás, quase no vazio, e não facilitava a respiração: o rosto ficava esticado na direção da cirurgiã, quase como o de um animal pronto para o abate. Annette preparava a anestesia, depois que uma enfermeira tivesse colocado os eletrodos, e narrava o que fazia com uma leve careta, um pouco ávida, um pouco esquiva, que parecia um sorriso, mas talvez não fosse. Ela já passara dos cinquenta anos, tinha o rosto enrugado e grandes olhos claros que me encaravam como se do fundo de um lago inquietante ao qual eu nunca teria acesso. Eu seguia seu olhar e seu estranho sorriso como uma criança acompanhando o guia de quem seu caminho dependesse. Ela me cobriu com uma manta térmica de poliéster, fina e transparente. Pensei em equipamentos de camping. Um pouco depois, Chloé apareceu. Era a primeira vez que a via com uma touca na cabeça. Sua cabeleira loura havia desaparecido. Ela me dirigiu a palavra sorrindo, como costumava fazer, "aos quatro ventos", e Annette me anunciou que eu sentiria uma leve ardência no braço esquerdo, no local de entrada do líquido anestésico. Nesse momento, imaginei a chegada dos assassinos enquanto eu estivesse dormindo e olhei para os rostos e as toucas que me cercavam como se fôssemos todos morrer, eles em meio ao terror e eu em paz. Um ano depois, soube por um artigo que, durante um bombardeio na Síria, em Homs, os cirurgiões precisaram fugir do centro cirúrgico durante a intervenção, deixando seus pacientes inconscientes. Fiquei tão chocado que logo comentei o fato com Chloé, que me respondeu: "O que queria? Em certos momentos, só há uma coisa a fazer, salvar a própria pele". Com o que sonha o paciente que vai morrer sozinho, anestesiado, dentro de uma sala de cirurgia que está sendo bombardeada? Adormeci.

É difícil me lembrar das sensações da segunda operação, pois elas foram encobertas pelo hábito adquirido nas operações seguintes. A partir da quinta ou sexta intervenção, comecei a ficar contente de voltar ao centro cirúrgico. Como um cliente assíduo, eu voltava àquele mundo esverdeado e aos que o ocupavam. Encarava-os um por um como o homem que, depois de uma viagem, volta à cidade natal e reencontra rostos familiares. Eu sabia o pouco que devia fazer. Sabia que cada gesto da equipe me transformava. Às vezes levava um livro embaixo do lençol: as *Cartas a Milena*, de Kafka. Abri-o ao amanhecer, logo antes da terceira cirurgia, esperando para entrar, deitado na maca junto à parede, sem Annie. Tirei o livro do lençol e li algumas passagens, como esta: "Bom, então não estás bem, como sempre desde que te conheço. E essa intransponível distância, além do teu sofrimento, produz o seguinte efeito: é como se eu estivesse em teu quarto e mal pudesses me reconhecer e eu caminhasse desamparado da cama à janela e não tivesse confiança alguma em ninguém, em nenhum médico, em nenhum tratamento, e não soubesse nada e olhasse para esse céu escuro que de certo modo se desvelaria a mim pela primeira vez depois de todas as zombarias dos anos passados em verdadeiro desespero…".

Vieram me buscar para me levar à entrada do centro cirúrgico. Tirei o livro do lençol e, um pouco depois, li a seguinte frase: "O doente é abandonado pelo são, mas o são também o é pelo doente". Esse duplo abandono seria verdade ali, no mundo de baixo? Fui levado enquanto ruminava outro trecho do livro, que falava dos caldeirões do inferno.

Instalado na cama de operações, comecei a contar uma história aos que se preparavam para me fazer dormir. Cerca de um minuto depois da pequena ardência no punho esquerdo, perdi a consciência no meio da história. Hoje, esqueci até mesmo como começava. Mas devia ser bastante enfática, pois na manhã seguinte, durante a consulta, Chloé me perguntou: "E como terminava a história? O que quis dizer com aquilo? Passamos a cirurgia toda nos perguntando". É pouco dizer que passei os dias seguintes — em vão — tentando lembrar o fim da história — assim como, hoje, tento lembrar como podia ser seu início. Quando eu terminava este capítulo, escrevi a Chloé perguntando se se lembrava de alguma coisa, mas ela também havia esquecido. Na época, consolei-me pensando que ao menos uma vez na vida fui um bom contador de histórias, um homem que deixou na expectativa aqueles que o adormeceram e que continuaram a zelar por ele, mas sem ele; que precisaram, de certo modo, sobreviver ao fim de uma história que não conhecerão. Então ponderei que, embora fosse incapaz de encontrar essa história para mim, Kafka ao menos oferecia um motivo para seu desaparecimento. Em vez de concluir um relato cujo fim talvez só levasse ao vazio e a mais sofrimento, contei-o numa hora e num lugar em que ele não poderia ser interrompido e em que desapareceria, como um sonho. E me deitei no jardim aberto pela pequena ardência, no jardim que me fascinava e me fazia mergulhar, por algumas horas, no coma.

Quase todos os despertares foram difíceis ou assustadores. Alguns eram dominados pela dor física: garganta em fogo, incapacidade de respirar, náusea. Outros somavam a essa dor a repetição do primeiro despertar, de 7 de janeiro: eu estava em casa e um dia normal estava prestes a começar, as luzes mortiças e as vozes das enfermeiras expulsavam o bem-estar, os resquícios do coma, para me mergulhar num dos caldeirões kafkianos; o inferno não era justamente aquilo, o eterno retorno de uma sensação fictícia, criada pela memória, e a brutal expulsão do paraíso cotidiano que ela lembrava? Seja como for, assim foi o despertar da segunda operação. Eu estava em casa, feliz embaixo das cobertas, quando a garganta começou a queimar terrivelmente. Abri os olhos, vi aquela luz e imediatamente voltei a fechá-los para voltar ao sono interrompido por minha história. Mas a dor, dessa vez, veio em socorro do despertar. Ela o fustigava e me obrigava a não me demorar no caminho, na zona intermediária onde não existe limite entre consciência, percepção e lembrança. A ordem das necessidades se invertia: acordado, inteiramente entregue à dor e ao mal-estar, eu precisava o mais rápido possível morder as iscas que a sala de recuperação me oferecia. Naquela manhã, duas enfermeiras, ao pé de minha cama-maca, faziam palavras cruzadas. Concentrei-me para tentar ouvir e compreender o que diziam. Uma delas disse: "Madame Bovary em quatro letras?". Elas não encontravam a resposta. Meus olhos se fechavam. Acorde!, pensei. Fiz um gesto, que elas viram. Ouvi: "O senhorzinho quer nos dizer alguma coisa?". Fiz que sim com a cabeça e apontei para as palavras cruzadas. "Quer nos ajudar, é isso?". Fiz novamente que sim. Uma delas pegou o quadro branco e a caneta, que estavam junto com as *Cartas a Milena*, e as duas se aproximaram. "Então o senhor tem alguma ideia? Madame Bovary em quatro letras? Desistimos..." Com mão trêmula, escrevi: "Emma". E abaixo: "É o nome dela". Terei eu alguma vez me sentido tão feliz por ter lido um romance e não ter esquecido seu título? Seja como for, estava acordado e pensei: obrigado, Flaubert.

10.
A anêmona

Queridos amigos do *Charlie* e do *Libération*,
Restam-me três dedos para fora das bandagens, uma mandíbula enfaixada e alguns minutos de energia, depois dos quais meu tíquete perderá a validade, para lhes comunicar toda a minha afeição e para lhes agradecer o apoio e a amizade. Gostaria de lhes dizer apenas o seguinte: se há uma coisa de que esse atentado me lembrou, ou que me ensinou, foi o motivo de eu exercer tal ofício nesses dois jornais — por espírito de liberdade e por gosto de expressá-la, através da informação ou da caricatura, em boa companhia, de todas as maneiras possíveis, mesmo equivocadas, sem que seja necessário julgá-las.

Sete dias depois do atentado, publiquei no *Libération* o artigo que começa com essas linhas, mas que tive a impressão de não ter escrito. Foi a única vez na vida, com exceção dos lamentáveis poemas de juventude mencionados antes, em que eu sabia o texto mais ou menos de cor antes de começar a digitá-lo. Digitei-o como um sonho e do jeito que podia, entre a visita de uma enfermeira e a espera da próxima, entre uma dose de morfina e a espera da próxima, no computador que meu irmão havia trazido do empoeirado cafarnaum chamado minha casa. O jornalista, com sua disciplina pavloviana, vinha em socorro do ferido para que o paciente pudesse se expressar. Ele não conseguiu eliminar o dolorismo em que os outros dois estavam mergulhados. É difícil não levar a sério nossas emoções e sensações quando o que nos tornamos se reduziu a elas. Seria preciso mantê-las à distância e praticar a confortável arte da zombaria; mas não havia conforto, e a zombaria não passaria de pose. Posar leva tempo, e eu não o tinha.

Também foi a primeira vez, em trinta anos de profissão, que, num jornal, eu dava diretamente notícias minhas. Como participei do acontecido, descrevi-o de dentro e de cima, mas não o fiz sem incômodo. Do fundo de minha cama, tinha a impressão de estar fazendo uma coisa proibida e até mesmo vergonhosa. O que fazia exatamente? Comunicava aos outros que continuava vivo e que logo estaria entre eles, de volta. Pelos menos foi nisso que acreditaram e quiseram acreditar, que me disseram e me escreveram, e sem dúvida foi nisso que tentei acreditar e fazê-los acreditar: esse otimismo da vontade, no fim das contas, é um sinal de vida. No entanto, no momento em que o escrevia, o texto também comunicava seu inverso: era aos que haviam ficado lá, em torno da mesa de reunião e no corredor do *Charlie*, que eu me dirigia. Aula póstuma de piano: enquanto a mão direita tocava para os vivos, a esquerda tocava para os mortos e marcava o tempo.

Certamente, eu não diria que esse texto me foi "ditado" por uma voz. Não me chamo Joana d'Arc e nunca acreditei na ideia do escritor "possuído". Eu o concebi e enviei ao jornal com plena consciência do que fazia, como qualquer outro artigo, mas essa concepção, ou melhor, essa fermentação, nasceu de um estado entre a vigília e o sono, entre dois mundos, onde, das profundezas de meu quarto, eu mais falava com os mortos do que com os vivos, pois naqueles dias me sentia mais próximo dos primeiros, e mesmo um pouco mais do que próximo: sentia-me um deles. Portanto, escrevi e publiquei um artigo dirigido em primeiro lugar a leitores que nunca poderiam lê-lo. Suas ausências me guiavam, me impregnavam. Eles tinham entrado em um poço, e uma parte de mim mesmo, por solidariedade, por compaixão, ou simplesmente por dor, gostaria de segui-los e se sentia disposta a fazê-lo. Tanto que eu não saberia dizer, nem mesmo hoje, se escrevi esse artigo, essa carta, essa confissão, para me juntar a eles ou para me afastar deles. Ou as duas coisas. Um par de mãos sobre o teclado, eu dizia. É possível que meus companheiros tenham segurado minha mão esquerda, mas em momento algum ouvi suas vozes. Foi inclusive porque não conseguia mais ouvi-los que comecei a repetir as palavras, certas palavras, que acabaram se tornando esse texto. Ele não foi escrito por uma Joana d'Arc entre suas ovelhas brancas, mas, sem dúvida, é o produto de um surdo e de um iluminado.

Não havia flores no quarto 106, nem de verdade, nem desenhadas por crianças, mas o texto nasceu numa noite em que, sob o efeito da morfina, uma anêmona ondulava com mais força que o normal. Foi dois dias depois da passeata de 11 de janeiro. A flor ondulava com tanta força que ameaçava me engolir. A persiana estava fechada. Gabriela trabalhava a meu lado na pequena cama trazida para ela. Seu rosto concentrado estava iluminado pela luz da tela. Fechei os olhos.

Era uma anêmona-do-mar — como as que, na juventude, eu gostava de observar, principalmente à noite, iluminadas pelo feixe de uma lanterna submarina, quando mergulhava. O movimento lento dos tentáculos me fascinava. Desde minha chegada ao hospital, a anêmona aparecia à noite, na hora em que os pacientes acionavam as campainhas que ficavam na cabeceira da cama. Essas campainhas costumavam cair no chão. Fixar o fio que as prendia à parede com a barra da cama e colocá-las num lugar onde é possível acioná-las sem esforço, quase sem esboçar gesto algum, como um mouse de computador ou um objeto de transição, tranquiliza a vida do paciente desorientado: a sensação de conforto e a perspectiva do sono dependem disso. Era por isso que, ao anoitecer, todos usavam e abusavam das campainhas — se bem que a ideia de abuso, ali, não fazia sentido algum, pois, em sua cama, todos tinham a sensação de ser vítimas de abuso: do corpo, dos homens ou do destino. Era a hora da angústia em estado puro, desprovida de futuro, e eu não ficava de fora, embora tivesse consciência, em minha nuvem de sombrios devaneios, de que essa angústia vivia como uma rã, dependia do tempo que fazia e devia sua força à chegada da noite.

Quando estava com visita, eu às vezes escrevia no quadro ou no caderno: "É a hora em que os pássaros cantam". E ele ouvia. Levei poucos dias para ficar orgulhoso de meu saber hospitalar e para comunicá-lo aos outros, como uma criança ou um novo-rico. Minha ignorância era benéfica: permitia-me não perceber um estado que eu pensava compreender e os erros ou os esquecimentos das enfermeiras. Como todo saber, o acesso ao conhecimento dos gestos e dos procedimentos aos poucos faz crescer a expectativa, a preocupação e o sentimento de solidão. O momento em que o paciente crê tornar-se um especialista dos próprios cuidados é perigoso, pois essa crença, embora exagerada, não é injustificada: como um ancião ou um camponês, ele acaba conhecendo quase tudo de seu parco território. Nenhuma desatenção lhe escapa. Ele vive na desconfiança e na verificação de negligências. Com o passar do tempo, cheguei a sentir falta da época em que não sabia nada do que acreditar saber e em que eu escrevia orgulhosamente, como se as palavras pudessem me livrar daquilo que designavam, "É a hora em que os pássaros cantam".

Eu chamava as campainhas dos quartos vizinhos de melros-pretos, mas esse era um segredo meu: enquanto eu não os nomeasse na frente dos outros, até mesmo de Gabriela, os melros-pretos não invadiriam meu quarto e eu não precisaria alimentá-los. Enquanto eu os escutava cantar atrás das paredes, pensava: "Você entende aqueles que pedem ajuda, mas não é como eles. Há corvos lá fora, você os vê pela janela, mas em seu quarto não há nenhum melro-preto. Você não apertará a campainha. Não, você não apertará". Eu aguentava algum tempo, depois apertava o botão e, muito antes da auxiliar de enfermagem, meu melro-preto entrava. Vinha sozinho, pousava em cima de mim, me impedia de respirar. Minha visão se turvava, meus olhos ardiam, eu não conseguia mais ler: será que, como os corvos da torre de Londres na Idade Média, ele vai devorar meus olhos? Temi, por semanas a fio, todas as noites, ficar cego. Escrevi a meu irmão: "Além de tudo, perco a visão. Já li o suficiente na vida, livros inúteis em excesso, mas ainda assim teria continuado. Os assassinos não têm compaixão". Bancava o engraçadinho. Gostaria de ter sido um velho espanhol sarcástico, mas esse não é o tipo de coisa que se pode improvisar, como a zombaria, e eu queria, acima de tudo, como os outros, ser consolado.

Na primeira noite, fechei os olhos para fugir do melro-preto e da perspectiva do corvo, e o que apareceu, sob as pálpebras fechadas, foi o cérebro de Bernard. Estava espalhado a meu lado na sala de reunião, ainda quente, sozinho: sem gritos, sem barulho, sem chão, sem pernas pretas, sem corpos ao redor, sem mão ferida em primeiro plano, sem nada exceto ele, e eu a encará-lo dentro de mim. Eu o observava. Eu o assimilava. Aos poucos, ele começava a se mexer e a se transformar. Tornava-se uma planta, uma planta viva, uma planta marítima, e a anêmona-do-mar aparecia. Contração, dilatação, contração, dilatação: ela ondulava num meio líquido, amniótico, vermelho-escuro e mortalmente purificador. Era sangue e era mar, mais exatamente a foz de um pequeno rio cubano onde eu gostava de nadar ao crepúsculo, nas correntes que misturavam a água salgada e a água doce, para chegar à outra margem, montanhosa, distante, não tão distante, e o medo infantil de me afogar e ser devorado por um tubarão ao anoitecer.

A anêmona-do-mar voltava todas as noites ao quarto 106. Ela vinha do passado cubano e substituía o cérebro de Bernard. Ela marcava seu próprio compasso, meu pulso. Enviava-me sangue, água escura, lembranças fragmentadas ou incertas, como imagens projetadas numa tela em que o espectador acaba desaparecendo, e, rapidamente, essa pulsação me atraía. Ela projetava cada vez menos imagens e me puxava cada vez mais para seu próprio vazio, para o fundo. Ela me aspirava. Eu me tornava a anêmona-do-mar, a sangrenta anêmona, e, uma vez dentro dela, dentro de seus tentáculos, de seu veludo, de sua pulsão, eu me tornava o cérebro de Bernard, um cérebro oceânico arrancado do assoalho da Rue Nicolas-Appert, como uma medusa na água. Nesse momento, uma tristeza assustadora me invadia. Era o dom da anêmona, uma realidade absoluta e tão intragável quanto o cacau 100%, mas que eu precisava engolir. Eu abria os olhos para escapar à atração, à digestão. Se eu os tivesse mantido fechados, a realidade do atentado teria se fechado sobre o que me restava de consciência: a anêmona nascida do cérebro de Bernard teria devorado a minha e, embora eu não estivesse morto, talvez enlouquecesse. Eu chegaria ao âmago do acontecimento e me decomporia ali, dentro dele, naquele assoalho em que permanecíamos deitados. Talvez seja isso que caracterize o louco: estar preso para sempre ao acontecimento cruel e impensável que ele acredita que o fundou.

A anêmona estava em mim, sob minhas pálpebras, dentro da pele. Abrir os olhos era a única maneira de escapar. Mas abrir os olhos significava não dormir, parar de dormir, entregar-me a outras angústias, mais racionais, nascidas do esgotamento e de uma obscura percepção do futuro — ou melhor, nessa época, de sua impossibilidade. Eu entrava então numa *no man's land* da qual só conseguia sair com a chegada de Christian, o enfermeiro da noite, que eu chamava de Brother Morphine. Eu acordava meu melro-preto e, anunciado pelo auxiliar de enfermagem, ele aparecia. Era um pouco calvo, de meia-idade. Tinha uma voz graciosa, quente e forte. Usava óculos e sempre sorria. Creio que cuidava muito de sua mãe. Havia um bom número de vidas discretamente trágicas nas equipes noturnas, talvez também fosse o caso de Madeleine. Era mais uma sensação do que uma certeza. Sentir me bastava e me tranquilizava. Quem gostaria de colocar seu sofrimento e sua solidão nas mãos de quem nunca de fato os sentiu?

Alguns diziam sorrindo que Christian era generoso com a morfina, mas, se fosse verdade, eu não me queixaria. Ainda sinto por ele uma sólida gratidão: era ele que, com sua presença e suas injeções, expulsava a anêmona e a vigília.

— No braço ou no ombro?

Eu pegava a caneta e escrevia:

"No ombro. Bem perto do pescoço."

A morfina, assim, agia mais rápido e com mais força. Produzia visões mais aceitáveis, ou mais apropriadas — visões distribuídas pela anêmona, da qual escapavam na noite iluminada pelo computador de Gabriela. O cérebro e o corpo, parte por parte, floresciam. As visões não me faziam perder totalmente a consciência. Elas davam forma a estados que se modificavam constantemente, com naturalidade, produzindo fogos de artifício em câmera lenta: eu os via viver e vivia neles, como se fosse o espectador, o rojão, a flor, o buquê e a noite.

Uma noite, depois da injeção e da saída de Christian, o cérebro se transformou em anêmona e os mortos saíram dela. Dirigi-me a eles, um por um, depois a todos juntos, como se estivessem vivos ou como se eu não estivesse mais. Eu falava sobre o que tínhamos vivido, perguntava o que estavam vivendo, explicava onde eu estava. Não havia tristeza: eu era a tristeza. Imperceptivelmente, passando de um profundo devaneio a um momento de clareza, comecei a vê-los à distância, tal como estavam, completamente mortos, e ao mesmo tempo tal como tinham sido, vivos. Olhando para eles um pouco de longe, de cima, separados da anêmona, sequei a tristeza. Comecei a lhes murmurar uma espécie de oração que a boca de um só lábio e a ausência de cânula fenestrada me impediam de pronunciar. Eu não sabia a quem remetê-la, não pensava nisso. O importante era pronunciá-la. Ela se dirigia primeiro àquele cuja morte me abrira os olhos, Bernard, mas um Bernard sorridente e vivo, depois àquele de quem eu me sentia mais próximo, Wolinski.

Releio o artigo que acabou publicado para tentar encontrar, na continuação da quase oração, a frase que me levou desta para aquele. Parece-me que foi a seguinte: "Enquanto os bombeiros me levantavam numa poltrona de rodinhas e me tiravam da sala de reunião, sobrevoei os corpos de meus companheiros mortos, Bernard, Tignous, Cabu, Georges, por cima de quem os socorristas passavam, e de repente, meu Deus, eles não riam mais". Mas o que eu disse no quarto 106, para escapar da anêmona, foi outra coisa. Repeti dez, vinte vezes: "Fui levantado pelos bombeiros e sobrevoei *os corpos mortos de vocês*, por cima dos quais eles passavam, e de repente ninguém ria mais". Essa frase não era apenas uma frase. Era uma mensagem e uma fórmula mágica. Repetindo-a, eu voltava a sobrevoar a cena, quando os socorristas me carregavam. Outras frases se seguiram, mais suaves, mais íntimas, eu as repetia para não abandonar meus companheiros à própria sorte. Repeti-as a noite inteira, palavra por palavra, num sentido e depois no outro, como uma confidência, sem pensar que aquilo poderia se tornar um artigo a ser lido. Eu tentava falar com os desaparecidos para que eles não desaparecessem, como os soldados são aconselhados a fazer com os feridos no campo de batalha — ao menos nos filmes: "Fale com ele! Fale com ele! Acima de tudo, não o deixe dormir!". Eu não queria que os mortos dormissem e não queria dormir sem eles.

De manhã, depois do banho e dos primeiros cuidados, Gabriela saiu para fazer exercícios de barra numa dessas salas de dança que definiam sua geografia. Continuei repetindo as frases, mas a natureza delas havia mudado. Não eram mais uma oração, nem uma fórmula, nem uma mensagem, nem uma confidência, ainda não eram um artigo; eram algo que flutuava entre as duas coisas. As frases estavam no meio de um vau. Ainda não sabiam que margem escolher. Não sei em que momento "Fui levantado pelos bombeiros" se tornou "Enquanto os bombeiros me levantavam", em que momento surgiu "e de repente, meu Deus, eles não riam mais", mas foi a mudança de sintaxe, o surgimento do "enquanto" e do "meu Deus", que me sugeriram que eu agora me dirigia a outras pessoas, que poderiam me ler. Escrevi *me sugeriram*, pois eu ainda não tinha consciência do que fazia ao escrever o que passara a noite remoendo e ruminando para me desviar da dor ou para acompanhar as visões modificadas pela morfina. A anêmona se abrira como uma ameaça; eu a fechava como um pensamento, líquido depois verbalizado, e essa matéria que parecia escorrer de um de meus tubos e reaparecer transformada numa espécie de discurso íntimo e político era o início de um retorno aos vivos. Onde melhor pronunciá-lo do que nos lugares e com as ferramentas que me haviam proporcionado tanta liberdade? Aquele que os assassinos não tinham conseguido matar, assim como os que eles tinham liquidado, trabalhava em jornais. Era em jornais que ele devia reaparecer. No fim do dia, a oração aos mortos tinha se transformado num artigo.

A última expressão que me fez hesitar foi uma das primeiras: aquele "meu Deus" que parecia uma queixa, mas que era o grito de um descrente, de um ímpio, se preferirem, e que interpelava os mortos que também o eram. Eu o tirava, recolocava, tirava, recolocava. Ele não me convinha, mas convinha à situação. Acabei optando por deixá-lo, para recriar um suspiro, uma suspensão acima daqueles que eu havia deixado seis dias antes e que eram abandonados uma vez mais com o fim daquele texto. "Meu Deus" também era um adeus.

Naquela noite, por volta das dezoito horas, passei o computador a Gabriela e a meu irmão, e perguntei no quadro branco o que achavam do texto: era íntimo demais? Era um artigo? Devia enviá-lo ao *Libé*, ao *Charlie*? Guardá-lo para mim? Eu não fazia a mínima ideia. Tinha escrito algo essencial para mim, mas seria interessante para os outros? Os dois me responderam que não sabiam e que eu devia me sentir à vontade, mas que lhes parecia que nenhum dos dois jornais se incomodaria em publicá-lo. Eu não tinha tanta certeza. Das profundezas de meu quarto, daquela redoma em que a vida externa chegava abafada e deformada pelo silêncio que se criara em mim e ao meu redor, toda palavra pública fora tocada pela indiferença e pela vaidade, toda, a começar pela minha. As palavras tinham passado a ter vida apenas no campo mais íntimo e mais concreto, onde podiam de fato viver, e essa sensação, embora tenha diminuído, ainda não me abandonou enquanto escrevo estas linhas, não importa o valor que tenham, dois anos e meio depois. Quando escrevo para os que não conheceram o quarto e o silêncio que o envolvia, ainda tenho a impressão de escrever ao lado de mim mesmo. O quarto é o lugar onde as palavras morrem, se apagam. Ainda não saí dele. Continuo com a impressão de que aquilo que escrevo é supérfluo.

No dia 13 de janeiro, um pouco antes das dezenove horas, enviei por e-mail o texto ao *Libération*, com as seguintes palavras:

> Queridos amigos, escrevi esse pequeno texto no hospital, foi minha maneira de pensar em vocês e, principalmente, em meus companheiros mortos do *Charlie*.
>
> Façam com ele o que acharem justo.
>
> Como sempre, falei demais; nem os assassinos mudam os maus hábitos.

Enviei o mesmo texto ao *Charlie*, obviamente.

Vejam entre vocês.

De minha parte, descanso: uma terceira intervenção, longa, é uma possibilidade (mas não uma certeza) na quinta-feira.

Digam a todos que estou melhor, e o mais disposto possível.

Abraços.

Em resposta, Stéphanie, uma velha amiga que dirige a edição do *Libération*, me escreveu:

Querido Philippe,

Discutimos o assunto, e o melhor parece ser publicá-lo. Hoje à noite, para o jornal de amanhã. Quando me viu saindo para o hospital, Michel ficou desconfiado e reservou uma página inteira, por via das dúvidas, embora eu não tivesse dito nada.

Portanto, não, pela primeira vez você não falou demais.

Se não for bom para você, peça para Gabriela me avisar imediatamente. Podemos colocar uma página inteira de propaganda.

Um abraço para você também

e vou sair para beber à sua saúde com o pessoal do *Charlie* (como todas as noites desde que eles estão aqui).

Stéphanie.

Li o e-mail de Stéphanie, sorri e pensei: "É a segunda vez que ela me ajuda num momento importante". Estava se recuperando de um câncer, fumava horrores e, acredito, bebia apenas um pouco menos. Em matéria de hospital, estava na frente. Se eu descia ao centro cirúrgico com um livro embaixo do lençol, ela devia descer com uma caixinha de cigarros escondida no mesmo lugar. Imagino-a inclusive bebendo um uísque ou uma cerveja no quarto, recém-chegada do mundo de baixo, e se conseguia imaginar isso, é porque devia ser verdade. Fiquei aliviado ao ler que, pela primeira vez, não tinha falado demais. Esse era um de meus pecados de jornalista. Muitas vezes, quando escrevia um artigo, eu imaginava Stéphanie enchendo as bochechas em sinal de zombaria e a ouvia dizer: "Então, Lançon, falando demais, como sempre? Que saco!".

Fazia tempo que não convivíamos. Mas temos várias vidas numa só e, em uma das que nós dois tínhamos, gostávamos muito um do outro. Vinte e três anos antes, em pleno verão, depois de uma fracassada história de amor, eu quase desmaiara numa rua de Lyon. Quase, porque uma parte de mim se entregava à cena a que um médico que passava por ali logo pusera um fim: há sempre um médico nos arredores quando não queremos nenhum. Recuperado mais rápido do mal-estar do que da vergonha e da mágoa, liguei para Stéphanie desesperado, soluçando, de uma cabine telefônica — na época não havia celulares. Eu sabia que ela estava em Lyon, cidade da sua infância, em visita aos pais. Estávamos em agosto. Lyon estava extremamente quente e deserta. Stéphanie tinha vinte anos, era estudante, éramos amigos. Ela foi me buscar e me levou para a casa dos pais, onde cuidou de mim com uma doçura e uma delicadeza que nunca esqueci. Encomendou pizzas. Comemos na frente da televisão, vendo uma minissérie de verão que ela adorava e que fazia o maior sucesso, *Les Cœurs brûlés* [Os corações em chamas], que caiu na medida certa. Mireille Darc estava perfeita no papel da malvada cheia de dissimulação, dona de um hotel de luxo na Côte d'Azur. *Les Cœurs brûlés* foi melhor que um banho quente para colocar em perspectiva toda a tragédia que eu atribuía à minha própria vida. Mais tarde, fomos ao rio Ain caminhar. O tratamento deu certo.

Reli o e-mail de Stéphanie e pensei que, no fim das contas, ela tinha sido uma excelente enfermeira. Eu teria gostado de rever *Les Cœurs brûlés* e de comer pizza com ela, naquele quarto, como se não tivéssemos algumas vidas e 23 anos a mais, ela um câncer na bagagem e eu treze dentes a menos. Como todas as reminiscências, esta me comoveu porque se tornava uma subtração. O acaso continuava a fazer o inventário anárquico das coisas que eu havia amado e perdido.

O artigo foi publicado na manhã seguinte. Causou um impacto surpreendente. Os que me conheciam ficaram contentes de me saber tão vivo. Os que não me conheciam também. Afinal, mais que um homem, eu me tornara para eles, por um tempo indeterminado, breve, sem dúvida, um símbolo. Recebi muitas cartas. Li-as aos poucos, ao acaso, algumas um ou dois meses depois. O tempo não existia e eu respondia a poucas delas: não tinha energia para tanto. Os e-mails e as cartas eram em sua maioria simpáticos, encorajadores, cheios de bons sentimentos... e maravilhosamente irrealistas. Todos pareciam acreditar que em alguns dias eu sairia do hospital, em plena forma, e que voltaria ao trabalho cheio de gana: estavam sonhando. Todos, menos as outras vítimas, os que frequentavam meu quarto e a equipe médica. Escrever provoca e alimenta esse tipo de mal-entendido, sem dúvida, mas essa bondosa cegueira não deixava de ser curiosa. As pessoas escreviam menos para me tranquilizar do que para se tranquilizarem: como um estropiado poderia ser tranquilizado por um bando de cegos que lhe explicavam com muitos suspiros dolentes e gritos de alegria que ele logo estaria de pé? Levante-se, imbecil, e caminhe! Comecei a sentir que, para a vítima, a pena era dupla: além de responsável por si mesma, ela também era responsável por aqueles que não devia decepcionar. Precisava acolher e suportar a fraqueza dos outros, sobre os quais minha rude fisioterapeuta mais tarde diria, enquanto me torturava o pescoço com as garras que tinha no lugar das mãos e me oferecia um chocolate ou um café: "Não lhes dê ouvidos, eles não vivem na realidade". Viviam, no entanto, num mundo que celebrava em todos os seus poros políticos e culturais o culto dessa realidade. Na vida real, como sempre, era outra história. A difícil realidade dos outros era um desses planetas inviáveis que gostamos de ver em imagens, ouvir no rádio, quem sabe ler a respeito, mas onde não sobreviveríamos por um minuto. Eu não estava no fim de minhas surpresas, mas só poderia descobrir o labirinto cirúrgico e mental em que acabava de entrar ao explorá-lo. Para muitos, era como um filme. Na cena 1, eu levava um tiro na cara. Como minha mandíbula era de papelão, eu reaparecia quase intacto na cena 2. Na cena 3, mordia uma maçã com uma discreta careta de homem ferido, mas pudico, não é mesmo, quanto pudor, quanta dignidade. Armado desses certificados de resiliência e boas maneiras, o filme podia continuar, pois a vida deles continuava. Obviamente, o filme era de péssima qualidade.

A anêmona sobreviveu ao artigo, mas não muito. Ao longo de dez meses, suas visitas se tornaram cada vez menos frequentes, cada vez menos intensas, até o atentado seguinte, de 13 de novembro, que teve o efeito de uma dose cavalar, transformando-me, em questão de segundos, num antigo combatente. Até esse acontecimento, essa réplica aumentada, a anêmona criava uma espécie de medo intermitente. Ela me puxava pela manga, lembrando-me de onde eu vinha e de quem eu deixara de ser. No entanto, foi com ela e por ela que voltei a escrever. Primeiro aquele texto, depois outros. O primeiro é que conta, não é mesmo? Ou a primeira palavra. Talvez aquele tenha sido o último presente de Bernard: um jato de tinta.

II.
A fada imperfeita

Vamos deixar o quarto 106 por um momento e, se não se importarem, dar um pequeno salto para a frente.

No dia 6 de janeiro de 2017, por volta das dez horas da manhã, sentei-me numa salinha do setor de estomatologia, na frente de uma mulher que não conhecia direito e que adquirira uma importância excessiva em minha vida: Chloé, minha cirurgiã. O tempo, cinzento e frio, era mais ou menos o mesmo de dois anos antes, quando cheguei ao La Pitié-Salpêtrière. Na primeira vez, viera de ambulância. Dessa vez, a pé. Aquilo se tornara um hábito. Era quando caminhava que me sentia menos mal — como quando fazia minhas "caminhadas" de 52 passos pelo corredor do setor. E era quando ia ver Chloé que melhor caminhava.

Quando entrava em sua sala, eu era Pangloss. Tudo ia da melhor maneira possível no melhor dos mundos, tudo acabaria dando certo. Quando saía, na metade das vezes, era como se tivesse relido *Cândido*: o realismo de Chloé acabava com minhas ilusões. Um dia me queixei disso e ela respondeu: "Entendo sua impaciência. Mas, se eu lhe anunciar coisas que não acontecem, o senhor nunca me perdoará". Restava-me apenas cultivar meu jardim; em outras palavras, fazer todos os dias meus exercícios labiais e mandibulares, à espera da próxima cirurgia, que poderia ser em um mês ou um ano. A vida era ritmada pela disciplina exigida pela reconstrução.

Alguém gritou numa sala vizinha. Era o grito específico que, mais do que expressar a dor sentida, anuncia a dor temida. Era um grito masculino. Podia vir de uma criança ou de um adulto: as idades se confundiam. É a mesma coisa com os dentes, pensei. Primeiro, temos medo de sofrer. Depois, encenamos o sofrimento segundo os registros que o orgulho oferece e de que a voz dispõe, passando bruscamente do baixo ao soprano. Por fim, sofremos de fato, pois os nervos se vingam da cena que os anunciou e, com isso, os estimulou. Os três estágios — medo, encenação, dor — às vezes estão tão próximos que não podemos distingui-los, mas, com a experiência, o ouvido se afina; a cada consulta, as fontes invisíveis desses gritos quase tinham me conferido — a mim, o desdentado — uma sensibilidade de afinador de piano. A dor dos outros me tranquilizava. Seus gritos vinham de uma peça de teatro de baixa qualidade da qual eu só ouvia as vozes, um drama radiofônico com sonoplastia excessiva. Eu adormecia ouvindo suas histórias com a feliz certeza de não fazer parte de nenhuma.

Naquele dia, começava uma nova etapa da reconstrução. Como sempre, Chloé estava no comando. Pouco depois do atentado, certa noite ela me dissera, em meu quarto: "A tentação do cirurgião é ir o mais longe possível, aproximar-se, de retoque em retoque, do rosto ideal. Obviamente, nunca conseguimos e é preciso saber parar". Com um livro é a mesma coisa, eu respondera. Tentamos aproximar o livro que escrevemos daquele que imaginávamos, mas eles nunca se encontram, e chega um momento em que, como ela disse, é preciso saber parar. O paciente fica com a cara torta, cicatrizes, a deficiência mais ou menos reduzida. O livro fica com imperfeições, excessos, defeitos. Chegamos à banal conclusão de que o horizonte não existe para ser alcançado.

Desde então, nunca mais pensei no trabalho de Chloé sem pensar no meu. Sua precisão e sua paciência, a maneira como ela havia transposto e contornado os obstáculos ligados ao estado de minhas cicatrizes e de meu lábio inferior, tudo me remetia ao que eu deveria fazer ao escrever, e no dia em que uma enfermeira me disse: "Ela é completamente louca. Não suporta o fracasso!", pensei que essa loucura, que salvara meu rosto, poderia fazer de mim um homem salvo pela escrita. Bastava reler a mim mesmo para saber que isso não acontecia. Minha escrita estava atrasada em relação à minha mandíbula. Não conseguia alcançá-la em sua queda, nem em seus progressos.

Dois anos depois, Chloé ainda tinha ideias e dúvidas a respeito do que fazer, e eu, embora não tivesse mais fantasias estéticas e literárias, continuava tendo algumas esperanças mecânicas: de bom grado renunciaria à escrita de qualquer artigo para poder morder uma fruta ou um sanduíche sem dor e sem derrubar tudo, para beber um drinque sem ter que colocar a língua dentro dele, como um cachorro, para sentir totalmente os lábios que beijava. Ainda não tínhamos chegado ao ponto-final.

Ela preferia ser chamada de cirurgiã. Eu a chamava de Chloé no hospital, e quando falava dela aos que não a conheciam, referia-me a ela como minha cirurgiã. Era exageradamente possessivo, admito, mas como chamar de outra maneira o galho ao qual o náufrago se agarra e que ele acaba levando consigo, ao chegar à margem, como um troféu? Chloé, minha cirurgiã… E, no entanto, levei meses para escrever corretamente seu sobrenome. Eu sempre colocava um h a mais no meio, um h de hospital, lugar fora do qual nunca a vi — exceto uma vez.

No dia 6 de janeiro de 2017, olhei para ela de novo: loura, sorridente, olhos claros, sempre ereta, mais para pálida, mas com algum rubor, parecia mais alta do que era, mantinha-se ereta apesar da dor nas costas, tinha um rosto arredondado que poderia fazer dela uma heroína de desenho animado, coisa que seu caráter incisivo logo fazia esquecer. Muito irônica e estimulante, quase alegre em pleno desastre, exalava uma saúde que talvez tivesse, ou não; parecia-me ainda mais alta quando eu estava deitado, era decidida como eu precisava ser, divertida a ponto de eu me agarrar a seu humor para sair do meu. Se não houvesse o jaleco e todo o contexto, ela pareceria o que, aliás, era: uma burguesa bonita do Sétimo Arrondissement com jeito de rapaz; uma burguesa culta, determinada e impaciente com a lentidão e as fraquezas dos outros, um rapaz que detesta o desmazelo e a ausência de higiene. Ela poderia ser arrogante, e alguns assim a consideravam, se não tivesse, como tantas mulheres que precisam se impor num ambiente masculino, um orgulho desprovido de vaidade: a humildade que sua profissão lhe impunha não havia sido destruída pelo poder que ela acabara adquirindo. Seu humor um pouco altivo, muito direto, a protegia dos outros e também, em certa medida, de si mesma. Ela esperava muito dos outros, sem dúvida, demais, mas menos do que exigia de suas próprias forças.

Ela sabia do próprio valor e não economizava seu desprezo. Sabia da própria loucura e não economizava sua razão. Sabia da própria severidade e não economizava sua atenção ou sua ternura — em certos momentos, em todo caso, e sem testemunhas. Havia dado sua vida à cirurgia, mas não o declarava: seu horror pela afetação e pelo sentimentalismo era imediatamente perceptível e me obrigava a desempenhar o papel do paciente estoico, ou distraído. A um jovem cirurgião que se queixava dos horários, realmente terríveis, ela respondeu: "Está se queixando do quê? De qualquer jeito, morreremos antes de envelhecer". Ela me dissera, num dia em que eu comparara o hospital a um hospício: "Mas queria o quê? É preciso ser louco para acreditar que é possível salvar os homens e passar os dias operando-os no centro cirúrgico!". Um estudante de medicina, que a tivera como professora, me disse que ela às vezes aterrorizava os alunos. Já no início do ano, dizia: "Nunca mais quero ouvir falar dos que fracassarem". Um adjetivo que ela utilizava com frequência, quando alguém desfrutava de um prazer: "Sortudo!". Ouvi-o dela várias vezes, quando voltei a frequentar exposições. Sentia-me em dívida com ela e enviava fotografias de Poussin, Picasso, como uma criança que quer agradar à mãe ausente. "Sortudo!", ela escrevia, do mesmo jeito que falara algumas vezes em meu quarto; eu ouvia o eco do ponto de exclamação, como a vibração de uma flecha. Ela fazia seu trabalho com tanta seriedade, ficava tão escandalizada com a negligência, que não suportava os ares de importância. Uma vez, enviei-lhe uma foto de uma ave burlesca, esculpida por Picasso. Ela me respondeu: "Que frango simpático! Acredito que Picasso, mesmo tendo muita consciência do próprio gênio, nunca se levou a sério". Eu: "Em todo caso, ele é engraçado". Ela: "É possível ser engraçado se nos levamos a sério? Quero dizer, engraçado sem rirmos de nós mesmos?".

No verão, ela costumava ir para uma ilha grega que conhecia, acho, desde a infância. Uma noite falou a respeito e eu lhe perguntei, em meu caderno: "Conhece a correspondência de Henry Miller e Lawrence Durrell? Eles falam tão bem das ilhas gregas". Eu escrevera um artigo sobre essa correspondência e gostaria de tê-la em mãos. Ela a conhecia. Pensei em Durrell. Um escritor que o conhecera, em outra ilha grega, me contou que ele bebia direto da garrafa. Haveria alcoólatras na família de Chloé? Seu pai, engenheiro, fora responsável pela elaboração de redes elétricas em vários países. Sua infância parecia ter sido encantada e nômade.

As enfermeiras verificavam minhas lesões. Eu não podia falar. Ela disse: "Durrell foi diplomata na Grécia, aliás". Eu escrevi: "Na juventude, sim. Mas não na Grécia: nos Bálcãs". Ela insistiu: "Não, na Grécia!". Assim que a equipe saiu, fui checar: era mesmo nos Bálcãs. Eu teria babado de alegria, mas não precisava de nenhuma emoção para babar. Na manhã seguinte, dia de sua visita, ela entrou com a equipe e, antes de qualquer coisa, na frente das enfermeiras e dos residentes espantados, no momento em que eu orgulhosamente me preparava para mostrar meu caderno, ela disse, erguendo a cabeça: "Sim, já sei, já sei, foi nos Bálcãs!". Ela também tinha checado. Naquela manhã, graças àquele detalhe, entendi que ela levava para casa a vida de seus pacientes — em todo caso, a minha. Será que também as levava para a ilha grega? "Ah! Eu passaria a vida naquela ilha!", ela dizia, mas sua vida era passada no centro cirúrgico — e ela zombava do próprio lamento. Chloé não combinava muito com Emma Bovary. Fiquei sabendo que tinha um gato, mas não ousei perguntar seu nome.

Às vezes se vestia como uma aposentada. Uma enfermeira que gostava muito dela, ainda que a temesse, como todo mundo, um dia lhe disse que ela deveria fazer um esforço para perder "o ar de vovozinha". Não sei qual foi sua resposta; deve ter sorrido e ido embora.

Tinha quarenta e poucos anos. Tocara violoncelo, mas sua agenda se tornara tão corrida que precisou desistir do instrumento, como os cirurgiões apaixonados por carros que, conta Proust, paravam de dirigir na véspera de uma operação. Não cito Proust por acaso: *Em busca do tempo perdido* me seguiu de quarto em quarto e foi uma fonte constante de material para meditar, ou rir, sobre minha condição e sobre Chloé.

Sua família hospedara Giono no Dauphiné, mas os livros de Giono a entediavam, assim como me entediavam, embora eu o tivesse apreciado, pensei ao ler o e-mail em que ela me contava isso. Eu gostava de levá-la para o campo literário, o único em que não me sentia dependente e dominado. Quando se está deitado e coberto de cicatrizes que escorrem, é sempre bom falar de um escritor admirado às pessoas que nos examinam. No verão de 2016, ela havia lido *Scum of the Earth* [A escória da Terra], de Koestler, livros de Annie Ernaux, Philippe Djian, Delphine de Vigan e, pela primeira vez, romances de Le Clézio, sobre os quais escreveu: "Quanta pose! Que falta de vida! De onde ele tirou o Nobel?". Eu não sabia.

Desde que ela entrara no quarto 106, dois anos e um século tinham se passado. Ela me vira, examinara e operara 24 horas antes de podermos nos conhecer. Nossa relação havia se iniciado de maneira inversa à que determina a maioria das relações humanas: primeiro o corpo, na entrega mais completa que existe, depois o resto. Não tivemos encontros prévios, mas meu rosto imediatamente dependera dela e continuaria a depender por um período muito superior ao evocado por este livro. A intimidade que nos ligava era vital e, no entanto, não existia. Eu podia lhe enviar fotografias tiradas durante uma viagem, que ela chamava de meus cartões-postais, mas nunca ousaria falar de minhas preocupações mais íntimas — ainda que ela as adivinhasse. Havia uma linha que não se devia cruzar, assim como minhas bolas não deviam sair da cueca durante a visita, o que um dia a fez dizer na frente das enfermeiras: "Coloque isso para dentro, será melhor para todo mundo". Eu tinha envelhecido, minhas bolas caíam, mas não podia pedir que ela me fizesse um lifting, que não era sua especialidade. Senti-me o *Gros dégueulasse*, de Reiser, e com vergonha, ainda por cima, mas também com certa irritação, porque, se naquele dia elas estavam para fora, era em primeiro lugar porque eu precisava ficar com as pernas descobertas e a cueca dobrada o suficiente para que as zonas de retirada de enxerto, no alto da coxa esquerda, pudessem ser preservadas de atrito e examinadas: o hospital costuma ser um lugar de ordens contraditórias. Irritação, mas também reconhecimento, pois em matéria de dignidade, ela parecia dizer, esperava-se de mim o impossível — ou, em todo caso, a ausência de desmazelo e, como ao velho Hegel, a superação prática das contradições. Chloé era próxima e distante, justa e injusta, bondosa e severa, todo-poderosa e todo-distante. Ela terminava as frases que eu começava. Era a fada imperfeita que, debruçada sobre meu berço, me dera uma segunda vida. Essa segunda vida que me obsequiava.

Dois anos depois, eu a encarava na salinha como se ela fosse puxar uma varinha mágica e acabar com as minhas queixas, quando sua voz irritada disse: "Essas seringas não, são grossas demais e vão machucar o cateter! Quantas vezes preciso repetir? Para isso, use as pequenas seringas laranja! As pequenas seringas laranja, entendeu?". A enfermeira voltou um pouco depois, impassível como um gnu. Olhei bem para aquelas seringas, para memorizá-las, como um bom aluno-paciente que pensa: "Se ela se enganar da próxima vez e Chloé não estiver aqui, eu a corrigirei". Se eu não quiser acabar no ventre de uma baleia, não devia ser como Pinóquio. Devia estar à altura das preocupações da fada. Aliás, não seria meu nariz que cresceria: seria meu pescoço, que incharia o máximo possível, dia após dia, no mês que começava.

Nos capítulos seguintes, contarei as primeiras etapas da reconstrução. Por enquanto, e para a boa compreensão do que vem agora, basta saber que, com o amplo desaparecimento de minha mandíbula inferior, meu perônio direito havia sido enxertado em seu lugar, acompanhado de uma veia e de um pedaço de perna que, sob o nome de paleta, fazia as vezes de queixo. Dois anos e várias operações depois, a pele do pescoço seria inflada, graças a um expansor de silicone aos poucos preenchido com soro fisiológico, depois essa pele seria puxada e colocada no lugar daquela, imberbe e cor de pêssego, que transformava a parte de baixo do rosto num patchwork. Assim, eu teria um novo queixo mais ou menos uniforme, com uma barba para esconder as cicatrizes, e não alguns pelos esparsos como os das panturrilhas.

Chloé enfiou a pequena seringa laranja no cateter de silicone que estava atrás da orelha direita, no centro da chamada zona retroauricular. O expansor seria inflado por ali. Como a pele que deveria cobrir esse cateter estava necrosando, eu parecia um extraterrestre ou um herói de *Matrix*: visto dessa porta de entrada, meu esqueleto parecia feito de uma matéria semiopaca, semitransparente, que poderia fazer de mim um imortal, que não necessariamente é um deus, nem mesmo um herói. Pode ser alguém que sentiu a própria mortalidade e que tem a frágil impressão de sobreviver a essa sensação, mas na forma de matéria plástica. Mais uma vez, eu me sentia absurdamente prolongado. Algumas semanas antes, para um congresso dedicado ao sorriso — uma coisa importante, principalmente para os que não têm mais acesso a ele —, que seria aberto por Chloé, eu lhe dera um exemplar de *O riso*, de Bergson. No fim, ela não pôde ir ao congresso e não sei se o leu. O que sabia era que eu também era matéria mecânica revestida de matéria viva; mas era menos engraçado.

No início, não senti nada. Com todo vagar, Chloé injetou vinte centímetros cúbicos de soro fisiológico. O líquido esfriou o tubo que passava sob a pele. E entrou no expansor. Uma leve ardência circulou, como se estivesse viva, embaixo do queixo. Tive a impressão de que um bisturi delicadamente me descolava a pele. Pensei: que crime preciso confessar?

O expansor, ou prótese de expansão, havia sido colocado dois meses antes. Como costumava acontecer, tinha começado a infeccionar: o pescoço é uma área sensível e um meio de cultura que não aprecia corpos estranhos. As bactérias deviam ter entrado pelo cateter. Elas tinham se instalado nas dobras da prótese ainda vazia, como numa boia murcha, e tinham esperado a hora certa de agir. A infecção apareceu bruscamente, enquanto eu escrevia um artigo sobre as pinturas de Arnold Schönberg. Senti de repente uma ardência muito forte na área do pescoço. Tive a sensação de estar sendo estrangulado. Olhei-me no espelho. O pescoço tinha dobrado de tamanho e estava da cor da poltrona onde eu estava sentado: vermelho vivo. Minha aparência era menos horrível — ou menos perturbadora — que os autorretratos de Schönberg, mas tinha boas chances de entrar no páreo. A noite foi curta e desagradável.

Ao amanhecer, fiz uma selfie e mandei para Chloé. Ela respondeu: "Pode passar aqui agora de manhã? Acho que está na hora de dar uma olhada". A prótese precisava ser salva. Passei a tomar antibióticos, e a infecção, após algumas peripécias, parecia estabilizada. No entanto, Chloé me dissera: "De todo modo, se não der certo, recomeçaremos mais tarde, do outro lado". Eu olhara para ela, consternado. Duas anestesias gerais a mais, e novos meses de desconforto permanente, sem falar do bócio artificial e do tratamento: eu nunca teria coragem. Mas não disse nada. Os cirurgiões vivem num mundo onde tudo que é tecnicamente possível acaba sendo testado.

Agora, um pouco a cada dia, era preciso inflar. O objetivo era uma prótese de no mínimo duzentos centímetros cúbicos, a fim de obter o excesso de pele necessário para "cobrir" o queixo. "Cobrir" era a palavra certa: a pele seria puxada do pescoço até o lábio inferior, e até um pouco além, pois a pele se retrai, como o lençol sobre a barba do capitão Haddock. Até a operação, o expansor me transformaria num pelicano ou num sapo, provocaria dores bem reais no pescoço e nas costas, umas como queimaduras, outras como pregos cravados na pele, mas essa é outra história, posterior à que conto aqui. A cirurgia é um livro que não acaba mais.

Depois da injeção, Chloé se sentou à minha frente num banquinho para ver como eu reagia. Foi quando eu disse: "Amanhã faz dois anos que nos conhecemos". Pensava nisso desde a véspera e tinha decidido que diria a ela. Não gosto de datas redondas, dessa menos que de qualquer outra, mas teria preferido, para essa primeira injeção, o dia 7 de janeiro. "Sim", ela disse, e entendi que já tinha pensado nisso. "Sabe o que eu estava fazendo quando você chegou aqui?" Respondi: "Hossein me disse que você estava almoçando. Ele a avisou e me deixou de molho até sua chegada". Hossein era o jovem cirurgião de plantão no dia 7 de janeiro de 2015. Com o passar do tempo, ele se tornou um amigo: no exato dia em que, com a mudança de hospital, deixava de ser responsável pelo paciente. Os deuses se mantêm à distância, os cirurgiões também. Os primeiros criaram o homem a partir do barro, dizem. Para os segundos, sempre há um momento em que voltamos a ser um amontoado de carne e ossos que precisam ser remodelados.

Ela suspirou: "Aquele lá, sempre abrindo a boca...". Eu tinha dificuldade para imaginar Chloé almoçando num dia de semana. Só conseguia imaginá-la de pé, mais ou menos debruçada sobre mim, como uma deusa sobre o destino de um marinheiro grego, mas certamente não a via sentada comendo uma salada ou um cuscuz. Ela continuou: "Estava almoçando num restaurante com uma amiga, o que raramente acontece...". Ah! Então eu estava certo. Ela disse que a amiga lhe dera *Submissão*, livro que ela continuava achando premonitório. Seria mesmo premonitório?, pensei enquanto a enfermeira colocava a atadura sobre o cateter de injeção. Eu disse a Chloé: "Sabia que *Submissão* foi o último assunto de que falamos na...". "Na reunião de pauta?" É bom ser compreendido com meias palavras por sua cirurgiã, principalmente quando se está com dificuldade para falar.

Na sala, um residente interno e dois externos nos ouviam. Um dos externos, jovem, muito moreno, de barba curta, me olhava atentamente sem reagir à nossa conversa. Perguntei-me se seria árabe e o que estaria pensando. Talvez para tentar descobrir, repeti: "Naquele dia, somente dois de nós tínhamos lido *Submissão*, Bernard Maris e eu, e nós dois o defendemos. Os que o atacavam não o haviam lido. Quase sempre é assim". Sorrisos surgiram no rosto de todos, menos no do residente externo moreno e barbudo, sempre mais atento e sério que os demais. Saltaria em cima de mim para me degolar? Continuei: "Nós não concordávamos. Depois os assassinos entraram e fizeram todos concordar". Quando falava do atentado, eu me referia a ele como uma farsa — visto que, no fim das contas, foi de fato uma. Eu não tinha certeza de que o romance de Houellebecq não fosse outra. Pelo menos tinha o mérito de não matar seus leitores. "Talvez houvesse outras maneiras de se chegar a um consenso", disse Chloé no mesmo tom. Não tivemos tempo de encontrá-las. Não tivemos tempo de ter imaginação, e agora, quando era preferível não ter nenhuma, acontecia-me ter demais. Todos continuavam sorrindo, menos o barbudo. A enfermeira fechou o curativo. Levantei-me. Enquanto preenchia a receita (antibióticos, probióticos e paracetamol, o bom e velho trio, ao qual dessa vez faltava o elemento que fechava o quarteto, a vaselina, pois eu tinha vários tubos em casa), Chloé começou a falar em inglês com o jovem misterioso e inquietante. Foi apenas nesse momento que percebi que ele não entendia francês. Era sírio, dentista. Tinha acabado de chegar de Damasco. Fugira de um país onde, como ele disse, o futuro de cada um tinha ficado muito longe no passado. Chloé o apresentou. Apertei-lhe a mão, dei-lhe as boas-vindas, como se eu e ele fôssemos ministros — de quê? "Pronto", ela disse, "agora foram apresentados."

E quando ela e eu tínhamos sido apresentados? Até o dia 7 de janeiro, com exceção de meu aposentado tio Pierre, espirituoso obstetra de bigodes belle époque, eu não tinha relação alguma com o mundo dos cirurgiões. Tinha operado o tímpano na infância, o apêndice no ano do vestibular, um polegar quebrado esquiando dois anos depois. Essas medíocres aventuras não tinham me deixado marcas.

Da primeira operação, recordo-me de uma grande máscara de plástico marrom desagradável, com cheiro ruim, que parecia ter me anestesiado dentro do vômito que quase provocara. Acordei chorando de dor, como depois de uma faringite. Disseram que eu estava fazendo manha.

Da segunda operação, lembro-me de um desmaio no quarto de minha terceira avó, a segunda mulher de meu bisavô. Ele havia morrido em 1937, na frente dela, num acidente de trânsito perto de Angoulême. Ela era jovem e nunca se casou de novo. Morava num subúrbio de Grenoble, onde evangelizava as crianças pobres de seu bairro. Uma fé intensa lhe permitira sobreviver ao marido, a tudo. Ela caminhou reta e até uma idade avançada, usando um chapéu preto em forma de cogumelo, apesar de uma coluna vertebral quase totalmente descalcificada: os médicos não entendiam como conseguia se manter em pé. Todas as manhãs, colocava uma cantata de Bach no toca-discos, tomava uma enorme pastilha de cálcio, que derretia como uma hóstia num grande copo de água, depois fazia sua ginástica ao sol, com um travesseiro e uma vassoura. Tinha os movimentos lentos, de dama alta, seca, elegante, e o humor frio. Seu queixo tremia levemente sob o esforço que empreendia. Ela nunca se queixava de nada. É possível que sua extravagante disciplina tenha me preparado para o que me caiu em cima trinta anos depois de sua morte. Como se diz em direito, o vivo herda do morto. Ela, aliás, não foi a única avó cujo destino, ou exemplo, me seguiu até o hospital: voltarei a isso no próximo capítulo.

Lembrei-me de mais um despertar difícil, no hospital de Grenoble, e de um apêndice enorme, prestes a explodir, que o cirurgião me mostrou dentro de um frasco, como um monstro ou um troféu, sem que eu sentisse qualquer orgulho. E me lembrei do feriado de Páscoa que foi para o espaço e de um vestibular para o qual me preparei mal devido ao cansaço e à indiferença, estado de abatimento coroado pelo rosto ligeiramente porcino de um professor de matemática que sentia desprezo por aqueles que, como eu, ele não conseguia iluminar. Eu vivia numa época, recente e supostamente abençoada, em que a maioria dos médicos não explicava nada a seus pacientes e em que uma quantidade nada insignificante de professores considerava imbecis os alunos que sofriam por sua falta de pedagogia, simpatia e paciência.

Da terceira operação, eu me lembro de uma anestesia local, com alguma dor, de um gesso enorme e pesado que arrastei por semanas a fio na universidade sem que ninguém escrevesse nele, como, no entanto, se costumava fazer, e de um polegar que supurou por dois meses até que, numa manhã de verão, no banheiro de casa, dele saiu um pedacinho comprido de aço enegrecido, resquício da broca: nenhuma radiografia de controle fora feita e eu passara pela recuperação com aquela coisa dentro de mim, compreendia melhor por que havia sofrido tanto sem ousar me queixar. Não queria que dissessem que estava fazendo manha de novo. Quando vi aquela pequena ponta metálica na lateral do polegar, depois do banho, peguei uma pinça e a puxei. Os banhos no La Salpêtrière me lembravam a que ponto o banheiro é o lugar de todas as vergonhas e de algumas descobertas — o lugar onde, de caretas a punhetas, de patentes a sabonetes, sob uma luz fria, fazemos as experiências mais sensíveis de nosso próprio corpo. O lugar onde todo homem é um paciente. Depois de puxar um centímetro daquela ponta de aço, pareceu-me mais sensato parar por ali e ir até a clínica vizinha, onde um médico puxou o resto, bastante comprido, e dessa vez fez uma radiografia, sem nem ficar confuso, pois eu devia saber que essas coisas aconteciam. Dessas ínfimas peripécias cirúrgicas me restam duas cicatrizes. Elas ainda são visíveis, mas, como tantas lembranças, parecem apagadas por aquelas que, depois do 7 de janeiro, se juntaram a elas e, de certo modo, as encobriram. São minhas cicatrizes de despreocupado.

Não me recordo do rosto de nenhum de meus primeiros cirurgiões. Eles não fizeram mais que passar por eventos secundários de minha vida, como divindades circunstanciais. Eu não fazia ideia da profissão e da personalidade deles, mas a simpatia que sinto por meu tio Pierre, por seu humor, por sua confessa ausência de sentimentalismo, a recordação de nossas caminhadas pela montanha e de uma memorável visita à sua clínica, em Tarbes, tudo isso os tornava, por comparação retrospectiva, amáveis — ainda que a reputação dessa profissão leve a pensar que poucos o são.

A visita à sua clínica foi memorável porque, passando de setor em setor e de cirurgião em cirurgião, logo senti que a aparente negação do sofrimento, da decomposição e da morte tornava-se, ali, o contrário da indecência que ela poderia significar em qualquer outro lugar. Como o dr. House, alguns colegas de meu tio — e ele mesmo, em primeiro lugar — se protegiam com certa ferocidade daquilo que os corpos lhes revelavam e das más notícias que precisavam anunciar aos condenados. Essa disposição era a única que me parecia justa. Ela correspondia àquilo que eu admirava quando lia um livro, uma espécie de estoicismo bufão diante das rasteiras e das insuficiências da vida: a manifestação cristalizada, como um pão de ló coberto por uma fina camada de açúcar, de uma raiva contida. A única maneira de enfrentar o sofrimento e a morte era fazer como se nada, nunca, pudesse chocar. Foi armado dessas parcas lembranças e da lição implícita de tio Pierre que comecei minha própria visita hospitalar, um pouco menos simples do que no Banco Imobiliário. Foram, aliás, ele e seu genro, o anestesista Thibault, que, nas primeiras horas, mantiveram meus pais informados de meu estado.

Dez anos antes do atentado, também fora ele quem comunicara a meus pais por telefone a morte de meu outro tio, André, de quem meu irmão e eu éramos muito próximos. Minhas últimas lembranças de infância estão quase todas ligadas a ele. Aos 67 anos, preparou-se para ser operado pela segunda vez, a fim de substituir um pedaço de artéria. Entrou no hospital com sua calma habitual, seu orgulho mudo, sem avisar ninguém, nem mesmo minha tia, daquilo que sabia perfeitamente: suas artérias estavam numa condição tão deplorável que ele tinha muitas chances de não voltar. Mais tarde, soubemos o que disse a seu cirurgião: "Se der errado, não me acorde. Não quero virar um vegetal". Meu tio disse isso? Ou o cirurgião mudou suas palavras para justificar, a posteriori, o fracasso da operação? Quando se abre um corpo, nunca se sabe o que vai se encontrar lá dentro, e nunca se saberá. Mas aquilo era típico de meu tio. Ele não queria voltar da mesa de operação como um doente eterno. Não queria depender de ninguém, não queria se queixar de nada. Ficamos de fora, como quase sempre acontece a quem é próximo do paciente.

Eu estava em casa, sentado à frente da escrivaninha, brigando violentamente com Marilyn, quando o telefone tocou. Era minha mãe. Normalmente, ela tem uma voz firme, um pouco dura. Dessa vez, tremia: "Estou ligando porque, sabe, não sei se seu tio vai sair dessa. Ainda está sendo operado e a coisa não vai nada bem…". Estava me ligando do telefone fixo. Olhei para Marilyn, hesitante, atônito. Não podia imaginar que meu tio fosse morrer e ainda não acreditava nisso. Toda minha pálida infância e todos os momentos passados a seu lado apareciam e desapareciam. Senti, com força inédita, que morríamos um número incalculável de vezes numa só vida, pequenas mortes que nos deixavam assim, de pé, petrificados, náufragos, como Robinson na ilha que ele não havia escolhido, com nossas lembranças para construir o futuro, sem nenhum Sexta-Feira para nos ajudar a cultivá-lo.

Sabíamos que meu tio andava pálido e cansado, isso não era de ontem, mas não queríamos saber. Dois anos antes, ele tivera que desistir de uma pequena caminhada pela montanha, depois de uma centena de metros, o corpo encharcado e o rosto estoicamente decomposto. Eu estava ao seu lado e pensei que fosse algo passageiro, ninguém acredita na fraqueza dos heróis de sua infância. Do mesmo modo, pensei que se tratasse de uma cirurgia importante, mas sem consequências graves. Ele chegara ao hospital na véspera. Eu não fora vê-lo, como os demais, pois decidira visitá-lo nos dias seguintes, para rir com ele de tudo e de nada. Não conseguia imaginá-lo num leito de hospital, os olhos claros, lendo um livro de história, murcho, fraco e deitado.

Ouvi minha mãe dizer que meu tio estava morrendo. Marilyn percebeu a mudança em meu olhar. Um estupor ainda impalpável afastara a raiva. Estávamos brigando por causa de uma fertilização in vitro que faríamos e que eu, cansado, preocupado, pessimista, arrasado pelas tentativas de inseminação frustradas, não cessava de adiar. Enquanto ouvia minha mãe explicar o estado de meu tio, disse a Marilyn: "A operação do meu tio não vai nada bem". Marilyn gostava muitíssimo daquele tio. Vi seu rosto se contrair numa careta de tristeza que ainda não devia ter transformado o meu. Eu flutuava entre a raiva e o estupor. Fazia um ano que a tristeza doméstica se tornara constante. O fato de não conseguirmos ter filhos lentamente matava nossa relação, sem que tivéssemos plena consciência disso. O fracasso acabava com nosso desejo e com o que me restava de autoestima. E de repente, como numa peça de teatro, um homem que amávamos, que nos dera força e bom humor, aquele tio cujo orgulho sarcástico tanto nos marcara, morria no exato momento em que não sabíamos como dar a vida a alguém. Poderíamos, aliás, ter rido disso junto com ele, que tantas dificuldades enfrentara para ter filhos e não passara bem por elas. Nossa briga agora fazia eco a seu fim. Ela tinha um gosto amargo, como se fôssemos responsáveis pelo que acontecia, como se a briga nos tivesse mergulhado numa indiferença da qual já nos arrependíamos. Amplificadas pela cólera, nossa energia e nossa tristeza se inverteram, como o reverso de um avião na aterrissagem, para nos fazer pousar num país devastado que não previramos visitar.

Escutei o toque de telefone no apartamento de meus pais, era o celular de minha mãe. "Espere um pouco, é Pierre...", ela me falou. Ouvi a palavra "sim" algumas vezes, depois uma espécie de suspiro ou grito, não sei mais, e a voz de minha mãe disse, num pequeno soluço: "Então era isso, acabou, seu tio morreu...". Depois um barulho, como o de um telefone caindo, e o tom de discagem soando no vazio. Sentei-me com aquela notícia, perguntando-me se minha mãe teria desmaiado e se tudo não passaria de um sonho, e olhei de novo para Marilyn. Ela estava de pé à minha frente, os braços ao longo do corpo, o pequeno corpo sólido e os olhos pretos brilhando intensamente, e eu lhe disse em espanhol: "*Titio ha muerto*". Ela soltou um gemido e começou a chorar. Levantei-me e a envolvi num abraço. Alguns minutos depois, Marilyn foi para o quarto aplicar as injeções com os hormônios para a fertilização in vitro. Não havia mais hesitação. Aquilo era típico dela: uma vida por uma morte, e sem perda de tempo. Nunca tivemos filhos.

Ignoro se Chloé voltou a me ver na noite de 7 para 8 de janeiro, depois da primeira operação. Eu a vi pela primeira vez no dia 8, no quarto, pescoço ereto, jaleco branco e sorriso nos lábios: foi como uma aparição — e digo isso no sentido literal do termo, pois aquele que olhava para ela era como uma criança capaz de se maravilhar com tudo que pudesse ajudá-la a viver. Se de mim ela não sabia nada, de meu corpo ela já sabia tudo o que precisava saber — seu funcionamento e seu estado de saúde. Perguntei-lhe no quadro se ela queria uma foto minha, para as próximas operações. Eu queria ser *útil*. Ela deu de ombros e sorriu: "Ah! Não preciso!". Fiquei surpreso. Queria lhe dizer: "Como vai refazer meu rosto se não sabe como ele era?". Eu ainda acreditava que estivesse num Photoshop. No entanto, que ela soubesse tanto e tão pouco de mim não me incomodava, e parei de pensar nisso ao me entregar, pela primeira vez, a uma sensação perigosa e necessária: a confiança. Eu não sabia nada a seu respeito, mas informar-me sobre ela, com ela, logo se tornou essencial. Eu precisava me aproximar, para esquecer a que ponto dependia dela. Queria conhecer os segredos da fada imperfeita.

Senti por ela, além de confiança, uma simpatia imediata. Essa simpatia não se devia apenas ao fato de ela ser minha salvadora ou, mais exatamente, a comandante-geral da equipe que me daria, aos poucos, uma boca, um queixo e uma mandíbula. Devia-se, acima de tudo, à sua falta de complacência. Sua jovial severidade me tranquilizava.

Seu dia de visita era quinta-feira. No início, quando eu descia ao centro cirúrgico com uma frequência de cliente com cartão ilimitado, ela passava para me ver diariamente. Muitas vezes, chegava ao anoitecer, depois do dia de trabalho, obrigando os que me visitavam, a começar por meus pais, a sair do quarto. Só por alguns minutos, eu dizia. Mas isso podia durar trinta, quarenta minutos, às vezes uma hora. Os visitantes esperavam no corredor frio, a poucos metros dos policiais, ora de pé, ora sentados perto da recepção, num dos dois bancos disponíveis, ou no chão, expostos a correntes de ar. Eu me esquecia da presença deles: ouvia Chloé falar de minha situação e dela mesma. Todas as mulheres que amei acabaram me criticando por não prestar atenção, por devanear, por estar em outro lugar, não sei qual, enquanto elas falavam. Uma delas conseguira resumir algo que, aparentemente, todas haviam sentido: "Viver com você era enlouquecedor. Nunca me senti tão sozinha quanto na sua presença". Chloé se beneficiava de uma atenção que não se devia ao amor, mas às circunstâncias. Quando ela entrava, eu lhe estendia uma lista de perguntas por escrito, que iam de meu destino cirúrgico a alguma questão de literatura ou música mencionada durante uma visita anterior.

Eu desligava a música. Ela sentava a meu lado, pegava meu bloco e meu lápis e me explicava o que cogitava fazer nos dias que teríamos pela frente. Desenhava esquemas, apresentava os inconvenientes e as vantagens de cada opção cirúrgica. Quando se está naquele estado, é um grande alívio ser tratado como uma pessoa forte e inteligente — como um aluno capaz, em suma, em vez de como um paciente. As decisões eram tomadas em equipe, entre cirurgiões, obviamente, e logo compreendi que Chloé só me passava as explicações que julgava possíveis ou necessárias, mas o fazia de tal modo que não parecia me esconder nenhuma de suas hesitações.

Logo aprendi, graças a essas aulas particulares com modelo vivo, que a cirurgia tem algo da grande arte e da bricolagem imprecisa: é uma mistura de técnica, experiência e improvisação. Em geral, a escolha não se dava entre duas soluções, uma boa e uma má, mas entre várias possibilidades que sempre apresentavam inconvenientes. Era preciso colocar todos os inconvenientes na balança, junto com as vantagens. O fiel da balança era uma aliança heterogênea: o estado físico e mental do paciente, o acompanhamento do pós-operatório, as incertezas corporais. Logo me tornei o cronista de minha cirurgiã. Como ela me transformava novamente num homem com um rosto, todos os que passavam por mim deveriam vê-la como uma heroína. A ela, a ação; a mim, a narração. Os romances de cirurgia são romances de cavalaria.

De bom grado, eu a comparava, na presença de meus amigos, a excelentes jogadores de xadrez, como Fischer, Kasparov ou Capablanca. Ela conhecia todas as combinações maxilofaciais; calculava suas jogadas com antecedência; tinha a técnica precisa e a paixão exagerada, como toda paixão, pelo gesto; mas também demonstrava intuição e imaginação diante de casos como o meu, que eram um desafio tanto cirúrgico quanto social. Eu era uma ameaça como era um desafio. Antes do enxerto do perônio na mandíbula, ela me disse, com tranquilidade: "Dá certo em pouco mais de 90% dos casos. Se não der certo, tentaremos o outro perônio, e com uma equipe diferente. Nunca há fracasso completo". O setor, aliás, era renomado por seus "perônios", cerca de noventa eram feitos por ano. Um bom tempo depois do sucesso desse enxerto, durante uma consulta, ela me disse: "Tem ideia de tudo por que passou? Quando o enxerto do perônio foi feito, estávamos receosos. Se tivesse dado errado, teríamos afundado todos juntos". Olhei para ela estupefato: aquilo me fez sentir a violência que aquela história lhe impusera. Vi todos eles, Chloé à frente, um por um, caindo no buraco da mandíbula, aspirados pelas mucosas destruídas, desaparecendo com a energia, o conhecimento e as ilusões que os haviam mobilizado, enquanto dela saíam, triunfantes de maldade e estupidez, os irmãos K., seus apoiadores e todos que ainda não ousavam chorar, em nome da luta de classes, por suas infâncias órfãs.

Um dia, em abril, época em que os enxertos secundários fracassavam um após o outro e eu não parava de vazar pelo lábio inferior, ela entrou em meu quarto com um orgulho quase triunfante e me disse: "Pensei a noite inteira e acho que encontrei a solução...". Ouvi-a falar, enquanto pensava que logo pararia de vazar. Mas eu precisava afastar o alívio antecipado, que me infantilizava, para me concentrar nas explicações, que me instruíam. Eu era o paciente, o aluno e o observador, tripla posição que sua amigável exigência me ajudava a manter e que logo despertara o interesse do jornalista que ainda vivia em mim: eu passava pelos sofrimentos e pelas etapas de uma reconstrução que observava, que queria compreender e que um dia precisaria descrever.

Naquela noite, olhei pela primeira vez sua conta no Facebook. Ela a utilizava pouco. Postara um "Je suis Charlie" no dia 7 de janeiro. Postara signos de luto na data dos atentados seguintes. Não pedi para ser seu "amigo". Sem dúvida, ela recusaria a solicitação, julgando-a inadequada. Estaria certa. Eu buscava indícios de seus sentimentos, de sua vida. Fiquei feliz de compreender que não os encontraria.

12.
A preparação

No dia da partida de Gabriela, deixei o quarto 106 e fui para o 111, mais espaçoso. Os números despertam lembranças. Gabriela foi embora depois dos primeiros cuidados do dia, no fim da manhã. Acompanhei-a até o elevador. Olhei para sua grande mala, seus longos cabelos, seu sobretudo comprido, ela sorriu e, como num filme, a porta se fechou. Havia um cheiro de formol e de água sanitária no corredor. Voltei para o quarto e esperei as enfermeiras. Eu sabia que Gabriela só voltaria em mais de um mês. Até lá, eu teria mudado — embora ignorasse a que ponto e de que modo. Aquele que a via partir não voltaria a vê-la, pois não existiria mais. Eu estava triste, mas quase aliviado. Não sabia direito o que fazer com meus sentimentos. O corpo e seus desejos, todos ausentes, não estavam ali para despertá-los. Eu tinha a impressão de, sem querer, esquecê--los, diminuí-los, como se abaixasse o fogo de uma panela para me concentrar em outra coisa — mas no quê?

Christiane, a enfermeira responsável, tinha planejado me transferir para o maior quarto do setor, o 102, no fim do corredor, perto de uma saída de emergência interditada. Entrei nesse quarto com os dois policiais de guarda e com meu amigo Juan, que me visitava e de repente desempenhava um papel de ator, mais que de visitante. Juan e eu vimos na mesma hora que aquele lugar era impraticável: a janela dava para um teto cinzento e plano, do tamanho de uma quadra de tênis, a partir do qual qualquer pessoa podia ter acesso ao quarto e, por que não, me tirar dali. Estremeci. Juan percebeu, creio eu, a sombra de pânico que passou por meus olhos: diante daquele teto eu via os assassinos, quaisquer assassinos, vestidos de preto, com grandes carapuças, metralhando o quarto num instante. Não era um efeito da imaginação: era uma cena verdadeira, que invadia a que vivíamos e a substituía. Por alguns segundos, os assassinos fantasmas foram mais reais que Christiane, Juan, os policiais e eu mesmo. Ou melhor: só éramos reais sob seus tiros, alguns deitados embaixo da janela ou da cama, outros mortos, e eu no banheiro, com meus tubos, esperando o golpe de misericórdia. Naquele dia, e por vários meses, o banheiro do meu quarto de hospital, qualquer quarto, se tornou minha *querencia*, o lugar onde o touro se instala para morrer, exausto, a língua para fora, à espera da derradeira estocada. Era ali que eu acabava quando eles entravam.

— Acho que não será possível — disse um dos policiais, com um leve sorriso. — Ou precisaremos ficar dentro do quarto 24 horas por dia. Talvez não seja o ideal para o sr. Lançon.

Eu queria sair daquele quarto o mais rápido possível, mas o pânico diminuía. Houve um momento de incerteza. Como num filme de faroeste, quando o duelo está prestes a começar, nos medíamos de alto a baixo, sem saber quem seria o primeiro a sacar a arma. Não seria eu: meu curativo começara a pingar. Christiane ficou constrangida. Embora tivesse tentado fazer o melhor para mim, ela precisaria rever a organização que fizera. Seus olhos claros ficaram esbugalhados. Quando isso acontecia, ela parecia saída de um baixo-relevo assustador. O hospital recebia pacientes sob vigilância, detentos, mas não fora pensado para receber pacientes ameaçados. Eu ficaria ali, mesmo assim? Ela pesava em silêncio os prós e os contras. Vi que, se os assassinos não viessem terminar o trabalho que os irmãos K. haviam começado, eu precisaria viver noite e dia com os policiais, presenciar suas mudanças de turno e suas conversas, sem falar de seus rádios, que, mesmo atrás da porta, raramente se faziam esquecer. Eles ficariam ao pé da cama, como serviçais aos pés do baldaquino do rei, como leões de pedra aos pés de uma estátua jacente. Eu quase não dormia. Fiquei com medo de não dormir mais nada. Christiane parou de esbugalhar os olhos, o baixo-relevo voltou à selva asiática do qual saía e ela disse:

— Bom, vamos ver o que podemos fazer.

Voltamos para o quarto 106. Alguns minutos depois, fui instalado no quarto III, que na verdade era tão espaçoso quanto o quarto de que eu havia sido poupado, mas não dava para um telhado. Mudar-se para outro país não teria sido uma aventura mais épica do que aquela. A cada mudança, a sensação se renovava. Mudar de quarto era mudar de mundo; era, portanto, mudar de vida. A janela do III dava para um pinheiro, onde alguns corvos pousavam de vez em quando. Deitado na cama, todas as manhãs e todas as noites eu observava sua forma e suas trocas de cor, como se minha vida dependesse disso. Parecia preto, quase sempre. Quando chorei, sozinho, algumas semanas depois, estava olhando para ele. Fiquei no quarto III até o dia do grande enxerto, 18 de fevereiro. Meus pais levaram uma parte das coisas que se acumulavam. Christiane empilhou outras em sua sala. O andar inteiro seria fechado por uma semana, para uma limpeza geral. Fiquei perdido ao deixá-lo, ao amanhecer, para me dirigir à cirurgia mais longa. Eu temia mudar de pele, de sofrimento, de memória, de vida.

Na véspera da partida de Gabriela, Chloé tirou a cânula não fenestrada. Foi uma pequena cerimônia e, também, uma mudança de vida. No hospital, em meio à rotina mais estrita, só havia urgência, desordem e aprendizado transformados em hábito. Chloé disse:

— Poderá voltar a falar, mas não muito, está bem?

Ela nunca tinha ouvido o som de minha voz, mas parecia conhecê-lo e ninguém precisou lhe dizer que eu era conversador.

Eu conseguiria voltar a falar? O corpo nunca esquece, mas a consciência esquece rápido. Eu não tinha levado nem oito dias para perder até mesmo a lembrança da palavra articulada. Estava acostumado com o quadro branco, com os dedos sujos de caneta, com meu silêncio, com meu caderno.

Chloé pediu que Gabriela, em pé na frente da cama, se afastasse, "a menos que queira acabar na lavanderia". Depois, sob os olhares da equipe, retirou a cânula. Tossi violentamente. Sangue misturado com muco saiu pelo buraco e acabou na parede em frente à cama, como uma cuspida. Pela primeira vez, acertei a mira. Mas estava mirando o quê? Gabriela riu. Meu nariz coçava. Chloé limpou o ponto de entrada e colocou a cânula fenestrada, que me permitiria falar. Tentei dizer algo, mas não saiu nada. Peguei o caderno e escrevi: "Não consigo falar". Agora que eu podia falar, não ser capaz de fazê-lo me preocupava. Chloé se endireitou:

— Não há motivo algum para que não consiga. Um pouco de paciência...

Tentei de novo. Pouco a pouco, sons cada vez mais articulados começaram a surgir, sons que pareciam vir do mais fundo de mim mesmo e de não sei onde, embora não significassem nada. Os semblantes bondosos e risonhos de Gabriela e de Chloé se voltavam para mim. Esqueci as primeiras palavras compreensíveis que emiti. Deviam ser tão simples e concretas quanto as de uma criança.

Mais tarde, com Gabriela e meu irmão, ouvi esquetes de Coluche na internet. Gabriela preparava uma tarefa para um de seus cursos, creio que sobre o humor francês. Ela não sabia nada desse tipo de humor e não o entendia direito. Achava os franceses amargos demais, agressivos demais, não conhecia Coluche. Peguei meu caderno para explicar o contexto das piadas que lhe escapavam, mas as piadas, o contexto, tudo permaneceu dentro de uma caixa-forte da qual eu também fora retirado. Eu conhecia os códigos para abri-la e nela entrar, mas o que ela continha não correspondia a mais nada. Alguém havia cortado a comunicação com o sentido das lembranças que eu mais ou menos ainda tinha. Ouvimos "O tira", "Gérard", "O estudante", "Os jornalistas". Peguei no sono com uma leve náusea, saturado do excesso de palavras, de gargalhadas, do sotaque de Coluche misturado aos sons de minha juventude, expulso de um pedaço de mundo do qual eu não fazia mais parte e que agia sobre mim como umas taças de vinho a mais. Coluche pertencia a um mundo em que se poderia rir de um atentado como o do *Charlie*, porque ele não havia acontecido. Uma terceira operação se aproximava.

— Então, vejamos...

Chloé pegou o caderno e a caneta e me deu uma aula cujo assunto era eu. Anoitecia, já era bastante tarde. Ela havia posto para fora todos os visitantes. Eles esperaram cinquenta minutos no corredor. Meus pais estavam contrariados e cansados. Outros foram embora. Ninguém ousava dizer nada. Naquela noite, acho que ela me falou de sua família e, com um sorriso que colocava tudo à distância, de algumas de suas mágoas. O quarto também é um confessionário, um lugar destinado ao segredo. Não direi mais nada.

Ela esperava manter os tecidos e os pedaços de mandíbula que estavam intactos. Queria aos poucos reduzir a abertura e fazer enxertos. A "perda de substância" era considerável, mas não parecia um impedimento. Além disso, Chloé preferia ajudar a natureza a violentá-la. Ela me disse: "A natureza é melhor cirurgiã do que eu". Seguindo esse processo, continuou, teríamos meses de intervenções, de drenagem de serosidades, de cicatrização, mas ela parecia confiante. Dez dias depois da explicação, a opção foi abandonada: a bala havia queimado tecidos e ossos demais para que eles não fossem substituídos. Chloé passou um bom tempo me explicando, com pequenos desenhos em meu caderno, no que consistia a outra opção, a do "perônio". Ela me disse que a decisão seria tomada em equipe, depois de intensas trocas de argumentos. O enxerto do perônio era realizado havia anos, sobretudo em pacientes com câncer de mandíbula e de boca, principais atendidos do setor. Também era referido por outro nome. Mais tarde, em outra noite, pela primeira vez ouvi da boca de Chloé essa palavra, que em grande parte me caracterizaria dali por diante: o retalho. Fariam um retalho em mim.

Retomo as explicações do capítulo anterior. Um perônio do paciente é retirado e enxertado no que lhe resta de mandíbula, para preencher a falta de osso. Uma veia, um pedaço de artéria e de pele da panturrilha correspondente ao perônio retirado também são enxertados, como um kit, a fim de vascularizar — irrigar, em suma, como uma planta — o osso enxertado e permitir que se adapte, em companhia familiar, a seu novo ambiente. No lugar da pele retirada da panturrilha, coloca-se uma fatia de pele retirada da coxa da mesma perna, no meu caso, a direita. O perônio escolhido, após exames, é o mais sólido e mais vascularizado dos dois. A operação dura cerca de doze horas. Ela exige duas equipes cirúrgicas: uma trabalha na perna, outra no rosto. O perônio não é retirado inteiro: deixam-se as pinças de cada extremidade, para permitir que as articulações da tíbia — e, portanto, da perna — funcionem. O princípio é o mesmo do autoenxerto: o corpo o aceita muito melhor do que um enxerto exógeno. O paciente fornece o material. Ele se salva por seus próprios meios.

Por que o perônio? Porque ele é um dos ossos mais compatíveis, por natureza e forma, com a mandíbula, e porque não é indispensável para a caminhada e para o equilíbrio: é um suporte que pode ter sua ausência compensada por meses de reeducação. O ideal seria, se entendi direito, enxertar o osso craniano; mas este só pode ser utilizado em pequenas superfícies.

Podemos viver sem perônio; podemos viver sem utilizar muito o cérebro; não podemos viver sem o crânio que o contém.

Chloé hesitava. Foi o professor G., diretor do setor, quem certa noite me anunciou a solução escolhida — afinal, era sua responsabilidade. G. era um homem na primeira metade dos sessenta anos, sólido, pesado até, voz tranquila e confortável, estatura mediana, que tinha o hábito de ouvir emissoras de rádio como a NRJ enquanto operava: foi o que me disseram, mas não pude verificar a informação, pois ele nunca me operou. Ele chegava ao hospital de moto. Seu olhar era o que ele tinha de mais estranho: encarava com uma atenção total e absolutamente fria, a cabeça para a frente e esticada sobre o ferimento, e bem no fundo de seus olhos havia uma espécie de ausência, uma pequena luz fosca que parecia indicar que uma parte dele estava em outro lugar, longe, talvez morta. Eu chamava essa parte de estrela G. Eu gostava de vê-la, pois ela objetivava meu sofrimento e minha angústia, e, objetivando-os, por alguns segundos os afastava. A estrela G brilhava de atenção e indiferença rente ao rosto, como um asteroide pendurado, até que um leve sorriso, uma observação zombeteira dita em tom jovial, relegavam-na a um vazio qualquer enquanto a cabeça recuava à posição inicial e um olhar alegre, humano, ocupava a fria luz de cena. Uma enfermeira me disse que ele também passara perto da morte, como paciente, e que aquela aventura o transformara. Frequentar a mesa de operação com assiduidade não fazia de mim um cirurgião, mas me aproximava deles, e depois que a enfermeira me contou aquelas coisas a respeito de G., eu não conseguia olhar para ele sem um tipo particular de simpatia, a do peixe que olha para outro peixe no estuário opaco e lamacento que lhes serve de casa.

G. apareceu sem avisar. Eu saíra de uma cirurgia havia algumas horas e respirava particularmente mal naquela noite, suando, imobilizado pelos tubos e lutando na cama de grades levantadas como um recém-nascido num berço arranjado por uma associação beneficente de bruxas: era um daqueles momentos em que o minuto seguinte parece tão distante quanto o longínquo eldorado. G. se postou à minha direita e, com aquela voz quente que me tranquilizava, anunciou, como se estivesse entre pessoas de fino trato, sem dar mostras de notar meu estado de sufocamento:

— Bom, conversamos sobre o assunto esta manhã com a equipe, foi suficiente, chega de rodeios! Vamos preparar tudo para o retalho, perônio e implantes, vapt-vupt, fazemos tudo ao mesmo tempo e não se fala mais nisso!

G. falava comigo como se eu estivesse sentado ou em pé à sua frente, em perfeita saúde e tomando notas, não como se eu fosse aquela múmia úmida e esquelética de olhos fundos que o contemplava com avidez e alívio: uma decisão fora tomada, o futuro se delineava, a aventura continuava! No hospital, não há nada pior que a ausência de ação e visibilidade: estamos num lugar feito para a decisão. Eu me esforçava para não tossir, para não suar e até mesmo, sim, para não sofrer, para estar à altura da notícia que G. acabava de me anunciar — para estar, em suma, no mesmo tom. Concentrei-me em suas últimas palavras, "e não se fala mais nisso!", que soavam como um abre-te-sésamo, uma fórmula mágica que meu corpo inteiro esperava. Não havia estrela G naquela noite, apenas o professor G. e sua vigorosa ausência de afeto extremamente tranquilizadora. Percebia-se a falta de psicologia. Eu pressentia o implacável e maravilhoso além-psicologia — sua abolição pelos gestos e pelos movimentos de tropas que, em torno de meu modesto corpo, se anunciavam. Eu acabava de assistir à anunciação do professor G.

Ele saiu, tão pesada e naturalmente quanto entrou, depois de fazer alguns comentários engraçados sobre isso e aquilo, sobre uma visita oficial que eu acabara de receber, "então, parece que anda recebendo gente importante, é um homem famoso, sr. Lançon!", enquanto eu, com a volta da dor, me perguntava se conseguiria vencer a noite, se ganharia uma mandíbula tinindo de nova ou se acabara de assistir à ressurreição do dr. Cottard.

Mais tarde naquela noite, aliviado por uma dose de Tramadol e à espera do Imovane, peguei o segundo volume do romance de Proust, na velha edição de Clarac que saiu pela Pléiade, e reli as passagens sobre a doença e a morte da avó em que aparecia o famoso médico proustiano, mas, dessa vez, com a certeza de um diagnóstico, e não em sua imbecilidade. Eu precisava urgentemente verificar seu grau de familiaridade com o professor G. — e o meu com aquela avó à beira da morte que, a cada releitura, me traumatizava.

Três mortes sobreviviam a minhas leituras de juventude: a de Coupeau, no *L'Assommoir* [A taberna], a do pai Thibault, em *Os Thibault*, e a da avó do narrador de *Em busca do tempo perdido*. Eu as relia regularmente, como se apertasse uma lembrança para sentir sua dor. Havia um bom número de pacientes alcoólatras no setor. Quando eu cruzava com um deles em minhas caminhadas pelo corredor, às vezes me perguntava se seus pés, como os de Coupeau, começariam a se agitar no momento fatal, na partida do pobre Ludo. O fim do pai Thibault me impressionara ainda mais, sua crise de uremia e seus gritos enquanto era mergulhado numa banheira de água quente. Mas a avó de Proust era mais amável e havia sido ela, com sua própria crise de uremia, que eu escolhera para me acompanhar do quarto ao centro cirúrgico, e deste ao quarto. Seu declínio até a morte praticamente a tornava uma companheira de quarto, eu estava com ela em sua cama, com seu olhar ausente ou desistente, perto da janela que ela tentava abrir para pular. Quando minha cânula mal colocada ou comprida demais me impedia de respirar e formava um cisto na traqueia, ela se transformava nas sanguessugas que, para grande alegria de Françoise, se moviam sobre seu corpo e sua cabeça. Eu sentia que a familiaridade vinha do silêncio dos livros; algumas linhas eram suficientes para me cansar, adormeci antes de conseguir estabelecê-la.

Nesse ponto, preciso voltar dois ou três dias no tempo, exatamente para o dia 20 de janeiro, para falar da visita daquele que o professor G. mencionara e que ainda era presidente da República: François Hollande. Na noite anterior, enquanto eu voltava do centro cirúrgico onde Chloé dera início à minha "reconstrução", a segurança avisara meu irmão da visita. Chloé conseguira trabalhar no lábio, mas não pudera realizar o enxerto previsto: os tecidos estavam mais danificados do que ela pensava. Eu voltara acompanhado dos dois policiais de touca, bata e sapatilhas descartáveis, para grande alegria de meu irmão, surpreso e maravilhado de assistir àquela cena cômica. Sua alegria durara pouco, pois, no quarto, eu tossia, sufocava e não conseguia respirar direito. A enfermeira foi chamada, depois o residente, ninguém entendia o que estava acontecendo. Colocaram em meu dedo o pequeno prendedor de roupa do oxímetro de pulso. A oxigenação estava quase perfeita, 96%, e eles começaram a repetir esse número como se eu estivesse fingindo ou, por alguma razão misteriosa e irritante, simplesmente não estivesse correspondendo aos números que me definiam. "O senhor está dizendo que não consegue respirar, mas é uma impressão, na verdade está respirando!" Mostraram-me o número que desmentia meu sufocamento, sem dúvida para me convencer de que estava na hora de parar com aquilo e corresponder ao que os números indicavam. Sentindo-me, com minha cânula, mais teimoso que uma criança mimada, esforcei-me para satisfazer a todos e dar razão ao aparelho, como o homem que, no dia do fim do mundo, continua a ler a Bíblia e a ouvir os padres por acreditar na existência de Deus, mas não adiantava, o mundo havia acabado e a respiração não voltava. Colocaram-me então uns eletrodos e uma máscara. Não há nada mais detestável do que aquela máscara de plástico verde translúcido. Ela parecia cobrar antecipadamente pelo bem que faria — quando isso ocorria, pois podia ser um prelúdio para a morte, e nenhum frequentador do setor, mesmo fora de perigo, o ignorava. Ela, em geral, começava sufocando aquele que devia ajudar a respirar. Foi nesse momento que meu pai resolveu chegar. Pude adivinhar meu estado, de moribundo, em seu velho e belo rosto decomposto, o rosto de um elegante lobo-do-mar de barba branca que lembrava ora o capitão Nemo, ora o ator espanhol Fernando Rey; enfim, o rosto de um capitão de submarino ou de um personagem de El Greco que tivesse mais do que um dente de alho, uma gota de óleo e um naco de pão para comer. Um breve pensamento nos orgulhosos fidalgos do Prado não me consolou do sofrimento que eu lhe causava. Olhei para meu irmão, que estava ali, impassivelmente paralisado. Ele leu em meu olhar que seria inútil impor aquele espetáculo a nosso pai por mais tempo, e eu li no seu que ele pensava o mesmo que eu. Ele gentilmente o fez sair e, mais tarde, contou-me que nosso pai chegou chorando ao encontro de nossa mãe.

À noite, sonhei que Nova York era invadida por águas tão frias e sujas que era impossível tocá-las. Eu caminhava ao longo dos rios sem poder atravessá-los: todas as pontes estavam bloqueadas. Quanto mais a água ficava suja, coberta de um gelo escuro, mais a cidade ficava deserta. Acordei com a sujeira me contaminando, na maior solidão. Apertei a campainha. Christian me injetou um pouco de morfina. Voltei a dormir e o sonho recomeçou. As águas sujas invadiam a cidade para a qual Gabriela voltara.

Pela manhã, por volta das dez horas, todos estavam à espera de François Hollande e de seus acompanhantes. Eu ignorava até que ponto os funcionários estavam excitados, como mais tarde me informou Chloé com irônica condescendência: "Ver um presidente é um acontecimento pouco frequente na vida deles!". Ela tinha certa razão, mas menos do que parecia acreditar. Doze dias tinham me ensinado ou lembrado que a vida daqueles que se ocupavam de mim era cheia de microacontecimentos, na medida em que cada uma delas provinha de vidas anteriores quase sempre marcadas por dramas.

Vesti, para a ocasião, uma calça por baixo da bata hospitalar, e como não queria recebê-los na cama, levantei-me para cumprimentá-lo quando os policiais anunciaram sua chegada. Eu nunca me encontrara com o presidente. Ele entrou no quarto acompanhado por Emmanuel Hirsch, que dirigia a Assistance Publique, pelo diretor do hospital, personagem que estava ali no papel de cronista do rei, e pelo diretor do *Libération*, meu jornal, Laurent Joffrin. Meu irmão estava presente. De perto, François Hollande era muito mais elegante do que de longe, e a primeira coisa que notei nele, além da tez saudavelmente rosada e da pele um pouco maquiada, foi o corte perfeito do terno escuro e o olhar jovial, quase impulsivo, que, atrás dos óculos finos, como um espantalho eficaz mas discreto, mantinha à distância todas as emoções. O olhar de Hirsch, também atrás dos óculos, era o de um cortesão: duro, feroz e à espreita — um tanto deslumbrado de estar onde as coisas aconteciam. Não lembro nem do escriba nem do diretor do hospital, mas não me esqueci do olhar de Laurent.

Eu o conhecia havia trinta anos. Pela primeira vez, via seus olhos levemente obscurecidos, avermelhados, úmidos de emoção. Laurent, alvo recorrente dos trogloditas de direita e dos intelectuais embriagados de raiva social, tinha a reputação de ser um notável indiferente, um acrobata do meio-termo. Na verdade, seu talento escolhia suas paixões e deixava o resto para aquilo que, quando o conhecíamos, o tornava quase infantil: seu estouvamento. As escolhas políticas costumam decorrer do caráter das pessoas. Laurent era social-democrata por natureza, por convicção — e por rejeição à violência encarnada por seu pai. Ele gostava muito do debate e mesmo do duelo, desde que se parasse à visão de sangue e, uma vez fora da arena, que os adversários se cumprimentassem. Acreditava no progressismo, no arranjo, na conciliação, numa forma de negligência civilizada, e embora não fosse necessariamente muito estudado, exalava civilidade. Sua barba estava na vanguarda de suas ideias e de seus sentimentos: ela os anunciava, atenuava e ornamentava. Seus vários inimigos o chamavam de traidor, hipócrita e frouxo. Ele, ao contrário, era claro em suas lutas, em seus valores, que não variavam e não tinham nada a ver com pureza. Sua moral era feita para uma guerra tranquila, em tempos de paz, em que as más ações de uns não destruíam completamente, e maciçamente, a vida dos outros. Ele preferia os crepúsculos demorados às grandes noites.

Sua facilidade para escrever era prodigiosa. Trinta anos antes, ele tinha corrigido linha por linha um de meus primeiros artigos, mal escrito, mal construído, sobre uma criança que se enforcara nos confins da Bretanha, ao lado do açude da família, porque fora acusada de um roubo que não cometera. Na redação, depois de escrever o artigo, eu me sentara a seu lado. Ele me fizera perguntas e propusera outras formulações, mais claras e simples. Cortara os adjetivos, mais ainda os advérbios, dizendo: "Quando utilizamos advérbios, em geral é porque falta lógica ao encadeamento das frases. Chateaubriand quase nunca usava advérbios". Seus cabelos ainda eram um pouco compridos.

Agora, tinha à sua frente aquele jornalista que ajudara a formar, que recebera várias vezes em sua casa, diante de quem um dia reencenara uma batalha de seu herói Napoleão, aquele jornalista com quem brigara algumas vezes a respeito de literatura e crítica, em particular a respeito de Houellebecq e de *Submissão*, aquele colega e amigo cuja situação presente era a consequência de tudo o que ele abominava: o fanatismo inculto, estúpido e sanguinário. Vi aquele olhar um pouco vermelho, amigável, subitamente menos resguardado, e encontrei forças para pela primeira vez narrar o atentado com o máximo de precisão possível, mas como uma esquete de humor. Não se tratava apenas de receber aquelas pessoas em pé e não fazer feio, mas também de divertir informando, como Laurent e alguns outros tinham me ensinado. Aliás, o atentado também havia sido uma esquete de teatro, de dramalhão, e em parte teria continuado assim se os assassinos tivessem utilizado, enquanto recitavam alguma sura do Corão, rojões e balas de festim. A morte era uma conclusão que não devia nos impedir de rir do cômico da situação que a precedera.

Fui do olhar de Laurent ao de François Hollande, e esses dois homens tantas vezes vilipendiados, naquele momento, naquele quarto, com seus leves sorrisos, com a emoção contida de um e o brilho bondoso e impulsivo do outro, me fortaleceram, tranquilizaram e como que me devolveram aquilo que eu podia esperar da civilização: uma distância curiosa e cortês, sensível ao outro sem excesso de emotividade, uma compaixão que não renuncia às necessidades da leveza, nem aos benefícios da indiferença. Enquanto falava, meu grande curativo ganhava peso e se soltava imperceptivelmente do queixo, como a cortina de um palco, empapando-se de uma baba que eles não podiam ver. Enfatizei que não sentia raiva alguma dos assassinos e que não os ligava aos muçulmanos. Meu período "politicamente correto" — ou, se preferirem, evangélico — acabava de começar. Instalado em meu calvário hospitalar, não queria pensar mal de ninguém e, mais tarde, sentiria falta, ainda que ao preço de certa tolice, desse estado de suspensão completo, íntimo, das hostilidades. François Hollande disse uma ou duas coisas certas que acabei esquecendo, mas que caíram bem, depois acrescentou: "O senhor tem razão, é preciso conter-se, observar com distanciamento, não misturar as coisas ou falar da boca para fora". Nesse momento, Chloé entrou.

Estava de jaleco branco e sem dúvida vinha do centro cirúrgico: as operações mais longas aconteciam às segundas e quintas. Altiva, ar insubordinado e irônico, ela vinha ver como se saía o estranho no ninho dos figurões e, obviamente, enfrentá-los, lembrando-os de que estavam em seu território. Estávamos em pé e conversando, sem mais, sendo espirituosos como se nada tivesse acontecido, porque alguma coisa havia acontecido. François Hollande olhava para Chloé, e certo prazer, como a sombra de uma nuvem, passou por seu rosto liso, redondo, descontraído, um rosto quase principesco que me lembrou, com ares de Luís XVI, de algo do Regente, sim, do hedonista Filipe d'Orléans, de sua moral tranquilamente permissiva. Eu bem que teria gostado de congelar aquele momento de prazer, ou, mais exatamente, de recortá-lo, como um molde, e colocá-lo sobre o que me restava de vida. A visita durou quarenta minutos, todos foram embora, tirei o jeans e desabei na cama. Precisava pagar pelo número que acabara de interpretar.

Algumas semanas depois, durante uma nova visita, Laurent me disse: "Então, Hollande cresceu o olho para a cirurgiã. Falou de novo sobre ela outro dia!". Rimos, mas não mais que isso, pois eu estava de novo sem poder falar.

O fim dessa história acontece no mês de junho, na primeira de minhas vidas ulteriores. O presidente entregou a condecoração da Legião de Honra a Patrick Pelloux, cujos rosto e corpo ainda vejo no marco da porta alguns minutos depois do atentado, lugar de onde ele nunca sai, como se preso por um feitiço. Nesse meio-tempo, aterrissei, junto com meu amigo Simon Fieschi, no hospital dos Invalides, onde fiquei seis meses em reabilitação. Conduzido por minha escolta policial, foi dali que saí para ir ao Palácio do Eliseu por duas horas, para minha primeira saída "oficial". Durante o coquetel que se seguiu à cerimônia, faço algo que se tornaria uma regra da vida em sociedade nas saídas dos meses seguintes: beber uma taça de champanhe ou de vinho com circunferência estreita, para ocupar o lábio, anestesiar a boca e afogar o cansaço, mantendo-me de pé e observando os canapés que eu não podia comer. O coquetel e o jantar se tornaram exercícios de fisioterapia e esportes de combate. A cada vez, volto para o hospital exausto, com a satisfação de ter cumprido uma missão que ninguém me atribuiu, a não ser meu próprio corpo, cujos imperativos me escapam. Missão cumprida, os policiais silenciosos e musculosos me reconduzem ao cemitério dos elefantes. Não vejo a hora de voltar para as enfermeiras, para os *gueules cassées*, os "caras quebradas", para os amputados, para os AVCs, para meus companheiros de bloco, corredor e academia, para todo o silêncio e todos aqueles cuja vida me parece mais solitária e, afinal, mais justa. O hospital é o lugar em que o acaso logo dá sentido à desgraça.

François Hollande se aproximou de mim sorrindo e disse:

— Ah! O senhor parece melhor... E sua cirurgiã, continuam se vendo?

Surpreso, respondi:

— Sim. E vou continuar a vê-la por um bom tempo.

— Bom, que sorte a sua!

Meu primeiro reflexo foi responder: "Eu abriria mão dela". Mas não disse isso, em parte porque não era verdade. Cinco meses tinham se passado e eu me apropriara do acontecimento, do percurso cirúrgico, que tinham feito de mim o que me tornei. Eu não podia abrir mão de algo que me transformara tão violentamente.

Nos dias seguintes, contei a anedota a alguns amigos. Vários manifestaram indignação. Esse homem, eles pareciam achar, é decididamente frívolo e inconsequente. Não tem nada para dizer ou pensar ao reencontrar um ferido? Quando jovens, quase todas as pessoas emitem julgamentos sobre tudo. Ao envelhecer, é a mesma coisa. Entre os dois, talvez haja um momento em que poderiam não julgar mais nada, abster-se, divertir-se, levar a sério apenas a própria miséria, mas esse momento é aquele em que agem, produzem, constroem carreiras ou as perdem; o momento em que "se acham", como dizem as crianças, e em que raramente têm a possibilidade ou a vontade de tomar distância. Seria indigno da parte de um presidente lembrar-se da beleza de uma mulher que ele vira alguns meses antes, por alguns minutos, no quarto de hospital de uma vítima de atentado? Sem dúvida, em matéria de mulheres, a reputação de François Hollande não era novidade, mas sua reação me pareceu positiva e mesmo desejável. O melhor da vida, pensei olhando para seus olhos pequenos e brilhantes, quase puxados, era mesmo isto: não esquecer aquilo que nos agrada, nem por um instante, e, se possível, esquecer ao máximo todo o resto, a começar pelo patético de uma situação. Sua despreocupação fez mais do que prestar homenagem à minha pequena via-crúcis: ela me aliviou. "Bom, que sorte a sua!", ruminei essa pequena frase ao voltar para os Invalides na viatura policial. Ela se tornou tão cara a mim quanto a pequena frase da *Sonata de Vinteuil* para o narrador de *Em busca do tempo perdido*: um indicativo íntimo, profundo e frívolo que entreabre uma porta feliz, ainda que sem amanhã, feliz porque sem amanhã. O amável presidente estava certo não apenas em relação a mim, pois tive a sorte de cair nas mãos de Chloé, como em relação a si mesmo e a nós dois: não há nada melhor para chamar de volta à vida e ao prazer do que a elegante silhueta daquela mulher determinada e provavelmente difícil, postada entre nós dois por ocasião de um encontro imprevisível e discretamente organizado, uma mulher cujo profissionalismo remetia um a seus desejos e outro a seus ferimentos, para de novo impor-se, ausente, por ocasião de formalidades melancólicas e empoladas. Depois da última gota de sangue, o encanto deveria ser a última coisa a nos abandonar.

Após a visita de François Hollande, um novo período teve início: o que me levaria ao enxerto do perônio, previsto para o dia 18 de fevereiro. Eu voltava ao centro cirúrgico, em anestesia geral, a cada quatro ou cinco dias, acompanhado dos policiais de touca e sapatilhas descartáveis. O mundo de baixo se tornara um segundo lar, minha casa no campo. Eu ficava feliz de rever aqueles que, como as criaturas dos infernos mitológicos, pareciam que nunca voltariam à superfície. A Castafiore era Orfeu. Ela não tinha sido apenas cantora. Também tocara violoncelo, como Chloé. Acabaria seus dias nos andares inferiores, lembrando-se de, antigamente, na superfície, ter tocado para Santa Cecília. E eu, de que lembraria? Quanto mais os dias corriam, mais eu entrava na *no man's land* onde um nevoeiro denso e sensações ferozes, inéditas, depositavam-se sobre os minutos, as horas, os dias, as visitas, a consciência de meu corpo e de minha vida pregressa. A cada dia, a lista de pessoas autorizadas a entrar aumentava. O dia era ritmado pelos tratamentos, pelas caminhadas no corredor, pelas visitas cotidianas de meus pais e de meu irmão, pela chegada dos amigos. Para a noite, uma "vigília" foi organizada por meu irmão e cinco amigos: eles conseguiram permissão para dormir em meu quarto, um de cada vez. As enfermeiras colocaram uma pequena cama bamba aos pés da minha, uma cama de criança, com desenhos feitos por crianças. Os amigos de vigília dormiam pouco, acordados por meus problemas e roncos atrozes, pelas visitas noturnas, pelo rádio e pelas conversas dos policiais, pelo último turno da noite e pelo primeiro turno da manhã. Meu irmão trabalhava na poltrona à minha direita, no computador. Odalys, uma velha amiga cubana, me massageava — assim como Alexis e Blandine, que também trabalhavam: nas horas vagas, o quarto III era o lugar ideal para ler, escrever, sonhar, pensar na vida. Eu assistia a algum filme ou ouvia jazz com Juan. Marilyn veio duas vezes do leste da França. Tudo acontecia em silêncio, cada vez mais lentamente. O sofrimento, quase permanente, era difuso, sempre surpreendente. Os amigos iam embora ao amanhecer, bem cedo, antes dos cuidados das enfermeiras, que lhes ofereciam um café. Alguns tomavam uma ducha no meu banheiro, outros não. Eu os via partir para um mundo que não existia mais, um mundo onde eles viviam, se movimentavam e envelheciam, enquanto ali, no quarto, tanto eles quanto eu ficávamos imóveis. O quarto era meu reino e nele vivíamos fora do tempo.

Todas as manhãs e todas as noites, às vezes ao meio-dia, as enfermeiras vinham trocar o curativo de gaze cada vez maior que, depois de envolver toda a parte de baixo do rosto, era amarrado em volta da cabeça, para ficar firme, e me transformava num ovo de Páscoa. Eu sufocava como se estivesse em uma camisa de força. Um dia, para me aliviar, uma das enfermeiras, Alexandra, pegou uma tesoura e cortou a gaze a fim de deixar minhas orelhas para fora. Suas pontas levemente peludas saíram como pequenos cogumelos brotando de um substrato. Alexandra riu e me passou o espelho para que eu visse meus pés-de-carneiros, os mesmos que eu gostava de encontrar nos bosques da infância porque os achava bonitos como um brinquedo. Senti-me aliviado: respirava pelas orelhas. O curativo se enchia de saliva cada vez mais rápido, como começara a fazer no dia da visita de François Hollande. Pesava sobre o crânio, o pescoço, as vértebras, pesava sobre o corpo inteiro, até que o esparadrapo não aguentava mais e, apesar das faixas de gaze que mumificavam a cabeça, se soltava como papel decorativo de uma parede úmida.

A cena que segue, com variações, se repetiu cem vezes. As enfermeiras entravam no quarto em câmera lenta, como bailarinas de *La Bayadère* na cena "O reino das sombras". Gabriela me falara várias vezes desse balé, que havia ensaiado como substituta mas sem chegar a se apresentar. Embora não tivesse tomado ópio, como Solor, eu estava num estado semelhante ao do infeliz príncipe, dentro de um sonho: essa era a maneira mais *realista* de assimilar minhas sensações. Antes que elas entrassem, eu verificava o estado do chão. Levantava, limpava todas as manchas com lenços de papel marrom, até ficar tonto, depois entreabria a janela que não se abria completamente, e perfumava o ar com uma colônia cítrica trazida por uma amiga. Como Solor, eu apagava as paredes do quarto. As enfermeiras entravam uma atrás da outra, com o carrinho, sorridentes, em dupla. Uma terceira as seguia. Ela olhava para os pés da cama, como as outras faziam.

— Quer um pouco de música?

Eu queria, qualquer uma. Na caixinha de som de meu sobrinho, eu colocava Bach: ou *O cravo bem temperado*, com Sviatoslav Richter; ou as *Variações Goldberg*, com Glenn Gould ou Wilhelm Kempff; ou *A arte da fuga*, com Zhu Xiao-Mei. Como a morfina, a música de Bach me aliviava. Ela fazia mais do que me aliviar: acabava com toda tentação de queixa, toda sensação de injustiça, toda estranheza do corpo. Bach descia sobre o quarto e a cama e minha vida, sobre as enfermeiras e o carrinho. Ele nos envolvia. Em sua luz sonora, cada gesto se destacava e a paz, certa paz, se estabelecia. Um poema de John Donne, lido anos antes, enchia-se de sentido: "Não haverá nem nuvem nem sol, nem escuridão nem ofuscamento — apenas luz. Nem barulho nem silêncio — apenas música. Nem medos nem esperanças — apenas fruição. Nem inimigos nem amigos — apenas comunhão. Nem início nem fim — apenas eternidade". A troca do curativo podia começar.

Elas me desenfaixavam do topo da cabeça ao queixo. Liberavam as orelhas, tiravam as compressas sujas, limpavam e preparavam as compressas esterilizadas com uma pinça, mergulhando algumas em soro fisiológico, embebendo outras em vaselina. Seus gestos eram lentos porque seguiam a música. Quando o rosto ficava nu, uma delas dizia:

— Quer ver?

Era a pergunta ritual. Eu dizia que sim. Ela pegava o pequeno espelho de moldura preta que ficava na mesa de cabeceira, o mesmo com que Alexandra me mostrara a ponta de minhas orelhas peludas, e o passava para mim. Eu olhava para o buraco, bem de frente. Via com o que ele se parecia. Como evoluía. Se diminuía ou aumentava. De que modo havia mudado desde o dia anterior, desde o dia do atentado. Eu olhava para ele friamente, em meio às notas de Bach, como se descesse em um poço. Ninguém, com exceção da equipe médica e de mim mesmo, e dos que me encontraram no dia 7 de janeiro, jamais o viu. No meio da carne dilacerada, havia agora uma pequena focinheira de titânio, que segurava os restos de mandíbula e da qual eu via quatro argolas. Era uma corrente, mas também a pauta de onde subiam as notas que ouvíamos. O lábio e quase todos os dentes inferiores haviam desaparecido. Eu reencontrava, na base do rosto intacto, com certa satisfação masoquista, o monstro familiar. Se eu fosse um retrato pintado, seria como se a mão do artista, tão segura quanto a de Rafael, tivesse destruído uma dezena de centímetros na parte inferior do rosto, para lembrar ao mundo que toda aquela harmonia não era nada além de pintura, nem mais nem menos. O rosto que eu tivera era uma convenção que havia desaparecido. Eram Bach e os gestos das enfermeiras, naqueles momentos, que lhe devolviam a unidade — sem apagar sua monstruosidade.

Certa manhã, levantei os olhos do espelho e olhei para a terceira enfermeira, Ada. Enquanto as outras trabalhavam, seus olhos negros me encaravam. Ela tinha acabado de começar a trabalhar no setor, tinha vinte anos. Seu namorado era crupiê num cassino. Ela era metade francesa, metade senegalesa, mas parecia uma princesa indiana com seus longos cabelos castanhos, seu rosto sempre um pouco indiferente ou imperceptivelmente exasperado de estar ali. As mais velhas diziam que as novas não tinham senso de vocação, que não estavam nem aí. Eu gostava de Ada. Bach a entediava, como toda a música clássica, mas ela só me disse isso mais tarde. Olhei para aquele rosto perfeito, para aquela beleza nervosa e intacta, olhei para o buraco e para as carnes, e de novo para o rosto de Ada. Eu era a fera, ela era a bela, e era ela, aqui, quem tinha as chaves do castelo. Seus longos olhos sorriram, de leve. Estavam maquiados? Eu não enxergava direito. Levantei as sobrancelhas, como quem diz: "É assim". Ela fez uma careta que sem dúvida queria dizer: "Sim, é assim". Depois, com todo o vagar, as outras enfermeiras começaram a limpar a ferida e seus entornos, a refazer o ovo de Páscoa em minha cabeça. Gladys havia esquecido, naquele dia, de liberar as orelhas, eu já começava a sufocar. Fiz um sinal para ela. Como Alexandra, ela pegou a tesoura e começou a abrir buracos na gaze, às cegas, com medo de me ferir. Embaixo do ovo de Páscoa, era difícil dizer onde exatamente ficavam os contornos e os lóbulos das orelhas. Guiei-a o melhor que podia. Procurávamos cogumelos sob um tapete de musgo. Ela acabou encontrando as orelhas, que saíram da gaze. Eu as desamassei. Não teria me sentido mais livre saindo de um caixão.

Por essa época, Alexis chegou com uma grande fotografia em preto e branco tirada em Cuba quinze anos antes, num vilarejo de Sierra Maestra espremido entre o mar e a montanha, ao fim de uma estrada quase abandonada. Ele o visitava regularmente. Uma vez, acompanhei-o. Alexis é fotógrafo. Para ele e para mim, Cuba fora o país onde havíamos refletido sobre nossas vidas e onde as havíamos mudado. Em meio à luz e à alegria, tínhamos começado a envelhecer: ele deixando de ser órfão, eu deixando de ser solitário. Aquela era a ilha para nos despojarmos da imaturidade, vivendo-a pela última vez. Cuba foi a terra encantada, difícil, de nossos renascimentos.

Sierra Maestra era uma zona proibida aos jornalistas estrangeiros. Autorizações eram concedidas a conta-gotas, com objetivos precisos de propaganda — ou considerados precisos pela burocracia cubana. Os beneficiários dessas autorizações eram vigiados. Era possível burlar a proibição e visitá-la mesmo assim, como num jogo de gato e rato. Isso significaria, quando se vivia em Havana, como Alexis, correr o risco de ser expulso do país.

O vilarejo se chamava La Bruja. Era considerado um vilarejo-piloto. Alexis não desconhecia as razões que levavam o Estado a, por intermédio de uma amiga, lhe oferecer fotografar aquele lugar-Potemkin, mas ele queria trabalhar em Sierra Maestra e sabia que tudo estava suficientemente corrompido na ilha para que o verniz da propaganda aguentasse por muito tempo. Bastaria ser paciente, falar espanhol e obter a confiança de alguns habitantes. Ele queria mostrar as mulheres e os homens daquele porta-joias montanhês; queria capturar a vida pobre e austera que levavam. Nada ou quase nada lhes pertencia, com exceção de alguns andrajos, às vezes um ou dois porcos, três galinhas raquíticas e louças desemparceiradas. A maioria caminhava de pés descalços pela montanha, muito inclinada, onde penavam para cultivar alguns acres de terra nas encostas. E mesmo assim, de toda aquela miséria que enchia bolsos mesquinhos e invejosos, se elevava certo esplendor — um esplendor espontâneo, mudo, que a foto trazida por Alexis resumia. Cada vilarejo tinha um gerador, uma televisão e um idiota. Por um bom tempo, a foto do idiota ornou uma parede de meu apartamento.

A fotografia que Alexis pendurou em silêncio na parede do quarto, de frente para a cama, mostrava uma menininha. Ela usava uma camiseta branca que mal tapava o umbigo, e estava num campo de flores, que pensei serem de tabaco e pareciam cravos, que iam até sua cintura. Na foto, as flores eram brancas. Na realidade, eram alaranjadas. A menina olhava para a câmera bem de frente, com um ar indefinível, talvez séria, talvez achando graça, as crianças geralmente escapam às categorias psicológicas que tentamos lhes atribuir. Agora, era para mim que olhava. Para mim, meu curativo e meu buraco. Ela segurava uma das flores na mão esquerda. Não perguntei a Alexis por que ele havia escolhido aquela fotografia do Éden, entre tantas outras que havia tirado e que eu conhecia. Eu não precisava perguntar. Tínhamos lembranças comuns daquele lugar e, naquele quarto de hospital, aquelas lembranças se encadeavam às que começavam a nascer ali. Em espanhol não nos chamávamos de *hermano*, irmão? Mas havia outra coisa: a própria natureza do lugar, da foto e do olhar da menininha. Não se poderia imaginar um mundo mais bonito ou mais rude do que as colinas de La Bruja, e aquela menina, tão imponente, de uma delicadeza tão natural, me presenteava com nada menos que o encanto produzido pela mais dura realidade. Conversei muito com ela nas semanas que se seguiram, quase sempre à noite. Seu olhar florescia nas horas escuras e dizia, como Ada — como o que pensei ver nos olhos de Ada: "Sim, assim é". Olhar para ela era olhar para o reverso do buraco: uma plenitude sem afetos e sem palavras circunstanciais, um olho nu diante de um homem nu. Eu olhava para ela de novo e de novo, enquanto a noite avançava e, com os olhos embaralhados e ardendo, eu enxergava cada vez menos. Voltava a me ver naquele lugar, quinze anos antes, também à noite, entrando num rio levemente frio, com Alexis, mas rapidamente meu corpo e a lembrança de meu corpo desapareciam dentro do rio, depois dentro da imagem, e, assustado, prestes a chorar, eu me via na frente daquela garota que me dizia:

— De que se queixa? Sim, é assim.

Mais tarde, fiquei sabendo que se chamava Yarima. Um morador de La Bruja, Amarillo, com quem Alexis e eu mantivemos uma amizade à distância, acabou por encontrá-la. Ele tirou uma foto sua e a enviou por Facebook: tornara-se uma jovem mulher, estava sentada num banco, muito sorridente, usava uma calça preta justa e sapatilhas. Ela não se lembrava de mim, escreveu-me Amarillo, mas queria receber notícias minhas. Eu tinha saído do hospital, mas não dei notícias.

Conheci Alexis no início dos anos 1990, ao voltar de uma reportagem na Somália. Ele havia seguido a guerra civil desse país um pouco mais de perto que eu. Publicamos algumas de suas fotos no jornal onde eu trabalhava à época. Não lembro mais se acompanhavam um de meus artigos. Não guardei nada daquilo. Como a maioria dos livros, artigos foram feitos para ser esquecidos. Alexis e eu nos perdemos de vista até que, alguns anos depois, cruzei com ele por acaso na rua. Ele estava indo morar em Cuba. Eu estava voltando de lá e tinha me casado com Marilyn. Nossa amizade começou assim, numa calçada. Foi também numa calçada, caminhando com a filha, que ele ficou sabendo que eu fora ferido no atentado. Não sabia, como os outros, se eu estava vivo ou morto. Ficou ali, naquela calçada, imóvel e transtornado na frente da filha, que nunca o tinha visto chorar.

No hospital, falamos dos muitos feridos que vimos na Somália, pessoas que, com um sorriso nos lábios, eram inevitavelmente levadas à gangrena e à amputação devido à ausência de cuidados pós-operatórios. Daquele lugar, como do resto, eu só me lembrava de coisas que não eram íntimas — como se o atentado tivesse puxado para si toda a cobertura dos acontecimentos. Uma noite, sozinho na frente da menina cubana, refiz meu inventário somali.

Senti o forte cheiro de merda que vinha do palácio saqueado de Siad Barre, o ditador somali. Vi a cabra perdida entre os milhares de papéis oficiais que cobriam o que restava do assoalho. Tudo havia sido destruído e arrancado, até mesmo os encanamentos, pois tudo podia ser utilizado ou revendido. Lembrei-me das lasanhas preparadas pelo cozinheiro do Médicos Sem Fronteiras, das sessões de tiro de kalashnikov e das partidas de futebol na praia, da água escura em que pairava a ameaça de tubarões, da chegada de khat ao aeroporto e dos homens que o buscavam de picape para vendê-lo na cidade com a melhor cotação. Lembrei-me dos tiros e foguetes perdidos que em geral acertavam mulheres e crianças. Lembrei-me do exemplar de *O vermelho e o negro* que li, à luz de uma pequena vela, num hotel de Mogadíscio em que eu era o único hóspede, enquanto o tiroteio aumentava na rua e uma família de gatos berrava lá dentro. Lembrei-me do pequeno sabão e da toalha branca e bem dobrada que aqueles que me protegiam tinham deixado num banquinho ao pé da pequena cama impecavelmente limpa. Lembrei que eles tinham fechado as grades do hotel depois de terem me cumprimentado e que tinham montado guarda a noite inteira, antes de me oferecer chá pela manhã. Lembrei-me da violência circundante, da beleza das pessoas e de sua cortesia. Lembrei-me da elegância e do kriss do general Aidid, que citava Virgílio em latim e ainda não tinha expulsado os americanos.

Lembrei-me dos feridos gangrenados que riam, das moscas do centro cirúrgico, das aulas dadas por um anestesista francês a deslumbrantes enfermeiras somalianas infibuladas. Diante da menina que despertava todas essas coisas, lembrei-me, acima de tudo, da kalashnikov apontada para mim no mercado de armas de Mogadíscio. Lembrei-me do momento em que vi, no olhar vermelho, ausente e drogado do homem que a segurava, que atirar ou não dava no mesmo. Lembrei-me daquele olhar, da mortal sensação de acaso. Havia conversado muitas vezes com Alexis sobre aquilo, mas agora sabia que o jornalista que o vivera, com as pernas trêmulas, não tinha a menor ideia do que aquilo significava, pois o medo é apenas o prenúncio de algo. Lembrei-me daquele instante e imediatamente o vi de cima, de longe, de perto, como se acontecido com outra pessoa, porque eu não era mais exatamente aquele que o havia vivido.

Que vidas eu tinha vivido, que vidas viveria? Qual o sentido daquela experiência? Certo dia, uma enfermeira me perguntou se eu gostaria de ver o capelão do hospital. Ele havia dito que me visitaria com prazer. "Por que não o imã?", pensei. Mas ninguém me sugeriu isso, e eu não disse nada, também não devia exagerar. No entanto, eu o teria ouvido de bom grado, embora na época qualquer árabe com quem cruzasse no corredor — e havia vários entre os familiares dos pacientes — me fizesse pensar num degolador, impressão que eu imediatamente apagava com um cumprimento e um sorriso, quase sempre retribuídos. Sim, por que não o imã? Ser ferido por assassinos que não deviam saber quase nada da religião que afirmavam defender não seria uma boa ocasião para conhecê-la, por intermédio de um homem que talvez se interessasse em explicá-la? Eu tinha três exemplares do Alcorão em casa, cada um me seguira por algum país árabe e agora descansava em paz na prateleira de filosofia, muito desorganizada. Meus pais tinham justamente acabado de ir a minha casa para buscar algumas coisas, e minha mãe mais uma vez não parara de reclamar com meu irmão do abominável acúmulo de livros. Não ousei pedir que trouxesse um Alcorão, o grande e verde, traduzido e apresentado por Jacques Berque, e esquecendo-me do imã, aceitei receber o capelão.

Eu não era crente, e a ideia de confissão me parecia cômica, mas eu me sentia pronto a acolher tudo ou quase tudo, como se meu estado tivesse me despojado de tudo, menos de curiosidade. Eu me sentia puro e bom como o cordeiro que sobreviveu ao lobo, coisa que nunca acontecia. O capelão era um sujeito com óculos baratos de padre e sorriso bondoso que, acima de tudo, não queria me constranger. Sua presença logo me estimulou. Vi-o duas vezes. Como queríamos um pouco de paz, na primeira vez fomos levados ao depósito, na segunda à inquietante guarita. Havia um último quarto, passando o meu, onde ficavam os pacientes presos. Eles eram vigiados 24 horas por dia. A inquietante guarita, à frente desse quarto, tinha janelas de vidro fumê. Na segunda vez, o quarto estava vazio. Utilizamos a guarita. Os policiais que me protegiam não nos seguiram.

Da primeira conversa, no depósito, lembro-me da farmácia que nos cercava do teto ao chão e de ter conversado, olhando para as compressas, a respeito do perdão. Eu não tinha nada a perdoar a homens que estavam mortos e que não tinham pedido perdão a ninguém, mas eu também não os acusava. Para falar a verdade, não estava nem aí para os irmãos K., assim como não estava nem aí para os discursos que os condenavam ou que, a pretexto da sociologia ou da razão, tentavam compreendê-los. Eu acabava de voltar a ler alguns jornais, na internet, e ficava chocado — eu, o jornalista que não deveria me chocar — com a prodigiosa capacidade do mundo contemporâneo de divulgar explicações e comentários a respeito de tudo e qualquer coisa. O zum-zum em torno dos irmãos K. era a epidemia Dostoiévski: todos achavam que eram o romancista epiléptico, todos queriam compreender e narrar a gesta dos dois demônios. O capelão, por sua vez, tinha uma timidez e um silêncio dignos de respeito. Ele não usava batina e pisava em ovos, mas com naturalidade. "O senhor não acredita em Deus", ele murmurou ao fim da primeira conversa, "mas talvez uma forma de oração possa ser de alguma ajuda?" "Vou pensar", respondi, "e depois lhe direi; em todo caso, obrigado por ter vindo."

Na segunda vez, dentro da inquietante guarita, eu disse que minha única oração, no momento, passava por Bach e Kafka:

um me trazia paz, o outro uma forma de modéstia e de submissão irônica à angústia. As notícias, naquele momento, não representavam mais a oração hegeliana de todas as manhãs. Enquanto ele falava, olhei pela janela para a cama vazia, do detento ausente, vi-me naquela cama e senti uma espécie de ameaça no ar. Depois falou-se da natureza do mal, o nome "Jó" foi pronunciado, talvez também a expressão "monte de estrume", por fim a palavra "rosa" deve ter brotado e florido, designando uma coisa bastante simples que ele chamava de fé, e eu, no fim das contas, de beleza. Mas não lembro mais o que dissemos exatamente e nunca mais voltei a vê-lo.

Pouco depois, dois instrumentos entraram em minha vida, um por duas semanas e meia, outro por quatro meses: o VAC e a gastrostomia. O VAC (Vacuum Assisted Closure) é um pequeno aspirador de pressão negativa, utilizado sobretudo em grandes queimaduras, para reduzir feridas, permitindo uma cicatrização mais rápida, aspirando o pus e as serosidades. Uma espuma é colocada sobre a área atingida e adaptada a seu tamanho, embebida num gel amargo cujo gosto só é sentido quando o instrumento vaza. Um tubo sai da ferida e da espuma, por onde os resíduos sanguinolentos são aspirados. Eles chegam a um pequeno estojo, onde são filtrados e armazenados. O VAC funciona noite e dia, o paciente ouve seu motor o tempo todo. O filtro precisa ser trocado regularmente. Em meu caso, o estojo parecia uma bolsa de mão. Uma alça me permitia caminhar com ele, tomar banho com ele, mas eu não devia deixá-lo cair ou molhar. Como tudo o que me ajudava a sair de minha situação, como meu próprio corpo, cujos ossos e pele logo me permitiriam reconstituir a mim mesmo, ele me fez pagar bastante caro por sua ajuda. Em primeiro lugar, porque é ideal para grandes superfícies planas — costas ou nádegas. Mantê--lo preso ao rosto, como Chloé havia decidido, não era fácil: o queixo é pequeno, estreito e cheio de relevos. O VAC vazava por qualquer coisa, geralmente à noite. Eu colocava o estojo embaixo do lençol, entre as pernas. Seu alarme me acordava assim que eu pegava no sono. Eu queria afogá-lo como um gato. Chamava-o de gato, aliás. Ele era o pequeno e malvado VAC proustiano, que me acordava, como acontecia ao narrador, assim que a luz se apagava. No entanto, o que me acordava não era o pensamento de que estava na hora de tentar dormir, era o vazamento no processo destinado a me reconstituir. Eu chamava a enfermeira da noite, por exemplo, a jovem Marion-olhos-de-gato. Ela entrava com um grande sorriso, bufava um pouco e tentava, pressionando a espuma e acrescentando ataduras às ataduras, tapar o vazamento. Não adiantava, ou só adiantava por uma ou duas horas, e dessa vez a consciência de que o alarme voltaria a tocar era o que me impedia de dormir. Essa comédia desgastante me reconduzia ao centro cirúrgico a cada três ou quatro dias, ao longo de duas semanas, para "refazer o VAC". A dificuldade do despertar pós-operatório era quase que imediatamente transpassada por uma ardência no queixo, que acabava, com a volta ao quarto e um analgésico, por dar lugar à angústia do vazamento. Que textos não teria escrito Kafka, eu pensava, a partir dessa angústia! Pela segunda vez, sentia-me culpado — culpado de vazar, assim como me sentia culpado de não ter veias para furar. Queria ser o paciente ideal, inigualável, a barata retransformada em homem ou que nunca cai da parede, que nunca fica de barriga para cima, o monstro melancólico e merecedor. "Continue sonhando!", dizia o VAC, interrompendo seu ronronar para começar a apitar. Todos ficaram felizes quando ele aguentou 48 horas sem tocar sua musiquinha. Eu sempre esperava bater o recorde, só pensava nisso, e meu pai mais ainda, pois a ideia de vazamento o deixava muito angustiado, e ele, como eu, não conseguia mais dormir à noite.

O VAC, no entanto, reduzia meu ferimento dia após dia, e tinha outra vantagem: ele me permitia ligar para Gabriela pelo

FaceTime à noite, quando estava sozinho e deprimido. Ver seu sorriso me tranquilizava por um instante. Em seguida, responder às suas perguntas ou ouvir que ela falava de seus problemas ou da vida maravilhosa que me esperava, tudo isso me cansava. Passei a ligar menos e, embora escrevesse para ela, eu raramente lhe respondia: fosse porque a resposta cairia mal, fosse porque não estava em condições de receber uma lição de otimismo desesperado. A diferença horária não ajudava, assim como minha falta de entusiasmo com imagens à distância, que sempre me pareciam aumentar a ausência que deveriam suprir, mas essas eram desculpas secundárias. A verdade era que tudo que não estivesse dentro daquele quarto, diante de meus olhos, me afastava. Eu não esperava quase nada daqueles que não estivessem ali. A ausência deles não me ajudava, não me nutria. Não me trazia nada, e eu os esquecia. Ao aparecer na tela do computador, o rosto de Gabriela saía do limbo para onde eu tinha pressa de reenviá-lo. Seu olhar amendoado me comovia, mas eu teria preferido tapar sua boca com uma de minhas ataduras. Nenhuma de suas palavras voluntaristas poderia consertar o VAC ou me ajudar a respirar, nem relaxar meu pescoço ou expulsar os fantasmas dos assassinos que voltavam a me assombrar. A vida exemplar dos outros era inútil, nem ela nem eu podíamos fazer algo sobre isso. Eu teria preferido que Gabriela desaparecesse até sua próxima visita, marcada para depois do enxerto.

13.
Calendário estático

Feitas as apresentações do VAC, eis uma parte do calendário de nossa vida comum. A sonda gástrica, ou gastrostomia, junta-se a nós no dia seguinte à colocação do VAC, para formar um delicado ménage à trois. Este calendário não é um diário, pois se trata de uma reconstituição. Na época, escrevo muitos e-mails. Anoto os fatos, principalmente os detalhes práticos, os fenômenos físicos, mas não escrevo um diário. O único diário que mantenho, quando posso falar, é o do relato feito com leve atraso a meus visitantes e, quando não posso, o de minhas perguntas e observações no quadro branco. Esgoto aquilo de que falo, apago o que escrevo. Pareço o artista Marcel Broodthaers no pequeno filme mudo, em preto e branco, dirigido por ele em 1969 e intitulado *A chuva*. Broodthaers aparece sentado atrás de uma caixa, sobre a qual há um tinteiro e uma folha de papel em branco. Ele escreve alguma coisa com a maior seriedade, e escreve sob a chuva que cai. As frases se dissolvem, mas Broodthaers continua, com calma, escreve outras, que são imediatamente apagadas. É um de meus filmes preferidos.

A morte da avó segue ritmando as descidas ao centro cirúrgico. Não a de minha avó materna, nascida no Berry, morta vinte anos antes, mais fina e mais leve que uma boneca, seis meses depois de desmaiar em meus braços, dentro de sua casa, como uma heroína romântica, logo, desnutrida. Nem a de minha avó paterna, nascida no Rio de Janeiro de um aventureiro mais ou menos trapaceiro e mitômano, morta trinta anos antes de um ataque cardíaco, à mesa, sozinha, e cujo rosto deformado, vinte vezes reconstruído após um acidente, me acompanha como um batedor e um concorrente desde o dia 7 de janeiro. Nem a de minha terceira avó, nascida numa família burguesa do Norte, jovem esposa de meu bisavô, morta no mesmo ano de minha avó paterna, com a fé de ferro de que falei antes. Cada uma dessas avós me faz visitas durante os meses de hospital, dependendo de seus humores ou de meus devaneios. Eu as consulto pelo que viveram e pelo que foram. Às vezes elas me respondem. Viveram num mundo sem ruído, estão mais perto de mim, neste quarto, do que a maioria de meus contemporâneos. Cada dia que passa me aproxima mais de seus sorrisos, de seus cheiros, de suas águas-de-colônia, de seus cabelos grisalhos ou brancos bem penteados, de suas sobrancelhas feitas, de seu século, de suas vidas minúsculas. Como eu, elas vivem num universo denso, de ar rarefeito, onde o pouco que entra é objeto de múltiplos procedimentos e deve se submeter a hábitos. Mas a avó que me prepara para o centro cirúrgico é a avó do narrador de *Em busca do tempo perdido*. No entanto, ela não me segue até o mundo de baixo sob o lençol da maca, como as cartas de Kafka. Sua morte é comprida demais para o tempo da maca. Ela não sai de minha mesa de cabeceira, do mesmo modo que as cartas de Madame de Sévigné não deixavam a sua.

Na sexta-feira, 23 de janeiro, leio a morte da avó e desço ao centro cirúrgico. Chloé tenta tapar os "vazamentos", mas não consegue. Despertar difícil, subida difícil. Mais tarde, Véronique, a psicóloga, passa para me ver. Como não posso falar, eu me comunico através do quadro. É agradável escrever frases que são apagadas muito antes de serem esquecidas, e escrever com o máximo de precisão possível: Marcel Broodthaers está certo. À noite, sob o efeito da morfina, começo a assistir com meu irmão a *Um convidado bem trapalhão*, com Peter Sellers.

O filme não me faz mais rir. Não sei o que estou vendo, misturo tudo e pego no sono muito antes da cena em que os hippies lavam o elefante na piscina do produtor hollywoodiano.

No sábado, 24 de janeiro, um amigo do *Libération* me traz uma parte da correspondência que se acumula no jornal. Faz tempo que não recebo muita coisa: o jornalista cultural pode medir o declínio de seu ofício, de seu jornal, de sua "especialidade". A vítima que me tornei redescobre a alegria efêmera dos envelopes timbrados. Dessa primeira leva, guardo uma carta de Limoges: vem de Marie-Laure Meyer. Fiz um perfil seu em 1997, para o jornal, na época em que fora eleita para o conselho municipal de Nanterre e se candidatava, sob o rótulo de socialista, para as eleições legislativas. Ela não tinha a menor chance de ser eleita, mas fora escolhida para preencher as cotas femininas que seu partido se impusera. Até então, tivera uma vida itinerante, no exterior, mas se metamorfoseara brutalmente: seu marido perdera uma perna e a autonomia, consequência de um acidente cirúrgico. Meu perfil é rápido, leve, simpático e irônico; é o tom do jornal, ou o meu na época. Escreve-se para o presente, e sem pensar no amanhã. Perfis são esboços, linhas gerais. Marie-Laure Meyer não reage à publicação, e eu não volto a vê-la.

Cinco anos depois, ela é ferida no massacre de Nanterre. Por volta de uma da manhã, um homem sentado na plateia, Richard Durn, se levanta ao fim da sessão do conselho municipal. Ele puxa armas escondidas embaixo do casaco, se aproxima e atira nos eleitos, um por um. Oito são mortos, dezenove são feridos. A cena dura cinquenta segundos. Efeito surpresa, ambiente fechado, rapidez na ação, modo automático: é o massacre que mais se assemelha, tecnicamente, ao do *Charlie*. Richard Durn não é islamista; eram poucos, na época. Numa carta póstuma, lemos que ele quis matar o máximo de pessoas infames, pertencentes a uma "minielite local". Por quê? "Vou me tornar um serial killer, um louco que mata.

Por quê? Porque o frustrado que sou não quer morrer sozinho, nesta vida de merda que tive, quero me sentir poderoso e livre ao menos uma vez." Ele parece ler os psicólogos e sociólogos dos jornais e aplicar a lenga-lenga ao próprio caso. Comete suicídio atirando-se de uma janela durante um interrogatório.

Não estou na França no momento do massacre. Não leio os detalhes e ignoro que Marie-Laure Meyer estava lá. Esqueci-a. Sua carta ressuscita uma figura de um passado com o qual a comunicação parecia cortada: ela abre passagem à força. Leio-a na cama.

> Querido Philippe,
> Permito-me chamá-lo assim porque já nos encontramos antes e compartilhamos duas coisas:
> — um artigo, que você escreveu em 1997 para os perfis do *Libé* e que foi minha primeira entrevista para um jornalista como pessoa pública;
> — o fato de ter sobrevivido a um massacre assombroso, você ao do *Charlie Hebdo*, eu ao do conselho municipal, em 27 de março de 2002.
> Assim, ouso lhe escrever, ainda que não nos conheçamos mais do que por esses motivos.
> Em primeiro lugar, para lhe desejar que rapidamente possa se beneficiar de todos os avanços da medicina francesa a fim de recuperar os estragos causados por uma kalashnikov (a Magnum 357 é mais precisa); depois, para lhe dizer algo que você já sabe, que não é fácil ser um sobrevivente, dividido entre a alegria de estar aqui e a culpa de ter ficado...

Sinto uma pequeníssima alegria de estar aqui e, ao contrário de alguns amigos do *Charlie* que não foram feridos, nenhuma culpa de ter sobrevivido; mas compreendo o que ela deve ter sentido.

... que os pesadelos duram muito tempo (ainda não sei, doze anos depois, se um dia cessarão), que eles surgem nos momentos mais imprevisíveis e que as crises de pânico, de angústia ou de desespero podem nos deixar em frangalhos enquanto os que estão ao redor nos parabenizam por nossa força de espírito.

Aos poucos descubro a que ponto ela está certa. Os que celebram a "força de espírito" da vítima que se tornou paciente têm medo daquilo que sua ausência poderia significar. Ela continua:

Depois, para lhe dizer que somos muitos os que descobrimos com alegria que você sobreviveu e que estamos convencidos de que uma "cara quebrada" permite continuar a pensar, escrever, e que, ainda que você provavelmente babe por certo tempo, o corpo e a medicina dispõem de recursos inesperados. Seu artigo de 14 de janeiro me mostrou que você já começou a luta, fico feliz com isso e meus pensamentos estão com você (isso talvez não adiante nada, mas não tenho muito mais a oferecer, nesse estágio).

E depois? Como passar do sobreviver ao viver? Só posso falar de mim mesma: primeiro, aceitando que muitas pessoas o abracem e reafirmem que é maravilhoso que você continue aqui, apoiando-se nesse afeto, ou nessa compaixão, mesmo quando ela é um pouco excessiva; em seguida, encontrando causas de utilidade externas a si mesmo, da família à militância, passando, é claro, pelo reconforto proporcionado por aqueles que perderam uma pessoa próxima, os viúvos, viúvas e órfãos siderados pela violência do drama, depois esgotados pelos procedimentos administrativos, pelas mesquinharias, pelos problemas financeiros. Enfim, por toda a reflexão que pode nos trazer o sofrimento agudo de ter sido impotente durante, antes, após. É um cadinho poderoso.

Ela menciona um romance, do qual escrevi uma crítica há alguns anos. No livro, um dos personagens era inspirado em Richard Durn. Meu artigo se chamava "A carroça dos humilhados". Não lembro mais do romance, nem de seu título, nem de meu artigo. Ela escreve:

Como Richard Durn, os irmãos Kouachi fazem parte dos humilhados; isso não lhes confere, porém, o direito de matar. Assim como ele, vivem numa sociedade que desintegra os que não são *golden boys*; como ele, não superaram a desesperada necessidade de reconhecimento dos adolescentes pouco à vontade na própria pele ou tímidos com grandes frustrações.

Aqui, não concordo mais com ela. Tendo a pensar que a sociedade atual, como o *radjaijah*, é um veneno que enlouquece, e não tenho dúvida alguma dos desastres mentais provocados por essas constantes pressões contraditórias. Mas não posso fazer psicologia social com os assassinos produzidos por essa sociedade. Como para o detetive Columbo, o primeiro princípio da civilização continua sendo para mim: "Não matarás". Nada pode desculpar a transgressão que vi e sofri. Não tenho raiva alguma dos irmãos K., sei que eles são produtos deste mundo, mas não posso simplesmente explicá-los. Todo homem que mata é resumido por sua ação e pelos mortos que continuam deitados ao meu redor. Minha experiência, nesse aspecto, ultrapassa minha razão.

Marie-Laure Meyer amplia sua reflexão:

Devemos falar em guerra, hoje? Pessoalmente, acho que não, esses atos parecem muito mais um suicídio, pois a guerra não é apenas destruição, ela também é conquista. Devemos falar em fracasso da República? Sim, claro, com tanta marginalização, discriminação...

Paro por aqui. O argumento é longo demais, tanto para ser lido quanto para ser transcrito. Não que ele me pareça errado; é mais conveniente do que a risada satisfeita que devolve o homem, sozinho, ao inferno que ele vive e espalha ao seu redor. Só que faz trinta anos, talvez um século, que esses discursos humanistas não levam a nada. Meu quarto livra o ar das palavras que flutuam em roupas grandes demais para elas e que as tornam vãs. Os argumentos acabam nos tubos.

Depois: "O problema não é a causa que eles defendem, essas causas estão no espírito da época, mas nossa incapacidade coletiva de esclarecer esses sujeitos, com palavras e atos coerentes, com práticas políticas e midiáticas respeitosas, e com isso alimentamos seus delírios". Também não discordo dessas corretas banalidades; mas elas não me trazem nem consolo, nem esclarecimento. O que me ajuda é o laço que se estabelece, através dessa carta, entre ela e mim — a personalidade dessa mulher, que se expressa e que posso sentir. Prefiro, portanto, o presente íntimo que a conclui: um poema de Paul Valéry, "Palma". Ele ajudou Marie-Laure Meyer, assim como Bach, Proust e Kafka me ajudam. Eu gostava muito de Paul Valéry quando tinha dezessete, dezoito anos. Sabia de cor trechos inteiros de "A jovem parca", de "O cemitério marinho". Esqueci tudo. De "Palma", transcrevo quatro versos que aparecem em minhas visões morfínicas: *"Ces jours qui te semblent vides/ Et perdus pour l'univers/ Ont des racines avides/ Qui travaillent les déserts"*.*

Na terça-feira, 27 de janeiro, leio a morte da avó e desço ao centro cirúrgico. São onze horas. Chloé coloca o VAC. A morfina torna a noite tranquila. Mais uma vez, preciso me barbear. Os auxiliares de enfermagem, Hervé, Cédric, fazem isso com delicada apreensão. Raspar os pelos ao redor de um ferimento

---

* "Esses dias que te parecem vazios/ E perdidos para o universo/ Têm raízes ávidas/ Que atormentam os desertos." [N. T.]

é um trabalho de costureira. Eles não querem machucá-lo, mas precisam obedecer a Chloé. De minha parte, fico em pânico ante a ideia de uma lâmina tocar o que me resta de pele.

Acordo com o novo tubo que sai do rosto e acaba num bolsa ronronante. A cânula da traqueostomia me irrita cada vez mais. Parece comprida demais, ou larga demais, para minha traqueia. Um cisto se forma. Uma cânula adequada precisa ser encomendada, pois não há nenhuma no setor. À tarde, faço um exame de imagem que determinará qual dos perônios me servirá de mandíbula. Lucien, um funcionário, empurra minha cadeira de rodas pelo subsolo, levando-me de um prédio a outro. Lucien, ou Lulu, parece um capanga de *O poderoso chefão*. É careca, rechonchudo, atarracado, não muito alto, e fala como um desses coadjuvantes que roubam o brilho dos protagonistas. Isso me cai bem, pois não gosto de estrelas. Os que tentam ficar sob os holofotes, onde quer que seja, me dão vontade de apagá-los. Quando passa por mim no corredor, Lulu aperta minha mão com força e eu sinto solidez e solidariedade. Converso com ele, em tom amigável, a respeito do tempo que nos resta de vida. Ele tem um marca-passo, seu coração fraqueja, mas ele não para de fumar: "Temos uma única vida e os outros não podem vivê-la no nosso lugar". Quando saio para um pequeno passeio com os policiais pelo La Salpêtrière, gosto de vê-lo fumando encostado num muro, como um doente recalcitrante, perto das lixeiras que, arrastadas à noite, produzem um barulho que me acorda e angustia. Ele me cumprimenta de longe, apertando os olhos. Lulu me acalma.

Na quarta-feira, 28 de janeiro, na presença de Juan, que dormiu (ou tentou dormir) no quarto comigo, tenho uma indisposição ao sair do banho. Vejo-o ficar branco, abrir a porta e chamar a enfermeira, enquanto um policial entra e me segura. Sou levado até a cama. Lamento lhe impor aquilo.

Mais tarde, vou a outro prédio e a outro centro cirúrgico, onde devo receber a sonda gástrica: não suporto mais a sonda nasal. Lulu de novo empurra a cadeira de rodas até o subsolo do prédio. Os dois policiais armados nos seguem a poucos metros de distância, silenciosos como anjos. Peguei as *Cartas a Milena*. O VAC ronrona sobre meus joelhos. Tenho vontade de acariciá-lo. Chegamos a uma espécie de corredor estreito e cinza que me faz pensar no depósito de lixo do prédio de subúrbio de minha infância. Ele é fechado, como aquele depósito, por uma pesada porta de aço que se abre para fora. Dali, empurrado por Lulu, desloco-me sob a chuva fina rumo a um prédio vizinho, o de cirurgia cardiovascular. Esperamos numa pequena antessala fria, de luzes amareladas. É um vestíbulo. Regularmente, uma porta de correr automática se abre para um médico de touca e sapatilhas descartáveis que passa de dentro para fora. Pela porta aberta, vejo pacientes adormecidos, perdidos embaixo de tubos, que parecem estar numa viagem interplanetária: o computador Hal 9000 talvez vá desplugá-los. Eles estão voltando do centro cirúrgico. Aquela é a sala de recuperação. Uma mulher gorda respira lentamente, vigiada por uma enfermeira. Há menos olhos do que corpos e menos corpos do que plástico. A porta fecha, abre, fecha. Médicos passam sem cumprimentar, passam cumprimentando. De novo tenho a impressão de estar a caminho da morte, mas é de forma curiosa. A cada abertura, conto os tubos que estão sobre os corpos vislumbrados e tento determinar sua fonte, seu ponto de chegada, seu uso. Não consigo: é como um labirinto de fios emaranhados. Os monitores batem a pulsação. Os policiais se calam. Lulu saiu, sem dúvida para fumar.

Um varapau relativamente cabeludo, na casa dos sessenta anos, sai do navio fantasma e se instala no banco, em nosso vestíbulo. Ele me encara e diz: "Para passar pelo que o senhor passou, é preciso coragem!". Não sei como me reconheceu. Talvez por alguma foto minha tirada depois do atentado? Ele me diz que é pintor, que seu fígado está acabado e que vem regularmente fazer transfusões. Depois: "Então, agora sabe o que pensar dos muçulmanos! Faz vinte anos que avisamos, mas ninguém quer ouvir. Durante a guerra contra a Sérvia, servi de escudo humano nas pontes, durante os bombardeios da Otan. Os sérvios tinham entendido. Quem sabe agora os franceses vão finalmente entender, não? Em todo caso, eu sou 100% Charlie". Olho para os policiais, como se uma metade minha dissesse: "Não podem tirar esse louco daqui?". A outra metade está curiosa e quer ouvi-lo até o fim. Seja como for, meus anjos guardiões estão ali para me proteger de tudo, inclusive dos imbecis, não? Ainda penso: os tiras; mas tenho dificuldade de chamá-los assim. Quem diria que um jornalista do *Libération*, cronista do *Charlie*, acabaria sentindo tanto afeto pela farda policial? É verdade que eles me protegem com paciência e discrição. A maioria vem do interior, do subúrbio, de ambientes modestos. Há brancos, negros, árabes, ruivos grandalhões, louras bonitas, morenas pequenas, de tudo. Uma vez, um deles entrou no meu quarto e disse: "Minha mulher reza pelo senhor todos os dias". E saiu. Eles são as sombras atrás da porta.

Não sei o que responder ao pintor pró-Sérvia e finjo concordar, frouxamente, olhando de novo para os policiais, com cumplicidade. Eles sorriem e não dizem nada. Acabo sendo levado. Fico aliviado. Não tolero os discursos antimuçulmanos, nem os pró-muçulmanos. O problema não são os muçulmanos, são os discursos: deixem os muçulmanos em paz! "Boa sorte!", grita o pintor pró-Sérvia, "e não esqueça que não pode esperar nada de bom dos muçulmanos!" Uma enfermeira me instala numa maca. Eu a ajudo por causa do VAC, que trato como se fosse um recém-nascido, pois não quero passar a noite ouvindo-o gritar. Chego numa sala de cirurgia de luz azul-escura. A enfermeira me prepara e me coloca uma máscara para respirar, mas é difícil. Depois, como numa cena de teatro, decidido e falando alto, enquanto me sinto sufocar, o cirurgião chega, acompanhado de um residente externo que veio para uma aula de anatomia. Ele me diz: "Bom, faremos uma gastrostomia, tudo muito simples, o senhor verá, colocaremos uma agulha no estômago, ela guiará a sonda, mas o senhor não sentirá nada, ou quase nada, mas acima de tudo precisa relaxar, hein, porque se ficar contraído, daí sim sentirá alguma coisa!". A enfermeira põe um tubo em minha boca e injeta ar no meu estômago, para que ele inche e fique visível. Recupero o fôlego e ouço o cirurgião contando piadas de estômagos que estouram. Olho para seus cabelos castanhos, seus óculos de aro preto, e digo para mim mesmo que deve ser libanês: mais tarde, fico sabendo que é brasileiro. Uma tela à minha esquerda, no alto, me permite ver meu estômago. O cirurgião me passa um gel frio na barriga e, com uma série de picadas, anestesia a parede abdominal que recebe a incisão. Ele age entre suspense e surpresa: "Pinço? Aqui, pinço? Não, ainda não! E agora, pinço? Sim? Sim? Não, ainda não! E pronto, agora pinceí! Ah!". O VAC está colocado em cima de mim. Ele ronrona um pouco demais. Não haveria um pouco de miúdos para o meu VAC? Minha avó paterna dava fígado de boi para seu gato, Stanislas, resgatado numa estação de metrô onde ela tinha um quiosque. Um dia, ele me arranhou embaixo do olho, não sei por quê. O residente externo insere a agulha. Respiro para relaxar e, como se diz aqui, para recebê-la. A dor é suportável. Agora vejo a agulha circulando dentro de mim, como um inseto, em busca do estômago que o residente não consegue encontrar. Será mesmo meu corpo naquela tela? "Não!", diz o cirurgião ao residente. "Não por ali, por aqui! Não está vendo o estômago? Está aqui, bem aberto, impossível não ver. As celebridades anoréxicas têm estômagos ridículos, frouxos como panos velhos, porque não trabalham o suficiente. Mas aqui, ora, ele está bem visível!" Depois da operação, pergunto: "E meu estômago, como vai?". Ele olha para mim: "Seu estômago?

Levemente enviesado, perfeito". Quando passo da mesa de operação para a maca, o VAC começa a apitar. Animal estúpido. Vai precisar ser reajustado.

Na sexta-feira, 30 de janeiro, acordo com uma violenta dor abdominal: efeito da incisão da véspera. Entre a dor e os tubos, levantar para ir ao banheiro é como fazer uma acrobacia sem rede de proteção. Comento isso com uma enfermeira. Ela sorri e diz: "É assim depois de uma cesariana. Agora o senhor sabe um pouco melhor pelo que as mulheres passam". Mais tarde, recebo de um colega do *Charlie*, Simon, um e-mail coletivo, marcial e irônico. Fico sabendo que escreveu do jeito que pôde, com um só dedo, ao sair do coma: "Tive preguiça de morrer".

Na véspera, li, como quando tinha quinze anos, uma história de *Blake & Mortimer*, até que comecei a sentir náuseas. Tento lembrar o nome completo da pessoa que me apresentou a esses dois heróis. Só recordo seu primeiro nome, Jean-François. Na última vez em que o vi, ele estava na Sciences Po. Se não me engano, usava aparelho nos dentes. Também gostava de *Valerian*, *O Incal* e *Blueberry*. O que terá feito da vida? Continuará vivo? Desaparecimento normal de recordações, que a situação torna extraordinário. Melancolia violenta que o corpo traduz em nova náusea — que acaba com a melancolia: viva a matéria.

À tarde, meus sobrinhos me visitam pela segunda vez. Na primeira, ficaram com medo dos policiais, dos tubos, do "ovo de Páscoa", e não gostaram do cheiro do hospital, "que fedido". Dessa vez, se aproximam e me abraçam. Mostro a Hadrien, o mais velho, a sonda gástrica e a corola de plástico por onde o tubo entra no estômago. É minha florzinha, eu digo, e explico em detalhe como tudo funciona, apontando para a bolsa de alimento. Agora, preciso me conectar para engolir quatro bolsas por dia; levo de doze a dezesseis horas, dependendo da velocidade de ingestão que escolho e que meu estômago consegue aceitar. Saio para dar minhas caminhadas com o suporte.

A bolsa e o tubo estão presos a ele. Endireito as costas e ajusto meus passos a um ritmo regular para evitar movimentos em falso. Também mostro a Hadrien como tirar o ar do tubo e estancá-lo antes de colocar a bolsa de alimento. Seus olhos brilham de interesse, quase de avidez. Como não gosta de comer, fica fascinado de saber que é possível não fazê-lo. Ele vai embora com o álbum de *Blake & Mortimer*, que não acabei de ler. Quase não leio mais. Apenas releio a morte da avó, algumas cartas de Kafka a Milena, o início de *A montanha mágica*. Ao ver esses livros em minha mesa de cabeceira, aquele que chamo de dr. Mendelssohn ergueu uma sobrancelha e disse: "O senhor não tem nada mais divertido para ler?". "Não." Acrescentei: "Kafka é muito divertido, sabe". Ele fez uma cara de quem diz: o paciente deveria se ajudar. A psiquiatra e a psicóloga não me acham depressivo. Talvez o dr. Mendelssohn, excelente cirurgião, é que precise de um psicólogo; mas os cirurgiões não precisam de psicólogos: eles são heróis gregos, pura ação. Na maior parte do tempo, ouço Bach e divago, só isso.

Na segunda-feira, 2 de fevereiro, leio a morte da avó e desço ao centro cirúrgico, à tarde. Como a espera não tem fim, leio também algumas páginas de *A montanha mágica*, em que os cadáveres são descidos da montanha nevada em trenós. Fecho os olhos. Sou cada um deles. A neve sobre a qual eles deslizam tem um cheiro de cera quente, óleo diesel e tília mentolada. Pouco depois de subir do centro cirúrgico, há pânico ao meu redor: a saturação baixa, o pulso se acelera, suo como neve derretida, não consigo respirar, o residente não sabe o que fazer. Meu pai e meu irmão me encaram, braços caídos, muito pálidos, literalmente abismados. Tenho a sensação de cair num poço úmido e quente, sem ar. É assustador *e* inebriante. É misterioso *e* interessante. Enganando-me, meu corpo me inicia. Escapando-me, ele me pertence. Observo a queda que sofro, sinto-me o pai de meu pai e o ancestral do irmão de quem dependo.

Por volta das 21h30, Chloé passa em meu quarto. Quando me visita à noite, ela é gentil, como as pessoas inteligentes e sensíveis sabem ser quando não estão sobrecarregadas. Ela diz que o osso está pronto para receber o enxerto. Fala da possibilidade de eu sair do hospital por uma hora ou duas para passear na rua. Meu irmão sugere o Jardin du Luxembourg. Chloé, o parque André-Citroën. Como sempre, concordo com ela. "Como sempre": tenho a impressão de que ela dirige minha vida desde o nascimento. Ofereço-lhe um exemplar, com dedicatória, de uma brochura em tiragem especial que acabo de receber, com minhas crônicas de não fumante na revista *L'Amateur de Cigare*. Ela fica encantada. Alexandra, a enfermeira, chega. Seus cabelos estão soltos. Faço um pequeno gesto, sem dizer nada, para avisar. Ela arruma os cabelos. À noite, meu irmão coloca uma luva úmida em minha testa e a troca regularmente. Pegamos no sono por volta da meia-noite, depois da última visita das enfermeiras, ouvindo Bill Evans.

Na quarta-feira, 4 de fevereiro, Blandine passa a noite comigo. Ela lê jornais americanos e contos de Alice Munro. Lê todos os contos, metodicamente, por prazer e para aperfeiçoar seu inglês. Blandine é uma lutadora, acostumada a hospitais, e é o lutador, junto com o amigo, que ela vem ajudar. Faz isso com gestos, com sua presença, sem efusão, quase sem falar. Ela sabe, por experiência própria, que as palavras são inúteis. Ela aproveita o quarto para se concentrar, se isolar, deixar a amizade respirar. Olho para ela: há dois anos estávamos com Juan em Sória, em Castela, em pleno inverno. Como quase todas as lembranças, essa me mergulha imediatamente numa tristeza quase insuportável. Expulso-a voltando a seu rosto ossudo, sereno, a suas mãos que seguram o livro. Recorto-as para colá-las, como num caderno, fora do tempo.

Pela primeira vez, desde o dia 7 de janeiro, meu irmão não veio ao hospital. Estou exausto. Ele também. O VAC começou a vazar de novo. O alarme do estojo me acorda várias vezes durante a noite. Também acorda Blandine. Odeio esse alarme. Visão semiacordado: vivo no *Náutilus*, as sirenes apitam, a lula entra, procuro o machado para cortar seus tentáculos e o leão-marinho para tocar o ukulele, como Kirk Douglas. Terei uma covinha, como ele, depois que o queixo for reconstituído? Enquanto isso, vazo.

Na quinta-feira, 5 de fevereiro, leio a morte da avó e desço ao centro cirúrgico na primeira posição, para trocar o VAC. Às 6h30, de banho tomado e pronto, já de touca, escrevo a meu irmão para dizer que o salário do *Charlie* não entrou na conta e que estou preocupado. Não tenho vergonha de minha preocupação e não percebo seu absurdo. À noite, Juan e eu assistimos a *À beira do abismo*, de Howard Hawks. É o segundo filme que vejo desde que estou aqui, depois de *Um convidado bem trapalhão*. A complexa intriga de *À beira do abismo* me parece muito nítida, como se eu tivesse sonhado com ela: entendo que o filme é um sonho. Desde que estou ali, os sonhos me parecem menos opacos do que a vida. Tenho a impressão de flutuar na fumaça emanada pelo filme, no cigarro e no uísque, sem me lembrar do cheiro do cigarro ou do gosto do uísque. Em pouco tempo, como sempre, estou farto. O sorriso de Bogart coloca tudo à distância. Ele diminui meu aborrecimento e me permite superar o sono. Quando o filme acaba, estou exausto.

Na sexta-feira, 6 de fevereiro, três amigas chegam ao quarto ao mesmo tempo. Duas delas se conhecem, mas não conhecem a terceira. A conversa precisa passar por mim, com salivação em excesso. Chloé, aliás, disse-me para falar o mínimo possível. "Você é um conversador, isso não ajuda muito." Hossein, o jovem cirurgião de plantão no dia 7 de janeiro, contou-me, com ar complacente, dos pacientes mudos como camponeses, que comem suas sopas babando e não dizem três palavras por dia pelo resto da vida. "E não sofrem com isso?"

"Não", ele disse, "é assim que vivem, aceitam sua condição." Mais tarde, falo sobre isso com Véronique, a psicóloga. Ela esboça um sorriso cúmplice: "Não tenho certeza de que não sofram".

Apresento o VAC às três amigas como se fosse uma bolsa da Gucci. O silêncio escorre pelos buracos. A terceira, Hortense, que chegou primeiro, tem os olhos úmidos. Eles são grandes e claros. Ela me faz pensar numa flor um pouco pesada, do Sul, cheia de orvalho e sentimentos. O quarto se torna uma estufa. Conheci Hortense em Cannes, oito anos antes, num terraço, à noite. Ao lado, havia um hermético diretor mexicano acompanhado de uma mulher lindíssima de cabelos curtos e retos: a sua. Eu só conseguia olhar para o pescoço dessa mulher e nunca mais voltei ao festival de Cannes, que para mim se resume a essa imagem. Hortense vem ao hospital pela primeira vez. Ela pega minha mão e diz: "Você é um milagre". É a primeira vez que ouço essa palavra. Ela me incomoda um pouco, não muito, pois nada me incomoda realmente, e me lembra o título de um filme anticlerical de Jean-Pierre Mocky.

No fim do dia, dou, pela primeira vez, uma volta pelo parque do La Salpêtrière com os policiais do turno. Eles precisam ficar um pouco para trás, mas tenho vontade de falar com eles sobre a beleza dos prédios e sua história, que data de Luís XIV. A assistente do setor me deu um pequeno livro sobre o hospital que leio lentamente, com devoção. Descubro o passado e a extensão de meu castelo. Ele não foi construído sobre um pântano, como Versalhes; mas a cada dia que passa, à medida que o passeio se torna mais longo, ele se erige sobre as terras incultas deixadas por meu quase desaparecimento. Faz calor dentro do hospital. O frio da rua me faz bem.

No sábado, 7 de fevereiro, a enfermeira que chamo de Marquesa dos Panos refaz o curativo do VAC, sozinha, por quarenta minutos, com destreza e minúcia, sob os olhares das outras duas enfermeiras que não conseguiam arrumá-lo. A Marquesa dos Panos é a enfermeira de quem estou mais próximo. Ela cuida de mim e encontra soluções práticas para todos os meus problemas. Ao refazer o curativo do VAC, ela diz: "Na verdade, é como um quebra-cabeça, e eu adoro quebra-cabeça". E, de fato, ela recorta pedaços de gaze de todos os tamanhos e formas e aos poucos os coloca em torno da espuma e do tubo, com virtuosidade, até eles ficarem no lugar. À noite, vários amigos e meu irmão jantam na casa de Juan e de sua mulher, Anne, perto do Jardin du Luxembourg. O apartamento deles se torna a casa de acolhida e sociabilidade do pequeno grupo que me apoia. O anexo etílico, em suma, do quarto III. Da minha cama no hospital tento imaginar o jantar: as pessoas, o lugar, a refeição, o barulho de couro do sofá, a música de fundo, tudo o que conheço perfeitamente e há muito tempo. Não consigo.

No domingo, 8 de fevereiro, pela primeira vez saio do hospital, por cerca de duas horas, vou ao Jardin des Plantes, bem perto do La Salpêtrière. Dois policiais do SDLP (Serviço de Proteção) vêm me buscar à paisana. Eles substituem os policiais uniformizados de minha guarda hospitalar de 24 horas por dia. Vários amigos me esperam à entrada do jardim: meu irmão organizou tudo. Visto um grande casaco cinza-acastanhado que não usava havia vinte anos e dentro do qual desapareço, um gorro bege de caxemira muito macio e luvas combinando oferecidas por Hortense. O curativo cobre a parte de baixo do rosto. O tubo do VAC sai dali e chega ao estojo, que carrego, alça no ombro, como uma bolsa. Tenho a sensação de ser um fantasma. Fico em pânico com a multidão, que, no entanto, é pequena, mas não empurra suportes, não é solitária, não tem a cara quebrada e *não se move como os pacientes*. Ontem, o frio me fez bem, mas hoje ele me surpreende como se eu não o conhecesse. Peço para visitar a estufa de cactos. Examino um por um e me sinto próximo deles: eles precisam de muito pouco para viver, apenas calor, e me trazem de volta à realidade, a esse deserto intenso, com muitos espinhos, pedras e pouquíssimas flores. Os filhos de meu irmão brincam num labirinto de folhagens. Paul, o filho de Juan, também veio, e isso me comove: tudo o que vem da juventude me afasta do sentimento de destruição. Acabamos o passeio no belvedere do jardim. O VAC não apitou.

Na segunda-feira, 9 de fevereiro, leio a morte da avó e espero para ir ao centro cirúrgico às oito horas. Por volta das dez horas, fica decidido que não descerei e que o VAC, que vaza de novo, será refeito no quarto. Várias pessoas vêm trabalhar, ficam ali uma hora e meia e não conseguem nada. O residente é chamado, faz uma tentativa com ar confiante, mas não resolve. As enfermeiras riem da falta de jeito dos cirurgiões, que se julgam mais hábeis que elas. Quando a pele é comprimida com a mão, para que a espuma se torne uma ventosa, tenho a impressão de que me torcem e queimam a cara. Não fico infeliz de evitar uma nova anestesia geral, mas não deveriam fazer com que eu sentisse falta de uma. Acabo murmurando que talvez pudessem chamar a Marquesa dos Panos. Uma enfermeira lembra que, desde a véspera, Christiane, a responsável, que não a suporta por fatos anteriores que desconheço, a transferira para o segundo andar e a proibira de me visitar. Diante do fracasso repetido de uns e outros, insisto com um sorriso. "Bom", diz uma enfermeira, "vou buscá-la, mas não diga nada, está bem? Vai ser o nosso segredo." Faço que sim, feliz de compartilhar um segredo com minhas amigas do Reino das Sombras. A Marquesa dos Panos chega, um pouco preocupada, mas ainda assim sorridente, e sob o olhar das outras, mais virtuosística que nunca, monta seu quebra-cabeça em meu rosto, explicando como criá-lo. Acompanho seus movimentos com gratidão e alívio. Encerrada a tarefa, ela vai embora discretamente para o andar que não deveria ter abandonado. A responsável não saberá de nada.

À tarde, Joël, o cabeleireiro, um amigo de Blandine, vem cortar meus cabelos. Chloé e Annette-dos-olhos-claros, minha anestesista preferida, que me deu um monstrinho de borracha de apertar para tonificar as mãos, disseram que estava na hora de raspar tudo, que eu não podia ir para o enxerto daquele jeito. Cirurgiões detestam cabelos e pelos. O que fazem com os islamistas? Mas os islamistas recusariam ser operados por Chloé e Annette-dos-olhos-claros: morte ao inimigo. Joël prepara suas coisas em silêncio. Pergunto-lhe: "Incomoda se eu puser Bach?". Não incomoda. Coloco *O cravo bem temperado*, dessa vez com Richter, e sento numa das duas cadeiras cinzentas. Ele coloca o plástico preto em meus ombros, molha meus cabelos e começa a cortá-los. Sensação de frescor e de nervos começando a acordar, um por um, como flores se abrindo. O tempo é suspenso. Fecho os olhos. Joël me prepara para uma missa ou para a guilhotina. Ele é mudo como um padre, delicado como um carrasco. Ressuscitarei e ele voltará.

À noite, insônia causada por dores na garganta, na mandíbula, por todo tipo de incômodo. Marion-olhos-de-gato, a jovem enfermeira da noite que vem de Le Havre, tenta me injetar um analgésico pela gastrostomia. O líquido reflui num pequeno gêiser. Fico todo molhado. "Ah!", ela diz, soltando o ar num lamento, "o estômago está cheio. Essas coisas sempre acontecem comigo!" Ela diz que, quando um paciente tem uma hemorragia ou morre, é no colo dela. Um dia, ouço uma enfermeira utilizar outra expressão: "Mais dois viraram fumaça esta noite. Espero que pare por aqui". Não é o azar de Marion que zela por mim: são seu sorriso e seu ar felino. Naquela noite, o VAC aguenta firme.

Terça-feira, 10 de fevereiro, Alexis me traz o casaco gêmeo daquele que os bombeiros cortaram no dia do atentado. Experimento-o lentamente, com sua ajuda. É um pouco complicado com o VAC. Emagreci, mas o casaco me cai bem. Por um minuto, tenho a impressão de vestir a roupa da minha vida anterior. É uma cerimônia minúscula e suplementar no encadeamento daquelas que constituem meus dias. Fico comovido com a delicadeza dos gestos de Alexis.

Juan me envia um texto de Nietzsche, "A sabedoria da dor":

Na dor há tanta sabedoria quanto no prazer: ambos são, em primeiro lugar, forças conservadoras da espécie. Se não fosse assim, há muito tempo ela teria desaparecido; que faça mal não é um argumento contra ela, é simplesmente sua essência. Ouço na dor o comando do capitão do navio: "Amainem as velas!". O intrépido navegador "homem" deve se exercitar em conduzir as velas de mil maneiras, caso contrário logo desaparecia e o oceano rapidamente o engoliria. É preciso que também saibamos viver com uma energia reduzida: assim que a dor dá seu sinal de certeza, é chegado o momento de reduzi-la, algum grande perigo se prepara, uma tempestade, e agiremos com prudência ao "inchar" o mínimo possível. É verdade que há homens que, com a proximidade de grande dor, ouvem o comando contrário e nunca parecem mais orgulhosos, mais belicosos, mais felizes do que quando a tempestade se eleva; é inclusive a dor que lhes possibilita seus momentos sublimes! Esses são os homens heroicos, os grandes mensageiros da dor da humanidade: os raros indivíduos dos quais se deve fazer a mesma apologia que para a dor em geral — e, na verdade!, não se deve recusá-la a eles. Essas são forças de primeira ordem para conservar e fazer a espécie progredir: porque resistem à sensação de bem-estar e não escondem o desprezo por esse tipo de felicidade.

Respondo-lhe: "Como sempre, Nietzsche dá força aos que a têm".

À noite, a traqueostomia é retirada. Alívio quase imediato. Descobri que não era especialmente frágil, adjetivo que faz pouco sentido aqui, mas prefiro a dor que acaba ao heroísmo que busca a dor. Principalmente quando sei que ela voltará: a traqueostomia será recolocada em sete dias, durante o enxerto. Os heróis têm uma missão de que pouco se fala: poupar-se.

Na quinta-feira, 12 de fevereiro, o VAC é refeito pela manhã, de novo com a ajuda clandestina da Marquesa dos Panos. Olho para os desenhos infantis e para a fotografia da menina cubana, imóvel em minha cama, e de repente tenho uma enorme sensação de tristeza, caio num verdadeiro abismo. Começo a chorar em silêncio, sem espasmos, nada. Um dos jovens estudantes enfermeiros, Fernando, percebe e diz: "Está lacrimejando, sr. Lançon...". Ele pega uma compressa e tapa os meus olhos. Tenho a impressão de que minha vida inteira escorre por aquelas lágrimas tapadas por Fernando, à espera do vazamento do VAC; de que se dirige para um lugar pacífico, onde só há espaço para as flores sem nome que cercam a menina e para a tristeza. Fernando continua segurando a compressa, a Marquesa dos Panos aperta a ferida, a pequena Émilie acompanha seus gestos e aprende. Elas devem ter visto as lágrimas, mas se concentram no curativo. A psiquiatra entra, uma cabeça, um sorriso, um pedaço de corpo, e sai. O VAC é mais importante. É a primeira vez que choro, acho, desde o dia 7 de janeiro. Queria que as lágrimas não parassem mais, até pegar no sono.

À tarde, Gabriel, um amigo violinista, membro do quarteto Thymos, vem tocar em meu quarto a *Chacona* de Bach. Instalo-me na poltrona. Ele abre a partitura, imensa, em cima da cama. Aviso Hossein, o jovem cirurgião de plantão no dia 7 de janeiro, que ainda não é um amigo, mas que não é mais apenas um membro da equipe médica. Ele vem assistir. Aproveita para me dar uma coletânea de poemas persas, *Oasis d'émeraude* [Oásis de esmeralda], de Sohrab Sepehri. Algumas enfermeiras estão ali. Chloé não pôde vir. Gabriel segue a partitura, subindo até a cabeceira da cama. As cordas rangem, ouço sua inspiração, sua exalação, seus pés no chão. Nada é mais físico que o violino. Seu corpo parece sofrer toda a beleza que ele propaga. Bach ecoa quase brutalmente no silêncio do quarto e do setor. Começo a salivar sob o curativo. Os nervos se retesam e relaxam, as cordas do violino rangem. Sinto dor nas mãos. Olho para a massa de cicatrizes que as cobrem. O corpo está completamente preenchido, como o violino, pela dificuldade e pela música. Todos os sentimentos e todas as emoções passam pela *Chacona*: Gabriel os comunica ora um por um, ora todos juntos. Ele chega ao travesseiro e acaba com a mão quase paralisada. Por alguns minutos, tenho a impressão de ter sobrevivido apenas para estar ali.

No sábado, 14 de fevereiro, acompanhado pelos policiais, por meu irmão e por minha amiga Sophia, que se tornou especialista em massagem de mãos, visito a exposição sobre a dinastia Han no Museu Guimet. Há poucas pessoas no local: meu pânico fica sob controle. Depois da visita, vamos a um café. Não posso nem beber nem comer. Olho para os lábios e os copos de cervejas, para os dedos e os amendoins, sem nenhum desejo, nenhuma sensação. Na rua, chove. À noite, Odalys dorme no quarto comigo. Vejo-a dobrar com cuidado suas coisas, pegar uma camisola, comer uma fruta: estou em Cuba. Ela me massageia os pés, as pernas, as mãos, os braços. Adormeço durante a massagem, depois acordo bruscamente e pergunto: "Você vai me massagear?". Eu já tinha esquecido. De madrugada, o VAC apita. Marion faz o possível para arrumá-lo. Ele apita menos. Em hipótese alguma devo me mexer. Ela me dá uma injeção de Lysanxia por volta das cinco horas, para eu relaxar. Dessa vez, o líquido não escorre.

Domingo, 15 de fevereiro, passeio com vários amigos e policiais pelo Jardin du Luxembourg, que percorro por inteiro, detendo-me à frente da estátua de Baudelaire. Depois, vamos à casa de Anne e Juan, onde eu não pisava desde o início de janeiro. Todos bebem champanhe, menos eu, é claro. De todo modo, não tenho a menor vontade de beber: todos os desejos desapareceram. Da mesma forma que com Gabriela na tela, que com todas as mulheres que amei e que, em sua maioria, me visitam por aqueles dias, vindas de uma vida mais ou menos anterior. Fico feliz de vê-las: sua presença me faz lembrar o que vivi. Mas os nervos que ligam a lembrança ao coração, o coração ao corpo, parecem cortados. Tudo flutua e se apaga numa bondade compartilhada. Para elas, deve ser diferente. Elas entram no quarto como num lugar de verdade. O atentado derruba a árvore dentro da qual as pessoas vivem, amam, se separam, se reencontram, se recordam, envelhecem. Ele cessa o turbilhão da vida. Aquelas que já quase morreram por doença ou tentativa de suicídio, aquelas que têm familiaridade com a morte, todas essas têm impulsos naturais, quase desesperados, como se eu as tivesse alcançado no lugar que habitam há muito tempo. Elas se sentam ao pé da cama de um companheiro renascido. Nenhuma faz gestos inúteis ou deslocados. Nenhuma fica muito tempo. Pergunto-me se é preciso ter passado por isso para obter do mundo essa espécie de graça, livre de passividade e de atividade, ligada apenas a alguns movimentos, alguns olhares, pouquíssimas palavras. Meu irmão é quem organiza as visitas, para evitar atravancamentos e complicações.

Na casa de Juan, o VAC começa a apitar no sofá. Sinto, na boca, a gelatina amarga que derrete como sorvete, como se dissesse: "Cale-se". Preciso ir embora. Juan vai ao meu encontro um pouco mais tarde e passa a noite comigo. Assistimos a *Rastros de ódio*, de John Ford. Já o vi dez vezes, vinte vezes. A solidão de John Wayne, sua raiva, nada fala de mim e tudo fala por mim. O paciente se apropria do herói imperfeito. As luzes do quarto são apagadas. Pergunto-me qual enfermeira mais se parece com Natalie Wood. Não conversamos.

Na segunda-feira, 16 de fevereiro, um massagista, amigo de Alexis, vem tratar de meus pés. Escrevo o primeiro artigo desde o do dia 14 para o *Libération*. É para o *Charlie*. Ele se intitula: "Um buraco na jacuzzi". "Na jacuzzi das ondas" é o nome da coluna há sete anos. Decidi mantê-lo, embora não fale mais de televisão ou rádio, pois não os vejo nem os ouço mais. Mantenho a jacuzzi, sem as telas, mas com um buraco. De agora em diante falarei de minha vida como ela é, ou melhor: como ela filtra o que vem de fora. O que escapa à minha experiência, o que não pode ser abordado por ela, não me interessa: não tenho nada a dizer nem a pensar sobre o que não posso viver ou descrever diretamente. Todas as opiniões começam a me parecer vãs, vergonhosas, quando não imediatamente enquadradas, nuançadas, especificadas ou mesmo destruídas pelo contexto experimental daqueles que as expressam. Marilyn chega do Leste, passa a noite e uma parte do dia seguinte no quarto comigo.

A terça-feira, 17 de fevereiro, é a véspera do enxerto. Já não era sem tempo. Vazo cada vez mais. Por mais espessos que sejam, os curativos não duram nada. Limitam-se a me sufocar. A única coisa que posso fazer é permanecer deitado de costas, com uma inclinação de quinze graus, numa posição de dormir. Desfile ininterrupto de cirurgiões, enfermeiras, auxiliares de enfermagem. Corinne, a fisioterapeuta, e Véronique, a psicóloga, também passam pelo quarto. Annette-dos-olhos-claros, que me passara exercícios para que eu me fortalecesse e que seguira de perto minha recuperação antes da grande operação, parece satisfeita: o atleta está pronto para a prova. Todos verificam o estado do corpo, da armadura, do elmo, do cavalo, do espírito e, como se diz em *El Cid*, do coração. É o momento de rever *Ivanhoé*, mas o filme está na casa de meus pais, onde meus sobrinhos assistiram a ele. Meu irmão passa a noite comigo. Ao anoitecer, Yves, um velho amigo jornalista, me escreve:

Sei que amanhã é o dia de uma intervenção importante (ainda que eu não possa saber ao certo o que é uma intervenção importante para você). Pergunto-me se as palavras ainda são apropriadas, tão irreal nos parece o que acontece contigo. Como se tivéssemos ficado de um lado da Terra.

Nós nos conhecemos na Romênia, na primavera de 1990, durante as primeiras eleições supostamente democráticas do país. Fecho os olhos: posso vê-lo, pequeno, espadaúdo, em seu grande quarto tão chique quanto deteriorado, perto de uma mesa redonda e de uma enorme janela. Voltamos a nos encontrar na Jordânia, no Iraque, durante as revoltas de Vaulx-en-Velin, em algum outro lugar que não lembro, depois a amizade ocupou todo o espaço deixado pelo trabalho. Foi ele quem, após a minha volta precipitada do Iraque, me disse: "Você foi embora por causa do tapete".

Sigo a leitura de seu e-mail:

Admita que, se o que vivemos não fosse abjeto, seria bastante cômico. O que dizer da França de hoje? Não sei e não a conheço mais. Só sei falar das coisas de antigamente. A propósito, lembra-se de quando cobrimos as revoltas de Vaulx-en-Velin, perto de Lyon? Guardo a lembrança de bebermos algo na cidade velha, num café de outros tempos, com uma árvore na frente, na véspera de nossa partida. Tive a curiosa sensação da justaposição da cidade velha com aquilo que tínhamos acabado de viver nos últimos dois ou três dias em torno dos prédios e do centro cultural incendiado, e aquelas eram apenas as suaves preliminares do que vivemos hoje. Eu tinha me esquecido completamente daqueles momentos.

Tenho a impressão de que aconteceram ontem. Enfim, deixemos as lembranças onde elas estão.

As lembranças me deixaram onde estou.

Minha aventura maltrata minha memória, cindindo-a e insensibilizando-a sucessivamente: desse quente e frio nasce a tristeza que o tempo todo me envolve, como se eu sofresse de tudo, tendo perdido tudo. Somente o esgotamento pode fazê-la cessar. Minha aventura parece ativar a memória em meus amigos. Tornei-me um "testemunho de gelo" extraído da vida deles pelo atentado.

Respondo a Yves:

Temos as mesmas lembranças e lê-las vindas de ti me deixou muito feliz. Vaulx-en-Velin, se bem me lembro… o que aconteceu? E o garoto a quem dei carona até sua casa e que cheirou cola no banco de trás do meu carro… Cenas inimagináveis hoje. Onde erramos? O que não soubemos fazer, escrever? Faço-me essa pergunta com frequência, não tenho respostas, e os tiros que levei também não as fornecem. Minha resposta é curta, pois em algumas horas desço para o centro cirúrgico. Quando subir, terei um perônio a menos, mas uma mandíbula nova. Como ficarei? Não faço a menor ideia. Como uma grande pera violeta, me disseram. Ou como um boxeador nocauteado por Joe Frazier. Serão meses de retoques, enxertos, mais tarde virão os dentes, depois que tudo se estabilizar. A operação de amanhã deve durar sete horas. Depois, ficarei sob cuidados intensivos, e constantes, por dois dias: para ver se o enxerto dá certo e se tudo está "vascularizado".

Aprendo os gestos e o vocabulário local. As enfermeiras cuidam de mim. Quando se inclinam sobre minha ferida no rosto, olho bem dentro de seus olhos e tento dizer alguma bobagem, para que todo mundo ria um pouco. Às vezes coloco alguma música antes que entrem. Faço livros circularem. Outro dia, recebi autorização para sair por algumas horas e fui ao Museu Guimet na viatura de tiras que protegem celebridades, tiras muito simpáticos e muito refinados. Eu queria um pouco de beleza e sempre gostei desse museu. Trouxe para as enfermeiras um cartão-postal de uma estátua budista de cem braços e escrevi que aquele era o paciente ideal: elas não reclamariam para encontrar as veias — as minhas estão cada vez mais ariscas e duras, de tanto serem picadas. Elas me devolvem pequenas coisas como essas na potência cem. Gosto muito de uma enfermeira de trinta anos, jovial, de cabelos lisos. Uma noite, ela me disse que tinha perdido todo o cabelo numa única noite. Eram louros e cacheados. Voltaram a crescer ruivos e lisos. O que teve? Não faço a mínima ideia.

14.
A caixa de biscoitos

Na antevéspera do enxerto, Marilyn entrou no quarto com uma antiga caixa de biscoitos. Devia estar frio lá fora: ela estava mais agasalhada que um astronauta em visita a um planeta distante do sol, o meu. Vendo-a entrar, enxerguei-a vinte anos antes, uma cebola envolta em camadas e mais camadas de roupa, que enfrentava, às vezes chorando de solidão ou cansaço, seus primeiros invernos europeus. Ela havia aterrissado na Galícia, depois na França. Quando se chega de Havana, La Coruña é tão triste que parece chorar todas as lágrimas que tentamos segurar. Paris, por sua vez, é uma Cidade Luz sem luz. Sua beleza a afasta do imigrante.

Por alguns segundos, a caixa de biscoitos me levou a outras épocas, mais remotas, quando me acontecia de comer biscoitos demais e guardar a caixa vazia com um biscoito, ou dois, para não me sentir culpado ou, ao contrário, pois todos conheciam meus hábitos e riam deles, para errar duas vezes, como glutão e como hipócrita. Essas lembranças me fizeram chorar sem lágrimas, isso se tornava uma mania, alguma coisa vazava junto com elas por um buraco seco, talvez menor que o do queixo, talvez maior, um buraco na consciência, pois as lembranças já não eram exatamente minhas: pertenciam a um homem que, bruscamente, se separara de mim. Eu me tornara o produto de uma subtração. Também me tornara um receptáculo. Minha decidida ausência de fé me impedia de transformá-lo em pia de água benta. Na inquietante guarita, eu havia dito ao capelão: a provação que enfrento não me levará a nenhum além.

Eu costumava devorar biscoitos na cozinha familiar, na ausência de meus pais, quase sempre de pés descalços na pedra fria: os biscoitos estavam associados à sensação de algo duro, frio e proibido. Na época, um grande mapa do Vietnã estava pregado na parede de meu quarto, ao longo da cama; eu tinha lido os livros de Jean Hougron, Lucien Bodard e Michael Herr, queria viver no sudeste da Ásia como se a guerra não tivesse acabado e como se eu pudesse, fugindo do subúrbio francês, me perder numa selva cujos horrores — e minas terrestres — me escapavam. Eu não tinha nenhuma experiência com a violência ou com a Ásia. Aqueles livros me faziam desejá-las. Contemplando aquele mapa, imaginei vários romances que se passavam lá, romances que não escrevi porque já haviam sido escritos por outros. Eu tinha quinze anos e todos aqueles livros acabavam mal.

Olhei para o chão do quarto do hospital, um linóleo morno sobre o qual me fora desaconselhado caminhar sem pantufas. No setor de estomatologia, a baba dos pacientes acaba cobrindo o chão, e eu era um deles, afinal. Eu deixava minhas pantufas de couro preto na entrada do banheiro, bem paralelas, as pontas viradas para fora, a fim de poder calçar meus pés secos com o menor esforço possível. Esses pés, todas as manhãs, sentiam o rugoso revestimento antiderrapante do banheiro com um prazer que anunciava o do banho, quaisquer que fossem as complicações envolvidas em tomá-lo, como vimos.

Enquanto Marilyn guardava o sobretudo num dos dois armários, perguntei-me se um dia voltaria a comer biscoitos e a experimentar aquela frívola e infantil sensação de culpa. A resposta, naquele momento, era não. E o momento era a única coisa que eu tinha. Eu nunca mais comeria biscoitos, nunca mais caminharia na pedra fria de uma cozinha. Das coisas mais anódinas às menos anódinas, eu nunca mais faria nada do que havia feito. Cada momento se fechava em si mesmo antes da chegada dos próximos. Dentro dele, restavam apenas um certo eu e os ecos medicados de uma vaga esperança. Fechei os olhos e tentei ver o adolescente mimado que havia sido, com sua franja, suas espinhas, suas dores de estômago, seu gosto por purê instantâneo e seus primeiros discos de jazz. Ele não apareceu.

Meu rosto estava coberto pela habitual série de ataduras empapadas de saliva. Elas formavam um grosso tubo de gaze branca, do qual saía minha cabeça de cabelos recentemente cortados. O zumbido do VAC embalava aquilo que, a dois dias do grande enxerto, preciso chamar de meu esgotamento. Marilyn contemplou o Calimero mumificado que havia sido seu marido e colocou a caixa de biscoitos em cima da cama, sobre minhas coxas. Abriu-a e eu pude ver, não sem certo medo, que continha fotografias velhas. Não havia lugar suficiente naquele quarto para aquele que eu era e aquele que eu havia sido, mesmo e principalmente na forma de vestígios fotográficos do passado.

Naquele momento, o VAC começou a apitar. Chamei ajuda, sabendo que seria impossível refazê-lo àquela hora. Mais uma vez, seria preciso uma gambiarra. Uma auxiliar de enfermagem entrou, logo seguida por uma enfermeira, não lembro mais qual — não por Marion-olhos-de-gato, em todo caso. Era a hora dos cuidados de fim do dia, limpeza das feridas, troca de curativos, verificação das bolsas e dos tubos. Eu disse a elas que Marilyn podia ficar. Elas começaram a mexer na espuma por onde o tubo entrava, para restabelecer a pressão e impedi-lo de incomodar — a mim, depois a elas — pelo maior tempo possível. Outra enfermeira chegou. Enquanto uma grudava a espuma na mandíbula, outra tentava fixar o curativo. Agora que o VAC tinha as horas contadas, eu me acostumara à ardência de sua pressão: o que deveria ter sido, imagino, uma dor aguda, acabara se tornando uma sensação bastante curiosa, não completamente desagradável. Havia até mesmo certo prazer em aceitá-la, como quando antecipamos algo que não levará a nada: sentia-me, por meio da dor que acreditava provocar, senhor das migalhas de meu destino. O masoquismo ainda não se tornara um vício — um vício que eu às vezes invejava, mas podia ocasionalmente se provar uma necessidade. E eu, apesar de tudo — apesar de mim —, via uma equivalência entre a dor sentida ou pressentida e o sucesso da operação que as enfermeiras efetuavam. Ainda que elas tentassem não provocá-la, e com frequência me lembrassem de que era preciso eliminá-la antes que aumentasse e cortá-la pela raiz como uma erva daninha, a dor sancionava a eficácia do que faziam.

Era a mesma coisa com os tubos: fui tão invadido por eles, do dia 7 de janeiro em diante, que, além de ter aprendido a não recusá-los, conforme recomendado pelo cirurgião brasileiro a propósito da agulha que guiava a sonda gástrica, também aprendi a aceitá-los. Pois os tubos eram amigos — espaçosos e inconstantes, mas amigos. Eles restauravam, adormeciam, aliviavam, nutriam, desinfetavam. Eles conservavam e traziam a vida. Ter de suportá-los era a prova de que tudo ia bem. Chloé ficaria exasperada com essa psicologia dos tubos: minhas comparações às vezes lhe pareciam engraçadas, sempre despropositadas. Seus olhos claros se abriam para deixar passar um brilho de ironia e para me devorar, essa é a palavra que convém usar, pois eu era escritor demais e cientista de menos — embora ali eu não fosse nenhum dos dois, apenas paciente. Mas a psicologia, junto com a busca instintiva por metáforas, era uma das formas adquiridas pelo que me restava de imaginação. Eu a adaptava a todas as situações, a todos os objetos, a todos os gestos, respondendo sim à pergunta de Baudelaire: "Objetos inanimados, tendes uma alma?". E que alma! Despreocupada, inconsequente, entregue a si mesma... Semeamos psicologia quando não compreendemos nada, eu dizia para mim mesmo. Eu a via florescer em meu quarto abafado, como uma planta carnívora numa estufa. Saía para o corredor para fazer minhas caminhadas, com VAC e apetrechos, antes que ela me capturasse.

Concluídos os cuidados das enfermeiras, elas saíram e eu me vi sozinho com Marilyn, como nos bons velhos tempos. Ela se movia em silêncio, guardava suas coisas e as minhas, como uma formiga cubana trabalhadeira. Sabia que em 36 horas eu desceria para o centro cirúrgico e não voltaria para aquele quarto, que precisava ser esvaziado. Não lembro mais se coloquei alguma música. Não tenho certeza: creio ter preferido o silêncio e o simples acompanhamento da movimentação de minha ex-mulher naquele espaço restrito e como que esvaziado pelo tempo, que descia sobre nós como uma nuvem. Uma vez dentro dela, tudo que era nosso seria apagado pela imperceptível borracha do instante presente, tudo, o atentado, suas consequências, nosso passado, nosso futuro, e tudo o que tínhamos realizado ou perdido.

Com a entrada das enfermeiras, Marilyn guardara a caixa de biscoitos num dos dois armários estreitos cuja cor bordô me descontraía e tranquilizava. Ela a pegou em silêncio, abriu-a, e começamos a repassar as fotos de nossa vida em Cuba, empilhadas em desordem. Eu não sabia que ela as levara e as guardara depois do divórcio. Meu apartamento estava tão bagunçado e abarrotado de suvenires que eu às vezes me deparava com objetos que não sabia de onde vinham, com textos em que descrevia cenas, pessoas e sobretudo mulheres que havia esquecido completamente. No entanto, com que precisão e energia eu me expressava! Parei de manter um diário quando entendi que não conseguia mais me dar conta do que desaparecia. Para que registrar momentos, se seus próprios rastros não significavam mais nada?

De Cuba, eu não tinha esquecido quase nada — ao menos da Cuba que ecoava na menina de Alexis, que nos encarava, e naquelas fotos. Paisagens, amigos, amores, família cubana, alegre caverna de Ali Babá tropical, vestígios coloridos e levemente desbotados de minha principal vida anterior — com exceção de uma infância que havia muito tempo, não sei por quê, também desaparecera, uma infância que fora substituída por aquela segunda e tardia juventude insular: também nascemos onde decidimos renascer. Eu olhava para aquelas fotos e fazia comentários pouco articulados sobre as cenas que revelavam, comentários que Marilyn não compreendia, como eu tampouco. Comentários ou exclamações? Talvez onomatopeias... Eu sentia cada vez mais dificuldade para respirar. Surgiu uma foto tirada quinze anos antes, na torre de Manaca Iznaga, no vale de los Ingenios, atrás de Trinidad e ao pé da serra do Escambray.

A partir dessa torre, vigiavam-se os escravos que trabalhavam nos campos de cana-de-açúcar e soava-se o alarme em caso de fuga. Guardas e cães eram acionados. Fazia muito tempo que se tornara um monumento histórico. Erguia sua delicada e ameaçadora verticalidade no meio de campos de um verde intenso. Seu desenho era tão refinado que era difícil imaginar o motivo pelo qual fora construída. Parecia feita de rendas, como se fosse preciso cobrir com um excesso de delicadeza o excesso de brutalidade. Ela me fazia lembrar o gótico flamboyant da igreja Saint-Père-sous-Vézelay. Seu topo, de onde os escravos eram vigiados, era um ponto turístico. Marilyn e eu estávamos na foto. Sorríamos para a câmera, uma amiga nos fotografara. Pairávamos numa felicidade contrariada pelo calor excessivo, mais do que pela memória invisível dos escravos. Mas aquele homem sorridente e bronzeado, redondo e magro ao mesmo tempo, aquele homem intacto não era mais eu. Também não era outra pessoa. Quem era? E quem era aquele que, dentro do quarto, olhava para ele com assombro, com piedade?

O Jardin d'Acclimatation tem espelhos deformantes nos quais eu gostava de me olhar quando criança. Eu via no espelho de Manaca Iznaga imagens deformadas não pelo tempo, mas pela brutal ruptura do tempo. Aquele que estava morto me saudava. Sorria para mim, gladiador inconsciente, como um reflexo de sol batendo numa vidraça. Mas eu já não era capaz de lhe responder alguma coisa, como fazia no Jardin d'Acclimatation, rindo ou gritando de prazer para assustar a mim mesmo. Só conseguia lhe responder com um pânico silencioso e com lágrimas que, mais uma vez, brotaram. Tentei contê-las, eu detestava impô-las aos que entravam em meu quarto, mais ainda a Marilyn. Em poucos segundos, vi passarem vinte anos de viagens a Cuba, vinte anos de amor, amizade, vozes e cheiros, senti-me saturado e expulsei-os tão rapidamente quanto eles haviam surgido e emergido, afoguei-os no vazio e agarrei a pequena mão firme e despigmentada de Marilyn, pois senti que me fariam explodir. Se eu fosse até eles, se entrasse na foto e na torre de Manaca Iznaga, iria muito mais rápido e muito mais longe do que qualquer escravo em fuga, para um lugar onde nenhum capataz, nenhum psicólogo, nenhum amigo pudesse me encontrar — um lugar onde não precisaria de nenhum cão para devorar o que restasse de mim mesmo. Pela primeira vez, de maneira muito concreta, senti que precisava dar um passo para trás ou enlouqueceria. E fechei a caixa de biscoitos.

Mais tarde fiquei sabendo que Marilyn, na época, passava noites ao telefone com outros amigos cubanos, como eles faziam em Cuba nas noites quentes, sentados em cadeiras de balanço. Abatido pelo cansaço, eu ia para a cama e, deitado como estava hoje, numa sonolência pesada e aprofundada pelo calor, como estava agora por meu estado, eu ouvia suas vozes transportadas pela umidade quente, vozes que recriavam e exploravam o mundo, que ressuscitavam lembranças de infância e juventude, acima de tudo. No aquário tropical, as lembranças se propagavam tão facilmente quanto os sons embaixo d'água, como se a densidade do ar criasse um silêncio tão propício à inatividade quanto à rememoração. As palavras pareciam ter tato e cheiro. Elas giravam sobre si mesmas, ricocheteavam de uma cadeira à outra e, entre goles de rum e café, se tornavam pesadas.

Eu adormecia assim, sob o ventilador do quarto vizinho e ao vento das vozes femininas, como talvez tenha adormecido naquela noite, pela primeira vez, depois de ver minha sombra naquelas fotografias; como adormecia ouvindo as vozes dos policiais atrás da porta, das enfermeiras no corredor, todas as vozes que prolongavam as vozes da noite cubana, que haviam prolongado suas noites nas do exílio graças aos novos meios de comunicação. Os cubanos espalhados pelo destino falavam de mim por telefone, Skype ou FaceTime, de um bairro ou de uma cidade ou de um continente a outro, e essa rede de atenções e vozes invernais e noturnas me sustentava sem que eu soubesse, protegendo o equilibrista de focinheira de gaze e curativos que eu me tornara — a rede de amigos distantes cuja proximidade e jovialidade por tanto tempo tornaram minha vida mais leve. Era justamente porque aquele povo insular tantas vezes conhecera a melancolia da colonização, da escravidão, das ditaduras, do exílio, das separações, da dissociação íntima provocada pelo controle político e social, que ele aprendera a cobri-la com uma espessa camada de graça e alegria. Ela agia como a gordura animal que mantinha aquecidos os nômades das regiões polares. Somente os cubanos, a meu ver, conseguiam com tanta naturalidade prolongar a infância pelo amontoado de desilusões que a sucediam. Marilyn mantinha nossos amigos informados de minha situação, e eles refletiam sobre as diferentes maneiras de me ajudar na recuperação: "Eu não conseguia suportar", ela me disse mais tarde, "que cinco minutos de horror pudessem acabar com tantos anos de lembranças". Eu não conseguia suportar, por minha vez, que tantas lembranças pudessem ter sobrevivido a alguns minutos de horror. Pois, naquele momento, esses minutos constituíam minha vida, e não as lembranças que os haviam precedido. Para continuar, eu precisava escolher — escolher apesar de mim. Não tinha mais direito a nenhuma dose de nostalgia.

Eu lera livros que explicavam os laços que unem a fotografia à morte. Costumam ser longos demais, poderiam ser resumidos da seguinte forma: o que foi capturado já não existe no segundo seguinte; o que vemos é o vestígio imóvel de um instante, de uma vida consumada; esse vestígio também acabará se apagando. A fotografia é a condensação de todos esses fenômenos. Trata-se, portanto, não de uma realidade, de uma lembrança, de um fantasma, de um devaneio ou de um ritual de ressurreição, mas de um pouco de tudo ao mesmo tempo. Como qualquer pessoa, pude comprovar isso em fotos de infância, de juventude e mesmo do dia anterior; principalmente nas fotografias de juventude de minha mãe e de meu pai, encontradas na casa deles e na casa de minha avó materna, guardadas por mim: colei algumas em folhas A4 e as acompanhei de poemas que, enquanto eram escritos, faziam com que eu me apropriasse dessas vidas que me haviam precedido. Fiz isso numa época em que, com a morte de meus avós, comecei a sentir que meus pais os seguiriam. Quanto mais eu voltasse ao tempo deles, menos rapidamente eles desapareceriam. Eram pequenas fórmulas mágicas. E fui eu, por fim, quem quase os precedeu na lembrança fotográfica.

Numa dessas fotos de família, minha mãe tinha vinte anos, era uma estudante de vestido claro que carregava uma sacola e sorria discretamente na frente das grades do Jardin du Luxembourg. Essas grades ainda não eram utilizadas como painéis para exposições. Isso foi nos anos 1950, minha mãe se parecia muito comigo. Em todo caso, até o atentado ela se pareceu comigo. Seu rosto era um mistério: se eu o fixasse por muito tempo, ela se tornava minha filha e era eu quem envelhecia. Agora esse mistério tinha se tornado meu.

Sentia a mesma coisa quando via fotografias de desconhecidos datadas de vinte, sessenta, cem anos atrás — desconhecidos que, graças a uma simples imagem de família encontrada num sebo ou num brechó, tornavam-se pais, irmãos, parentes e amigos mortos que por pouco eu não havia seguido e que, no fim das contas, segui até um pouco além do que a vida comum permite seguir. Uma parte desse fenômeno devia-se à presença do papel. Sem esse suporte material tão frágil e, portanto, tão adequado a fixar a fragilidade dos momentos vividos, se passasse para uma tela que pudesse ser ligada e desligada à vontade, ou que não pudesse mais ser apagada, por falta de vontade, a fotografia perderia um pouco dessa ameaça íntima que a fazia, de um só golpe, ressuscitar e matar os homens e as coisas.

Eu sabia disso havia muito tempo, mas sabia como homem que, ao contrário daquilo que a foto lhe mostra, sente-se vivendo no fluxo contínuo que ela interrompe, que ela desmente. No dia 7 de janeiro, tudo havia mudado. Entendi isso naquela noite, ao abrir a caixa de biscoitos. As fotografias não me remetiam mais a um vestígio da experiência. Remetiam-me a lembranças que o atentado havia conduzido, como um rebanho, para um beco sem saída, uma falésia. Eu tinha a experiência da experiência interrompida. Tinha entrado nas fotos e desaparecido dentro delas.

Marilyn percebeu meu pânico e adivinhou sua causa, sem mencioná-la diretamente. Pareceu desolada. Seu rosto se distendeu e contraiu. Queria me trazer de volta à vida, não me lembrar da morte. Era cedo demais. Ela disse:

— Não precisa vê-las agora. Vou deixá-las aqui, de todo modo.

Ela me deixava a caixa de biscoitos, a lâmpada mágica que me era proibido esfregar.

Repeti a Marilyn que, ao voltar do centro cirúrgico e da sala de cuidados intensivos, eu seria mudado de andar. Essa novidade ainda me abatia. Eu me apegara a um quarto onde vivera e sobrevivera a muitas coisas — onde um mês havia sido o mesmo que uma vida inteira. Aquele lugar se tornara meu reino e meu submarino. Eu não tinha nem súditos nem tripulação, mas era Luís XIV e o capitão Nemo. Principalmente Luís XIV, pois, ainda que, como Nemo, uma restrita tripulação de amigos tivesse embarcado junto comigo naquela aventura, eu não tinha declarado guerra à humanidade como ele. Pelo contrário, mais do que nunca, eu buscava, ali, declarar-lhe paz. Queria amar todos que entravam, e quase conseguia. Pela janela eu não via oceano algum, monstro algum, apenas o pinheiro sobre o qual os corvos continuavam pousando, como num cadafalso. Eu tentava aceitar o implacável ritual hospitalar como uma graça, a de Bach.

Compreendi isso alguns dias depois, no quarto seguinte, ao ver, com Gabriela, *O absolutismo: A ascensão de Luís XIV*, de Roberto Rossellini. Como ela precisava se familiarizar com a cultura política desse reinado, para uma avaliação universitária em Nova York, propus que assistíssemos juntos a esse filme, exemplo de rigor, minúcia e simplicidade: a melhor das reportagens efetuadas na máquina de explorar o tempo. Nós o vimos à noite, depois dos cuidados noturnos, regularmente interrompidos por novas dificuldades respiratórias, visitas das enfermeiras e ligações que Gabriela fazia, sempre em horas específicas, para falar com a família em Copiapó. O coração de seu pai, que trabalhara como eletricista para companhias mineradoras, enfraquecia. Ele perdia a visão. Logo não enxergaria mais na tela a única filha.

A maneira como o jovem Luís XIV vivia, do despertar ao adormecer, sob constantes olhares dos outros, sempre me pareceu admirável: tornou-se, naquela noite, um modelo que, além de psicologicamente eficaz, me permitia rir de mim mesmo. Eu era um paciente reconstituído e cheio de tubos, com um osso da perna no lugar do queixo, personagem bem pouco digno de constar nas *Memórias* de Retz ou nas de Saint-Simon, mas talvez digno o suficiente para espalhar uma simpatia sem a qual este quarto logo se tornaria insuportável. O poder do rei é uma herança que ele assume absolutamente e que o domina. Em todas as circunstâncias, ele precisa demonstrar decisão, distanciamento e dignidade. Precisa demonstrar que é o rei. Precisa demonstrá-lo rapidamente, de maneira a impor seu personagem a todos e, em primeiro lugar, a si mesmo. Ele assim se torna o que deve ser, fazendo dessa segunda natureza a única possível, a única verdadeira, a que é exigida pelas circunstâncias. Em meu quarto, era a mesma coisa. Eu precisava estar à altura do que acontecia, do atentado às sucessivas intervenções, passando pelas visitas, e em primeiro lugar sozinho, com toda a naturalidade possível, sem mentira, sem artifício, apelando ao melhor de mim mesmo. Eu precisava cagar no trono e mijar no papagaio com o máximo de dignidade, humor, cortesia e atenção, sem nenhuma queixa e nenhuma informalidade, mesmo quando a urina escorria para a cama por falta de um bom ângulo de micção, como quase sempre acontecia. A questão não era eu me achar um rei. A situação era bizarra o suficiente para que fosse desnecessário colocar um funil — ou uma peruca — na minha cabeça. Tratava-se de tirar do exemplo do rei tudo o que me permitisse estar no controle. Aquilo que, para Luís XIV, era exigido por um poder de ordem divina, para mim era exigido por um contexto extremamente humano, que fazia de mim um homem em luta, entre os demais — entre os que me salvavam. Era exatamente como a frase de Sartre ao fim de *As palavras*: "Todo um homem, feito de todos os homens, que vale por todos e equivale a qualquer um". Mas que, para valer por todos e para que cada um naquele quarto valesse tanto quanto qualquer um, precisava a todo momento justificar e recompensar a presença deles, seus esforços, seus gestos, tudo o que eles faziam para que um único homem, sobrevivendo, um homem que poderia ter sido qualquer um deles, segurasse o tecido rasgado que os unia. Eram a modéstia e a gravidade de meu estado, não sua grandeza, que deviam me reerguer.

Marilyn acabou de guardar as coisas no armário e na pequena cama colocada aos pés da minha, embaixo da fotografia em preto e branco da menina cubana. A garotinha olhou de novo para mim, como uma estátua, bem nos olhos. Marilyn se lembrava de La Bruja; tinha participado da viagem, mas dormira com seu irmão fora do vilarejo, num pequeno hotel cheio de mosquitos. Ela seguiu meu olhar e contemplou a menina. Eu disse que quase todas as enfermeiras adoravam aquela foto.

Naquela noite, com Marilyn sentada a meu lado, a garotinha me disse: "Você esteve aqui. Você riu, caminhou, comeu, falou, ouviu. Fez anotações. Tomou banho. Ficou entediado. Correu por uma estrada deserta com Amarillo, que o seguia de pés descalços porque tinha as sandálias em frangalhos. Viu Alexis comprar um porco por vinte dólares, porque ele queria comer direito no vilarejo, onde era tão raro, e vocês o dividiram, sem escrúpulos. Contemplou a montanha escura e verde acima do vilarejo, a montanha que você não tinha autorização de subir. Olhou para ela como para mim agora, sonhando subir e nunca mais descer. Nesse momento pensa que nunca mais voltará a essa montanha, enquanto eu continuo aqui, no passado e no meio das flores de tabaco, e não estou à sua espera". Olhei alternadamente para os olhos negros de Marilyn e para os olhos negros da garotinha, como se sua força, sua infância e as flores me conduzissem para um lugar claro, inclinado, solitário, aéreo, tão violentamente escuro quanto bruscamente iluminado, um lugar sem vento, onde não se ouvisse nada além do canto dos pássaros e o farfalhar das árvores à passagem de uma cutia.

Marilyn se levantou. Seu pequeno corpo firme e atarracado, rechonchudo e ágil ao mesmo tempo, agitava-se com naturalidade por aquele espaço clínico e reduzido que ela não levara cinco minutos para ocupar. De sua antiga condição de imigrada, conservara uma qualidade: instalava-se sem dificuldade, e imediatamente, onde quer que estivesse, como se carregasse a própria casa nas costas e a mala — grande, barata, amarrada com cordas — na mão. Como se, a qualquer momento, pudesse ter que ir embora. Eu a vi outra vez em nossa casa, quando ela chegava à noite, cansada e irritada depois de um dia no hospital, imbuída do afeto e da agressividade depositados nela pelas crianças autistas e psicóticas de que cuidava. Ela ia para o quartinho dos fundos, *el cuartito*, de rosto fechado, e esvaziava-se em silêncio da desordem de seu dia, de sua bolsa e de suas roupas. Eu a ouvia guardando e desarrumando coisas, sobretudo desarrumando, espalhando nas coisas seus sentimentos e suas lembranças. Ela esgotava seu cansaço e sua raiva mexendo nas coisas. Aquele barulho e aquela movimentação me tranquilizavam. Naquela noite, mais uma vez me tranquilizaram. Sua presença me lembrava da simplicidade de uma vida que havia sido vivida. Mas me lembrava disso num contexto que, passada a primeira onda de sensações, como a das fotografias, me remeteu ao fato de que tudo havia acabado.

O que havia acabado não fora minha vida com Marilyn. Tínhamos vivido esse fim havia muito tempo. Nós dois tínhamos aprendido a aceitá-lo, como qualquer casal unido e depois separado, e esse fim fora abolido, desde então, pelo afloramento tranquilo das lembranças e da reconversão dos sentimentos.

No entanto, como aconteceu diante das fotos, eu não era mais aquele que havia vivido, aceitado e superado aquele fim, pois eu não era mais aquele que o havia precedido. Eu procurava em vão, naquele quarto, enquanto Marilyn pegava uma garrafa térmica, um sanduíche, tangerinas e uma garrafa de coca-cola, o homem que havia sido, segundo a expressão hispânica, sua "metade da laranja", *media naranja*. Ele estava ali, devia estar em algum canto, perto do lixo ou embaixo da luminária vermelha que uma amiga me trouxera, talvez dentro do kit de cirurgia trazido mais cedo, mas não o encontrei.

Um pouco mais tarde, uma auxiliar de enfermagem entrou para conectar a última bolsa de alimentação do dia e relembrar o protocolo: em preparação para a intervenção, eu deveria raspar completamente a perna direita de onde o perônio seria retirado. Meus pais chegaram. Minha mãe tinha encontrado Marilyn mais cedo e lhe oferecera o sanduíche, as tangerinas e a coca-cola para a noite. Elas conversaram um pouco na minha frente, no tom habitual que soava tão estranho num lugar que era tão pouco habitual, depois Marilyn se ofereceu para raspar minha perna. Perguntei-me se minha mãe deixaria. Mas minha mãe estava cansada, desamparada, e tinha passado tempo demais massageando minhas cicatrizes das mãos e dos braços, acariciando minha cabeça, por isso deixou a Marilyn, eu não diria o privilégio, o benefício de uma divisão de tarefas. Tudo naquele quarto, em certos momentos, lembrava uma cerimônia que ultrapassava cada um de nós.

Endireitei-me e coloquei a perna por cima do lençol, tirando-a da bata. Marilyn foi ao banheiro e encheu uma bacia trazida por meus pais. Pegou a lâmina, a espuma de barbear e, sob os olhares fixos dos dois, em silêncio, raspou a perna do filho. Eu tinha dez anos, tinha cem. Olhava ora para seus gestos, ora para meus pais, ora para a menina cubana: aquela garotinha desconhecida e eu tínhamos a mesma idade, uma idade tão remota e incerta quanto a de uma estátua khmer no meio da floresta. Lembrei-me de um conselho dado por uma amiga muitos anos atrás: "Quando nada vai bem, quando a tristeza se torna insuportável, é preciso encontrar gestos que aliviem. Eu, nesses casos, encho uma banheira de água quente, entro nela e depilo as pernas. Bem devagar".

Minha cabeça continuava presa dentro do enorme curativo úmido e branco. Eu estava imóvel, a garganta em fogo. Tive a impressão de estar sendo preparado para uma viagem de mil anos a algum lugar ainda mais distante do que aquele onde me encontrava — um lugar do qual talvez não voltasse; e aqueles que realizavam com lentidão e minúcia o indispensável ritual, como sacerdotes preparando uma jovem donzela a ser entregue aos deuses taumaturgos, eram os que me amavam.

Meus pais foram embora por volta das vinte horas. A noite caíra havia um bom tempo. A janela estava ligeiramente aberta, para diminuir o calor que vinha do radiador, que, no entanto, estava desligado. Antes de sair, meu pai se queixou do frio. Eu cochilava, embotado pela emoção e pelos medicamentos. Minha perna estava lisa como a de um nadador de alto desempenho. Marilyn tomou um banho, como se faz em Cuba, sempre à noite. Perguntei à menina cubana: "Você acha que nada mudou?". Seu silêncio foi uma resposta que me aliviou, sem que eu pudesse interpretá-la. Marilyn saiu do banheiro vestindo um pijama de algodão grosso. Para ela, estava na hora de jantar. Ela pegou a garrafa térmica cheia de café. Coloquei um disco de jazz. Eu respirava cada vez pior. Marilyn se aproximou de mim. Sem falar, colocou o sanduíche embaixo do meu nariz: seus cheiros me invadiram. Depois de comê-lo, ela descascou uma tangerina e, sempre em silêncio, colocou um gomo embaixo do meu nariz. De novo, senti seu cheiro e, olhando para a menina cubana, disse: "Talvez eu nunca mais possa comer, mas sempre poderei sentir o cheiro das mangas". Marilyn repetiu a operação depois de se servir de café, um café muito forte, à la cubana, e, com esse cheiro maravilhoso que parecia vir das ruas de Havana, esse cheiro que me acordava todas as manhãs naquela cidade e cuja lembrança alucinada me acordara na noite de 7 para 8 de janeiro, pela primeira vez me senti recuperar um dos sentidos que acreditava ter perdido.

Marilyn trouxera dois discos de meditação. Num deles, havia cantos tântricos de monges budistas. Dormi, acordei, dormi, acordei, mergulhando nas vibrações repetitivas de suas vozes, que me transportavam para longe. Com a ajuda do sonífero, elas me tornavam imortal — imortal de paz ou de tristeza, não sei dizer. Elas substituíam a morfina que as enfermeiras tinham recebido ordens de suspender, sem dúvida porque eu me acostumava demais a ela. Algo dentro de mim folheou *Tintim no Tibete*, seguiu Tintim partindo em busca de Tchang no Himalaia, Tchang doente e recolhido pelo misterioso Yeti. As vozes iam e vinham como ondas, eu ora era Tintim, ora era Tchang, e eu sabia que a tristeza, como o atentado, como o Yeti, teria um fim. Aqueles monges não podiam parar de cantar. Eles vibravam, vibravam, eles precisavam continuar vibrando. Eles massageavam meu corpo e minha consciência e os faziam girar no vazio aberto pelo ferimento. As luzes estavam apagadas, com exceção da pequena lâmpada que iluminava minha cama. Marilyn deitou, abaixo da menina cubana que agora desaparecia na penumbra. Com poucos gestos, ela neutralizara o sortilégio da caixa de biscoitos.

15.
O retalho

Acordei sob uma luz pálida, na frente de um balcão talvez creme, talvez verde. Duas enfermeiras estavam de pé atrás do balcão. Por um minuto ou uma hora, não senti nada. Meus olhos fechavam, abriam, fechavam. Eu olhava para as enfermeiras. Ocupavam-se com coisas estranhas. Às vezes falavam lentamente, sobre pessoas, leitos, procedimentos cirúrgicos, e seus gestos, ainda mais lentos, se tornavam cada vez mais arrastados e adensavam a luz que me envolvia. Suas tarefas cotidianas pareciam me levar de volta ao sono extraordinário de onde eu vinha. Eu queria me agarrar a esse cotidiano para sair do extraordinário, mas não conseguia. O fato de não conseguir me incomodou. Tentei voltar a dormir, mas não consegui. Uma espécie de Grilo Falante me dizia que eu não devia. Ele pulou para cima do balcão, como um caubói, e se juntou às enfermeiras em suas atividades, que se tornavam mais nítidas. Uma era morena. Perguntei-me o que estaria fazendo atrás do balcão, *como se eu não existisse.* De repente, ela levantou a cabeça, encarou-me com atenção maquinal, aproximou-se, verificou alguma coisa perto de mim. Pensei na garçonete de *Um bar no Folies-Bergère*, de Manet, que confunde o público e seus clientes, observando-nos com um olhar sereno e indiferente, a boca fechada, de frente, sem simpatia, sem compaixão, sem agressividade, sem nada. Pilar — era o nome da enfermeira, a mesma da noite do primeiro despertar — não tinha nada dessa garçonete, nem de nenhuma outra criatura de Manet, era sorridente e afetuosa. No entanto, a imagem da garçonete se impôs, ou se superpôs a ela, com sua franja loura, seu nariz arredondado e sua expressão indeterminada. Ela me dizia: "Você está quase vivo, que curioso, agora volte a dormir". Ela era impiedosa.

Não voltei a dormir. Antes da chegada do desconforto, Pilar voltou para o balcão e outra mulher tomou seu lugar: minha avó paterna e seu rosto reconstruído. Só fui descobrir uma parte de sua história aos trinta anos, vagamente, e precisei esperar fazer 46 para conhecê-la um pouco melhor. Quando criança, eu não sabia que ela tinha o rosto destruído, nem como havia sido sua vida. Eu via que ela tinha uma espécie de galo na testa, acima do olho, e uma fronte larga cheia de relevos. Para mim, aquele galo e aquela fronte eram normais. Fantásticos, mas normais. Todos os rostos são assimétricos, uma simetria perfeita os tornaria intoleráveis, mas no espelho o dela era particularmente assimétrico. Ela tinha um olho muito mais baixo que o outro, como no quadro de Picasso chamado *Mémé* [Vovó], que fui conhecer mais tarde e que logo enviei em cópia para Chloé, dizendo que Mémé teria feito bom uso, como minha avó, de seus cuidados. "Mas por quê?", ela quis saber. "Ela é tão graciosa!" Mémé usava óculos pequenos e arredondados e tinha um sorriso maroto. Minha avó usava óculos grandes, ao menos para ler. Em minha lembrança, seu sorriso não é maroto. Ela é afetuosa, discreta, com alguma coisa sofrida que não consigo especificar. Também não entendo por que, no espelho, um olho fica mais baixo que o outro — quase na bochecha. Os espelhos são mágicos?

Nas noites da infância, às vezes sonho com ela: ela é um monstro que sai de uma tapeçaria e, com um grande sorriso cruel e ávido, me ataca ou me devora. O monstro usa uma peruca alta, como um permanente. A cena sempre se passa em cima de uma velha colcha florida do quarto escuro de meus avós maternos, no vilarejo onde moram no Nièvre. Dormi lá várias vezes quando criança. Enquanto eles jogavam cartas na sala, eu pegava no sono ouvindo suas vozes anunciando as jogadas. Esse pesadelo me acorda, mas não me perturba. Não há ligação entre aquela avó que amo e o monstro inspirado nela, a não ser o galo, o rosto estranho, o fato de que ela tecia uma tapeçaria que nunca acabava, como se estivesse à espera de Ulisses. A não ser também o fato de que, desde a primeira infância, eu a chamasse de Papy, como se ela fosse um homem ou um personagem entre dois sexos, alguém que me fascinava de dia e que me perturbava à noite. Esse nome, Papy, fora adotado pela família inteira, inclusive por ela: nunca foi chamada de outra coisa e nunca pelo nome próprio, Marguerite. Eu nem sabia, durante a infância, que ela tinha esse nome. Nunca conheci meu avô Gabriel, morto em 1959, de um ataque cardíaco, num hotel de Angoulême, desgastado pela guerra. Divorciaram-se enquanto ele estava num campo de prisioneiros, no nordeste da Alemanha. Ele só saiu de lá no verão de 1945. Tinha 38 anos. Numa fotografia, que vejo na véspera do atentado, ele parece ter idade para ser meu pai. Mas o que significa uma fotografia? E com o que me pareço nas fotos de meu rosto que logo serão feitas por Candice, a fotógrafa do setor de estomatologia?

No apartamentinho onde Papy mora sozinha, no então popular bairro parisiense do Marais, ela tem dois fenecos. Eles se escondem embaixo da cama quando as visitas chegam e seus olhos brilham na escuridão. São ariscos e, quando tentamos pegá-los, um deles tenta morder com vontade. Adoro deitar e ficar olhando para eles. Ouço *O pequeno príncipe* contado por Gérard Philipe e amo aqueles fenecos como aquele que sai do deserto para uma lição de moral, mas não os domestico. O apartamento *tem cheiro de animal selvagem*, dizem. Por pressão familiar, ela os passa adiante. É dona de um quiosque na estação de metrô Les Sablons e resgata um jovem gato de rua que interrompe a passagem do metrô: ele acaba se refugiando embaixo de seu pequeno balcão sem que ela perceba. Ela escolhe o nome Stanislas e o chama de "Staniii". Embora não tenha muito dinheiro, alimenta-o com fígado de boi. Quando vou visitá-la, ela costuma comprar uma truta viva para eu brincar na banheira; depois a mata e come sozinha, pois não gosto de peixe. Talvez eu coma, como Stanislas, fígado de boi. Gosto de vê-lo escolher os pedaços, comer, bancar o difícil. Minha avó tem muita imaginação e me fala do Egito, que sonha conhecer: esse será o destino de minha primeira viagem, paga por mim, feita provavelmente para contar a ela. Seu apartamento, que tem o pé-direito alto, fede a xixi de feneco, depois de gato. Chega-se a ele por uma escadinha íngreme e escura. A grande janela dá para a igreja dos Blancs-Manteaux. Abaixo, há um cabaré. Sou feliz ali.

O acidente ocorre em maio de 1940, na estrada entre Pau e Bagnères-de-Bigorre, onde eles moram. Meu avô, mobilizado, está acantonado em Pau. Minha avó vai com os dois filhos visitá-lo pela última vez: meu pai, de quase sete anos, e minha tia, de quatro. Meu avô logo será feito prisioneiro no Loire, Sully ou Gien, eles nunca mais serão marido e mulher. Tanto na ida como na volta, ela está sentada no lugar do carona. Um amigo dirige. Ele se chama Georges. Meu pai e minha tia estão no banco de trás. A volta para Bagnères acontece à noite. O carro tem faróis azuis, exigidos pela defesa civil. Eles iluminam mal, não se vê nada.

É meu pai quem me conta essa história, a meu pedido, no dia 13 de agosto de 2009, ao fim de uma caminhada de dez horas pelos Pirineus. Estamos perto do lago de Gaube, que começa a aparecer e se delinear. A descida de uma imensa encosta de pedras é muito difícil para ele. Ajudo-o pedra por pedra. Sinto medo por ele. Pela primeira vez, sinto-me o pai de meu pai.

Há um caminhão parado na estrada para Bagnères. Georges, o motorista, o vê tarde demais e o carro afunda nele. Meu pai me diz que o corpo de minha avó *desaparece dentro do motor.*

Ele sai do carro ileso. No banco da frente, Georges, o motorista, está imóvel, tem as costelas afundadas, as pernas quebradas, a língua cortada. Um carro para, dois homens descem, se aproximam e tiram minha tia, deitada no banco de trás da carcaça. Como meu pai, ela está ilesa. Depois, não vendo mais nada, os homens dizem às crianças para subirem em seu carro porque eles vão levar Georges ao hospital. Meu pai, apavorado, diz: "Mas minha mãe ainda está lá dentro!". Eles procuram por ela e a encontram *dentro do motor do carro*, o rosto informe e destruído, coberta de sangue, *toda quebrada*, diz meu pai, que acrescenta enquanto o maravilhoso lago de Gaube aparece por inteiro: *lembro-me perfeitamente dela, de seu corpo*. Eles são levados ao hospital de Pau. A maca é deixada numa sala. Uma religiosa passa por ali e, olhando para ela, cobre com o lençol o rosto de minha avó, pensando que está morta. Nesse momento, segundo meu pai, um cirurgião passa, olha para ela e diz: "Mas ainda está respirando... Vamos ver o que podemos fazer". Quando minha tia a vê alguns dias depois, sai do quarto, gritando: "Não é minha mãe!". Minha avó é trepanada, como Guillaume Apollinaire. Nos anos seguintes, ela passa por trinta operações. A ossatura é fixada com placas de aço. A cirurgia maxilofacial havia feito grandes progressos durante a Primeira Guerra Mundial, graças aos *gueules cassées*, os "caras quebradas". Ainda não é aquela da qual eu começo a me beneficiar. Hossein me disse que a guerra entre o Irã e o Iraque permitira aos cirurgiões franceses aperfeiçoá-la. Ao longo de toda vida, diz meu pai enquanto passamos pelo lago de Gaube, minha avó sofreu de sinusites e nevralgias terríveis.

Eu pensava comigo mesmo que nunca ouvira Papy se queixar de coisa alguma, quando um desconforto intenso, total, me invadiu da cabeça aos pés. Era, segundo uma expressão de Marguerite Duras, uma invasão do ser, e minha avó desapareceu. Não havia mais lugar para nós dois.

Eu estava cheio de tubos, conforme o esperado, e respirava cada vez pior. A faca aos poucos chegava ao pescoço. Meu corpo inteiro se tornava minha mandíbula, essa desconhecida que me esquartejava e parecia formada de curtos-circuitos. A mandíbula, dessa vez, também parecia ter crescido na panturrilha direita e no pé, que, movidos em apenas um ou dois centímetros, demonstravam surdamente seu descontentamento. É verdade que meu perônio fora retirado. Mas eu ao menos estaria com uma mandíbula nova? Será que havia funcionado? A parte de dentro da coxa direita queimava. Eu estava com uma nova traqueostomia e não podia falar. Um auxiliar de enfermagem chegou para me lavar. Eu não conseguia me virar de lado. Ele me pegou e me virou como uma panqueca. Com um braço, eu tentava me segurar na beira da cama. Estava sufocando, mas gostaria de ajudar, de virar sozinho, de ser um grandioso rolinho primavera. Sentia-me culpado de não conseguir e perguntei-me se seria assim com os bebês, se eles sentiam a mesma impotência e a mesma aflição de serem percorridos por forças internas e hostis, de serem manipulados — o mesmo estado, porém desprovido de consciência e lembranças. O auxiliar de enfermagem me esfregava com uma luva umedecida em água morna. Senti que fazia gestos vigorosos, e esse adjetivo, vigoroso, suspendeu e até civilizou, por um ou dois segundos, a situação que fazia de mim uma coisa sem massa e sem ar. Eu quase não conseguia respirar, mas buscava qualquer conforto, e por um ou dois segundos, ao contato da luva morna, amparado pelo adjetivo *vigoroso*, senti a sombra de um bem-estar. A sensação de não ser mais que um corpo surge quando este escapa totalmente a nossos desejos e a nossa vontade, como criados que começassem a viver no dia em que, chamados pela campainha, se revoltassem todos ao mesmo tempo para dizer apenas: eu existo. O corpo está bem quando serve seu despreocupado e orgulhoso senhor, quando se faz esquecer.

O mal-estar que o invade o torna autônomo, portanto mais vivo, mas não estamos acostumados a essa vida que não controlamos e não prevemos, a essa revolta dos órgãos que se manifesta num incompreensível congestionamento de sensações. Chloé me dissera várias vezes: "O cérebro precisa de tempo para compreender e traduzir as mensagens enviadas pelos nervos enlouquecidos; o paciente precisa ser paciente, e precisa sê-lo o mais rápido possível". Chegara o momento de recapitular a lição; mas por mais que eu a repetisse para mim mesmo, enquanto a luva morna esfregava minha pele, a lição não me permitia pensar meu corpo a partir de fora, como observador, da forma que eu gostaria de fazer. Eu conseguia um pouco, entretanto: o simples fato de recordá-la e de querer colocá-la em prática me fazia sentir levemente separado daquele amontoado de carnes coberto de tubos e chagas que todos chamavam de sr. Lançon; isso não bastava, porém, e até acrescentava certa melancolia à situação.

O auxiliar de enfermagem me virou e limpou o peito e a parte de cima do rosto. Comecei a arquejar, a lição de Chloé desapareceu e as dores começaram a se ajudar ou a rivalizar, sem que nenhuma triunfasse por mais de alguns minutos. Logo veio a primeira náusea. Concentrei-me na dor da coxa para expulsá-la. Cumprida a missão, a dor na coxa foi substituída pelo pé em carne viva e ancilosado, até que a mandíbula eletrocutada *pulou para dentro* e apagou o pé. A mandíbula pensava reinar quando uma bola de agulhas colocada na traqueia se sobrepôs a ela, repousando nos louros da dor até que uma velha escara nas nádegas, de antes da operação, que como a tartaruga esperava sua vez, cruzou a linha de chegada em primeiro lugar. O tempo se expandiu naquele carrossel, depois meu leito foi mudado de lugar, para longe do balcão. A poucos metros, um homem gemia. Como era comum acontecer, seus gemidos soavam falsos. Ouvi-o com alívio, orgulhoso de meu silêncio. Quando nos calamos, soamos verdadeiros. Pedi uma caneta e o quadro branco, que, como o esparadrapo do capitão Haddock, me seguira até ali. Mais tarde, teve início o desfile da equipe médica.

Annette-dos-olhos-claros é a primeira de quem me lembro. Ela me dera a anestesia. Devia estar vindo de lá, pois usava ainda o pijama de centro cirúrgico. Fixou seu olhar verde-água no meu, os lábios deixando ver os dentes, e disse:

— Está com a impressão de ter sido atropelado por um trem?

Fiz que sim com a cabeça.

— É normal, é assim mesmo. Mas verá que dentro de um mês estaremos bebendo uma taça de Pinot.

Ela se afastou, arrastando os pés, as costas ligeiramente curvadas. Uma taça de Pinot? De Pinot Noir? E por que Pinot? Annette era alsaciana? Como era o gosto do Pinot? Eu não fazia mais ideia do sabor do vinho.

Meus pais chegaram pouco depois e se acomodaram, um à direita, outro à esquerda, cada um segurando uma mão e acariciando-a. Peguei o quadro e escrevi: "Espelho?". Eles tinham trazido um. Eu saberia a que me assemelhava. Peguei o espelho e descobri, no lugar do queixo e do buraco, delimitado por grossos pontos pretos ou azul-marinho, um grande bife sangrento e vaselinado de cor clara, entre o amarelo e o branco, de superfície lisa, imberbe e uniforme como um brinquedo de plástico. Aquilo era meu queixo? Era por aquilo que tinham me operado por dez horas seguidas, que tinham me retirado um osso da perna e me deixado naquele estado? Fiquei abismado. Quase senti falta do VAC, cuja ausência percebi naquele momento. O desfile da equipe médica continuou. Não me lembro de ter visto Chloé, mas o dr. Mendelssohn, que participara da operação com ela, apareceu. Vi seus olhos claros e tristes, sua testa um pouco calva, sua juventude um pouco envelhecida, seu rosto firme e prematuramente seco, no meio do caminho entre um filme de comédia e uma crise de melancolia. Ele me disse que tudo transcorrera bem, que a operação fora um sucesso e que, realmente, era uma bela cicatriz. *Bela cicatriz* é a expressão utilizada nesses casos pelos cirurgiões, que veem o que ela se tornará naquilo que ela é. O dr. Mendelssohn deve ter percebido que meu entusiasmo não estava à altura do seu e perguntou:

— Então, está contente?

Levantei as sobrancelhas e balancei um pouco a cabeça, como quem diz: não muito.

Ele pareceu surpreso, ou irritado, ou os dois:

— Mas como? Ganhou um queixo, não? Não tinha nenhum: é melhor que nada.

Levantei as sobrancelhas e balancei um pouco a cabeça, como quem diz: certamente.

Ele esboçou um sorriso frio, beirando o sarcasmo, e me explicou que a cada quatro horas alguém viria verificar o enxerto. Era o suspense adicional: de 48 a 72 horas depois da cirurgia, o paciente enxertado corre o risco de necrose. Num caso como o meu, era pouco provável. Como Chloé disse mais tarde a Jean-Pierre, meu implantodontista, que se espantava com a qualidade de meu vestíbulo dental e dos tecidos injuriados: "Mas como? Meu paciente tem boa saúde. Não está com câncer!". Mesmo assim, a cada quatro horas era preciso verificar se o bife seguia bem ou não. O primeiro esquadrão chegou pouco depois, dois residentes. Eles pegaram seus instrumentos, abaixadores de língua, e delicadamente tatearam a coisa, com gestos curtos, para avaliar sua flexibilidade e textura: tudo ia bem. E foram embora, sorrindo, depois de dizer:

— Voltamos em quatro horas!

A náusea voltou. Havia uma pilha de bacias descartáveis com formato de rim na mesa de cabeceira. Eu estava de olho nelas. Vomitei várias vezes uma bile negra, na frente de meus pais. Meu pai me trouxera o *Libération*. Não o li. Outros médicos passaram, amigos do primo Thibault, que fora anestesista ali mesmo e que os enviava em busca de notícias. Todos me olhavam e diziam: "Realmente, uma bela cicatriz", como o dr. Mendelssohn. Eu me agarrava à expressão e passei o dia naquela tábua de salvação tentando me mexer o mínimo possível.

Chloé havia lutado para conseguir para mim um lugar no centro de cuidados intensivos por um período de 24 a 48 horas. O centro fora recentemente restaurado, tinha pouquíssimos leitos, creio que eram reservados às emergências e aos moribundos: eu não estava em nenhuma dessas categorias, mas, para ela, era fundamental que houvesse uma vigilância constante dos pacientes enxertados — não apenas para uma reação rápida caso necessário, mas também para o estabelecimento de bases precisas para protocolos. No centro de cuidados intensivos, os horários de visitas eram reduzidos: das 13h30 às 15h, das 19h30 às 21h. Meu irmão chegou na hora em que uma maca me levava para uma antessala indeterminada. Dois policiais tinham aparecido e nos acompanhavam. As portas se abriram na hora exata e nós entramos no que me pareceu ser uma nave espacial. Eu tinha um grande tubo de oxigênio entre as coxas, parecido com os que utilizava quando praticava mergulho. O homem que transportava a maca tentara colocá-lo aos pés da maca, mas não conseguira. Eu sentia cada vez mais dificuldade para respirar, mas isso não era tudo.

Alguns minutos antes da chegada da maca, meu corpo inteiro começara a tremer, da cabeça aos pés, descontroladamente. Eu logo me lembrei de uma noite passada na casa de um amigo, perto da Place de l'Étoile, trinta anos atrás. Eu acabara de me separar de Muriel, a mulher com quem vivera por cinco anos. Enquanto tentava encontrar uma quitinete, eu dormia na casa dos amigos e, durante o dia, voltava para trocar de roupa no apartamento que não era mais meu, indo e vindo como um criminoso, tentando apagar os vestígios que deixava. À noite, com frequência voltava à casa desse amigo, onde o ambiente era animado. Ele morava no apartamento do pai, prefeito e ausente. Na entrada, havia uma estante envidraçada cheia de volumes da Pléiade, era a primeira vez que eu via tantos juntos. Ali, comia-se à vontade. Jantávamos e bebíamos na cozinha, como russos. Os que estivessem cansados demais ou bêbados demais para ir embora, dormiam ali mesmo, onde conseguissem. Naquela noite, dormi na mesma cama de uma amiga da irmã do meu amigo, uma desconhecida da qual lembro apenas duas coisas, a voz bastante grave e o nariz arredondado. Enquanto ela se virava de costas para mim e tentava dormir, senti seu cheiro e me perguntei se esperava que eu tomasse alguma iniciativa. Fazia um ano que eu vivia uma crise conjugal terrível e, embora não estivesse frustrado, estava triste e exausto. Prestei atenção na respiração da garota, para tentar adivinhar se emanava sono, tensão, indiferença ou convite. Não captei nada. Deveria me aproximar, esticar um pé, uma mão, tentar um contato? Qualquer movimento podia ser um sinal, que eu não conseguia interpretar. Aquele nevoeiro despertou um desejo vago, nervoso e humilhante, até que, subitamente, comecei a tremer — um pouco, muito, intensamente, em algumas partes e depois no corpo todo, como uma folha e depois como uma árvore inteira. A vergonha expulsou o desejo. Até então, vinha pensando: tomara que ela não esteja dormindo! Agora pensava: espero que esteja dormindo! Quanto mais tentava conter a tremedeira, mais eu tremia. Acabei saindo da cama para ler no aposento ao lado. Peguei um exemplar da Pléiade da estante do pai de meu amigo, um volume de Saint-Simon. As frases do memorialista afastaram os tremores. A leitura pode ser eficaz e sinistra nessas horas. Em pouco tempo, senti frio. Quando voltei para a cama, minha vizinha roncava.

Diante do maqueiro, que me ajeitava e fixava o tubo de oxigênio, eu tremia exatamente da mesma maneira, mas não podia nem me levantar, nem ler Saint-Simon, e se a garota não notara nada ou fingira não perceber, ele não esperou para me dizer, com ar bondoso:

— Está com frio?

Fiz que não com a cabeça.

— Está com medo? Acontece...

E sorriu, empurrando a maca rumo ao centro de cuidados intensivos. Meu irmão chegou naquele momento. Pegou minha mão e, juntos, atravessamos corredores e mais corredores até o elevador que nos levaria para lá. Apertei as coxas em torno do tubo de oxigênio para parar de tremer, mas foi a mão de meu irmão que acabou me acalmando. Chegamos à porta opaca, ela se abriu na hora exata. Meu irmão teve que ficar do lado de fora. O maqueiro, os policiais e eu entramos por um corredor de luzes fracas e com aparência de novo, um verdadeiro corredor de nave espacial. Nas paredes e no teto, havia estrelas luminosas, muito nítidas, o paciente de passagem contemplava a falsa noite estrelada. A enfermeira, jovem e alegre, guiou o maqueiro até o quarto onde eu passaria a noite e uma parte do dia seguinte. O quarto era grande e muito limpo, com máquinas por todos os lados. Uma porta de correr dava para o corredor onde os dois policiais ficaram sentados, com seus Beretta. Quando ela se abria em silêncio, eu olhava para eles e me sentia mais tranquilo, embora mal conseguisse respirar. Colocaram-me eletrodos, tubos. Meu corpo vivia lá longe, bem perto, aqui, alhures, nas máquinas cheias de pontos luminosos que se juntavam às estrelas do corredor, para além das fardas e das armas.

— Ah! Vão mesmo fazer isso comigo?

Era a enfermeira falando: o cateter e a perfusão tinham acabado de cair. Minhas veias fugiam cada vez mais, o jargão diria que estavam "posicionais", ao menor movimento a perfusão era interrompida. Vários minutos foram gastos na busca de outras veias, sem sucesso. O enfermeiro anestesista apareceu. Esqueci o nome da enfermeira, mas não o dele, porque ela o pronunciou ao pedir ajuda: Serge. Ele era negro, bastante bonito, não tão jovem, os cabelos crespos um pouco compridos, impassível como uma estátua. A enfermeira estava à esquerda, ao lado das perfusões. Ele se postou à direita, olhou para mim e, pousando o braço na cama, perto do meu, disse:

— O senhor pode segurar minha mão.

Tinha uma voz quente, profunda. Peguei sua mão como se minha vida dependesse daquele gesto. A enfermeira me picava em vão, as veias tinham desaparecido. A voz quente e profunda disse, acima de um dedo esticado:

— Aqui, talvez?

Serge acertara, a veia estava ali.

Meu irmão, deixado do lado de fora, chegou depois de tudo pronto. Uma fotografia que tirou nesse momento mostra um homem magro, descabelado, de torso nu, coberto de fios, drenos e tubos, o rosto vermelho e inchado, deitado numa inclinação de quinze graus e com a mão estendida para a câmera como se saudasse aqueles que o veriam. Papy terá ficado assim depois de seu acidente? Depois da décima, da 15ª, da vigésima operação? Como eu gostaria que estivesse ali, a meu lado, para me contar em voz tranquila o que havia vivido! Na foto, os lençóis são amarelos. Percebe-se um bloco com espiral, um caderno, uma caneta, um marcador e um resguardo de cama verde. Uma hora e meia depois, meu irmão havia ido embora e eu senti que parava totalmente de respirar. Apertei a campainha. A enfermeira fixou a entrada da máscara de oxigênio na traqueostomia.

— Fique com isso ao menos uma hora, ou não adianta nada.

Ela saiu e, com a máscara, tudo piorou. Eu tinha a impressão de não conseguir respirar. Sabia que precisava me acalmar, me concentrar, dar à máscara o tempo de agir, sabia que ela, como o resto, cobrava caro pelos serviços que prestava; mas saber não é poder quando se está no meio da coisa toda: as certezas da ciência se dissolvem nas incertezas da experiência. Os policiais tinham conseguido fazer com que a porta ficasse bloqueada na posição aberta. Eu olhava para eles como meu último vínculo com a vida, emissários tranquilos da realidade, e fiz sinal para um deles. Ele acabou vindo. Peguei meu caderno e escrevi, como podia, a palavra *enfermeira*. Ele saiu à sua procura, mas ela estava sem tempo e a ouvi dizer:

— O senhorzinho que chegou tem no mínimo oitenta anos e duvido muito que chegue ao fim da noite!

Na nave espacial, era exatamente como na nave de *2001*: os tripulantes que dormiam corriam o risco de nunca mais acordar, e Hal 9000, que eu via brilhando e agindo a meu redor, não podia fazer nada. Olhei para os policiais, mexi a cabeça, não aguentava mais a máscara. Perguntei-me como eles reagiriam se os assassinos entrassem, e como sempre que me fazia essa pergunta, vi a cena e temi que acontecesse na mesma hora. Se eu a temia, então era porque não queria morrer? A enfermeira finalmente voltou. Ela viu que eu tinha deslocado a máscara na esperança de respirar sem ela e a recolocou, dizendo:

— Fique com a máscara, ou vai parar de respirar totalmente!

Ela saiu e a sensação de sufocamento se acentuou. Pela primeira vez desde o atentado, pensei que estava morrendo, mas como era uma visão física da alma, a alma se pôs em marcha e eu recitei a última estrofe de "A viagem", de Baudelaire:

Ô Mort, vieux capitaine! Il est temps! Levons l'ancre!/ Ce pays nous ennuie, ô Mort! Appareillons!*

---

* "Ó Morte, velho capitão! É tempo! Levantemos âncora!/ Esse país nos aborrece, ó Morte! Zarpemos!" [N.T.]

Era um tanto monótona, e o artifício da composição não me escapava; mas respirar e recitar essas palavras se tornaram mais importante, pois as duas ações eram a mesma coisa. Além disso, o artifício tinha um lado bom, ele tornava o instante um pouco falso, portanto, menos penoso, e preferi continuar. Como não lembrava o que vinha a seguir, repeti a mesma coisa de novo e de novo, mas a memória falhava: a viagem que eu fazia visivelmente não autorizava mais que aqueles dois versos, além dos quais eu teria um excesso de bagagem. Contentei-me com eles. Repeti-os dez vezes, quinze vezes, vinte vezes, e a respiração voltou. Junto com ela, o sono, e logo antes dele, o último verso:

Au fond de l'inconnu pour trouver du nouveau!*

À noite, por duas vezes, homens com pequenas lanternas na cabeça me acordaram. Pareciam mineiros no fundo de uma galeria. Eram os residentes, que vinham verificar o enxerto. Eu me sentia cansado demais para viver o suspense implicado na chegada deles. As horas seguintes desapareceram num buraco do qual só fui sair dezoito horas depois, para voltar ao setor de estomatologia. Um novo quarto, no segundo andar, me aguardava. Uma cama fora preparada, ao lado da minha, para Gabriela, que chegaria a qualquer momento. Meu irmão estava à minha espera e tinha arrumado o quarto, com a ajuda de Christiane. Assim que me instalei, Gabriela chegou. Eu estava feliz de voltar a vê-la, abatido demais para demonstrá-lo. Ela chegava de um mundo sem relação com aquele no qual, desde sua última partida, eu havia mergulhado. Assim que ela guardou suas coisas, Chloé entrou, obrigando-a a sair. No corredor, Chloé havia cruzado com meu irmão, que me deixara sozinho com Gabriela, e lhe dissera, toda orgulhosa:

---

* "Ao fundo do desconhecido para encontrar o novo!" [N. T.]

— Viu que bonito?

Ele não soubera o que responder. Se tivesse feito uma careta, ela teria respondido mais ou menos como o dr. Mendelssohn: "O que queria? Ele ganhou um queixo, não?".

Depois da saída de Gabriela, Chloé me explicou que tudo correra bem, com exceção de um implante que ela e Mendelssohn não tinham conseguido fixar. Em meu caderno, perguntei: "Por quê?". Ela respondeu, suspirando:

— Não sei. Devia estar com defeito. Tentamos uma vez, duas vezes, depois desistimos, não era importante e tínhamos mais o que fazer!

No corredor, ao sair, ela disse a Gabriela, que só me repetiu a frase um ano depois, rindo:

— Faça o que quiser com ele, mas não toque nas minhas cicatrizes!

16.
Cena doméstica

O atentado se infiltra nos corações que abocanha, mas não se deixa amansar. Irradia-se em torno das vítimas em círculos concêntricos, que se multiplicam em ambientes dramáticos. Ele contamina o que não destrói, sublinhando com caneta forte e cruel as fraquezas secretas que nos uniam e não percebíamos. Em pouco tempo, a relação com Gabriela começa a desandar.

Eu estava feliz de voltar a vê-la, mas tinha adquirido alguns hábitos em sua ausência, ou mais do que hábitos: regras de vida e de sobrevivência. Eu havia tecido meu casulo de pequeno príncipe paciente, gotejante, alimentado por sonda e vaselinado, em torno de um irmão, de pais, de alguns amigos e de cuidadores. Eu não queria mais sair desse casulo, sentia-me incapaz de sair. A simples ideia de sair do hospital me apavorava. Aquele não era o lugar onde eu era onipotente; era o lugar onde minha experiência era suportável. Eu tinha começado a ler de forma mais detida *A montanha mágica*, muito lentamente, tão lentamente quanto o processo de cicatrização. Desde o início do livro, as reflexões de Joachim, o primo tuberculoso de Hans Castorp, me impressionaram e como que me imobilizaram. Castorp, recém-chegado ao sanatório, já pensa em ir embora, "daqui a três semanas". Joachim responde: "Compreendo, você já pensa em regressar. [...] 'Regressar daqui a três semanas' é uma ideia lá de baixo. [...] Aqui não fazem muita cerimônia com o tempo da gente. Você não tem ideia. Três semanas são para eles como um dia, vai ver. Tudo isso se aprende e... aqui se modificam todas as nossas concepções".* Eu relia esse trecho e alguns outros todas as manhãs, depois do banho, de Bach e da caminhada, enquanto a primeira bolsa alimentar me nutria por quatro horas. Eu os relia como uma introdução e uma oração: Joachim e Hans tinham se tornado muito mais próximos de mim, mais íntimos, do que aqueles que entravam ali, nem falo dos outros, que vinham do "mundo de baixo" e logo voltavam a ele. O "mundo de baixo" era o mundo das pessoas que logo me diriam, eu o sentia: "Ainda no hospital? Mas quando vai sair? Mais operações? Mas até quando? Ainda em recuperação? Deve estar de saco cheio. Ainda sem trabalhar? Mas por quanto tempo?". E, por fim, pois seria a mesma coisa, sempre a mesma relação cega e impaciente com o tempo: "E o livro, quando sai?". Como Joachim, como Hans Castorp após algumas centenas de páginas, eu tinha a sensação de que nunca mais sairia dali e de que essa não saída me traria, se possível, alguma sabedoria. Eu não devia sair nem do hospital, nem do livro, o segundo sendo o manual de instruções do primeiro. Sem dúvida, a morte não estava no fim do caminho, em todo caso desse caminho, mas *eu tinha coisas a aprender e a viver ali*, coisas que não poderia ter conhecido em outro lugar. Meus quartos do setor de estomatologia eram meu sanatório de Davos, e eu não estava longe de pensar que, assim como a Primeira Guerra concluía a aventura de Hans Castorp, uma outra guerra se anunciava, uma guerra da qual os islamistas não passavam de um sintoma, uma guerra que oporia o homem a si mesmo, uma guerra social, sexual, psíquica, ecológica, total, que o levaria, num prazo relativamente curto, à extinção. Não havia profetismo algum no que eu acreditava pressentir, tampouco algum narcisismo, eu não me preocupava realmente

* Thomas Mann, *A montanha mágica*. Trad. de Herbert Caro. Rio de Janeiro: Nova Fronteira, 2000, pp. 14-5. [N.T.]

com essas coisas e, aliás, não falava a respeito disso com ninguém. Apenas sentia uma compaixão silenciosa por aqueles que me visitavam, por suas atividades, seus problemas, seus filhos, por meus colegas que continuavam escrevendo seus artigos, curtos ou extensos. Esse era o sentido de minha réplica ao dr. Mendelssohn, quando, vendo em meu tablet o romance de Thomas Mann e as cartas de Kafka e Milena, ele dissera com certo sarcasmo: "Não tem nada mais divertido para ler?". O dr. Mendelssohn tinha uma melancolia fria. Mais tarde, fiquei sabendo que tocava violino.

Os que entraram no casulo, naquele inverno, habitaram um mundo à parte, o dos tecelões que me ajudaram a restaurar uma tapeçaria rasgada e, sem saber ou sabendo, me libertaram da pressão do tempo. A lista com seus nomes não é uma chamada dos mortos, mas uma chamada dos visitantes, sempre renovada, sempre em suspensão: Alain, Alexis, Anne, Anne- -Laure, Anne-Marie, Arnaud, Aurélien, Benjamin, Blandine, Caroline, Céline, Claire, Éric, Fernand, Florence, Florence, Françoise, Gérard, Giusi, Hadrien, Hadrien, Hélène, Hortense, Jean-Pierre, Joël, Laurent, Laurent, Lila, Lucile, Marc, Marilyn, Maryse, Monique, Muriel, Nadine, Nathalie, Nina, Odalys, Olivier, Pascal, Pascal, Pierre, Pierre, Richard, Sophia, Sylvie, Sylvie, Teresa, Virginie, Zoé. Seus nomes formam uma guirlanda e não há dia em que eu não pense em um ou em outro. *Eles estão na tapeçaria, estão fora do tempo.* Uma parte deles não sai mais desse limbo, imobilizada no centro do desenho, presa no casulo como os astronautas habitados pelo Alien, mesclada a minhas impressões e sensações por meio de uma miríade de gestos, fios e silêncios, à espera de ser fertilizada por uma memória muito mais frágil do que a mandíbula e o dardo da criatura de Ridley Scott, e cuja eclosão só poderia significar um acréscimo de incerteza, de amizade, de vida. Essa parte deles está bloqueada num pequeníssimo bolsão de eternidade.

A eternidade não dura muito, mas talvez haja alguma sabedoria na sombra que ela espalha, a mesma que faz Hans Castorp dizer, depois de 24 horas de sanatório: "Contudo, tenho a impressão de não estar aqui apenas há um dia, mas há muito tempo já... e até me parece que fiquei mais velho e mais inteligente...".* Os outros, por mais próximos que sejam, habitam um mundo que dá voltas, um dia após o outro, uma reunião após a outra. Era o mundo em que o atentado ocorrera sem ocorrer.

Fazia mais de um mês que Gabriela vivia fora do casulo. Não levei muito tempo para sentir que, mesmo novamente instalada em seu centro por dez dias, ela não encontraria um lugar. Eu tinha sentimentos por meus amigos; não tinha amor por mais ninguém. Ela havia subido no trem hospitalar no dia 9 de janeiro e descido dele uma semana depois, para voltar a Nova York e a seus múltiplos problemas. Já não era possível reembarcar e, ao menos no momento, apertar o botão de amar. O tempo havia mudado, meu corpo havia mudado, eu metabolizava o atentado por meio da reconstrução facial, um mês equivalia a dez anos, e todos os lugares estavam ocupados, mesmo que todo mundo tivesse começado a descer do vagão, as mulheres em primeiro lugar, quando Gabriela voltou. A mulher que eu amava se tornara a mulher a mais.

O primeiro sinal de meu afastamento precedeu em algumas semanas seu retorno. Com a ajuda de meu irmão, eu criara um endereço de e-mail reservado aos mais próximos — uma espécie de canal interno do paciente Philippe Lançon. Esse endereço aludia à bicicleta que eu havia deixado, no dia 7 de janeiro, na frente do *Charlie*, e que me obcecava. Eu acabara pedindo a policiais dos quais me sentia próximo que fossem verificar se ela continuava lá, na rua, presa a um poste. Um deles

---

* Ibid., p. 119. [N.T.]

havia passado pelo bairro um dia e, em sua guarda seguinte, anunciou-me satisfeito que, um mês e meio depois do atentado, a bicicleta continuava no mesmo lugar. Enquanto ela continuar lá, pensei à época, o passado estará no lugar. A velha bicicleta no *Charlie* era a sentinela que vigiava, como à entrada de um desfiladeiro, a passagem da vida de antes para a vida de depois. Eu não passara o endereço de e-mail da bicicleta a Gabriela. As poucas decisões que eu tomava eram instintivas, estavam ligadas a uma condição que a qualquer momento podia mudar. Temia fazê-la entrar naquilo que minha vida se tornara e não sabia por quê. Havia nisso um pouco de comédia platônica, pois o cômico nunca é mais eficaz do que quando se alimenta do trágico.

A presença de Sophia, uma amiga recente, se tornara essencial. Depois de trabalhar na universidade, ela agora fazia estudos de mercado para empresas do setor de luxo. Viajava para todo tipo de país a fim de entrevistar mulheres sobre a imagem que faziam do amor, dos homens, da beleza, do luxo. Ela logo viajaria para Xangai, para entrevistar chinesas com concepções amorosas bastante rudimentares. Mais tarde ela me lembraria de que eu ligara para ela dez minutos antes do atentado. Eu não me recordava disso e continuo sem saber por que liguei para ela naquele momento, durante a reunião de pauta. Para confirmar um encontro? Para marcar um cinema? Ela tinha saído para passear com o cachorro e me ligou alguns minutos depois, já tarde demais. A pedido meu, dois anos e meio depois, descreveu-me por e-mail os dias seguintes, tal como vividos por ela. Se transcrevo sua mensagem aqui, é porque ela mostra como o atentado cria uma corrente de sofrimentos súbitos, comuns e particulares, em que cada amigo da vítima parece subitamente marcado, como gado, a ferro: a violência é coletiva. Foi por isso que minha vida não me pertenceu mais depois de 7 de janeiro. Tornei-me responsável por aqueles que, de um modo ou de outro, me amavam. Meus ferimentos também eram os seus. Minha provação era compartilhada.

Sophia estava em seu jardim, com o filho Pierre-Camille, quando ficou sabendo do ocorrido. Ela ligou para seu irmão. Eu e ele tínhamos amigos comuns, e ela não demorou para ficar sabendo que eu fora ferido no rosto. Eis o que vem a seguir:

No início da tarde, liguei para dois clientes meus, para quem eu deveria fazer algumas pesquisas, uma teria início no dia 7, à tarde; outra, no dia seguinte. Disse-lhes que eu não podia, contei o motivo. Estava arrasada. No dia seguinte ao atentado, lembro-me de ter ligado para uma de minhas amigas mais próximas, muito cedo, às sete horas da manhã. Não me lembro de nada daquele dia, apenas de meu sofrimento.

Na sexta-feira pela manhã, viajei para Milão, para uma das pesquisas. Ainda me vejo no terminal F do Charles de Gaulle, no café do subsolo, ao lado do lounge da Air France. Havia televisões por toda parte, transmitindo em looping a história do atentado, a lista de mortos e feridos. Eu olhava para essas informações, minhas lágrimas corriam, eu não conseguia parar de chorar, indiferente aos olhares das pessoas ao redor. Eles, sem dúvida, viam que eu conhecia alguém no atentado. Uma mulher se aproximou de mim; ela era muito bonita, tinha filhos, um marido também, acho. Falou comigo, tentou me consolar.

Em Milão, lidei com dois grupos, em italiano, por oito horas. Minha amiga e colega italiana estava junto, pronta para me substituir. Aguentei firme, mas quando saí da sala estava sem voz. Completamente sem voz. Era o dia 9 de janeiro. Perdi a voz, totalmente, por dez dias. Recuperei-a, parcialmente, ao voltar de Xangai, no dia 19 de janeiro.

No dia 14 de janeiro, viajei para Xangai. Volto a me ver no lounge da Air France. Meu irmão me ligou para saber notícias minhas. Eu continuava sem voz, falava cochichando, mas ele entendia. Foi um grande consolo ouvir sua voz. Eu chorava. Chorei por dez dias, nunca chorei tanto, não costumo chorar, não com facilidade. Lembro-me de ter dito a ele que não sabia como poderia rir de novo um dia. No entanto, eu já havia conhecido uma dor imensa, a de perder meu pai aos catorze anos. A pessoa que eu mais amava no mundo, na época. Mas a violência do que eu sentia naquele momento era de outra ordem. Meu irmão me reconfortou, foi incrível comigo. Em Xangai, fiz um resumo dos fatos à minha colega chinesa, cochichando e escrevendo o que ela não conseguia entender.

No hospital, a partir de meados de janeiro e depois de certa hesitação, acolhi a presença de Sophia, que aos poucos tomou não exatamente o lugar de Gabriela, mas uma parte desse lugar, cuidando de mim em sua ausência, enchendo-me de presentes e atenções, escrevendo-me quando viajava, trazendo-me de Madri um livro sobre Goya, da Itália uma camisa, encontrando as palavras e os gestos necessários nos momentos necessários, com uma generosidade que beirava a santidade ou o masoquismo, e que talvez fosse simplesmente amor e uma vontade de reparação. Nunca convidei Sophia para participar do pequeno "clube" dos que dormiam em meu quarto, mas não tinha problema algum em ser ajudado e amado por ela. O paciente de longo prazo tem, sem dúvida, algo de vampiro: eu pegava o que precisava dos outros, e ela, como eles e mais do que eles, me dava. Mas não era só isso: eu vivia num mundo em que tudo girava em torno dos cuidados médicos e dos fantasmas do atentado e, nesse mundo, tudo era ficção, portanto tudo se tornava possível. No entanto, eu queria paz. Não contei a Gabriela nem das visitas de Marilyn, nem da presença de Sophia, nem de nada da vida entre quatro paredes da qual ela fora excluída pelas circunstâncias. Tudo o que me poupasse de tensões justificava o que poderia ser chamado de covardia.

Gabriela me ligava com frequência de Nova York pelo FaceTime. Ou eu estava tentando dormir, ou recebendo os cuidados diários, ou com alguma visita: o momento nunca era oportuno, as palavras nunca eram adequadas. Ela continuava pregando o otimismo desesperado do qual ela mesma acreditava ter necessidade para enfrentar o marido banqueiro, o pai doente em Copiapó, a solidão. Tentava me ensinar métodos de cura que não faziam sentido algum para mim: sou impermeável ao método Coué e à meditação. Falava de um sujeito que teve o braço arrancado por um tubarão, de outro que ficou gravemente queimado num acidente. Os dois tinham escrito livros exemplares, ao estilo americano, para narrar suas "lutas", celebrar a força de vontade, explicar a que ponto as provações os tinham fortalecido, tornando a vida mais bela. Os livros, é claro, eram dedicados às famílias deles, sem as quais etc. Os palcos e televisões americanos estavam repletos de sobreviventes que transformavam desastres superados em shows evangélicos. Essas tolices voluntaristas me irritavam ainda mais porque eu mal conseguia falar. Eu via o sorriso de Gabriela no FaceTime, aquele sorriso que eu tanto amara, que continuava amando, e pensando no homem de braço arrancado pelo tubarão, eu o substituía pelo sorriso de Kafka; e enquanto ela falava daqueles sobreviventes-modelo em estado de ressurreição profética, eu pensava na frase do escritor que se tornara um companheiro de centro cirúrgico: "Somente na morte o vivo pode se conciliar com a nostalgia".

No novo quarto, eu era todo mal-estar. Quase não lia jornais, continuava sem assinatura de televisão, o rádio me entediava como um barulho de lancha propagando-se no fundo de um lago. A leitura, numa revista que alguém me trouxe, de uma entrevista com um intelectual francês complacente com a violência, e mesmo visivelmente fascinado com o que ela tinha de estimulante e revolucionário, confirmara meu reflexo — não se pode falar em vontade ou razão — de fugir do carrossel de comentários, tanto os proféticos quanto os didáticos. Havia uma abjeção na razão, quando acreditava dar sentido imediato ao acontecimento ao qual estava submetida. A mosca se passava por águia, mas aquela não era uma fábula, apenas a realidade, a triste realidade do orgulho intelectual: aquelas pessoas se julgavam Kant respondendo a Benjamin Constant ou Marx analisando o golpe de Estado do príncipe Luís Napoleão. Teciam abstrações apressadas.

Eu estava coberto de cicatrizes organizadas. Essa multiplicação nada tinha de milagrosa, ela me tornara enfeitiçado pelo concreto. As notícias se tornavam, como tantas coisas, uma paixão inútil. Talvez eu tivesse me tornado igual a meus avós paternos, reduzidos a um mundo estritamente limitado e dedicados a viver dentro dele como se o mundo exterior só pudesse distrair, afligir e, acima de tudo, prejudicar. Eles viviam no escuro, apagavam todas as luzes dos aposentos de que saíam, só acendiam a do que ocupavam. Em meu quarto de hospital, eu não precisava de lâmpadas inúteis. Só queria as verdadeiras. A fria lâmpada fluorescente, a lâmpada noturna um pouco menos fria, a luminária vermelha de chão que Caroline me trouxera, a lâmpada de sal que Florence me enviara, a lâmpada Lumio em forma de gaita enviada por outra Florence. Eu ligava uma de cada vez, como o acendedor de lampiões, era a recomendação. Esta seguia apenas meu humor e a imagem daquela que a trouxera e em quem eu pensava como numa fada amiga. Todas difundiam uma luz suave e cálida, mas não me permitiam ler, principalmente à noite. Minha visão piorara muito, tanto após o enxerto quanto depois do atentado, ou eu não conseguia mais me concentrar. Uma noite mencionei o fato a Chloé. Ela me disse que, depois de um drama familiar, passara pela mesma coisa: "Eu não enxergava mais nada". Foi assim que fiquei sabendo desse drama e foi a única vez que, brevemente, ela o mencionou. Eu não estava em condições de compreender o que podia haver de inesperado e excepcional naquela confidência, o que ela revelava do momento vivido pela cirurgiã e por seu paciente. Ouvi-a, aceitei-a, fiquei curioso, surpreso, comovido, agradecido. Eu sentia e, como com Sophia e os outros, recebia. Tudo o que vinha de Chloé me deixava especialmente fortalecido. Não se tratava de amor, mas de dependência. Não levou muito tempo para Gabriela sentir ciúmes desse laço. Ela estava errada, pois o que me unia à minha cirurgiã era de ordem vital, e não sentimental; mas estava certa, pois aquele laço, naquele momento, se tornara prioritário. Chloé passava na frente de todos, na frente do meu irmão e dos meus pais. Ela era a única pessoa de quem minha mandíbula e minha vida futura dependiam. Ela era uma mulher e um princípio de ação. Os outros prisioneiros do casulo estavam todos, mais ou menos, numa sala de espera.

Gabriela saíra do casulo no momento em que ele se formava. Eu me tornava outra pessoa, como ela logo reclamou? O paciente é um vampiro, de fato, e ele é egoísta: eu tinha pouquíssimo a oferecer, a dar, todas as minhas reservas eram utilizadas no combate mental e cirúrgico. Demorei a entender que Gabriela não estava mais no centro desse combate e, depois de entendê-lo, não consegui contar a ela: como explicar uma coisa dessas a uma mulher que viajou 6 mil quilômetros para me ver e viver comigo num quarto de hospital por dez dias? E a verdade era ainda mais torta: as múltiplas cenas que ela logo provocaria tinham uma virtude que levei ainda mais tempo para perceber, elas transformavam a vítima do atentado em um simples protagonista de uma briga de casal.

Três dias depois de sua chegada, estávamos com os nervos à flor da pele. Eu ficava aliviado quando ela saía para dar aulas ou para fazer uma hora de barra, ficava nervoso quando ela voltava. Gabriela não suportava me ver escrevendo e-mails ou meus primeiros artigos para o *Charlie*. Sabíamos que a noite seria ruim, tanto para ela quanto para mim, com insônias opostas mais do que compartilhadas. As enfermeiras de quem eu era mais próximo perceberam tudo antes de mim. Elas entravam no quarto com a costumeira brusquidão, agora constrangida, e interagíamos como sempre, eu com meu caderno, elas com suas caras e bocas, como se Gabriela não estivesse ali. Mas ela estava, cansada, de semblante fechado, sentada na cama, ao computador, de óculos no nariz, respondendo a e-mails profissionais, repassando as aulas que voltara a cursar ao se inscrever na Universidade de Nova York. Eu olhava para ela e me lembrava de uma frase que me dissera em Nova York dois anos antes, havia um século: "Você me trata como uma rainha". Aqui, o rei era eu.

Tudo, no entanto, começou bem. Assim que chegou, ela se deitou na cama e segurou minha mão, enquanto a bela Ada trocava os curativos do rosto e das pernas. Ada tinha uma tatuagem no braço, em memória do avô. Eu gostava de olhar para a tatuagem enquanto ela se ocupava de mim. Seu pai era guarda e ela crescera num parque. Eu fechava os olhos enquanto ela tirava as casquinhas que se formavam em torno dos pontos do bife e a imaginava no parque ou no lago de Enghien. Naquele dia, ela levou meia hora para limpar, untar e proteger tudo. A cicatriz na altura do perônio, comprida e retangular, estava vermelho vivo e, como o bife, cheia de pontos. A pele retirada do interior da coxa substituía aquela que, da panturrilha, fora parar na mandíbula. Ao mesmo tempo, havia no interior da coxa uma espécie de pequeno tapete retangular, igualmente vermelho e gotejante, que queimava dia e noite. Eu ainda estava no soro. Havia retomado a alimentação por sonda. Um dreno saía da cicatriz no pescoço.

Na manhã seguinte, eu teria um exame de imagem, num prédio vizinho, para controlar o enxerto. Gabriela decidiu me acompanhar, tal qual Marilyn no primeiro exame de controle, em 9 de janeiro. Eu colocara uma máscara para proteger o bife, como precisaria fazer, durante o dia, nos seis meses seguintes. Lulu me guiava, os dois policiais nos seguiam. Nenhuma cadeira de rodas fora trazida, Gabriela ficou surpresa, os policiais também, eu também, mas não dissemos nada e saímos no frio, sob uma chuva fina, pelas ruas tão pouco hospitaleiras. Em pouco tempo, senti-me fraco. Gabriela me segurava por um braço, um policial se aproximou e me pegou pelo outro, sob o olhar de Lulu, que de repente entendeu tudo e disse: "Mas... ninguém me disse que ele estava nesse estado! Deviam ter me avisado! Que incompetência! Para a volta, o senhor terá uma cadeira de rodas!". As pessoas ao redor nos olhavam com estranhamento: aquele paciente mascarado e tão firmemente acompanhado seria perigoso? De saída em saída, eu ia me acostumando a esses olhares. Com meus policiais, eu vivia num mundo paralelo ao das pessoas por quem passava. Gabriela o descobria. Mais tarde, disse-me que teve a mesma impressão que eu. Que se sentiu numa cena de *O poderoso chefão*, aquela em que Marlon Brando é escondido por Al Pacino no hospital para fugir dos assassinos. Em nossa história, os assassinos já haviam passado.

No dia seguinte, ela se encarregou de uma parte da minha fisioterapia. As enfermeiras e as auxiliares haviam avisado: quando se tem um perônio a menos, é preciso voltar a caminhar o mais rápido possível, mas não se deve fazê-lo de qualquer jeito. O certo é calcanhar-ponta, calcanhar-ponta, lentamente, as costas retas, sem evitar o sofrimento que o movimento provoca, porque evitá-lo significa condenar-se a mancar. Para esse tipo de exercício, Gabriela era a pessoa ideal: bailarina e professora de alto nível. No dia seguinte, ela foi comigo ao corredor e me ajudou a caminhar, sem ser dura demais, mas sem complacência. Ela caminhava um metro atrás de mim para verificar minha postura, os policiais caminhavam um metro atrás dela. A missão de uns era acompanhar a missão de outros. No início, todos sorriam.

— Fique reto! Está caindo para a esquerda! Esqueça a dor e coloque o calcanhar no chão! Isso, alongue o movimento! Devagar, mais devagar!

E ela ria enquanto me corrigia.

As caminhadas se tornaram dolorosas, eu tinha a impressão de pisar num tapete de pregos; mais uma vez, porém, precisava acolher a dor como uma aliada que me mostrava o caminho a seguir.

Seis anos antes, meus pais e eu tínhamos visitado dois velhos primos que moravam em Bagnères-de-Luchon, nos Pirineus. Monette, hoje morta, tinha sido professora de inglês. Seu marido, Jean-Marie, me oferecera um xarope, como na infância. Em certo momento, toda torta e encurvada, quase cega, Monette saiu para se exercitar. Ela caminhava muito lentamente, com duas bengalas, decidida a percorrer a distância do jardim de carvalho-das-antilhas até o portão e do portão ao carvalho-das-antilhas. Era verão. Ela parecia um animal antiquíssimo, mistura de toupeira com caracol. Segui-a para ajudar, como Gabriela me ajudava agora. Ao chegar perto do portão, ela virou o rosto para mim, com o nariz perto do meu, para ver o que não enxergava, e perguntou, numa voz frágil: "Acho que preciso fazer isso, não?". Respondi: "Mas é claro que sim! Precisa fazer esse exercício, como na piscina, e talvez colocar uma cadeira perto do portão, para descansar um pouco e depois recomeçar". Ela replicou: "Ah, sim, sim, é preciso fazer isso, eu preciso querer fazer...". Depois, virando o rosto mais uma vez para mim: "Como é seu nome, mesmo? Minha memória não anda muito boa...". Seu marido, em contrapartida, se lembrava de tudo: nome, idade, estado civil, data de nascimento, mesmo dos distantes ramos da árvore familiar, que parecia viver, irrigada por sua memória, ao lado do carvalho--das-antilhas. No corredor, com Gabriela, eu repetia para mim mesmo: "É preciso fazer isso", "é preciso fazer isso", e teria gostado de ter a memória do marido de Monette para irrigar o que parecia estar seco.

Seis dias depois da chegada de Gabriela, retomei junto com ela as caminhadas pelo hospital inteiro. Estava feliz de lhe mostrar os recantos do La Pitié-Salpêtrière, como tinha feito com os policiais que me acompanhavam. Sigam o guia, ele é paciente! Fazia um mês que eu o percorria, ele se tornara meu território. Seu caos arquitetônico, suas camadas de prédios convivendo lado a lado há quatro séculos, suas pequenas praças invisíveis, suas ruas, seus barulhos, seus cheiros, suas fachadas, seus becos sem saída, seus pórticos, suas passagens, suas perspectivas inesperadas, tudo me transformava no menino-explorador que eu havia sido, ainda que sem ousadia, na época em que, ao nadar no Yonne, as folhagens da outra margem pareciam mais misteriosas do que a Amazônia. *Macacos cairiam das árvores e índios sairiam da floresta*. Ali, cada fachada brindava minha melancolia com exotismo.

Primeiro, dirigia-me ao grande parque, entre os prédios criados por Luís XIV, depois à grande capela vazia, onde esperava encontrar o capelão. Entrava-se nela por uma escada ou por uma rampa, que, aliás, logo me ajudou a reabilitar a perna sem perônio, calcanhar-ponta, calcanhar-ponta, com ajustes de Gabriela. A seguir passava por baixo do grande prédio, até a saída mais próxima de Austerlitz, subia uma longa rampa que acompanhava as grades externas, limites de meu território, e que levava a uma parte menos frequentada do hospital, entre o velho pavilhão psiquiátrico, chamado La Force, e o prédio da lavanderia, igualmente antigo e talvez o mais bonito, em sua protocolar simplicidade. Os lençóis dos pacientes eram higienizados entre muros de quatro séculos, clássicos e perfeitos como um verso de Malherbe. Enquadrando-me, aqueles *belos prédios de estrutura eterna* me tranquilizavam.

No caminho entre os dois edifícios, eu tinha minha cabana na floresta: uma velha travessa em cotovelo, pavimentada com paralelepípedos, chamada Rue des Archers, que, em pequenas construções de um andar, com lucarnas no telhado, abrigava sedes sindicais de aparência tão vetusta quanto a época à qual pareciam relegadas: ali, não se estava mais no século XVII dos prédios vizinhos, onde haviam sido encerradas e mesmo acorrentadas as chamadas mulheres de vida fácil e os loucos, mas num século XIX de aparência provinciana e balzaquiana, ao estilo Eugénie Grandet. Nunca vi ninguém passar por ali. Os paralelepípedos desnivelados não despertavam especialmente a memória, mas permitiam trabalhar o equilíbrio do pé, e a harmonia arcaica daquele lugar minúsculo, fora do tempo, como que abandonado, criava um ambiente em que eu me sentia em casa e fora de casa, no campo, na casa de meus avós ainda vivos, entre a época da rubéola, passada numa cama dobrável de lona azul-escura, e a época em que li *A comédia humana*, em meu quarto de ladrilhos vermelhos ou na beira do rio. Eu pairava num mundo silencioso, cheio de insetos e de discreta magia, um mundo em que meus familiares viviam ora em suas velhices, ora nas páginas dos livros. Esse mundo retornava naquela travessa em cotovelo, descoberta por acaso, quase tão eficaz quanto uma máquina do tempo. O tempo deixava de existir na Rue des Archers.

Um pouco mais adiante ficava meu segundo lugar mágico, na Rue des Petites-Loges: uma longa construção térrea de teto pontudo, com uma passarela coberta em que haviam sido colocados, a intervalos regulares, bancos em formato de meia-lua, com pés de ferro forjado e cobertos de inscrições mnemotécnicas.

Era um prédio dedicado à neurologia. Eu percorria sua passarela sistematicamente, como se fosse me lançar ao mar, e tinha a impressão de que, se sentasse num daqueles bancos, desapareceria em paz dentro de uma ou outra lembrança, como se estivesse dentro de uma nuvem. Depois, subia uma escada que levava aos arredores do prédio de Charcot.

Naquele dia, a caminhada toda levou cerca de uma hora. Gabriela me ajudou a enfrentar os obstáculos com uma disciplina e um bom humor que, de volta ao quarto, desapareceriam. Eu quis fazer o tour completo com ela e acabamos pelos prédios mais recentes do La Pitié, de tijolos, alguns art déco. Descemos a rampa que contornava o grande prédio moderno do Instituto do Cérebro e da Medula Espinhal. É aqui que fica a melhor cafeteria do hospital, eu disse. No mesmo instante, perguntei-me como seria o gosto do café — aquele que Marilyn me fizera cheirar já havia desaparecido — e se um dia poderia de novo experimentá-lo e comer, por que não, um *pain au chocolat*. As palavras servem para designar as coisas. Em meu caso, os alimentos e as sensações pareciam desaparecer assim que as palavras se sobrepunham a eles. De volta a meu setor, pensei ver Pascal, um amigo escultor de minha cidade natal que eu não via desde o verão anterior. Era de fato ele, com seu perfil aquilino, seu olhar ao mesmo tempo duro e sentimental, perdido e intenso. Estava esperando fazia algum tempo, sentado na mureta onde os pacientes fumantes vinham saciar seu vício, maço na mão. Ele me viu, levantou-se e me abraçou. Como eu não podia falar, olhei para ele de todas as maneiras possíveis. As enfermeiras tinham me dito que meu olhar de mudo se tornara tão expressivo que elas conseguiam ler minhas mudanças de humor através dele. Pascal me trouxera um presente: um livro esculpido em alabastro. Ele me deu um beijo e logo foi embora. Temia ser efusivo e não queria incomodar. No quarto, deixei a escultura em cima da mesa de rodinhas e senti que Gabriela, mais uma vez, me julgava sensível demais à consideração que meus amigos tinham por mim.

Ela trouxera uma pequena cafeteira e, à noite, comunicava-se com seu pai ou com sua turma na universidade. Essas conversas me privavam do pouco de sono que eu tinha. Ela ficava nervosa, angustiada e, depois que dormia, tinha sobressaltos o tempo todo, como um pequeno animal torturado. Alguns de seus empregadores nova-iorquinos ameaçavam demiti-la. Eles haviam sido complacentes em janeiro, tinham lhe dito *"Oh, I am so sorry!"*, como os americanos fazem tão bem, mas os americanos, que não apreciam os labirintos críticos da interioridade, raramente permanecem compassivos para além de uma superfície delimitada por seus interesses, o coração é grande mas nunca está longe da carteira, e essa segunda viagem os aborrecia: Gabriela precisaria ser substituída, eles não podiam mais contar com ela, o atentado não era uma desculpa para abandonar os clientes. O processo de divórcio do marido, o banqueiro de Chicago, avançava mal. O sujeito era um anglicano do Centro-Oeste, sempre do lado do Bem, disposto, portanto, a tudo para impô-lo. Ele tivera seu minuto de compaixão em janeiro, logo depois do atentado, demonstrando por Gabriela toda a grandeza de alma que se faz necessária diante daqueles que vão morrer e que devem, como na igreja, ser saudados. Mas eu não tinha morrido e ele agora a acusava de ir a Paris para beber champanhe com o amante: Gabriela me mostrou um e-mail particularmente frio e odioso, um entre muitos, obviamente destinado ao juiz. Ela saía depressa para, no lugar de champanhe, comprar um sanduíche à noite, no mercado da esquina, onde minha cunhada um dia encontrou-a em prantos, sozinha num corredor: tudo lhe escapava, o trabalho, o divórcio, os estudos, o companheiro. Quando chegava a hora da visita médica, ela saía do quarto com o computador, sob o olhar indiferente dos cirurgiões, e sentava no chão, no corredor, perto dos policiais, com quem conversava. Não era raro uma auxiliar de enfermagem lhe dizer: "Mas o chão é sujo!". As duas cadeiras eram ocupadas pelos guardas.

Durante o dia, quando não ia dançar ou dar aulas, ficava cada vez mais exasperada ao me ver escrever e reler meus primeiros artigos para o *Charlie*. Suas palavras eram sempre as mesmas: "Corro riscos e me sacrifico por você, estou aqui em vez de buscar trabalho em Nova York e estudar, não cuido do divórcio, e você, você fica no seu mundinho e só pensa em si mesmo. Quais são seus planos para o futuro?".

Planos? Eu não tinha planos. Eu não tinha futuro. Eu não via o futuro, não sentia o futuro. Meu futuro acabava na visita seguinte da enfermagem e num horizonte de sensações cada vez mais difíceis e inéditas. De todo modo, eu não podia realmente responder alguma coisa, pois não podia me expressar. Eu respondia com algumas palavras no caderno, sempre as mesmas, escritas em maiúsculas, como *Eu te amo* e *Você é maravilhosa*, que aumentavam ainda mais sua exasperação. A escrita é lenta, interna, silenciosa. Ela não corresponde nem ao ritmo nem à natureza da conversação. Uma das primeiras crônicas para o *Charlie*, redigida debaixo do nariz de Gabriela, versava justamente sobre isso. Dizia o seguinte:

> Faz duas semanas que estou reduzido ao silêncio: ordem bem-intencionada, porém firme, de minha cirurgiã. Preciso proteger os pontos, sempre caprichosos, de um lábio refeito por ela. Uma anestesista piadista e amiga me disse certa noite que um paciente, de tanto desrespeitar as instruções que recebera, fizera o seu explodir. Tagarelar é um pecado capital em cirurgia: aqui, acredito em tudo que me dizem, portanto calo a boca. Além disso, nós nos sentimos quase inteligentes quando calamos: o silêncio imposto é o contrário do barulho imposto (televisivo, radiofônico),

que esta crônica costuma abordar. Não se trata de preencher o vazio, mas de abster-se de preenchê-lo. O silêncio se instalou no âmago dos diálogos com meus raros visitantes e cuidadores. Vivo com um caderno e um pequeno quadro na mão. Eles falam, eu escrevo. Eles falam bem pouco, pois escrever leva tempo. No que pensam enquanto esperam respostas que demoram como trens em ferrovias sinuosas ou como peruas no banheiro? Seria mais fácil se eu não fosse, em geral, um grande tagarela. Prefiro o quadro ao caderno, pois tudo que é escrito, como a palavra não gravada, é apagado. Para quem, mal ou bem, escreve há mais de trinta anos, não imaginando sua vida sem marcas na ponta dos dedos subitamente enegrecidos pela canetinha, não é pouca coisa. Por isso tento caprichar. Se é para escrever na areia de um quadro branco, melhor fazê-lo com frases justas, precisas, amadurecidas pelo instante e pela emoção inevitavelmente contida, frases por assim dizer mudas e destinadas ao esquecimento do qual algo as faz, por um minuto, sair. É preciso acreditar que as frases apagadas têm seu orgulho: substituídas por outras, contentam-se em ter sua ausência lamentada. Será masoquismo? Creio que não. Trata-se apenas de experimentar a escrita na situação presente, havendo, ou não, de restituí-la ao silêncio oferecido pela ocasião. Esse silêncio concreto da escrita para com todas as coisas, desde um "dói aqui" a uma discussão sobre *A montanha mágica*, tem outra virtude: ele muda a percepção do diálogo e do tempo. Ele prende as palavras a um ritmo mais lento, muda a natureza da troca. Ele nasce, literalmente, do que não pode ser dito para chegar ao que não será enunciado.

Uma manhã, escrevi ao chefe do setor, o professor G., que viera me ver: "Tornei-me um monge trapista. As palavras têm todo o peso de sua ausência". Ele riu. À noite, escrevi mais ou menos o seguinte à minha cirurgiã: "Os trapistas podiam calar, tinham Deus para ouvi-los. Eu tenho os médicos". Ela respondeu: "E o senhor precisa ouvi-los...". Repliquei: "E acredito neles, como os monges em Deus". E ela, limpando-me o lábio e tirando uma foto para que eu pudesse vê-lo e entender sua evolução: "Pois acredita neles, ainda por cima? É a síndrome de Estocolmo! Chegou sua hora de ir embora". Como sempre, ela estava certa.

Depois de ler a crônica, Chloé disse na frente de todo mundo, no início de uma visita: "Então estou sempre certa! Ontem à noite, quando li suas palavras para meu companheiro, ele disse: 'Ah, esse aí entendeu tudo!'". Todo mundo riu, menos eu, que não podia, e Gabriela, que não queria. Naquele dia, estava escrevendo um trabalho sobre Maquiavel e saiu para continuá-lo no corredor. Um velho amigo, Éric, trouxera-me o volume da Pléiade de presente para que ela pudesse consultá-lo. Ele tinha vindo na sua ausência. Era a segunda vez que eu via Éric desde o atentado e, como ele era mais sensato, mais culto e mais rigoroso que eu, conversamos sobre um velho problema no qual eu pensava noite e dia, ou melhor, que estava vivendo, e que esperava que ele pudesse me ajudar a ver com mais clareza: a natureza do mal contemporâneo. Éric, editor, publicava grandes filósofos, bons sociólogos. Sobre a questão do Mal, ele estava insatisfeito com tudo o que lia. O mundo havia mudado muito mais rápido do que aqueles que pretendiam explicá-lo. Aqueles senhores corriam atrás do Mal com seus conceitos, suas teorias. Alguma coisa, muito à frente, escapava às análises de suas novas manifestações. Nem a sociologia, nem a tecnologia, nem a biologia, nem mesmo a filosofia explicavam aquilo que excelentes romancistas tinham conseguido descrever. Talvez não houvesse nenhuma explicação para o gosto da morte dada ou recebida. Nós nos olhávamos, naquele quarto, como dois palermas perdidos no meio do oceano sem remos. O diálogo com Éric durou uma boa hora. Foi um diálogo lento e silencioso, como se contido pela noção brumosa e ameaçadora em que tentávamos penetrar. Ele falava cada vez mais devagar, e eu respondia por escrito cada vez mais devagar. No quadro branco eu escrevia reflexões, perguntas, apagadas umas depois das outras. Ele lia e, em suas respostas e reflexões, parecia regular seu ritmo pelo meu. Nunca fui tão inteligente quanto estando mudo, mas não lembro mais como fiz. Como ele estava doente, acabou pegando no sono. Lembrei-me dele, num verão, quando nadávamos lentamente na água fria da Normandia, falando das mulheres que tínhamos amado. Eu falava de uma antiga amante com tanta minúcia que ele acabou dizendo, com sua voz quente e discreta que nunca se elevava, com uma elegância de príncipe que se sabe nu: "Não posso mais sair da água, há crianças na praia e essa história me deixou de pau duro". Será que um dia voltarei a ficar de pau duro? Será que tomaremos banho na Normandia? Olhei para ele, adormecido na poltrona, e tive uma sensação inédita dentro daquele quarto: fui, por alguns instantes, o amigo que velava por outro.

Depois de mais de um mês de interrupção, o *Charlie* voltava a circular. Novos cronistas e novos desenhistas tinham se juntado aos sobreviventes. Para mim, estava fora de cogitação não figurar naquelas páginas, e na véspera do grande enxerto, vazando por todos os lados, escrevera minha primeira crônica para o número de reestreia. Sobre o que poderia escrever ali se não sobre minha viagem ao redor daquele quarto? Escrever sobre meu próprio caso era a melhor maneira de compreendê-lo, de assimilá-lo, e também de pensar em outra coisa — pois aquele que escrevia não era, por alguns minutos, por uma hora, o paciente sobre o qual escrevia: ele era o repórter e cronista de uma reconstrução. Eu me sentia, mais do que nunca, grato a minha profissão, que também era uma maneira de ser e, no fim das contas, de viver: tê-la exercido por tanto tempo me permitia um distanciamento de meus próprios sofrimentos no momento em que eu mais precisava disso, e me permitia transformá-los, como um alquimista, em matéria de curiosidade. Se os mortos pudessem voltar, pensei, sem dizê-lo a Gabriela, que trabalhava sobre Maquiavel a meu lado, talvez fosse o que fizessem: descrever a própria vida e seu fim com um entusiasmo preciso e uma tristeza igualmente distanciada. Talvez eu tivesse passado trinta anos treinando com outras pessoas para chegar a isso.

Gabriela via as coisas de outra maneira. Ela achava que as crônicas se intrometiam em meu estado de saúde e faziam eu me perder num labirinto do qual deveria sair. Para mim, era exatamente o oposto: descrevendo minha condição, eu escapava dela. Precisei aterrissar naquele lugar, naquele estado, não apenas para colocar minha profissão à prova, mas também para sentir o que havia lido centenas de vezes em alguns autores, sem compreendê-lo totalmente: escrever é a melhor maneira de sair de si mesmo, ainda que não se fale de outra coisa. Ao mesmo tempo, a separação entre ficção e não ficção era vã: tudo era ficção, pois tudo era relato — escolha dos fatos, contexto das cenas, escrita, composição. O que contava eram a sensação de verdade e o sentimento de liberdade proporcionados àquele que escrevia e àqueles que liam. Quando eu escrevia na cama, com três dedos, depois com cinco, mais tarde com sete, com a mandíbula furada e depois reconstituída, com ou sem a capacidade de falar, eu não era o paciente que descrevia; eu era um homem que revelava esse paciente ao observá-lo e que contava sua história com uma boa vontade e um prazer que esperava que fossem compartilhados. Eu me tornava uma ficção. Era a realidade, era absurdo e eu estava livre. Essa atividade cobrava caro. Eu terminava todas as crônicas exausto, suando, tossindo, lacrimejando. O paciente ressuscitava de entre as palavras e voltava ao primeiro plano.

O bife do queixo, refeito, se tornou ao longo de vários meses a arena privilegiada dessa disputa. Depois de alguns minutos de escrita, ele era inundado por uma correnteza nervosa que eletrizava a parte de baixo do rosto e fazia a pele borbulhar por dentro, como se contivesse um formigueiro. O queixo tem mil maneiras de se contrair sob a emoção ou o pensamento, mas quem não teve o seu refeito tem a sorte de poder ignorá-las. Bastava que eu me concentrasse um pouco mais, que mexesse a língua alguns centímetros, que uma imagem me perturbasse, para acordar aquele formigueiro. Ele provocava comichões como eu nunca havia sentido, comichões subterrâneas que mereceriam ter um nome específico e que me obrigavam a interromper o que estivesse fazendo. Elas começavam lentamente, como um fogo de artifício ou como a ondulação da anêmona de Bernard. Eu largava o computador, deitava numa inclinação de quinze graus, fechava os olhos e tentava me afastar do formigamento através da respiração. Eu ainda não podia fazer uso do melhor expediente, o do baiacu: inflar as bochechas. Levaria alguns meses para conseguir fazer isso.

Um mensageiro do jornal vinha às terças-feiras trazer exemplares que eu distribuía da cama, alguns deles aos visitantes, outros à equipe do hospital. Gabriela se irritava com isso, e um dia me disse: "Você foi vítima de um atentado, agora se torna vítima da própria fama!". Sua irritação chegou ao auge no dia em que uma enfermeira e uma auxiliar de enfermagem entraram, cada uma com um exemplar na mão, e me pediram autógrafos. Dei-os de bom grado. Quando a porta se fechou, ela explodiu: "O que está fazendo? Você não é mais o mesmo! Acha que é um rei! Compraz-se na dor e na notoriedade!". Levantei-me, mal conseguindo respirar, para abraçá-la. Soltei uma espécie de grito abafado, e ela disse, me repelindo: "Fique quieto! Você sabe que não pode falar". Estávamos perto da janela, de frente para o pinheiro e para o céu cinza. Ela olhou para mim e continuou: "Sim, está gostando disso! Não presta mais atenção em mim. Levou um tiro na mandíbula, mas eu levei um tiro no coração! Fui violentada, roubaram minha vida e não recebo nenhum perdão. Você tem sorte, o jornal sempre paga. A França é um bom país! Nos Estados Unidos, é diferente! Eu, quando não trabalho, não recebo". Depois, encarando-me mais detidamente, concluiu: "Seus problemas são apenas estéticos!".

Nos dias seguintes, as coisas pioraram ainda mais. Ela estava tão exausta, tão nervosa, que falava em inglês com os funcionários do hospital, sem perceber. Muitos não entendiam nada dessa língua: percebi isso no dia em que fui chamado, antes do enxerto, para tentar entender o que um jovem do Sri Lanka tinha engolido e que lhe queimava a boca, a garganta e o estômago. Soda cáustica.

Eu quase me sentia culpado de tudo o que Gabriela vivia. Seus óculos não estavam mais adaptados à sua visão, e um dia escrevi a meu irmão, de quem não escondia quase nada: "Está completamente cega, já não posso falar, faz uma cena depois de cada visita e tratamento. Consegue imaginar o sufocamento?". Seus problemas financeiros se multiplicavam, enquanto o alto do queixo, entre o lábio e o bife, começava a vazar. Seu pai continuava morrendo no deserto do Atacama, eu podia vê-lo na tela quando ela ligava para ele. A cânula irritava a garganta e me impedia de dormir. Uma de suas chefes, diretora de uma academia financiada pelo marido rico, enviava e-mails ameaçadores. Uma escara surgira nas nádegas, na altura do cóccix, e não me deixava mais em paz. Acuada, Gabriela queria que eu lhe fizesse um empréstimo considerável e me criticava por não ter pensado nisso por conta própria. Meu irmão e meus amigos me desaconselhavam a fazê-lo, achavam que ela abusava da situação e que se recusava a ver minha condição. Ela repetia sem parar: "Arrisquei tudo para vir. Viajei na mesma hora. Pensei que era o início de alguma coisa, de uma história de verdade. Mas vejo você escrevendo artigos, seduzindo enfermeiras, e me sinto sozinha a seu lado. Preciso encontrar um emprego, sustentar meus pais, terminar os estudos para seguir uma nova carreira. Você não me oferece nada, abandonei tudo por você como tinha feito com meu marido, mas é sempre a mesma coisa, você está no seu mundo como ele estava no dele". Ela me comparava ao banqueiro de Chicago ou o comparava a mim? Não conseguíamos mais dormir, nem ela nem eu. Em meu caderno, escrevi coisas como: "A verdade é um remédio para cavalo, mas sem ela o cavalo perde o passo". Ou ainda: "Há uma verdade cirúrgica, mais tranquilizadora; estética, bastante opaca; mental, totalmente obscura". E também: "As cartas de Maquiavel são de morrer de riso e de maldade. Somente os gênios têm direito à amargura". E sempre: "Façamos uma oração a Hipnos".

Alguns dias antes da partida de Gabriela, a psiquiatra me sugeriu um encontro a três, no quarto. Aceitei. Gabriela parecia precisar tanto quanto eu de uma terceira parte, e de um profissional, para colocar em perspectiva o inferno em que vivíamos sob os olhos das constrangidas enfermeiras. Gabriela estava contrariada, pois eu tomara a decisão sem consultá-la. Naquela manhã, a psiquiatra se sentou entre a cama e a janela, e disse: "Do que vocês querem falar?". Para agradar a Gabriela, que tinha uma única palavra em mente, escrevi: "Do futuro". Mas falar do futuro era ainda menos agradável do que falar do passado, que ao menos tinha o mérito de ter existido, e a conversa logo desandou. Gabriela retomou as queixas sobre sua solidão e meu narcisismo. Armada de um pequeno sorriso, a psiquiatra esperou que ela parasse para respirar e fez uma pergunta certeira que ela não pôde suportar e começou a chorar. A psiquiatra acabou dizendo: "Acho melhor pararmos por aqui, continuamos outro dia". Ela saiu, e Gabriela explodiu: "O que foi isso? Essas perguntas agressivas? Por que ela está se metendo? E você, aprova isso?". Eu só queria uma coisa: que ela fosse embora para Nova York e desaparecesse do meu quarto, da minha vida. Que definhasse junto com o pai no fundo de uma mina no deserto do Atacama.

À noite, minha cabeça não parava de rolar para o lado. Pela primeira vez, tive um breve pesadelo que se tornaria recorrente: rolando para o lado, minha cabeça fazia os pontos caírem, as cicatrizes se abriam, o enxerto necrosava e, pior de tudo, eu era culpado por não saber evitar aquela situação. Meu castigo era viver as consequências de minha negligência. A única solução era parar de dormir. Quase consegui, mas não totalmente. São os que vão morrer que não dormem mais. Para os demais, o inferno existe e os mantém acordados. A culpa, como se diz em sequestros, é uma prova de vida.

Quando sentia dor, eu evitava chamar a enfermeira da noite antes das cinco horas da manhã, ao contrário das instruções que diziam para não deixar a dor se instalar, pois era mais fácil cortá-la pela raiz. Uma noite, sem conseguir respirar, acabei chamando Marion. Ela chegou, sorridente, e depois de muitos esforços, tirou da cânula um enorme tampão que pulou até a parede enquanto ela soltava um riso. Olhei com alívio para a alegria pueril de Marion. Gabriela tinha acabado de dormir. E não acordou.

Na véspera de sua partida, demos uma última caminhada pelo La Pitié-Salpêtrière. Dessa vez, entramos na grande capela. Os policiais, depois de um breve debate, aceitaram ficar na rua. Disseram-nos para não demorar muito lá dentro. A igreja estava deserta. Nós nos aproximamos da única capela mobiliada, no fundo à direita. Lá dentro, ela me pediu para ficar sozinha. Caminhei lentamente por todo o recinto vazio, calcanhar-ponta, calcanhar-ponta, e sem mancar. Quando voltei, ela rezava de olhos fechados. Ergueu a cabeça e me perguntou: "Acha que é possível sobreviver a coisas assim? Acha que vou recuperar minha vida? O que fizemos para merecer tudo isso?". Eu não soube o que responder, aliás, não trouxera o caderno. Abracei-a e começamos a chorar.

O dia de sua partida foi um domingo. Pela primeira vez desde o atentado, vendo-a dormir, fiquei de pau duro. Foi rápido, mas concreto, e senti por ela uma gratidão que nenhuma crítica poderia apagar. Mais tarde, pedi a meu irmão que me emprestasse quatrocentos euros para dar a ela. Era de manhã. Ela saíra para dançar ou caminhar, não sei. Quando voltou, ao fim da manhã, entreguei-lhe o dinheiro. Ela o recusou com um gesto brusco, seu olhar endureceu, começou a chorar e disse: "Acha que sou sua puta e sua enfermeira. Que vergonha!". Ela queria imprimir a passagem de avião e ir embora o mais rápido possível: um velho amigo chileno, Nicanor, vinha buscá-la. Eu gostava muito de Nicanor, um homenzinho magro e elegante, cheio de imaginação e espontaneidade. Tinha sido bailarino clássico, como ela. Um AVC interrompera sua carreira. Ele agora caminhava com uma bengala e devia a boa forma à própria disciplina. Chegou ao quarto no meio de nossa última cena. Gabriela imprimia a passagem aos prantos no posto de enfermagem. Eu mancava aos prantos no corredor, a mão no suporte de soro. Alexandra estava ali, desolada. Alguns dias antes, ela me contara que, depois de uma infância bastante feliz, nas Antilhas, uma doença mudara sua vida radicalmente. Ela quase morrera. Em pouco tempo, perdera os cabelos, louros e encaracolados, magníficos, dissera. Eles tinham voltado a crescer do jeito que eu os conhecia, ruivos e lisos. Ela havia *carregado a morte dentro de si*. Ela tinha uma malícia e um bom humor quase constantes, mas eu via, em seus olhos, um poço de tristeza. Aos poucos se tornara uma amiga, e isso Gabriela também não suportava. Troquei um olhar com

Alexandra, enquanto Gabriela saía do posto de enfermagem e voltava ao quarto para fechar a mala, então, depois de me juntar à Gabriela no quarto, *a fim de lhe pedir autorização para cumprimentar Nicanor*, fui me encontrar com ele, que estava sentado em frente ao elevador. Aquele homenzinho magro e elegante, um sobrevivente como todos nós, sabia o que estava acontecendo e, vendo-me naquele estado, levantou-se apoiado na bengala e me abraçou com força, trêmulo. As lágrimas de um se misturaram às do outro: estávamos num melodrama franco-chileno. Eu carregava o caderno. Escrevi-lhe, em maiúsculas: "GRACIAS POR LLEVARLA. CUÍDATE BIEN. LA ADORO. ¡FELIZ DE VERTE!". E uma última coisa: "¿CUANDO?". Quando? É a resposta ao que Nicanor acaba de me dizer: "Não se preocupe. Tenha paciência. Ela voltará".

Gabriela se juntou a nós, o rosto fechado. Queria ir embora o mais rápido possível, não queria cruzar com minha família, não queria mais me abraçar. Ela não quis que eu os acompanhasse até a saída do prédio. Alguns minutos depois, meus pais e minha tia, que sofria de Parkinson desde a morte de meu tio, chegaram para uma visita. Eles me encontraram chorando. Minha tia, que caminhava cada vez com mais dificuldade, ficou triste com o que viu, o queixo, as cicatrizes, as lágrimas, o quarto, o silêncio forçado. Em seu olhar, vi que eu tinha cinco anos, no máximo dez; mas sua cabeça, que começava a se curvar, seu corpo cheio de tremores, sua dificuldade para se manter ereta na cadeira, tudo me lembrava que ela não tinha mais a idade de quando tantas vezes soubera me consolar. Ela pensou que eu estava chorando por causa da partida de Gabriela. Eu estava arrasado de lhe impor aquele espetáculo e não quis corrigi-la.

17.
A arte da fuga

Barbearam-me o melhor possível, e desci ao centro cirúrgico. Na volta, troquei de quarto. Gabriela me enviara uma mensagem de Nova York: "Boa sorte". Ela fora embora na véspera, mas eu tinha a impressão de que vivia em outro mundo e que sumira havia um ano. Naquele mundo, naquele tempo, sem dúvida estávamos reconciliados. No mundo em que eu vivia, as lágrimas haviam secado, o tratamento continuava. Eu não pensava mais nela nem nos dias anteriores, a não ser como um melodrama hospitalar obscurecido por nossa troca de agruras, sobre o qual a cortina se fechara. O paciente que passa de cirurgia em cirurgia fica quase imóvel, mas é um homem de ação. Cada provação relega as anteriores, se não ao esquecimento, ao menos a uma névoa anestesiante. O paciente depende dos outros, mas facilmente se ausenta.

No corredor de espera, como no hospital, eu perguntava coisas aos policiais que me protegiam. As perguntas figuram nos cadernos; as respostas não foram escritas: ali, eu não era um jornalista, ou era um jornalista às avessas. A maioria dos policiais vinha do interior ou do subúrbio. Na França, sempre se fala do "povo"; eles vinham do "povo". Não sei se alguém se torna policial por acaso, mas quase todos tinham um senso de ordem e de missão. Eles não eram complacentes com os governos, nem com suas próprias hierarquias, nem com os "jovens" que os jornais — dentre os quais os meus — defendiam tão naturalmente. O policial com quem fiz minha maior visita guiada ao hospital era um árabe que havia crescido em Trappes, numa família de oito filhos.

Admiramos juntos a beleza de alguns prédios. Na véspera da nova cirurgia, uma jovem policial me acompanhava no corredor. Ela era pequena, atarracada e rechonchuda, bastante rude nos gestos e no tom, com óculos baratos e vinte quilos de armadura nas costas. Ela logo me contou que estava escrevendo um romance cuja heroína era uma jovem lésbica, Éva, que era professora de espanhol e jogava futebol como ela: "Éva é bonito, lembra Ève, acho que é sensual, não?". Ela seguiu contando a intriga. Queria escrever um pornô soft, mas natural, sem exageros, e me perguntou se eu sabia onde poderia publicá-lo; depois, tomada de dúvidas, parou de falar, olhou para mim fixamente e disse: "Não está rindo da minha cara, está?". "Claro que não!", escrevi no quadro, e era verdade. Eu não tinha vontade de rir de ninguém. Eu olhava e ouvia, só isso. O nervo que me ligava à faculdade de julgar parecia cortado, como aquele que me ligava à memória: eu via como poderia ter julgado, segundo quais critérios, mas a vontade de fazê-lo havia desaparecido. Eu só existia enquanto um corpo, que não era totalmente o meu, numa vida que não era mais totalmente a minha, e cuja consciência acolhia sem moralismo, sem resistência, tudo que se apresentava. Eu não tinha sido um grande jornalista, sem dúvida por falta de audácia, de tenacidade e de paixão pela notícia, mas talvez estivesse me tornando, ali, uma espécie de livro aberto: aos outros e pelos outros. Eu não tinha nada a recusar e nada a esconder.

A jovem policial continuava falando de sua heroína quando um leve burburinho nos interrompeu. Linda saía do quarto do meu vizinho da frente. Eu nunca o vira, mas sabia que era um sem-teto que chamava as enfermeiras e auxiliares de enfermagem que cuidavam dele de "vagabundas". Linda, pacatamente enojada, e com uma terrível dor nos pés, contava a uma enfermeira as gracinhas que acabara de ouvir. Aproximei-me e perguntei por escrito o que estava acontecendo. Linda me respondeu rapidamente com uma careta, o pescoço esticado, concluindo: "Realmente, é preciso querer o bem das pessoas, apesar delas. Eu já disse: me recuso a ser insultada, a não ser em psiquiatria. Sei que vou responder, eu me conheço, vou devolver. Mesmo que não possa. Assim é". Ela estava resfriada e usava uma máscara, como muitas pessoas naquele inverno.

Voltei para o quarto e Éva, a pequena lésbica desconhecida, me fez pensar no sortilégio sempre mais ou menos vergonhoso de escrever. Em que a imaginação diferia da lembrança? Em que estava ligada a ela? Seria porque eu tinha tantos problemas com minhas lembranças que tinha tão pouca imaginação, e uma abordagem tão fraca da ficção? Ou tinha entrado numa ficção tão intensa que se tornara impossível entrar na imaginação dos outros? Eu só conseguia ler muito lentamente, e nunca para relaxar ou me divertir.

Em janeiro, Alexis me dera *Les Enquêtes de Philip Marlowe* [As investigações de Philip Marlowe], de Chandler, numa edição que eu já tinha. Eu lera esses romances 25 anos atrás, à noite, num hotel à beira do lago Léman, num verão em que investigava um fato acontecido naquele platô. Logo comecei a reler *À beira do abismo*, cuja adaptação por Howard Hawks eu veria com Juan alguns dias depois. Desde a cena inicial, fiquei preso, como uma orquídea, na estufa em que o general Sternwood recebe Philip Marlowe para lhe apresentar sua missão. Em sua cadeira de rodas, o moribundo Sternwood oferece a todos os seus visitantes, dentre os quais Marlowe, uísque e charutos, depois olha para eles enquanto desfrutam dos prazeres que lhe são proibidos. Sou praticamente como Sternwood, pensei comigo mesmo. Alguns dias antes, tinha ganhado chocolates que evidentemente não podia comer e que ofereci de bom grado aos visitantes para vê-los desfrutar de uma coisa da qual tinha perdido qualquer lembrança da textura e do gosto. Depois de passar por essa cena, porém, não consegui continuar a leitura. Os personagens se afastavam ao se distanciarem de minha situação: eu só conseguia entrar numa ficção na medida em que ela me remetesse ao que estava vivendo. Era uma maneira idiota de ler, eu sabia, mas naquele momento eu não tinha outra. Dei as obras de Chandler a Chloé, para agradecer pelos cuidados que dedicava a mim. Ela pareceu feliz, me pediu uma dedicatória na página de rosto e disse que faria a leitura nas férias. No verão seguinte, quando estava de partida para sua ilha grega, escrevi-lhe para perguntar se havia pensado em levar o livro. "Já na mala", ela respondeu. Nunca soube se o leu e, consequentemente, o que achou.

No quarto, recomecei minha busca pela memória distante, pelas imagens daquele que eu havia sido. Fazia-o à luz de uma frase de Proust, que lia junto com as cartas de Kafka e *A montanha mágica*, meus três espelhos deformantes e informantes, folheados aqui e ali, em doses homeopáticas e não sem irritação: "Facilmente retocamos as narrativas do passado que ninguém conhece, como a das viagens a países aonde ninguém foi". Esse sarcasmo que lançava sobre a máscara dos homens uma acidez civilizada era bem de seu estilo; eu, de minha parte, que fazia uma viagem a um país que poucos tinham visitado, não queria retocar sua narrativa, principalmente porque não sabia mais de que país tinha vindo. O homem que havia vivido o "passado que ninguém conhece" parecia só poder percorrê-lo como turista, ou então por meio de flashes tão violentos que o cegavam, como os de James Stewart, com a perna engessada, para ofuscar o assassino que se aproxima em *Janela indiscreta*. O passado se dissipava ou me cegava para evitar ser apreendido, para talvez escapar ao sujeito de roupão que ia e vinha com seu suporte de soro e sua gastrostomia pelo corredor, na companhia de uma pequena policial que queria escrever e publicar um romance lésbico. Por quê?

É chegado o momento de evocar o uso que eu fazia de Proust, um autor que eu havia lido com paixão, tanto como uma espécie de Bíblia quanto como uma grande diversão, em várias épocas da minha vida. Eu podia entrar em seu *Em busca do tempo perdido* em qualquer lugar, em qualquer momento, como num castelo onde tivesse crescido, para reencontrar personagens que conhecia melhor do que a maioria de meus amigos, pois Proust aos poucos os revelara a mim em sua solidão e em seus mínimos recônditos, como se estivéssemos todos mortos, ele, eles e eu, todos mortos, todos humanos, e todos um pouco divinos.

Quando cheguei ao hospital, depois do atentado, tinha comigo apenas os livros que estavam dentro da mochila: o volume das obras completas de Shakespeare, da coleção Bouquins, onde constava *Noite de reis*, e o primeiro volume do diário de Philippe Muray, sobre o qual preparava um artigo que nunca escrevi. Ora, tornara-me incapaz de ler Shakespeare, e o pessimismo de Muray, de quem eu admirava a má-fé e a resistência póstuma ao moralismo circundante, se tornara irrelevante e despropositado. Ele havia morrido em 2006, aos sessenta anos, e eu o havia enterrado, como se diz na imprensa, com afeto no *Libération*. Era um escritor barroco, no sentido próprio do termo, um homem que não parava nunca de traçar linhas em torno dos motivos de sua melancolia e de sua exasperação. No início dos anos 1980, leitor na Universidade da Califórnia em Berkeley, ele havia identificado e descrito o que na França se tornaria o "politicamente correto", e que não passava de uma forma de puritanismo renovado pelas sirenes do progressismo e da fúria das minorias. Eu tinha começado a ler seu livro na véspera do atentado, um pouco ao acaso, e hoje releio com um arrepio retrospectivo e risonho os trechos que havia sublinhado. Eles datam de 1983 e talvez hoje colocassem Muray no índex, se ele estivesse vivo.

Por exemplo, o seguinte: "Sucesso do Islã: religião de massa. Portanto, prometida a um grande futuro. Recusa da divindade de Jesus. Recusa do pecado original. Portanto, nenhum perigo, depois do prazer e do gozo, de ser visitado por uma suspeita de conhecimento — que só pode ser uma certeza quando há culpa.

Essa culpa é a condição para a possibilidade do pensamento". Muray, aqui, se une a Kafka; mas será verdade essa ausência de culpa nos muçulmanos, e mais ainda nos islamistas? Não fomos vítimas, no *Charlie*, de uma forma particularmente maliciosa e demente de culpa? O profeta de quinze séculos, cujos ritos e mandamentos deviam ser seguidos como se datassem da véspera, não era o apogeu criativo e absurdo da culpa humana? A imperfeição essencial submetida à eternidade? Muray concluía: "Os países do Islã há séculos são países de não pensamento absoluto. Lembro-me dos amigos árabes de Nanouk, que me olhavam com um jeito estranho e fingiam não me dirigir a palavra. Julgando-a uma árabe, censuravam-na por essa forma de tê-los traído, vivendo com um cristão e entregando-se a ele. As suras do Alcorão a esse respeito, extraordinárias". Era o bon vivant falando. Mas tinha interpretado corretamente as reações dos amigos árabes de sua mulher, Nanouk? Como tinha sido sua atitude diante deles? Ele podia classificá-los sob a etiqueta de "amigos árabes de minha mulher", mulher de cujo corpo ele se apropriava sem excesso de delicadeza, assemelhando-se mais do que parecia acreditar à imagem daqueles que denunciava? Esse e outros trechos me fizeram sorrir antes do dia 7 de janeiro, e até me encantaram: também leio para que os sentimentos ruins se expressem, tanto os meus quanto os dos outros. Os assassinos e o hospital não tinham me transformado num poço de virtude, mas essas frases, trinta anos depois de escritas, pareciam carregar consequências de uma louca estupidez, e esse pós-escrito simplesmente me entristecia: havia mais mortes e gritos, menos distância e liberdade. Não voltei a abrir, no hospital, o diário de Muray.

Assim que me instalei no primeiro quarto, pedi a meu irmão e a Juan que trouxessem de minha casa, junto com *A montanha mágica*, os três volumes da velha "Pléiade Clarac", sem notas e sem variantes, de *Em busca do tempo perdido*. Comecei a reler, além da morte da avó, que me servia de oração pré-operatória, as cenas em que a medicina e a doença desempenhavam algum papel. Embora o olhar de Proust me fizesse lembrar a que ponto ele era um gênio "da casa", a dos sofredores, sua perspectiva sobre os médicos não correspondia mais ao que eu vivia: ele estava mais próximo de Molière do que de Chloé. No entanto, ainda havia muito a ser aproveitado, em primeiro lugar o fato de que, qualquer que seja a qualidade do médico, o paciente permanece isolado em seu sofrimento como sob o efeito de uma droga ainda mais forte do que aquela que pode receber. Ele colhe seu pólen e o transporta a flores desconhecidas e selvagens, que florescem a todo momento como se fosse noite.

Em pouco tempo, porém, fiquei exasperado com seu pessimismo e sua constante abordagem da solidão, da mentira e do mal-entendido. Houve uma época em que essa estratégia do "abaixo as máscaras" me dava a sensação de ser mais inteligente, mais esperto: Proust é aquele que ninguém pode enganar e que oferece ao leitor essa dupla visão. Tudo isso me pareceu subitamente muito artificial, mesmo imaturo. Eu só enxergava os "truques", o arbitrário, e mesmo, às vezes, o lado mal escrito, sobretudo a partir de *A prisioneira*, onde se multiplicavam as frases inutilmente truncadas e de gramática duvidosa que me feriam os olhos. Eu tinha com ele verdadeiras discussões silenciosas, brigava deitado na cama, dizia-lhe: "Pare de fingir refinamento, você não sabe do que está falando nesse seu berço de ouro, faltam alguns degraus em sua escala de desastres para chegar ao ponto em que, sem ser artista, para-se de mentir!". Ele resistia, com um sorriso maroto e condescendente, e eu continuava a lê-lo com uma paixão intermitente e profunda: a exasperação nutria a admiração.

Na verdade, ele se tornara um antídoto para minha boa vontade cada vez mais extática (quando não se tratava de Gabriela), mas também a imagem em negativo daquilo que eu vivia ou acreditava viver. Quando, por exemplo, ele escrevia: "Nada é mais doloroso que essa oposição entre a alteração dos seres e a fixidez das recordações, quando compreendemos que o que conservou tanto frescor em nossa memória não pode mais tê-lo na vida", eu acreditava viver o inverso. Para mim, nada era mais doloroso que a oposição entre a permanência dos seres — todos os que me visitavam e pareciam fixos para sempre nos dias anteriores a 7 de janeiro — e a fragilidade da recordação, quando eu sentia que aquilo que tinha tanto frescor na vida, e tanta ferocidade, não o tinha mais na memória. Eu não vivia nem o tempo perdido nem o tempo redescoberto; vivia o tempo interrompido. Em relação à amizade, era a mesma coisa. Quando ele escrevia: "E bem longe de me sentir infeliz nessa vida sem amigos, sem conversas, como os grandes homens [Maldito pretensioso!, eu pensava], eu percebia que as forças de exaltação despendidas na amizade são uma espécie de fundo falso, elas visam uma amizade específica que não leva a nada e se desviam de uma verdade rumo à qual seriam capazes de nos conduzir". Por favor, Marcel!, eu acrescentava, enquanto Alexandra ou Gladys limpavam a gastrostomia com a seringa de alimentação forçada e cobriam o bife de vaselina. Eu estava feliz com essa vida cheia de amigos, de mãos e de olhos de enfermeiras, de conversas lentas e claudicantes devido ao mutismo obrigatório. As forças de exaltação despendidas na amizade, longe de serem um fundo falso, conduziam-me à única verdade que, no momento, importava: sobreviver e dar o mínimo de sentido a essa vida depois da morte, depois da vida, a essa ficção que não era ficção. A amizade, no quarto, não se opunha à solidão regeneradora: ela esculpia seus contornos e a fortalecia. O tempo perdido lutava contra o tempo interrompido.

No que dizia respeito à vida cotidiana depois de 7 de janeiro, a perspectiva proustiana se afastava dela. O dia anterior era o máximo que eu enxergava para trás, o dia seguinte era o máximo que enxergava para a frente, e esse estado, à medida que eu saía da zona entre duas coisas, se consolidava. Aos trinta anos, num hotel de Cambo-les-Bains, enquanto Marilyn fazia a sesta, eu lera uma frase de Milan Kundera que dizia mais ou menos isto: "Nada será perdoado, tudo será esquecido". Eu não tinha nada a perdoar a ninguém, nem mesmo aos assassinos, fantasmas enviados por não sei que destino, mas eu não precisava de tempo para esquecer. O tempo começava a me lembrar de sua própria existência. Eu resistia a ele, e essa resistência exigia de mim novos esforços, trazia-me novas tristezas. Eu dissolvia quase instantaneamente as crises e as dores, como se tudo, daquele momento em diante, estivesse imerso no trabalho napoleônico do corpo: ele não tinha energia a perder com a lembrança do resto; estava em guerra, uma batalha depois da outra, e utilizava tudo, cavalos e homens, do último dos soldados ao primeiro dos generais. Os estados flutuantes do primeiro período tinham chegado a um porão ou a um sótão, e eu relia para os outros, quase sem compreendê-las, as raras descrições que conseguira fazer em meus cadernos. Eram como as perguntas feitas aos policiais ou às enfermeiras: pareciam uma peça de teatro à qual faltassem dois diálogos a cada três, dentre os mais importantes. As palavras escritas eram imóveis, como estrelas fixas num céu — ou num inferno — ao qual eu não tinha mais acesso. Outros estados, outras sensações e outros infernos aniquilavam os anteriores, sem concurso e sem hierarquia, e seria preciso encontrar, para descrevê-los, um vocabulário tão brutal quanto líquido, baseado no movimento, na rotina, na dor e no esquecimento; um vocabulário e também uma gramática que se renovassem a cada etapa, para evitar a passagem da língua viva à língua morta.

Como falar de si e do mundo, de si no mundo, quando o que foi vivido na véspera foi despachado para outro lugar, aparentemente muito longe, pelo que é vivido hoje? Quando se é a esse ponto *atravessado*? Recordar a sensação de ardência do VAC tocando o ferimento não era mais simples do que reter a água que escorre por entre os dedos, mas sem dúvida era mais nocivo, extremamente perturbador, e a memória da sensação parecia precisa o suficiente, nítida, para ser suspensa ou apagada. Nesse caminho, a memória afetiva a seguia. A fada Sininho virara a página, e a tensão com Gabriela, em sua ausência, se unira naturalmente ao buraco, ao VAC, à morfina, à anêmona e aos curativos cheios de baba, no mundo dos obstáculos da nova experiência vivida. Sem conseguir encontrar palavras suficientemente puras e fluidas, eu constantemente relia as dos outros, sempre os mesmos, Proust, Mann e, sobretudo, Kafka.

Contei, em "O mundo de baixo", como regularmente descia ao centro cirúrgico com as *Cartas a Milena*, mas ainda não disse como elas chegaram a mim. Uma nova edição havia acabado de ser publicada pela editora Nous, traduzida por Robert Kahn. Claire, minha amiga e chefe no *Libération*, viera me visitar alguns dias depois do atentado e a trouxera para mim, mas eu estava em cirurgia. Como estava sem nenhum papel, Claire escreveu na página de rosto: "Meu querido Philippe, voltarei para te ver, com certeza. Um grande abraço, Claire". Foi preciso uma circunstância como aquela para que ela fizesse algo que sua delicadeza e sua educação a impediam, pôr uma dedicatória num livro que não havia escrito. Aquele pequeno gesto provocado pelas circunstâncias me comoveu ao extremo e aquelas poucas palavras de Claire, ao lado das cartas que as seguiam, fizeram do livro um talismã que, de quarto em quarto, de casa em casa e de país e país, nunca mais me abandonou.

No dia em que Claire o trouxe, quando voltei da cirurgia semiadormecido e nauseado, peguei-o como um bêbado sob uma ducha gelada para acordar e deparei com frases que até agora apenas evoquei. Kafka está em Merano, na primavera de 1920. Ele fala do noivado cancelado, mas temos a impressão de que fala do mundo dos doentes, e como tudo é doença, aliás, ele acaba falando sobre ela e escreve:

De todo modo, a reflexão sobre essas coisas não leva a nada. É como se nos esforçássemos para quebrar um único caldeirão do inferno; em primeiro lugar, fracassamos e, depois, se conseguimos, somos consumidos pela massa abrasadora que dele escapa, e o inferno permanece intacto em sua magnificência. É preciso começar de outro modo. Sempre deitar num jardim e retirar o máximo possível de deleites da doença, principalmente quando ela não é de fato uma. Há ali muitos deleites.

Essas frases passaram a me servir de breviário, e mesmo de viático. Li-as no quarto, no mundo de baixo, no parque do hospital, em salas de espera de todo tipo. Eu as teria lido na mesa de operação se pudesse, até que a ardência do anestésico anunciasse a perda da consciência. Elas fixavam dois horizontes que, em minha situação, eram essenciais. Primeiro, não tentar quebrar nenhum dos caldeirões do inferno em que eu me encontrava. Não ceder à tristeza, à raiva, não ficar obcecado pela destruição de um inferno que, como o de Kafka, de todo modo permaneceria "intacto em sua magnificência". Essa palavra, magnificência, naquele lugar, resumia sua modéstia, sua ironia, sua inocência superior. Não escapamos ao inferno em que vivemos, não o destruímos. Eu não podia eliminar a violência que me fora feita nem a que tentava reduzir seus efeitos. O que podia fazer, em contrapartida, era aprender a viver com ela, domá-la, buscando, como dizia Kafka, o máximo possível de deleites. O hospital se tornara meu jardim. E, olhando para enfermeiras, auxiliares de enfermagem, cirurgiões, família e amigos, naquela unidade de emergência onde todos se queixavam e se enfrentavam, onde a crise era o estado natural dos pacientes e dos médicos, eu sentia que o deleite kafkiano existia, mas que era tão duro quanto uma pedra e que encontrá-lo só dependia de mim.

Voltemos à cirurgia que se seguiu à partida de Gabriela. Um enxerto seria colocado sob o lábio inferior, de maneira a cobrir o pequeno espaço que se ampliava nas bordas do retalho: o buraco fora fechado, mas eu vazava logo acima dele. Pela primeira vez desde a gastrostomia, a intervenção seria feita com anestesia local. Os médicos queriam evitar um coma suplementar e pensavam que eu seria capaz de aguentar a sessão de alta-costura facial, o que não me deixou pouco orgulhoso. Eu estava pouco preocupado em passar por essa pequena aventura porque finalmente poderia ver e ouvir, pensava comigo mesmo, o que acontecia enquanto dormia. Teoricamente, pois o que se diz acima do corpo do paciente inconsciente sem dúvida tem pouca relação com o que ele testemunha quando está consciente. Mas havia uma relação: o ato cirúrgico em si, com os gestos e as palavras que o acompanham. Como no dia da gastrostomia, eu teria direito à técnica e às palavras que me informariam e tranquilizariam, mais ou menos como um explorador, imagino, que nomeia na selva em que se embrenha as plantas e os animais a seu redor. Assistir ao trabalho sobre meu rosto era uma maneira de me aproximar dos médicos, de me familiarizar com seu mundo e de me apropriar dele, colocando-me, de certo modo, do outro lado. Quanto mais era informado do trabalho que meu corpo exigia, mais eu me sentia capaz de colaborar: um paciente do meu tipo era um atleta, repito essas palavras como elas eram ditas a mim, e o atleta precisa entender os tratamentos que lhe são sugeridos, a resistência que lhe é imposta, as incertezas que acompanham as partidas e o treino. Um máximo de vontade e um mínimo de estoicismo vinham a esse preço. Minhas referências instintivas, nesse ponto, eram menos do tipo *Plantão Médico* e *House* do que de Antoine, o filho médico dos *Thibault*, ou dos médicos humanistas de Cronin. Era a literatura, não a ficção, que me ajudava. Eu não tinha muito mais forças para ler, mas me mantinha ocupado com sua lenta rememoração, eu que não conseguia mais sentir as lembranças da vida. Seus países distantes me obrigavam a não sentir nada — imagem, som ou corpo. Eles me ajudavam a refazer, paralelamente a meu rosto e a meu corpo, os personagens que o habitavam, e que só precisavam de seu berço textual para viver em meu quarto, como anjos da guarda.

Fiquei ainda mais satisfeito com a intervenção sem anestesia porque seria operado por Hossein, cuja presença me tranquilizava. Hossein tinha êxito, sem qualquer esforço especial, em mais ou menos tudo o que fazia, na França ou nos Estados Unidos, ao menos essa era a impressão que passava. Certamente era uma impressão errônea, pois os cirurgiões quase sempre são árduos trabalhadores: têm praticamente o poder de um deus, e são pintados em afrescos também, mas seu aspecto dionisíaco me parece limitado, e eles têm, diante do paciente quase sempre desprovido de livre-arbítrio, uma responsabilidade ainda maior. A beleza de Hossein, que mais tarde encantaria quase todas as minhas amigas, constituía no hospital uma coisa muito agradável, mas era sua implacável delicadeza informativa que, acima de tudo, me seduzia. Ele dizia as coisas sorrindo, com voz doce, ar quase zombeteiro, ou distanciado, com uma curiosidade que transformava a relação, com a cortesia daquele que parece nos julgar inteligentes o suficiente para nos confidenciar algo. Era de fato a confidência de meu próprio caso que ele me fazia, como Chloé, mas de uma maneira diferente, mais igualitária, mais tranquila, mais bajuladora também, e menos diretamente engajada: ele não tinha o mesmo estatuto nem a mesma experiência de Chloé, e não era o médico responsável por mim. Em meu quarto, seu gosto pelo mundano tinha uma virtude inesperada: falando comigo como se estivéssemos em torno de uma taça de (um bom) vinho, ele me fazia vislumbrar o *retorno ao salão*, à vida parisiense, sua cultura e suas indispensáveis frivolidades. Em suma, ele introduzia, entre as sondas, igualdade e leveza — e uma continuidade com a vida exterior.

Demorei para ver que seu otimismo e sua amabilidade aparentemente satisfeita escondiam não um pessimismo, mas uma consciência nítida de seus limites. Ela, sem dúvida, não era exclusiva dos exilados e de seus filhos, mas era muito encontrada neles. Os pais de Hossein haviam deixado o Irã durante a Revolução Islâmica. Móveis e objetos de família ficaram para trás, num depósito. Mais de trinta anos haviam se passado e eles se recusavam a trazê-los para a França. Sentiam que nunca voltariam a viver no Irã, mas a presença daqueles móveis e objetos abandonados à lembrança e ao sonho permitia que a vida flutuasse numa incerteza e numa luz criadas ou nuançadas pelo impacto irreversível dos fatos. Pouco a pouco, compreendi que, em minha própria vida, as coisas também estavam guardadas num depósito do qual sem dúvida sairiam, ainda que mais tarde. Por enquanto, permaneciam lá dentro, entre o futuro e o passado, deixando-me apenas a possibilidade de flutuar.

Dois anos depois, enquanto falávamos da sensação de onipotência emanada pelo novo presidente da República, o olhar negro e brilhante de Hossein endureceu e ele me disse: "Querer é poder? Os que pensam assim são perigosos". Ele sabia disso, pois um cirurgião pode muito, em todo caso mais do que a maioria das pessoas. "Uma das piores coisas que já tive que fazer", ele me disse naquela noite, num café deserto, "foi retirar a metade do rosto do pai de uma amiga. Ele tinha um câncer. Quando lhe contei o diagnóstico, ele começou a recitar poemas em persa. Aguentou firme até o fim. Era um homem extraordinário." Compreendi por que, então, no quarto III, Hossein me dera o livro de poemas. O espírito dos pacientes era ligado pelo gesto do cirurgião.

Antes de descer para o centro cirúrgico, Cédric, um jovem auxiliar de enfermagem brincalhão e com a barba por fazer, foi encarregado de me barbear. Raspar o rosto em torno de cicatrizes recentes, primeiro a do buraco e agora a do retalho, era um exercício de bordadeira que os auxiliares preferiam evitar, mas que Chloé impunha, reclamando: os pelos eram incômodas fontes de infecção e eu devia chegar ao bloco o mais imberbe possível. Meus pais tinham comprado o melhor barbeador, mas eu não ousava utilizá-lo. O primeiro a me ajudar havia sido Hervé, o fleumático auxiliar de enfermagem de quem eu era mais próximo. Hervé estava quase sempre com as sobrancelhas levantadas atrás de seus óculos de tartaruga e com um sorriso que não se podia definir se irônico ou caloroso, pois era os dois. Era assim que afastava sua discrição — e as dificuldades. Na juventude, fora membro de um grupo de funk francês, Malka Family, em que tocava teclado e era conhecido pelo nome de Xeus. A aventura durara dez anos. Como muitos ali, Hervé tinha no hospital, por escolha, uma vida em que eu sentia, sem saber exatamente de onde, o peso de vidas anteriores. Os mais antigos, que podiam ter apenas 35 anos, chegavam ali cheios de mistérios, adensados pela miséria dos pacientes. Eles não tinham aterrissado por acaso naquele trabalho difícil, sempre à beira da ruptura, em que a gratidão era o que menos se podia esperar. Os pelos mais próximos das feridas formavam pequenos tufos pretos e grisalhos dos quais nem Hervé nem Cédric podiam se aproximar. Olhei para a barba de três dias do segundo com certa inveja: além de ele não ter que descer ao centro cirúrgico, Chloé não o criticaria.

Lá embaixo, Annie, a Castafiore, estava mais atenciosa do que nunca, sentia ou sabia que eu logo iria embora. Ela me acompanhou até a mesa de operação, falando acho que de Verdi. Fazia algum tempo que trocávamos discos com Hossein e, depois de colocado sob o lençol térmico, vi-o aproximar-se com um CD de um pianista americano, Richard Buhlig: era *A arte da fuga*, que eu ouvia cada vez mais seguidamente no quarto, numa versão com a pianista chinesa Zhu Xiao-Mei. Hossein disse: "Pensei que você talvez não conhecesse essa interpretação", e tinha razão. Depois explicou o que iria fazer, mostrando uma espécie de glosa aperfeiçoada, o dermátomo. Graças a ele, uma fina camada de epiderme seria retirada da coxa direita, não mais espessa que a mais fina fatia de mortadela, bem ao lado da que fora retirada para o grande enxerto: "Assim", ele disse, "deixamos a outra coxa intacta." A ideia de que certas partes de meu corpo pudessem não ter cicatrizes me parecia quase incongruente, e tive um breve instante de alívio. Uma parte da fatia de pele seria então colocada e costurada sobre a região do enxerto, embaixo do lábio. Era o chamado enxerto de pele fina. Existem enxertos profundos, que seriam para mais tarde, quando este desse errado. Dadas as explicações, a operação podia começar.

Hossein colocou o CD no leitor. Enquanto a coxa direita era desinfetada e anestesiada, as primeiras notas do primeiro contraponto, muito lentas, passaram por entre as toucas das enfermeiras e entraram uma a uma, como as gotas do início de uma chuva, em meus ouvidos. *Ré, lá, fá, ré, dó sustenido, ré, mi, fá, fá, sol, fá, mi, ré.* Era uma música de inverno, era inverno, minha vida estava no inverno. O som da velha gravação se depositava sobre a sala e sobre meu corpo. Senti as picadas e me concentrei na música desse homem, Bach, que a cada dia eu tinha mais a impressão de salvar minha vida. Como em Kafka, a grandeza se aliava à modéstia, mas não era a culpa que o animava: era a confiança num deus que conferia gênio e paz a esse caráter colérico. Hossein aproximou o dermátomo da coxa, eu fechei os olhos e tentei entrar na fuga, que desenvolvia suas diferentes linhas obtendo o seguinte milagre: quanto mais complexa, mais me simplificava. Senti uma leve ardência. A paisagem se desanuviava. Os contrapontos se sucediam, e Hossein começou a trabalhar no rosto anestesiado. A anestesia local, na face, é um paradoxo maior do que em outros lugares. Eu sentia absolutamente tudo que ainda não sofria. A pele sendo colocada e retirada, o lábio esticado, o movimento dos tecidos e, por fim, a agulha que entra e sai enquanto Hossein efetua a sutura. Como a sensação não correspondia a nenhuma dor, a percepção de meu rosto estava mais uma vez desorientada. A imaginação se sobrepunha aos nervos adormecidos, como se tirasse as conclusões mais absurdas de uma frase inacabada. O mínimo gesto parecia o abalo de um deslizamento de terra, mas sem mortos e feridos, somente com o tremor e o pânico. Voltei a me concentrar na fuga. Tentava entrar nela, tornar-me ela, para escapar às variações de minha imaginação. Nada de me agitar ou de me queixar na presença de Bach, nem, aliás, na de Hossein. Pelo contrário, agora que ele parecia rasgar meu lábio para puxá-lo para a direita até a beira do centro cirúrgico, como se puxasse a orelha de um moleque, eu precisava colocar sensações tão cegas quanto intensas a serviço da escuta de Bach, e foi o que fiz enquanto a dor, por falta de anestesia, surgia na ponta do nariz: fiz sinal a Hossein, e uma nova picada a afastou. Voltei para a fuga e só saí dela na hora de ir embora.

No quarto, voltei a ouvi-la. Enquanto estava na cirurgia, Gabriela me escrevera. Seu e-mail era tão agressivo que não respondi. Estava cansado. Falei a respeito disso com meu irmão, que se ofereceu para lhe escrever e lhe lembrar que eu não tinha sido vítima de um "pequeno acidente de carro". Pedi que não fizesse nada, que não era importante e que ela provavelmente já devia estar mais calma. Estava sozinha, desestabilizada, sufocada pela culpa: sobre quem mais poderia descarregar sua dor e sua raiva? Que o fizesse no exato momento em que eu voltava de uma cirurgia me afastava da operação, ao menos por alguns instantes, e Gabriela, seu e-mail e a ideia de lhe responder desapareceram enquanto Bach recriava o vazio e depois o preenchia. Os curativos, enquanto isso, caíam da pele. Hossein me aconselhara, no momento em que o maqueiro me carregava, a limpá-los com benjoim. Pedi a meu irmão que tentasse consegui-lo e peguei no sono, até ser acordado por uma dessas crises de tosse dolorosas e recorrentes, que se deviam à traqueostomia. Duas enfermeiras entraram e acabaram tirando dois tampões. Eu estava todo suado, exausto, voltei a ouvir *A arte da fuga*.

No dia seguinte, Chloé veio me ver para falar de minha alta. Cogitava-se isso havia alguns dias, a alta parecia prevista para meados de março; mas para onde ir? Essa era a questão. Ao contrário dela, eu não tinha pressa de encontrar uma resposta. Não queria sair do hospital e, pela primeira vez, escrevi um e-mail a Christiane, a responsável pelo setor, para compartilhar com ela minhas inquietações. O e-mail dá uma ideia de meu estado de espírito e da relação, bastante submissa, ou obsequiosa, que eu mantinha com aqueles de quem dependia:

> Como não posso falar no momento, envio-lhe este pequeno e-mail para lhe agradecer mais uma vez, intensamente, por tudo que fazem por mim. A equipe médica é de um grande profissionalismo e tenho plena consciência de ter me beneficiado de um tratamento especial e de bons quartos.
>
> Sei também que logo deverei pensar em minha alta. Chloé me disse isso ontem à noite. Na próxima quarta-feira, como ela sugeriu, parece-me impossível, quase me faz entrar em pânico: o que fazer com esse curativo, essa exaustão, essas dores? Não me sinto suficientemente em forma, nem suficientemente autônomo para impor minha presença a meus pais ou a quem quer que seja. E, para ficar sozinho, preciso de mais tempo.
>
> Mas também sei que o hospital não se destina a pessoas consideradas em vias de recuperação. Haverá um meio-termo possível, para uma saída "em forma" em meados de março? Era o que eu havia pensado, não sei se é possível. Nesse caso, eu iria na primavera para a casa de meus pais, depois para a minha, auxiliado por amigos.

Era um e-mail preocupado, mas otimista demais: o futuro mostraria que eu não estava em vias de recuperação, ao menos não naquele momento, e que a saída que queriam me impor era, como costuma acontecer em hospitais, precipitada. Christiane me respondeu, com todo o tato possível, que eu tinha a sorte de ter família e amigos incríveis, que saberiam me ajudar e me acolher. No hospital, a voz da enfermeira responsável é a voz de seu superior, portanto, a de Chloé e do professor G.: eu devia me preparar para ir embora. Um e-mail a Sophia, que estava na Espanha, revela que esse trabalho logo foi iniciado:

> Chloé, minha cirurgiã, pensa que devo sair do hospital para voltar à vida sem demora, ainda que seja difícil. Sei que ela está certa, por exemplo, se eu quiser voltar a trabalhar logo: como se interessar pelas notícias, pela televisão, por qualquer coisa, quando se sonha e se medita num casulo como este, cercado de bons livros e espreitado por todos os tipos de medos e noites ruins? Todo o resto parece distração.

Não é fácil voltar a colocar os dois pés na margem dos vivos. Eu precisava imaginar um futuro que meu corpo e minha consciência recusavam.

Eu queria sair e voltar à "vida de antes", como desejavam aqueles que pareciam pôr entre parênteses um acontecimento que, em minha própria vida, punha todo o resto entre parênteses? Ou não queria? Foram os sonhos que, nessa época, me lembraram da importância que os rituais de amizade — que Proust julgava subtrações ao tempo criativo — precisavam ter e teriam, ainda que começassem a se depositar num campo em ruínas; os gestos seriam feitos como sempre, como nunca, assim como eu, ali, tomava um banho todas as manhãs, ouvia Bach, lia a morte da avó, o início de *A montanha mágica* e as cartas de Kafka a Milena, escrevia minhas crônicas para o

Charlie, trocava as bolsas de alimento, dava meus vinte passos no corredor ou passeava pelo hospital.

Agora, Chloé estava de novo em meu quarto. Anotei o que ela me disse: "Isso nunca aconteceu aqui, nesse setor, essa mistura de carinho e furor que sua pessoa inspira, e é por isso que precisa ir embora. É preciso protegê-lo de todo mundo e de todas as besteiras que uns e outros lhe dizem sobre o futuro, sobre seu rosto ficar assim ou assado. Era inevitável: escapou de um acontecimento nacional que mexeu com a vida de todos e, além disso, tem uma personalidade muito especial. Soube encontrar sua força aqui, e isso é bom. Fez desse setor um ninho acolhedor e agradável, todos entraram nesse ninho, e agora precisa sair para escapar deles".

Ela estava certa. Embora o jornalismo em parte aplicado aos outros continuasse a se mostrar eficaz, o que eu aplicava a mim mesmo começava a se virar contra mim: todos tinham uma ideia diferente de como eu ficaria, do que fariam comigo ou não, o último a me dizer alguma coisa sempre tinha razão, e minha angústia aumentava com tantas incertezas. Seduzir as pessoas, nesse contexto, significava ligá-las a meu caso — e compensar a angústia com esses laços. Chloé lembrava que um lugar tão intenso não fora feito para acolher por muito tempo um paciente que tentava, e visivelmente conseguia, metamorfosear as dores e os tratamentos em ímpetos. O pobre Ludo fora uma mascote, morrera, eu mais ou menos o substituíra nesse papel, de modo diferente, mas mascotes não foram feitas para durar, e as equipes precisavam esquecer os que partiam para cuidar dos que chegavam. Houve uma época, muito distante, em que os pacientes permaneciam um ano, dois anos ou mais num setor hospitalar; era também a época em que não eram curados. Agora, só se pode permanecer no hospital por um longo tempo, como Ludo, quando se vai morrer; e mais: era preciso realmente não ter nenhuma autonomia para constituir uma exceção à regra não apenas contábil, mas existencial, que se apoderara do hospital, e do resto do mundo, e à sua imagem. Além disso, as pessoas que entravam ali quase sempre sentiam medo. Voltavam a ser crianças. Graças a que milagre eu me adaptara às dificuldades da situação? Por que em nenhum momento, ou quase nenhum, eu me sentira diminuído, aniquilado? Eu devia isso à família e aos amigos, é claro, mas não apenas: compreendi subitamente — ou quis acreditar — que nunca tinha levado muito a sério nem meu trabalho, nem uma vida social cuja interrupção não me afetava. Alguma coisa dentro de mim se sentia leve como uma pluma, entregue à disciplina cotidiana como ao vento que passa.

Chloé retomou sua reflexão em voz alta: "Ir para a casa de seus pais? Faça o que quiser, mas eu não o aconselharia a isso. A Normandia tem uma clínica de recuperação, mas você enlouqueceria lá dentro. Também não aconselho os serviços de que poderia se beneficiar aqui, no hospital. Em casa, com uma enfermeira que o visite todos os dias... ah, mas está sozinho, Gabriela está em Nova York, então não é simples. Talvez haja outra solução...". Essa solução, discutida pelas minhas costas, logo me foi comunicada por meu irmão: o hospital militar dos Invalides, um lugar do qual eu ignorava até mesmo a existência. Ele fora sugerido por um médico, o dr. S., que trabalhava para a gestão de crise do Quai d'Orsay. Ele viera me visitar no dia seguinte ao atentado. Era um homem moreno, sólido, de olhos vivos, que tomava suas decisões rapidamente e que se postara em meu quarto como um touro prestes a desembestar, não sobre a primeira capa avistada, mas sobre o que ele mesmo escolhesse. Meu irmão ficara em contato com ele e fora informado, ao mesmo tempo que Chloé, do lugar onde eu logo passaria a maior parte de meu tempo. Se tivessem dito ao dr. S., na época, que eu ficaria quase sete meses nos Invalides, ele provavelmente teria dado um pulo, não como um touro, mas como um cabrito, tanto as pessoas que vivem a urgência têm dificuldade de imaginar um mundo em que ela não existe mais. Sempre há uma fértil contradição nos médicos desse tipo: eles precisam conciliar o humanismo e a paciência do cuidador com a impaciência e o realismo do político. São centauros que, quando não renunciam a essa dualidade, enlouquecem. O dr. S. era meu centauro, sempre em missão aqui ou ali, e é a esse homem firme, amável e eficaz que devo a temporada que em parte salvou minha vida.

A partida para os Invalides estava prevista para o dia 9 de março: Chloé queria ver como evoluía o enxerto de Hossein, que parecia estar regredindo. Dois dias depois da operação, Corinne, a fisioterapeuta, chegou pela manhã para a sessão quase diária. Eu dormira mal e estava exausto. Ela me sugeriu caminhar um pouco, para trabalhar o equilíbrio e a perna sem perônio. Antes de completar três passos senti uma náusea brutal. Não tive tempo de chegar ao banheiro nem de pegar uma bacia, vomitei de pé, em golfadas sucessivas, um líquido amarelado que sujou o chão e a parte de baixo das paredes. Corinne ficou paralisada, os pés no líquido amarelo, pálida como um defunto. Um minuto se passou, eu continuava vomitando em meio a seu silêncio e sua imobilidade, olhando para ela e me perguntando: mas de onde vem todo esse *amarelo*? Corinne vai acabar afogada? Finalmente parei, ela me fez deitar e saiu para buscar ajuda enquanto eu não parava de me desfazer em desculpas, como um criado que tivesse quebrado uma luminária ou roubado a prataria. Corinne voltou com a Marquesa dos Panos, que media meu pulso e minha pressão enquanto eu continuava a me desculpar. Uma faxineira entrou, com um balde, uma vassoura e a maravilhosa morosidade africana que, naquele setor nervoso, me acalmava. Como eu parecia melhor, acompanhei Corinne e a Marquesa dos Panos até o corredor durante a limpeza. "Prefere que eu volte um pouco mais tarde?", perguntou Corinne. Eu disse que sim e, depois que a faxineira saiu, tomei o segundo banho do dia e mudei de pijama. Corinne finalmente voltou para continuarmos a sessão. "Bom", ela disse, "chega de caminhar por hoje. Vou drenar e fazê-lo trabalhar um pouco as mãos." Para a drenagem, Corinne se colocava atrás de mim e massageava o pescoço e o rosto, de modo a fazer circular a linfa que se acumulava desde o enxerto. Um calor subia do queixo ao topo da cabeça e eu sentia uma série de arrepios agradáveis e intensos. Depois, Corinne se sentou a meu lado e pegou minha mão direita, que tinha o indicador duro e inchado. Ela o massageava fazia um minuto quando voltei a sentir náusea. Corinne me passou a bacia, mas, dessa vez, logo depois do amarelo veio algo preto e eu perdi os sentidos, mergulhando de cabeça na bacia cheia. Quando acordei, continuava na poltrona e estava cercado por um grupo de rostos familiares. Uma mão secava meu rosto, outras esticavam minhas pernas numa poltrona e eu ouvia a cadeira de rodas se aproximando. Fui levantado, despido até a cintura, deitado. Mediram meu pulso, minha pressão, tiraram meu sangue para análises clínicas, fui coberto de eletrodos e posto no soro. Pensei, quase satisfeito: "Não terei alta amanhã".

À tarde, fui de ambulância até a outra ponta do hospital, para fazer os exames que a situação parecia exigir. Seria uma bactéria, uma úlcera, uma simples exaustão, uma intolerância ao analgésico ou outra coisa? Fazia frio, e prevendo a espera para a tomografia e para a ecografia, eu levava comigo *A montanha mágica*. A sala onde fui deixado pelo maqueiro era um pátio dos milagres, cheio de pacientes abatidos, cinzentos, esverdeados, alguns esperando há horas. Uma terrível corrente de ar atravessava o lugar de um lado a outro e parecia se demorar com um cuidado maníaco sobre cada um de nós. Como não tinha recebido nenhum cobertor, eu tremia embaixo do lençol, e mais ainda ao ver os outros tremerem. Pensei comigo mesmo que expor os pacientes a uma bronquite talvez não fosse a melhor maneira de curá-los de uma úlcera ou de uma dor de dentes, e essa reflexão me satisfez momentaneamente: não havia nada a protestar contra uma desordem e uma brutalidade que eram parte da própria natureza do local.

Peguei *A montanha mágica* e tentei lutar, palavra a palavra, contra o frio que me fazia tremer cada vez mais. Abri o início ao acaso e caí na passagem em que Joachim fala a Hans do sanatório de Schatzalp, o mais alto da região: "No inverno, eles têm de transportar os cadáveres em trenós, porque os caminhos se tornam impraticáveis". Hans fica surpreso, indignado, "e de repente rebentou em riso, um riso violento, irreprimível, que lhe sacudia o peito e fez com que o rosto enrijecido pelo vento frio se contraísse num trejeito dolorido.

— Em trenós? E você me conta essas coisas assim, sem mais nem menos? Parece que se tornou muito cínico nesses cinco meses!

— Qual cínico! — replicou Joachim, dando de ombros. — Que é que você quer? Os cadáveres pouco se importam com isso...".*

Os pacientes, não exatamente. E eu sentia, pairando no ar, um protesto reprimido pelo esgotamento e pela resignação, auxiliados pela corrente de ar, que também enrijecia os rostos "num trejeito dolorido". Uma hora depois, vieram me buscar para o exame. O maqueiro estava furioso, pois para voltar foi preciso esperar a ambulância. Eu teria voltado a pé e no meu ritmo, mas o protocolo o proibia. Quando saímos, a noite havia caído. Os resultados das análises e da ecografia não revelaram nada. Um residente me disse: "Não encontramos nada?

* Ibid., pp. 17-8. [N.T.]

Boa notícia". À noite, os pesadelos voltaram. Não anotá-los era uma maneira de esquecê-los.

Dois dias depois, ao meio-dia, devolveram-me o direito de falar, mas não muito; eu, de novo, não sabia o que dizer nem como falar. De repente, Linda entrou trazendo uma coisa estranha que eu pensava que nunca mais veria e que visivelmente era para mim: um iogurte natural, numa pequena bandeja. Pela primeira vez desde a manhã do dia 7 de janeiro, eu utilizaria a boca para comer. Liguei imediatamente para Gabriela pelo FaceTime, estávamos reconciliados, e foi na frente dela, que estava em Nova York, que voltei a comer, do jeito que podia, muito lentamente e como um bebê, me sujando todo. Ela havia recuperado o sorriso da manhã do dia 7 de janeiro.

Pouco depois, escrevi para o *Charlie* uma crônica intitulada "O iogurte". Ela estabelecia uma relação direta com a visita de Marilyn narrada em "A caixa de biscoitos". Kafka, como sempre, comparecia:

Nenhum programa culinário de televisão — e alguns são excelentes, embora todos sejam exageradamente conversados, para compensar o que não pode ser comido com o que não necessariamente merece ser dito — jamais me deu tanta alegria concreta quanto o primeiro alimento ingerido (com dificuldade) pela boca, depois de dois meses de alimentação exclusivamente por sonda. Foi um simples iogurte natural, com um pouco de açúcar, como na escola: uma espécie de madeleine hospitalar, extemporânea. Uma auxiliar de enfermagem o trouxe sem aviso, por volta das quinze horas, com a naturalidade jovial e às vezes brutal, devido à falta de tempo, que caracteriza o hospital: como se aquele iogurte, que nunca estivera ali, em meu quarto, na verdade me esperasse desde sempre. Não é apenas o paciente que deve ter paciência. O mundo ao seu redor também. A enfermeira e a auxiliar de enfermagem se revezam entre duas esperas. Aos poucos, sob as instruções do invisível médico, elas deixam o mundo de fora, que se tornou misterioso e distante, entrar. O paciente, que tem todas as idades, acolhe tudo com gratidão, com angústia. Acolhi o iogurte.

A primeira pessoa que me fizera voltar a sentir o "gosto do mamão verde", isto é, o perfume dos alimentos cotidianos, fora uma amiga, um mês antes. Eu passava por um período em que era difícil respirar à noite. A sensação se devia exclusivamente à traqueostomia, mas as sensações fazem o corpo, mesmo quando uma informação objetiva as desmente, e, assim, carregam o resto: ali onde o ar parece não entrar, passam ideias sombrias — ideias repetitivas e rarefeitas. A vida inteira é filtrada por uma matéria espessa, opaca, que mistura tempo e noite, fazendo-os entrar num funil. Certa noite, a amiga chegou com sanduíche, tangerinas e uma térmica de café bem doce. Ela logo descobriu que alguém trouxera — para mim, não para ela — chocolates de excelente qualidade. Fez-me cheirar, em silêncio, tudo o que ia comendo. Eu estava com uma narina tampada, mas não a outra. Todos os perfumes da Arábia doméstica entraram por ela. Por um momento, esqueci que não conseguia respirar direito. Um tempo depois, soube que, no campo de prisioneiros de guerra em que meu avô morria de fome ao lado dos companheiros, nos altos da Pomerânia, de 1940 a 1945, homens de todas as nacionalidades passavam o tempo trocando receitas de seus países de origem, como sonhos concretizados pelas palavras, embora só comessem sopa de nabo.

Agora, eu estava na frente daquele iogurte. Precisava abrir a boca, não derramar tudo, engolir direito. Quando a enfermeira o colocou na mesa, eu estava na posição e no estado de espírito que o tuberculoso Kafka atribui a si mesmo numa carta a Milena, em 9 de julho de 1920: "Como chegarei ao fim do outono é uma questão para mais tarde. [...] Quando não te escrevo, fico deitado na poltrona e olho pela janela. Vê-se bastante bem, pois a casa da frente só tem um andar. Não quero dizer que olhar para fora me torne particularmente soturno, não, mas não consigo sair dali". Com Kafka, a infelicidade nunca é desdita pelo imbecil que existe em nós. Ele carrega no ombro o diabo leviano e profundo, implacável e sorridente, que nos vê errar, cair, e não nos permite sequer recorrer à complacência — ou ao patético. No hospital, o humorista Kafka é um companheiro de viagem.

A primeira colherada (de plástico) de iogurte, depois de dois meses sem paladar algum, não tem nada do primeiro gole de cerveja de Philippe Delerm — embora metade caia para fora. Ela não é um grande pequeno prazer reencontrado, confortável, compartilhado: é um renascimento austero e solitário. Temos todas as idades, menos a nossa. A memória do iogurte volta na mesma hora, mas ela é menos importante do que a vida que emana dela. Qualquer gosto surtiria o mesmo efeito, aliado ao frescor perdido que, em contrapartida, desperta um desejo extinto, a sede, e, ligada a um sorriso ainda reduzido pelos pontos e pela dor dos maxilares adormecidos que voltam a trabalhar, uma sensação esquecida: a raiva.

Essa raiva crescia à medida que a alta se aproximava. Dois dias depois, escrevi a meus pais, que se ofereciam para trazer compotas: "Compotas inúteis, aqui me alimentam como um ganso, não consigo terminar nenhuma de minhas refeições, que levam um tempo interminável (sem falar da sujeira). Enfim, não vamos nos queixar, é um retorno à vida".

A maioria dos e-mails dos dias seguintes são ácidos, quase raivosos. Voltar a comer, embora pouco, fazia-me tomar consciência de minha regressão e de meus limites. Pela primeira vez, eu me tornava impaciente. Estava na hora de deixar o lugar onde eu havia esgotado as razões de lutar com orgulho de mim mesmo.

A véspera de minha partida foi um domingo. Serviram-me um croissant e um chocolate, como se costumava fazer. À tarde, fui por algumas horas com os policiais, meu irmão e um amigo ao Museu do Quai Branly. Estava um dia bonito. Pela primeira vez desde o outono anterior, sentei no terraço de um café, no Champ de Mars, a dois passos do carrossel onde meu avô me levava para brincar quando eu tinha três anos. Pensei nele bebendo um suco de pêssego. O suco escorreu pelo lábio ou pelo enxerto. O amigo me avisou. Mas senti seu gosto. Eu estava de costas para o sol, para poder tirar a máscara. Quando voltei ao hospital, liguei a terceira bolsa de Fresubin à gastrostomia. Chloé achava que eu não me "ligava" o suficiente. Mais tarde, Juan me trouxe um gaspacho preparado por ele, uma de suas especialidades, e café frapê. Tomei o gaspacho sob seus olhos, em silêncio, muito lentamente, e bebi o café frapê. Meu corpo não estava mais acostumado, passei a noite mijando de hora em hora. Reli, pela última vez, a morte da avó.

Fazia dois dias que estávamos na cerimônia do adeus. As enfermeiras, os enfermeiros, as auxiliares de enfermagem, os auxiliares de enfermagem, Annette-dos-olhos-claros e os outros, todos vinham se despedir, dia e noite, durante seus plantões. Annie, a Castafiore, mandou dizer que não podia vir do mundo de baixo e que lamentava por isso — mas logo voltaríamos a nos ver. Hossein e um de seus colegas, Jean-Baptiste, fizeram-me visitar a sala de descanso dos funcionários do hospital. Estava coberta de grandes afrescos caricaturais. Alguns eram do gênero medieval. Pensei na dança macabra pintada nas paredes da igreja de La Ferté-Loupière. Meus guias apontaram para as imagens dos médicos que eu conhecia. Chloé, num cavalo, era um cavaleiro. Foi um momento de prazer. Eu estava de pé. A amizade rodeava cirurgiões de quem eu me despediria.

Sentia-me como os personagens de *Corto Maltese* que, ao fim de *A balada do mar salgado*, depois de inúmeras dificuldades, desaparecimentos e mortes, se cumprimentam e se abraçam antes de embarcar no veleiro e dizer aos que ficam: "Adeus, amigos! Adeus! Adeus! Vocês são os melhores amigos do mundo!". Eu deixava a ilha que, um pouco mais que minha casa, havia sido um segundo berço. Antes de partir, escrevi dois últimos e-mails. No primeiro, respondi a uma amiga que me escrevia do Kerala. Ela perguntava se eu queria que me trouxesse um pequeno Ganesha, o deus elefante, para que ele velasse por mim. Eu gostava muito de Ganesha, tinha assistido às festividades dedicadas a ele em Mumbai. Voltarei um dia a Mumbai? Aceitei. No segundo e-mail, pedi a meus pais que levassem aos Invalides o perfume que eu não usava desde o dia 7 de janeiro.

Chloé queria se despedir, mas ainda não passara no meu quarto quando a ambulância me levou, na manhã de segunda-feira. Eu a vira pela última vez na sexta à noite. Ela me dissera: "Tem ideia de tudo por que passou? Quando o enxerto do perônio foi feito, estávamos receosos. Se tivesse dado errado, teríamos afundado todos juntos". Senti-me responsável por minha família, por meus amigos e também por meus cirurgiões.

Meu irmão seguia a ambulância. Os dois veículos estavam abarrotados de objetos que haviam se acumulado, com o tempo, em meus quartos. Na ambulância, esses objetos me cercavam por todos os lados. Eu tinha a impressão de ser um faraó pequeno e fraco, posto em sua tumba, como numa barca, com tudo de que ele precisaria depois.

18.
O sr. Tarbes

Eu não entrava nos Invalides desde a infância e não sabia que o lugar abrigava um hospital. Pensei que fosse apenas um museu, um grande pátio e um túmulo. O grande pátio era dominado pela estátua de Napoleão e seu túmulo. Aquilo caía bem: Napoleão tinha sido meu herói, até me explicarem que ele havia "devastado a Europa a ferro e fogo". A imagem que eu tinha a seu respeito vinha de um grande livro ilustrado intitulado *Napoléon raconté aux enfants* [Napoleão contado às crianças] e, apesar de minhas leituras históricas posteriores e de inúmeras injunções humanistas, não foi exatamente deposta, a verdade me obriga a dizer, sem dúvida por causa de *A cartuxa de Parma*, de *O coronel Chabert* e da descrição, feita por Chateaubriand, do gordo Luís XVIII e de seu bando de emigrados desfilando ao voltar do exílio, entre os veteranos do Império: a literatura, incansável carruagem, nos faz viajar entre desejos íntimos que resistem a carícias dirigidas. Eu lia pouco, mas pensava muito. Meus pais tinham me levado para visitar o túmulo aos sete ou oito anos. Na época, o cemitério de Eylau e o atraso de Grouchy em Waterloo me deixavam inconsolável. Eu detestava os alemães, aqueles nazistas que ganhavam no futebol, mas mais ainda os ingleses, que tinham vencido e aprisionado o herói. Podemos dizer que as crianças sentem raiva da história. Também podemos dizer que compreendem, como ninguém, até que ponto ela é suspensiva, repetitiva, obsessiva, tão cronológica quanto circular; até que ponto ela se assemelha à situação do paciente.

Meu novo quarto ficava no primeiro andar do hospital, ao fim de um longo corredor cheio de velhas janelas. De minha cama, eu via as árvores e, destacando-se do céu, o domo. Vivi sete meses naquele lugar, que logo se tornou meu *castelo*. Os visitantes eram meus *convidados*. Eu procurava recebê-los como um *castelão*, fazendo as honras da casa como um velho nobre russo que, além das roupas, levava uma espingarda antiga e os vestígios de uma época perdida. Eu não estava exilado de minha própria vida?

Eu gostava de receber, com meus policiais, esses amigos nas grades da entrada ou, quando seus nomes eram anunciados na guarita, na recepção do hospital. Alguns iam diretamente ao quarto, mas às vezes se perdiam no labirinto de corredores. Eu gostava de abraçá-los, de mostrar a linda vista, os recantos, os pátios e as esquinas ocultas, o canhão tomado aos turcos e cheio de inscrições. Eu ficava contente de apresentá-los uns aos outros, embora até então tivesse compartimentado minha vida. Eles chegavam com bebidas, bolos, às vezes pequenos pratos de comida. Eu gostava de vê-los comer, beber e falar ao crepúsculo no pátio de entrada quase deserto, também dominado pelo domo. Os policiais ficavam num canto, silenciosos, sorridentes e armados. A sociabilidade impregnava a pedra daquelas construções antigas. Fazia calor, o tempo parava, para meus amigos e para mim, e quando eles partiam, à noite, eu voltava, cansado, para o pequeno quarto, a vaselina, o sonífero, a escova de dentes ultramacia e a vista particular para o domo. Eu era aqui, eu era fora daqui, um fantasma dos Invalides, e não era o único; foi muito difícil ir embora. Meu pequeno quarto era a barca que continuava a travessia cujo fim eu não previa nem conseguia desejar inteiramente. E eu ligava a última bolsa de Freubin.

O quarto ficava no setor Ambroise Paré; o corredor era chamado de Laon. No primeiro dia, ao ver nosso grupo chegar, uma jovem enfermeira de cabelos compridos e ruivos, Laura, "procurou o curativo" para saber qual de nós era o paciente. Eu tinha um, amplo e em parte transparente, que ia do lábio ao queixo. Vi seu olhar hesitar, depois se fixar em mim. Logo fiquei sabendo que o marido de Laura, um militar líbio gravemente ferido nas pernas por uma granada, passava de enxerto em enxerto havia vários anos. Ela comentava seu caso sem ênfase, um sorriso nos lábios, no mesmo tom que às vezes usava para falar de sua religião, o islã, e das caricaturas do Profeta, que julgara inúteis e inoportunas. Não estávamos ali para nos acusar, para discursar ou para nos queixar. O mundo do hospital é o mundo da constatação. Nos Invalides, ao contrário do La Salpêtrière, os pacientes se viam, se frequentavam: não estavam sob cuidados intensivos, estavam em recuperação. A via-crúcis de uns colocava em perspectiva a via-crúcis dos outros. Rumo ao pátio de entrada, à academia ou aos estúdios, as solidões e as cadeiras de rodas circulavam em silêncio pelos grandes corredores e à sombra dos prédios construídos sob Luís XIV. Era um lugar calmo, antigo, vazio nas horas de fechamento, um lugar em que a força do ambiente e da história moderava a intranquilidade do paciente. Ele auxiliava, de certo modo, na cura.

Perguntei a Laura se ela conhecia a catedral de Laon, tão bonita, que me lembrava a de Vézelay e que parecia, como ela, viver entre dois mundos, o românico e o gótico, o sul e o norte, o cristão e o muçulmano. Ela não sabia que existia uma cidade chamada Laon. Achei que fosse o nome de um médico militar, ela disse, e, afinal, pensei comigo mesmo, talvez seja, embora o nome do corredor sem dúvida viesse da batalha de Laon, vencida em 1814 por Napoleão. Eu guardava uma imagem pessoal dessa catedral, e também do que escreve o comandante Ernst Jünger, em seu diário, ao ocupar Laon com o exército alemão. No dia 11 de junho de 1940, no meio da escuridão, ele entra na biblioteca da cidade por uma porta desmoronada:

Percorríamos salas onde, de tempos em tempos, eu iluminava um livro com minha lanterna de bolso — por exemplo, uma edição dos *Monumenti antichi*, de valor inestimável, que ocupava uma estante inteira. Havia uma coleção, parte no chão, parte em cima de uma longa mesa, de manuscritos guardados em trinta grandes volumes; abri um deles, ao acaso. Continha cartas de botânicos famosos do século XVIII: algumas com caligrafias muito refinadas e graciosas. Num segundo tomo, encontrei uma carta de Alexandre I, mensagens de Eugène de Beauharnais e de Antommarchi, o médico de Napoleão. Com a sensação de ter entrado numa caverna misteriosa, revelada por um "Abre-te, Sésamo", voltei para minha base.

Eu também tive a impressão, nos Invalides, de entrar numa caverna que, apesar do nome, do passado e da administração militar, nada tinha de quartel; essa caverna se tornou minha base.

Cheguei ao andar acompanhado pelos condutores de ambulância e pelos policiais. Enquanto seguia para o quarto, meu irmão registrava minha entrada. Quando lhe perguntaram que nome eu usaria, ele deu o meu. Aqui, disse a mulher do registro, ele precisa de um pseudônimo. Pego de surpresa, meu irmão pensou no berço pirenaico de nosso pai, na cidade onde ainda moravam nossa tia e nosso tio cirurgião, e disse: "Tarbes". Foi assim que me tornei, no mundo dos Invalides, o sr. Tarbes. Adorei a escolha de meu irmão, embora não tenha entendido seu motivo na hora. Havia sido nos Pirineus, perto dos lagos, que eu mais me aproximara desse estado cuja busca me parece bastante vã: a felicidade. Era um estado próximo da dissolução — na paisagem, na luz, no som e no ar. Ele não acontecia sem cansaço ou sem preocupação: aqueles lagos minerais, sob os picos, tinham uma perfeição e uma virgindade que os aparentavam com a morte. Bastava olhar a água clara e escura para sentir que, uma vez lá dentro, não sairíamos nunca mais. Era um excelente motivo para mergulhar e voltar à tona para se sentir vivo, sob o sol, como uma espécie de sobrevivente.

A cidade de Tarbes tem poucos encantos; no entanto, além de meus laços familiares, ela tem ao menos dois, para mim: o magnífico jardim Massey, que data do século XIX, no qual eu gostava de caminhar debaixo das grandes árvores depois da chuva, e o fato de que a infância de três escritores que admiro esteja ligada a ela — Théophile Gautier, Jules Laforgue e Isidore Ducasse. Nascido ali, Gautier saiu de lá rapidamente. Os outros dois, nascidos em Montevidéu, vinham de famílias que, como muitos imigrantes franceses na América Latina, tinham laços no sudoeste da França e haviam crescido ali. O fato de esses dois grandes poetas terem passado a infância em Tarbes fazia da cidade um lugar onírico. Dali eu podia chegar aos países distantes, à América Latina, com a qual tanto sonhava, e agora desceria o rio em direção a uma nova vida, ao sabor dos esforços e das circunstâncias, dentro daquele prédio intimista e exótico.

Nunca fui chamado por outro nome aqui. O sr. Tarbes logo começou a viver sua própria vida entre aquelas paredes da era clássica. Ele é que era o fantasma dos Invalides. Era feito de disciplina e de paz, de fisioterapia e de lágrimas durante as consultas, de passeios ao amanhecer e outros mais à noite. O sr. Tarbes não era Philippe Lançon, tampouco um pseudônimo de Philippe Lançon. Ele era um heterônimo, como os que Fernando Pessoa imaginara ao criar sua obra sob vidas, e não apenas sob nomes, diferentes. O sr. Tarbes não falava e não agia exatamente como Philippe Lançon. Era menos conversador, sem dúvida, muito mais velho, mas de uma velhice sem peso. O sr. Tarbes metabolizava sua tristeza debaixo da cúpula dourada do domo. Era magro, usava um grande chapéu, não podia sorrir, comia seus pratos líquidos e pastosos muito rápido e nunca na frente dos outros, para evitar que seus respingos, ploc, ploc, ploc, fossem vistos. Havia algo de Montevidéu em sua pessoa, uma cidade que Philippe Lançon nunca visitara, e ele cada vez mais se apegava a alguma coisa que o tornava frágil, indeciso diante da vida, sensível à inspiração e à distinção dos mortos. O sr. Tarbes estava suspenso, ele flutuava. Apegava-se cada vez mais à cidade que lhe dera nome e a uma outra cidade que Philippe Lançon nunca visitara.

No entanto, as lembranças dos sonhos haviam voltado e, com elas, um passo suplementar e desagradável de Philippe Lançon rumo à vida. Na noite anterior à minha partida para os Invalides, tive um sonho que estendeu sua sombra sobre as duas primeiras semanas do sr. Tarbes.

Estou na casa de Gabriela, uma grande casa americana. Ela me recebe depois do atentado. Aquele é o dia das crianças. As crianças dos vizinhos chegam, brincam, fazem barulho, depois algumas entram numa imensa banheira cheia de espuma, quando um banho é preparado para elas. Eu fico nu, como elas, e me sento na outra ponta da banheira, de frente para elas. Sinto um grande prazer na água quente e em olhar para elas. De repente, uma "mãe" americana entra no banheiro e, ao me ver, grita, assustada e enojada: "O que está fazendo *aí*, nessa banheira, junto com as *crianças*?". Eu olho para ela e tento falar, com dificuldade: "Mas... estou tomando meu banho, eu moro aqui. E elas não se incomodam. Não sou pedófilo". Articulo mal as palavras, mas o problema não é esse. Ela não quer me ouvir e grita: "O senhor é nojento! Vou chamar os outros pais e a polícia. Vamos sair imediatamente deste *lugar*. Crianças, saiam da banheira!". Tento falar: "Mas... Mas... Mas...", mas não consigo dizer mais nada. Todos se vão, e eu fico na banheira, apavorado. Serei acusado de tudo, é o que penso, mas apenas buscava um pouco de bem-estar. Eu os ouvia falando, batendo portas, gritando, indignando-se, indo embora. O que Gabriela vai pensar e dizer? Será que ela também... Um homem entra, *um sólido americano*, pronto para me repreender e prender. De repente, porém, ele olha para o meu rosto e diz, assustado: "O que está acontecendo com o senhor? Esse buraco estava tapado desde o dia 7 de janeiro...". Vejo-me então com seus olhos: minha bochecha direita escurece a olhos vistos, um buraco aparece e dele caem, um por um, meus últimos dentes. Fim do sonho e pânico de acordar com uma boca que vaza e por onde o corpo inteiro, seguindo os dentes, escorre.

Antes do atentado, eu era magro, fazia esportes, tinha 1,76 metro de altura, a ossatura fina de meu pai e um peso habitual de cerca de 62 quilos. Quando chego aos Invalides, peso 57 quilos. Eu ainda podia perder um osso, por assim dizer, mas já tinham me tirado um, era suficiente. Tendo passado o tempo em que o enxerto do perônio na mandíbula poderia necrosar, não havia previsão de me tirarem outros. No entanto, meu corpo não parou nunca de ajudar a si mesmo, como um kit de sobrevivência e reconstrução autônomo, como o porão mágico do navio naufragado de Robinson. Deu tudo o que podia. Estava à beira do esgotamento. A fisioterapia, porém, começa depois do fim desse esgotamento. Terei outro, depois? Prestes a descobrir, lamento precisar fazer o inventário, como os novos médicos quando cheguei aos Invalides, dos males do paciente.

Acabo de voltar a falar, mas não sei se minha voz é minha voz: ela vem de um lugar do corpo que me parece misterioso, cavernoso, eu não a reconheço. Esse não reconhecimento me incomoda. Quando falo, tenho a impressão de que uma sopa de palavras me sai da boca, mastigada pelos dentes que não tenho mais. Não entendo por que as pessoas parecem me compreender e às vezes me pergunto se não estarão fingindo. Também não sei se minha boca, ainda não reconstituída, é minha boca: o estranho lábio inferior aberto, assimétrico e pendurado que empurra lenta e dificilmente para dentro os poucos alimentos líquidos que recebe, esse lábio me repugna e eu o afasto, chamando-o de *a membrana*. O enxerto da panturrilha inflamou e parece um hambúrguer de má qualidade, cheio de gordura. O enxerto de Hossein "virou fumaça", ou seja, não pegou. Preciso voltar na próxima semana, para uma nova tentativa. No dedo mínimo da mão direita, uma radiografia acaba de mostrar que a primeira falange está soldada. "Será preciso operar", diz a radiologista, "temos excelentes cirurgiões da mão." Começo a ter tonturas ao levantar: o ouvido interno protesta, alguém me diz que os cristais devem ter se movido. Gabriela volta a me ligar pelo FaceTime. A conexão é ruim. Ela me convida a passar para a língua de sinais.

Os pacientes costumam calar diante dos impacientes. Compreendo-os e também me calo; mas tenho a impressão de que agimos mal. Seria melhor colocar os outros a par daquilo que eles não podem ou não querem ver, saber, imaginar. Seria preciso fazê-lo de forma regular, concreta, suave e fria, correndo-se o risco de passar por pessoa desagradável, maçante, convencida, agressiva, queixosa e mimada — uma pessoa que ensurdece as outras. Seria preciso fazê-lo principalmente porque aqueles que ouvem só compreendem, na melhor das hipóteses, um terço do que é dito — quando estão de boa vontade: as palavras não comunicam bem às pessoas saudáveis uma condição corporal que traz inquietação e que a maioria não conhece; as palavras não parecem vir do corpo que elas tentam descrever, e os outros não têm a menor chance de entender se o paciente não insistir. Pudor, orgulho, estoicismo? Virtudes muito celebradas que julgo ter praticado o suficiente para sentir seus limites, suas ambiguidades, e perceber a que ponto elas permitem que o mundo esqueça o sofrimento daqueles que, ao preço de seus silêncios, ele pretende respeitar. Proust esteve doente uma grande parte de sua vida e talvez fosse por isso, ironicamente, que visse em tudo falsas aparências, solidão, afetação e mal-entendidos. A doença não é uma metáfora; ela é a própria vida.

Continuemos. Doutor, está me ouvindo? A perna e o pé direitos doem, a coxa direita também, mais à noite do que de dia. O simples toque do lençol me irrita o pé inteiro e me impede de dormir. Os nervos parecem à flor da pele. O tornozelo é o que mais me faz sofrer. De dia ou de noite, visto meias de compressão por cima dos curativos: se esqueço de vesti-las, incho na mesma hora. O queixo, cada vez mais invadido por formigamentos, está *vivo*. Cheguei ao ponto de acreditar que penso pelo queixo. Felizmente, penso pouco. Quando o faço, ele parece me dizer, como a formiga à cigarra: cale-se e dedique-se à fisioterapia, pense no inverno que se aproxima. O inverno é o retorno à vida normal. Por mais distante que esteja, ele desperta meu medo. Eu sei, doutor: o hospital dos Invalides está aqui para limitar esse medo, aproximando-me do inverno que o provoca. Mas precisarei de tempo, se não se importar. Até lá, a filosofia de Malebranche me fará um grande bem, sobretudo quando diz: "É visível, por todas essas coisas, que é preciso constantemente resistir ao esforço que o corpo faz contra a mente e que é necessário aos poucos se acostumar a não acreditar nos relatórios que nossos sentidos nos fazem de todos os corpos que nos cercam, sempre representados como dignos de nosso empenho e de nossa estima, pois não deveríamos nos deter, nem nos ocupar, de nada que é sensível". Mas ainda não li Malebranche nos Invalides. Se o tivesse lido, não poderia aceitá-lo, pois minha mente, justamente, cada vez mais se submete ao corpo, à medida que esse corpo sai da zona que ela ocupara completamente. A mente resistia ao corpo enquanto os dois habitavam ruínas. Agora, o corpo volta a despertar para a vida, mas o faz por meio de sensações inéditas, imprevisíveis, dolorosas, que a mente não consegue assimilar e recebe como se fossem intrusos. Ela não consegue mais se elevar acima dos sintomas e dos sinais; fica à espreita, como um interesseiro.

As zonas de enxerto vertem líquido. O enxerto que deu errado adquire uma cor escura e seu fedor, à noite, entra pelo nariz. O mindinho direito, sempre duro, está dolorido e não desincha, tornando a mão quase impotente. A longa cicatriz no braço não perde a rigidez. Tenho o antebraço seco como um galho morto. Meu pescoço é um periscópio. Viro o tronco inteiro para olhar para a direita, para a esquerda. Com um monóculo, pareceria Erich von Stroheim em *A grande ilusão*. Penso em colocar um vaso de gerânios em minha nova janela. Eu o cortaria no dia da partida, que espero que demore o máximo possível. As cicatrizes em torno do retalho são frágeis. Fazer a barba ameaça sua integridade. Demoro um tempo incrível no banheiro contornando suas saliências. Babo quando falo, quando durmo, quando como. Quando as dores me deixam em paz, acordo até dez vezes por causa da vontade de fazer xixi ou por roncos que me levam à apneia. O palato mole deve ter sido danificado: regularmente sou levado a fungar como um ancião e acabo tossindo como se a garganta quisesse competir com o nariz. Por dentro, tudo parece se comunicar. É uma anarquia. A perda muscular não me faz bem às costas, embora eu nunca tenha tido dores desse tipo antes.

Por fim, um novo fenômeno: pelos das pernas me saem pela boca e espetam o que se conseguiu reconstituir do lábio inferior, como minúsculas algas negras coladas pela água numa concha ou num coral. Estavam ali desde o enxerto do perônio. Como tinham sido raspados, demoraram para crescer em seu novo meio, líquido e quente. Começam a formar pequenos buquês, que sinto ao passar a língua. Enquanto permanecem do lado de dentro, são suportáveis. Mas não faço questão que acompanhem minhas refeições, meus passeios e minhas conversas. Nesse ponto, tenho meus pudores. Não quero ser, aos olhos de fora, um *macaco por dentro*. Ninguém me avisou desse pequeno inconveniente. Para os cirurgiões, aquilo que não se relaciona à sobrevivência ou à necessidade diz respeito ao conforto, é a palavra que utilizam. Os pelos da perna dentro da boca são uma questão de conforto. Eles me obrigam a pensar mais ainda sobre meu corpo, de outra maneira, segundo as formas estilhaçadas de um Arlequim de Picasso. Como aceitar e sentir essa pele inanimada da perna no queixo, essa pele da coxa na panturrilha, esses pelos da perna na boca, essa mucosa revirada e mal vascularizada que me serve de lábio, esse implante à base de carne de cavalo ou porco que colocaram ao longo de um substituto de gengiva que fica irritado ao menor contato? Às vezes acordo com um dente de leite na narina, uma unha no ouvido direito, sobrancelhas no segundo umbigo formado pela gastrostomia. Também tenho um pé encravado no lugar do mindinho e, no lugar das articulações da mão, um joelho cheio de crostas, como quando eu era criança. Tornei-me um monstro discreto com grampos no alto da bunda, e este não é um efeito da imaginação: é a escara que tira proveito de minha magreza e da finura de minha pele para crescer. Como, doutor? O senhor tem curativos mais eficazes e mais adaptados aos ferimentos do que no La Salpêtrière? O exército tem mais recursos do que a Assistance Publique? Só posso me alegrar: todo alívio é bem-vindo.

Meu estado mental não vai muito melhor. Emerjo dos dois meses de cuidados intensivos como de um longo sonho, com 36 ressacas ao mesmo tempo. O momento mais delicado, doutor, é aquele em que o paciente recupera a consciência do corpo metamorfoseado no mundo vivo que o cerca. Ele de fato começa a renascer, e esse renascimento, que até então se manifestava em choques físicos, de uma violência quase mágica, agora vem acompanhado de certa tristeza: deixo o círculo dos caldeirões do inferno para entrar no banho frio do purgatório, que não é muito melhor. Choro por minha vida perdida, choro por minha vida futura, choro por minha vida obscura, mas o senhor não me verá chorar. É nesse ponto que estou, doutor. Vejo-o tomando notas, que bom. Mas será suficiente?

Philippe Lançon se calou, e o sr. Tarbes se instalou.

O quarto era pequeno, velho, de um charme antiquado, e dentro dele, no auge de minha dor, senti-me bem. Disseram-me que fora ocupado por um escritor e eu sei que Edgard Pisani o utilizara antes de mim. A vista ajudava muito, e também, sem dúvida, a lembrança de uma lembrança: o quarto parecia um em que eu morara, quando estudante, na Rue Notre-Dame-des-Champs. Ele pertencia a duas senhoras que moravam juntas alguns andares abaixo e que eu às vezes visitava na hora do chá. Nos Invalides, a janela do quarto tinha um parapeito largo, onde coloquei meus livros e CDs. Era como o parapeito em que, mais de trinta anos atrás, eu sentava para ler Proust, já ele, contemplando os telhados de Paris. O banheiro era quase do mesmo tamanho do quarto. Quando eu abria os olhos na nova cama, não via mais a persiana cinza ou o pinheiro do La Salpêtrière: atrás da velha e alta janela de caixilhos de madeira, para além das árvores de um pátio que datava, como os outros prédios, de Luís XIV, eu via o domo iluminado. Durante o dia, seu ouro brilhava no céu, que, naquela primavera e naquele verão, esteve quase sempre azul. À noite, era ainda melhor: o ouro iluminado se destacava sobre o fundo negro do céu, e eu pegava no sono olhando para ele. Continuava sem telefone e sem televisão. Os policiais sentavam do lado de fora, um na frente da porta, outro no fundo do corredor. Como no La Salpêtrière, eram substituídos a cada oito horas, e eu começava a reencontrar rostos familiares que haviam me protegido uma ou duas vezes naquela que já se tornava minha vida hospitalar anterior. Um dos policiais me acompanhava em todos os meus deslocamentos.

O primeiro vinha de Cherbourg e era muito jovem. Foi com ele que lentamente explorei o grande pátio e todos os jardins, em especial os gramados da grande esplanada. Chega-se a eles saindo do grande pátio por uma porta de onde a vista espetacular para a ponte Alexandre III e, ao longe, para o Grand Palais, abria-me o coração e a vida, dissolvendo-me num quadro de Manet. À noite, era ainda mais bonito. Apesar de meu estado, do cansaço, do frio daquele início de março e, às vezes, da chuva, não abri mão de nenhuma de minhas rondas noturnas. Eu queria rever aquela vista, aquele céu, o Sena adivinhado atrás da fileira de árvores, os telhados dos grandes museus e, bem ao longe, as colinas de Montmartre, todos os séculos dessa cidade que eu amava e em cujo coração um punhado de desenhistas tinha sido inesperadamente massacrado. Eu queria entrar naquela paisagem, assim como havia entrado num vale dos Pirineus, e todas as manhãs e todas as noites o milagre se repetia. A vista me invadia suavemente, eu entrava no *Jardim de inverno*, de Manet. Uma mulher elegante sentava num banco, pensativa, e ela era eu. Um homem barbudo de pé, inclinava-se sobre ela, e ele era eu. Havia plantas e flores cor-de-rosa em volta deles, e elas eram eu. Manet, nos Invalides, não era apenas uma atmosfera. O olhar de seus personagens, aquela leve ausência, aquela suspensão acima do ser, era aquilo que Philippe Lançon buscava e que o sr. Tarbes, sem procurar, encontrava; mas seria em torno de outro pintor que a união dos dois logo ocorreria.

No momento, eu mancava nos paralelepípedos desencontrados do pátio dos Invalides acompanhado pelo pequeno policial de Cherbourg. Paramos na frente dos dois tanques de guerra à direita e à esquerda da porta. Ele olhou para eles com atenção e me contou suas histórias: estava sempre lendo livros sobre as duas guerras mundiais e os exércitos que haviam se enfrentado. Eu volta e meia caía em policiais enciclopédicos. Depois caminhamos na direção dos gramados cercados de arbustos podados e ficamos surpresos ao ver bandos de coelhos. Ele saíam principalmente pela manhã e ao anoitecer, quando os Invalides permaneciam fechados ao público. O terreno tornava-se deles, que o aproveitavam completamente, sem restrições. Alguns deitavam na grama como Lolitas, de barriga para baixo. Outros ficavam de pé, absolutamente imóveis, por vários minutos, como anões de jardim, depois começavam a correr loucamente, na ausência de qualquer predador.

O sr. Tarbes nascia lentamente, Philippe Lançon sentia-se sozinho e angustiado. Trocara o mundo dos cirurgiões, artistas da emergência, pelo dos fisioterapeutas. O hospital dos Invalides, desde sua criação por Luís XIV, era um hospital militar dedicado aos soldados feridos em combate, e hoje também às vítimas de atentado; mas lá não se viam mais *gueules cassées*, "caras quebradas" — embora um belo cartaz azul, no grande corredor do térreo, lembrasse a existência da associação que os reunia. Havia, sobretudo, amputados, paralisados, vítimas de AVC e de traumatismos cranianos — e dois de meus companheiros feridos e sobreviventes do *Charlie*: Simon, o webmaster, e, esporadicamente, Fabrice, jornalista engajado na luta ecológica, que já fora ferido num atentado trinta anos atrás.

Quando cheguei, Fabrice voltara para casa por alguns dias: tinha filhos pequenos e, apesar das muletas e das dores nas pernas, queria ficar perto deles o máximo possível, creio eu. Simon, por sua vez, havia saído do coma e dava início a uma lenta recuperação. Ele conseguia falar, mexer os braços, mas não podia caminhar. Seu quarto ficava ao lado do meu. Uma das primeiras coisas que me disse quando entrei em seu quarto foi: "Agora somos irmãos de sangue". Zineb, outra amiga do *Charlie*, estava lá. Durante as reuniões de redação, às quartas-feiras, que poderíamos muito bem chamar de reuniões de reação, suas estrondosas palavras críticas à situação das mulheres nos países muçulmanos teriam acordado os mortos que ainda não éramos. Ela tivera a sorte de estar ausente na manhã do massacre. Os islamistas haviam colocado sua cabeça a prêmio e, como eu, ela tinha uma escolta: nossos guarda-costas formavam um discreto ajuntamento no corredor. No quarto de Simon, ela chorava um pouco, não muito. Nem Simon nem eu chorávamos, ao menos em público.

As lágrimas não nos traziam nada além de uma perda de orgulho e de energia. Naquele dia, ele estava comendo um bolo que parecia muito bom. Ofereceu-me um pedaço, mas minha boca não estava em condições de aceitar e o encarei de maneira atravessada, pensando: "A ti os bolos, a mim as caminhadas!". O paralítico e o cara quebrada, sob o olhar de nossa amazona árabe um tanto louca, selvagemente feminista, infinitamente vivaz, que logo se mudaria para um país do Golfo: acabamos rindo da situação, como se devêssemos acabar num cartum.

Pequenino em sua cama, Simon vivia como uma marmota no fundo de sua toca no inverno. Estava com trinta anos, mas não tinha mais idade, ou melhor, o tiro que recebera no pescoço e que ricocheteara por suas costas o fizera ter todas ao mesmo tempo. Ele era jovem como um recém-nascido e, quando esticava um pouco a cabeça, velho como uma gárgula. Sua inteligência, sua ironia e sua vaidade formavam uma camada de gordura que o protegia de si mesmo e dos indesejáveis. Escrevi: sua vaidade; além de eu mesmo não ficar devendo nesse quesito, não via nisso um defeito, mas antes uma qualidade própria à sobrevivência, igual a qualquer outra, que não merecia ser julgada. Eu mesmo havia descoberto, no La Salpêtrière, um novo uso para a velha mania de seduzir, não para conquistar as enfermeiras, mas para ter a melhor relação possível com o setor inteiro. Era a alquimia do hospital de longo prazo: os sobreviventes tinham direito a todos os seus defeitos, desde que fizessem bom uso deles. Não estávamos num salão burguês. Lutávamos sem julgar, sem limites, com todas as nossas pequenas armas. Para isso, o espírito do *Charlie*, jornal que os suscetíveis e virtuosos, de onde quer que viessem, nunca deixaram de detestar ou desprezar, estava particularmente adaptado: ele nos permitia rir de tudo, em primeiro lugar de nós mesmos, dando todas as nossas cartadas. Não tínhamos merecido o nosso destino, mas este não era um motivo para nos enchermos de escrúpulos ou para nos levarmos a sério. *Os que não gostavam de nós* sempre seriam numerosos o bastante para fazê-lo em nosso lugar, e logo voltariam.

Quando não estava dormindo, Simon estava lutando: contra a dor, a favor da meditação, em busca de cada novo movimento e, mais tarde, de cada novo prazer. Ouvia música minimalista, em especial Steve Reich. Sua futura mulher, Maisie, discretamente empreendia em torno dele uma atividade frenética e concreta: eu às vezes a via nos grandes corredores desertos com um saco de roupa limpa ou suja e comidas de boa qualidade. Simon se tornara, por força das circunstâncias, um herói tático em seu território. Como eu, ele não podia se dar ao luxo de um altruísmo banal. Assim, obtinha dos médicos, dos amigos, das instituições, tudo aquilo a que poderia não ter tido direito. Os Invalides eram um porto muito seguro, com sua beleza fixa, seus pátios, seus jardins, suas salas de cinesioterapia e ergoterapia de alto padrão, onde era possível consertar o casco, as velas, o leme e o moral dos albatrozes que éramos; mas, mesmo ali, onde a bondade era a regra e a palavra dada, um princípio, era preciso saber analisar os homens, os lugares, as equipes, a situação e aprender a lutar para viver. É injusto, mas assim é: a vítima precisa ser inteligente, obstinada, não ter escrúpulos e estar armada; ela não tem o direito, ao contrário daqueles de quem depende, de fraquejar.

Juntos, Simon e eu logo compreendemos que não devíamos nem nos expor, nem acreditar demais nos discursos políticos que nos santificavam. Precisávamos, em contrapartida, aprender a utilizá-los para fortalecer nossas situações quando possível: as vítimas não vivem no curto prazo em que prosperam os homens de poder contemporâneos. Simon e eu nos aconselhamos e apoiamos quase diariamente por meses a fio, sem dúvida com lisonjas, inclusive em excesso, mas creio que nunca mentimos um ao outro. Não havia espaço para o fracasso em nossa reabilitação, nem para Simon, nem para mim, nem para nenhum dos dois em relação ao outro. Foi assim que, de aliados, nos tornamos amigos.

Eu seria tratado e acompanhado de acordo com as instruções de Chloé, mas em sua ausência. Ela não estava longe, no entanto. Depois dos primeiros exames e análises, abri meu computador e me deparei com o e-mail que ela acabara de me enviar:

Bom dia

Então foi para os Invalides — saí tarde demais do centro cirúrgico para me despedir. Tenho certeza de que seu novo local de internação estará à altura de sua necessidade de repouso. De todo modo, voltaremos a nos ver na próxima segunda-feira, para o novo enxerto de pele.

O dia 20 me parece viável — basta que eu me declare doente e não compareça a uma reunião desinteressante, mais uma, programada para a mesma manhã. Precisarei sair do museu o mais tardar às 14h30, para trabalhar o restante do dia. Até logo.

A sexta-feira 20 de março era para mim uma data essencial: eu visitaria a exposição dedicada ao pintor Velázquez no Grand Palais. Desde os primeiros dias de La Salpêtrière, aquilo se tornara uma obsessão. Eu sabia que a exposição aconteceria na primavera, com a primavera, e via nela o símbolo de meu renascimento. Disse para mim mesmo, para meu irmão, para meus pais, para Claire e para a equipe médica que estaria em forma para escrever sobre ela no *Libération*. Seria meu artigo de retorno e eu convidara Chloé para me acompanhar. Depois das obras de Chandler, seria uma nova maneira de lhe agradecer. Ela aceitara.

Velázquez não era apenas um pintor sobre o qual eu teria prazer de escrever. Era um dos pintores que haviam alimentado minha imaginação. Desde minha primeira visita ao Museu do Prado, vinte anos atrás, eu nunca voltava a Madri sem passar algum tempo, sozinho, na sala de *As meninas*, na das *Pinturas negras*, de Goya, na frente dos quadros de El Greco. O trio havia formado meu olhar, alimentado meu amor pela Espanha, iluminado alegrias, prazeres e depressões. Um dia, precisei fugir da sala das *Pinturas negras*, pois estava prestes a desmaiar. Refugiei-me no primeiro andar, na frente dos bufões de Velázquez, espécimes intensos e marginais da humanidade, intensos porque marginais: suas enfermidades sempre me acalmavam. Agora, assemelhavam-se a mim. As cortes dos reis da Espanha, com seus sufocantes cerimoniais herdados dos duques de Borgonha, pareciam-me mais abertas às desgraças do que a sociedade em que eu vivia, ainda que fosse para transformar os que sofriam em bufões ou em animais de companhia.

As figuras alongadas e expressionistas de El Greco, que pareciam se esticar excessivamente para o céu, me entusiasmavam havia mais tempo ainda. Eu as via como figuras de quadrinhos, mas também como galgos extravagantes e místicos na companhia dos quais passearia sobre um fundo verde tropical e sob um céu tempestuoso. Eu tinha vontade de beijar o pescoço de suas santas, de lhes acariciar punhos e mãos para alongá-los ainda mais. Eu queria ver e rever *O enterro do conde de Orgaz* e deixar, como a cada viagem, uma parte de mim mesmo em Toledo, naquele esplendor espiritual e físico, no meio daquela reunião de barbas e anjos. Um ano antes, a Espanha celebrara os quatrocentos anos da morte de El Greco. Eu me encontrara com Gabriela em Madri e, de lá, fomos a Toledo, onde estavam reunidas, junto à coleção permanente, obras vindas do mundo inteiro. Encontrar Velázquez em Paris um ano mais tarde, dois meses e meio depois do atentado, tornara-se vital, sem que eu soubesse exatamente por quê. Os desafios que nos impomos também podem surgir ao sabor da imaginação. E talvez a exposição me aproximasse de um desses momentos cujo afastamento nervoso me deixava tão triste; talvez ela me aproximasse, por meio da visita e do artigo, de meu passado.

Fazia dez dias que eu estava nos Invalides e que o segundo enxerto, que Chloé fizera pessoalmente por ocasião de um breve bate e volta entre os dois hospitais, também "virara fumaça". Na sexta-feira, 20 de março, pela manhã, a equipe do La Salpêtrière e a dos Invalides entraram no meu quarto, um após o outro, como se ensaiassem uma peça de teatro na hora da troca de cenário: o médico-chefe do setor de reabilitação, o residente, uma enfermeira, Chloé e aquela que, pelos dois anos e meio seguintes, iria se tornar quase tão importante quanto ela, Denise, minha futura fisioterapeuta. Eu a escolhera seguindo os conselhos de uma das fisioterapeutas do La Salpêtrière, por dois motivos. Ela tinha praticamente criado aquela função, nos anos 1970, e fazia um trabalho mais que exigente com seus pacientes. Seu consultório ficava a cem metros dos Invalides. Ela tinha 72 anos e logo me lembrou de uma de minhas avós, a terceira, aquela que todas as manhãs se exercitava com uma vassoura, ouvindo cantatas. Denise me olhou e, com ar zombeteiro e voz estridente, sob o olhar circunspecto do médico-chefe, começou a explicar os primeiros exercícios, ou seja, as primeiras caretas que eu deveria fazer. Seu belo rosto de olhos claros se deformava com extraordinária facilidade quando ela fazia o macaco, o coelho, o hamster, todos os animais que se tornariam habitantes de meu zoológico mandibular. Ela era capaz de projetar a mandíbula inferior ou de colocar a língua para fora além do que se poderia acreditar, e seu rosto, naquele quarto pequeno, lembrou-me bruscamente das gárgulas românicas de Vézelay e de Autun.

Chloé estava ali para me acompanhar ao Grand Palais, mas também para anunciar que eu voltaria a seu setor na segunda-feira seguinte: "Desta vez", ela disse, "não o deixaremos sair enquanto tudo não estiver absolutamente resolvido." Perguntei quanto tempo isso levaria. Era uma das perguntas idiotas que eu continuava a fazer apesar de tudo, sabendo que não receberia uma resposta: um cirurgião só responde quando tem certeza absoluta da resposta, e ele quase nunca tem. Ela me respondeu com um sorriso que parecia dispensar a pergunta, como se afastasse uma mosca: "Não sei, uma semana, dez dias...". Olhei para o médico-chefe, preocupado: poderia reservar meu quarto até a volta? Ele compreendeu minha inquietação e disse: "Se levar uma semana ou dez dias, não haverá problema, esperaremos pelo senhor, pode deixar suas coisas aqui". A conversa entre uns e outros levou uma boa meia hora. Estávamos todos de pé e, quando chegamos à rua, Chloé me disse: "Estávamos todos com dor nas costas, menos você, reto como um I. No fundo, está em melhor forma do que nós". Eu disse: "É que pratico esportes...". Tinha começado a fazer bicicleta e estepe na academia dos Invalides, sob a orientação dos fisioterapeutas. Voltar ao exercício físico aliviava a mandíbula, distribuindo a dor. A bicicleta ficava de frente para um aparelho utilizado por um paralítico e por um homem muito velho, que exercitavam os braços por meio de uma manivela dupla. Nossos olhares mal se cruzavam.

Como o dia estava bonito, ainda que levemente frio, coloquei a máscara e fomos a pé ao Grand Palais, pela ponte Alexandre III. O ouro das estátuas brilhava intensamente. O ar me fustigava o rosto. Os dois policiais caminhavam um pouco atrás de nós, como sempre. Florence, minha amiga dos Museus Nacionais, tinha tido bastante dificuldade para organizar aquela visita: os responsáveis pelo Grand Palais ficaram nervosos com a ideia de receber um alvo potencial, ainda que protegido, e mais ainda com a ideia de deixar outros policiais se encarregarem da segurança dentro de seu espaço. Ela superara os obstáculos e obviamente os ocultara de mim. Na entrada do Grand Palais, a responsável pelo Serviço de Proteção, uma mulher morena e magra e de expressão irônica, estava à nossa espera: os policiais me disseram que ela não queria perder aquela ocasião.

Alguns e-mails, escritos naquela mesma noite, indicam que julguei a exposição com certa reserva; hoje não guardo nenhuma lembrança crítica: ela desapareceu dentro do sentimento seminal que se criou. A sensação de renascer juntando duas pontas, a do antes e a do depois, data dessa visita; junto com ela, o momento em que a pintura triunfa sobre a literatura no impulso físico em direção à vida.

Caminhávamos por salas desertas, silenciosas, afastados uns dos outros, aproximando-nos para contemplar retratos de bufões, nobres ou inquisidores, que revelavam de uma só vez, do nascimento à morte, da farsa ao trágico, toda a opacidade e todo o brilho, todas as perspectivas da vida. Eu babava um pouco, a emoção descontrolava o queixo, mas me sentia quase bem, como se aqueles homens, aquelas mulheres e aqueles animais, mortos havia tanto tempo, de destinos que não haviam sido um mar de rosas, olhassem para mim, dizendo: "Viverás". Eles estavam ali, eu estava ali, eu olhava para eles, eles olhavam para mim, quatro séculos equivaliam a um minuto e estávamos todos vivos.

Os quadros tinham acabado de ser posicionados. Nem todas as legendas haviam sido instaladas. Uma restauradora observava, com o auxílio de uma lanterna, as cicatrizes da *Vênus ao espelho*, que uma sufragista canadense havia atacado a golpes de machadinha em 1914. Os policiais pegavam suas câmeras. Fotografavam tudo o que viam e admiravam as obras com um cuidado de investigador na cena do crime. Pareciam buscar indícios. Chloé fixava seus olhos de lince em alguns detalhes: eu me perguntava o que poderia estar enxergando naqueles pacientes que lhe tinham escapado. Ela me fez notar que os Bourbon, em especial o quadro da infanta Margarida em azul, sofriam da síndrome de Crouzon, uma doença genética cujas consequências eram sua especialidade: maxilar superior subdesenvolvido, olhos globulosos e afastados, rosto que parece ter o crânio avantajado e o queixo proeminente. Eu disse que os sintomas se acentuavam entre os descendentes da família de Filipe IV, pintados por Goya. Todos poderiam ter passado pelo setor de estomatologia. Ela me mostrou as testas, os narizes, as mandíbulas, os olhos. O olho do cirurgião unia-se ao do pintor no inventário das doenças humanas. A seguir, ela se postou à frente de *Três músicos*, trazido de Berlim. O quadro evocava os músicos pintados por Caravaggio. Ela apontou para uma longa e fina faca preta cravada como um alfinete num grande queijo marrom arredondado. Olhei para os instrumentos de corda e lembrei-me da visita de Gabriel, o violinista, a meu quarto. A faca entrava na casca e eu voltava a ouvir a *Chacona*.

A exposição seguia a evolução da carreira do pintor, desde seus influenciadores até seus herdeiros. Quanto mais eu avançava, mais os retratos me davam vida, porque já os vira, porque sonhara vê-los, porque um dia os veria de novo e porque assim o tempo e meu sofrimento seriam abolidos. Eles representavam mortos que me transmitiam suas vidas. Dos bufões do Prado que cercam *As meninas*, somente *Pablo de Valladolid* fizera a viagem. É um ator que, vestido como um fidalgo, cujo papel está representando, temos diante dos olhos, num palco deserto, como um touro na arena, no vazio. Dele, Manet dissera: "O fundo desaparece. O ar é que cerca o personagem, vestido de preto e cheio de vida". Seu braço direito, esticado para baixo, aponta para um ponto fora do quadro. Sua mão esquerda está dobrada sobre o peito, num gesto nobre que parece anunciar um monólogo. O espaço é definido por seus gestos, e nada mais. Seu olhar direto, escuro, tem uma expressão indeterminada. Manet tinha razão: eu podia respirar o ar ao seu redor, que me trazia, desde o planalto castelhano, aquele que tantas vezes me faltara. Pelo corpo do bufão, entrei no quadro e saí dele no Prado, vinte anos antes, numa época em que a tristeza não era justificada pelos fatos. Ele me conduziu pelas ruas frias do inverno madrileno até o parque do Retiro, que logo fecharia. Foi através do corpo de Pablo de Valladolid que, pela primeira vez, pude sentir não a lembrança, mas a presença do homem que eu havia sido. O paciente era o bufão do monarca, executado no dia 7 de janeiro, e era o monarca do bufão, que ele havia sido até a mesma data. Esse bufão silencioso e maciço me dizia agora que as cartas haviam sido embaralhadas. Eu devia desempenhar meu papel, rir, *fabricar* o ar que me cercava.

Havia um atravancamento de presenças, de sensações, e outro retrato me puxou pelo braço bruscamente: o do poeta Luis de Góngora, mestre do conceptismo, pintado por Velázquez em Madri a pedido de seu professor, Francisco Pacheco. Data de 1622. Quase careca, o nariz comprido e aquilino, as comissuras dos lábios voltadas para baixo, Góngora parece o que de fato é: um gênio amargo, envelhecido e desventurado. Conheci seus poemas em sua cidade natal, Córdoba, em 19 de junho de 1994: nesse dia, um amigo espanhol, jovem professor, me oferece uma antologia de suas obras, em que consta esta data, escrita a mão por ele. Góngora é seu poeta preferido, sou apresentado a ele num bistrô da Plaza de la Corredera. É um momento amigável, mas solene, Tomás se dá ao trabalho de me explicar o incompreensível início da primeira das *Soledades*: "Era do ano a estação florida/ Em que o dissimulado ladrão da Europa [...]". O retrato de Velázquez é reproduzido na capa. Nunca fui a Boston, onde está o quadro. No Grand Palais, mostro a Chloé o detalhe que chama a minha atenção: uma grande pinta abaixo da têmpora direita. É ela que me conduz ao vazio por onde devo passar. Chloé examina a pinta e o homem, e diz: "Ele não parece à vontade!". E não estava. Em 1622, arruinado, com a morte de seus protetores, quase sem criadagem, ele mal pode sair de casa. Pensa em voltar para Córdoba. Por fim, é expulso da casa que seu grande rival, o poeta Francisco de Quevedo, compra em segredo. Cinco anos depois, ele morre em sua cidade natal, sozinho. Entro em seus poemas como num labirinto sem saída.

Um cavalo empinado e sem cavaleiro fechava a exposição. Foi com sua descrição que abri o artigo publicado alguns dias depois no *Libération*:

> O percurso chega ao fim numa sala circular em que se ergue um enorme cavalo branco e opaco, empinado, gordo a ponto de não conseguir saltar nenhum obstáculo, terrivelmente anti-El Greco, o rabo comprido e flutuante como um fim de reinado. Está encilhado, mas sem cavaleiro. Velázquez o pintou entre 1634 e 1638; a perícia o diz inacabado. No alto do grande fundo marrom e cinza, adivinha-se o corpo de um homem nu, herói ou deus — ou apenas homem. Sua massa enfrenta o crepúsculo pictórico, a abstração de um poder dominante que se extinguirá: o poder da monarquia espanhola ou, quem sabe, aquele que cada um acredita ter sobre a própria vida enquanto o sol não se põe.

Fomos embora como chegamos, atravessando o Sena. O sol seguia um pouco alto. Fazia mais frio do que na ida. Chloé caminhava ereta, alegre, o nariz ao vento. Na ponte Alexandre III, falamos de eutanásia. Eu ainda pensava em me inscrever na Associação pelo Direito de Morrer com Dignidade. Chloé não era muito favorável à eutanásia. Ela olhou para o céu, o Sena, as estátuas douradas, e disse: "Nunca sabemos como será o amanhã. Se, em 6 de janeiro, tivessem dito a você o que aconteceria no dia 7 e em que estado chegaria ao hospital, você talvez tivesse pulado da janela… e estaria errado, pois, veja só, está aqui, nesta ponte, acaba de visitar uma exposição e vai escrever sobre ela". Suspirei: "Vai ser meio corrido. Segunda-feira volto ao hospital e vou para a cirurgia. Precisaria escrever meu texto antes disso. Não sei se vai dar". Ela estacou e me olhou: "Como não? Você tem o final de semana inteiro pela frente e mais nada para fazer: é mais do que suficiente!". Pensei comigo mesmo que ela tinha razão e que teria sido uma boa chefe de redação. A responsável pelo Serviço de Proteção tinha nos deixado. Os dois policiais caminhavam conosco. Eles ouviam Chloé, falavam um pouco com ela, olhavam-na: ela os havia encantado. Seu carrinho vermelho e arredondado, muito chique, estava estacionado ao lado dos Invalides. Ela pegou a chave e a fez girar na mão sob os olhos cobiçosos e oblíquos dos policiais, então, entrou no carro depois de dizer: "Até segunda!". Enquanto isso, eles me acompanhavam até o corredor Laon, onde me esperavam os dois guardas uniformizados e o pacato sr. Tarbes.

No dia seguinte, depois de uma caminhada matinal pelos Invalides, que estavam desertos, e dos primeiros cuidados, escrevi uma primeira versão do artigo. Philippe Lançon contava ao sr. Tarbes o que vira, o que achara de tudo. O sr. Tarbes tentava dar peso a seu entusiasmo, não deixá-lo correr na direção de frases em que as palavras o teriam afundado. Queria fazer com que ele evitasse qualquer julgamento que degradasse a experiência vivida. Eu babava escrevendo, escrevia babando. A cada quinze minutos, dava um descanso às formigas que me devoravam o queixo, deitava na cama, respirando, mas acabei de escrever em pouco tempo e enviei o resultado mais que medíocre a Chloé, que não me respondeu: ela era minha cirurgiã, não minha chefe. No domingo, concluí o artigo sobre Velázquez, pensando comigo mesmo que poderia voltar ao La Salpêtrière em paz.

Alguns dias antes, meus pais tinham ido me ver. Passeamos nos jardins do Museu Rodin, de estátua em estátua, depois fomos a um bistrô do Boulevard de la Tour-Maubourg, onde meu tio e minha tia de Tarbes estavam à nossa espera. O dia estava cinzento e frio. Eu estava cansado e inquieto. Caminhava com uma lentidão de autômato. A caminho do bistrô, pensei subitamente na embaixada do Chile, que ficava ali perto. Era uma esplêndida casa dos anos 1920, que eu, embora não fosse um frequentador assíduo, visitara ao menos algumas vezes. Ali entrevistara, dois anos e meio antes, o escritor e então embaixador Jorge Edwards, homem que eu admirava. Lá, nos anos 1970, ele tivera várias conversas com Pablo Neruda e com Louis Aragon. Mais tarde, eu visitara ali algumas *tiendas de vinos*, recepções informais para reencontrar velhos amigos artistas, escritores, alguns diplomatas também. Agora, Jorge estava com 83 anos. Vivia em Madri e me escrevera uma mensagem depois do atentado. Ele era o que se costuma chamar de um bon vivant e um humanista: uma personalidade distante, calorosa, alegre, refinada, que a vida parecia acalentar e a morte esquecer. Pensei nele — que parte de suas memórias estaria escrevendo? Como estaria? Senti-me triste e disse à minha mãe: "Lembra da embaixada do Chile? Falei sobre ela quando entrevistei Jorge Edwards. Ele não está mais aqui, mas gostaria muito de mostrar o lugar". Subimos a calçada na direção da embaixada. Eu contava a história de Jorge quando, cerca de vinte metros à nossa frente, vi a silhueta de um homem idoso, ereto e um pouco hesitante, que se virava de costas e se dirigia à porta que eu havia transposto tantas vezes. Pensei estar tendo uma visão, e também que, se não se tratasse de uma, eu logo desmaiaria, cairia num buraco do tempo. Estávamos em março de 2015, num dia cinza, ou eu estava sozinho, no verão de 2012? Gritei "Jorge!", e o homem se virou: era ele, de passagem por Paris. Caminhamos em sua direção. Ele olhou para mim, para o curativo, mas só quando cruzou meu olhar é que me reconheceu. O seu se encheu de simpatia e susto, em proporções iguais, trocamos algumas palavras, enquanto o curativo vazava, e, depois de apertar minha mão e gaguejar alguma coisa, ele entrou pela porta que guardava uma pequena parte de meu passado.

19.
O mal do paciente

As lembranças da vida depois do atentado tinham os nervos intactos, mas as lembranças e os nervos crescem desordenadamente e não demoraram muito para me enganar. Senti-me eufórico ao voltar ao La Salpêtrière, ou seja, para casa. Não tinha esquecido nada do que vivera ali, mas duas semanas de Invalides, tirando-me da levitação típica do setor de emergência, pareciam ter transformado a via-crúcis numa epopeia quase agradável, devotada a uma restauração cirúrgica, amigável e mística. Eu estava feliz de reencontrar meus salvadores e de voltar a depender deles, como se o resto do mundo não existisse. Estava feliz de voltar a ser o guerreiro acamado e o frequentador do centro cirúrgico, assim como estivera feliz, outrora, de voltar ao campo de reportagem no Oriente Médio depois de uma escala errante em Paris: quando a intensidade se torna a regra, ficamos felizes de nos submeter a ela, e o que parece desprovido de intensidade se assemelhaa um tempo morto, que nos transforma numa espécie de fantasma. Julgava-me ainda mais feliz, ou satisfeito, porque não tinha escolha: o maldito buraco que fazia com que os enxertos dessem errado precisava ser tapado. Eles adquiriam, um após o outro, uma cor creme que começava a enegrecer. Minhas avós teriam dito que azedavam. Eu os sentia morrer; tinha o fracasso estampado no rosto.

Na véspera do retorno, escrevi a Chloé:

Cara Chloé,

As enfermeiras dos Invalides são muito reticentes com seu curativo (que fazem mesmo assim); acham que o Duo-Derm é grosso demais, que não retém nada do vazamento do estoma e macera a pele do retalho e a machuca. Transmito a mensagem, que decerto não tem mais grande importância, visto que amanhã estarei no Salpêtrière.

É verdade que vazo cada vez mais, essencialmente quando falo: vivo com compressas. Em repouso ou em silêncio, nada escorre.

Espero que tenha passado um bom fim de semana.

Afetuosamente,

Philippe

O DuoDerm é um curativo grosso e hermético que parece uma pequena fita crepe. Chloé não me respondeu. Mais tarde fiquei sabendo que estava irritada com uma equipe que, segundo ela, não respeitava suas instruções com a precisão necessária. Há muitos problemas de comunicação dentro de um setor e entre os setores de um hospital; há mais ainda entre hospitais. São planetas mais ou menos surdos. Cada um tem sua atmosfera e parece perdido no movimento de sua própria rotação.

O culpado era um pequeníssimo buraco, invisível a olho nu porque do tamanho de uma cabeça de alfinete, uma fístula chamada estoma. Era um túnel na carne, que estabelecia uma comunicação entre o interior e o exterior. A saliva que ele conduzia embebia metodicamente os curativos e destruía os enxertos que o recobriam. Ele reproduzia, em pequeníssima escala, o buraco que o tiro abrira.

A véspera de meu retorno aos Invalides caiu num domingo. Os policiais me acompanharam até a casa de velhos amigos que moravam em Montreuil, segundo um procedimento que se repetiria até setembro: deixavam-me na casa de meus anfitriões, davam uma olhada na casa ou no apartamento, saíam para beber alguma coisa, almoçar ou jantar no bairro, alguns até praticavam algum esporte numa academia local, depois, quinze minutos antes de ir embora, eu enviava uma mensagem de texto para chamá-los, e eles me buscavam. Na ausência deles, cada refeição e cada conversa eram um prazer que cobrava seu preço. Na casa dos outros, mesmo os mais íntimos, eu estava em viagem a um país distante, que não era mais o meu. Ficava aliviado de reencontrar meus policiais e voltar em silêncio, a boca pegando fogo, para o hospital. Eu gostava de sua atenção, de sua calma, de sua precisão, de sua disciplina, de sua discrição, de seu vidro fumê, de suas viaturas com bancos de couro. Gostava de sua presença, de sua ausência. Gostava de sua intensidade periférica. Eles guardavam meu quarto como dois leões de pedra na entrada de uma loggia. Eles me ligavam ao mundo do qual me protegiam.

Naquele domingo, os amigos me serviram um suco de fruta. Eu estava sentado no sofá em que já sentara inúmeras vezes, um sofá cheio de lembranças apagadas. Enquanto eu bebia, o suco seguia a saliva pelo estoma e caía no chão, num pequeno fio levemente gosmento, como baba de caracol. Passaram-me um guardanapo. Enxergava pena nos olhares, acima dos sorrisos e das palavras. Eu estava feliz de reencontrar aqueles amigos, mas não era a alegria de reencontrar, como no La Salpêtrière, um território conhecido e testado. Eles estavam atrás do vidro, na outra vida, a que tinha lábios inteiros e corações plenos ou feridos pelo curso natural das coisas. Eu entrava nessa selva civilizada sem cavalo, como um conquistador de armadura rachada.

Alguns dias antes da visita a Velázquez, Chloé constatara a volta do estoma com uma fina seringa de plástico cuja extremidade parecia a tromba de um mosquito, introduzindo soro fisiológico no enxerto mais recente. Depois de alguns segundos de suspense que me fizeram acreditar que o buraco estava tapado, senti um gosto salgado na boca. Seria o mesmo do qual minha avó materna se queixava, em seus últimos anos, dizendo, com seu sotaque do Berry: "Hoje sinto tudo salgado"? Fiquei com essa pergunta na cabeça. O temido buraco, em todo caso, persistia.

Na época, eu voltara para o enxerto e dois dias de La Salpêtrière, mas esses dois dias tinham sido suficientes para me deixar nervoso e deveriam ter me alertado do que teria pela frente. Eu tinha a sensação de estar vivendo um mau pós-escrito aos capítulos anteriores e, pela primeira vez, tinha pressa de sair do livro cheio de sangue e saliva em que havia entrado. Dizia para mim mesmo que vazaria pelo resto da vida e que o buraco cercado de dores e comentários era meu destino.

Agora, dez dias tinham se passado, e estávamos longe do cavalo de Velázquez. Eu voltara ao setor para valer, mas não tinha mais a virgindade do renascido ou a ignorância do principiante. Tornara-me o que Pascal chamaria de um semi-hábil: informado o bastante para ser um paciente impaciente e desconfiado, não informado o bastante para perceber a natureza dos obstáculos e a lentidão das decisões. O pouco que eu sabia acentuava minha solidão. Sempre chega o momento em que o paciente se torna seu melhor inimigo.

Meu novo quarto era o quarto que, em fevereiro, os policiais tinham julgado exposto demais. Era o quarto amplo, que dava para o grande e sinistro telhado de concreto cinza. Christiane, a responsável, o preparara de novo, mas, dessa vez, os policiais não disseram nada. A situação mudara. A ameaça não era mais considerada tão grave. Eu continuava sendo uma vítima importante; não era mais exatamente um alvo. O dispositivo, em suma, se alimentava de seu próprio impulso. Ele começava a sobreviver à situação. Essa leve mudança de estatuto me deixou aliviado, mas também, preciso confessar, um pouco contrariado. Por mais embaraçosas que sejam as medidas que nos tornam excepcionais, logo nos acostumamos a elas. Acabamos acreditando que as merecemos. A vaidade atenua o constrangimento.

Alguns policiais me contaram, sorrindo, a extravagante pretensão de alguns VIPs que os tinham como motoristas e, quando a proteção era suspensa, ligavam para o ministério para que fosse restabelecida. Os mais desagradáveis desses VIPs costumavam ser os menos ameaçados. Beneficiar-se de uma atenção extrema e oficial era uma excelente ocasião de lembrar, quando ela diminuía, o pouco que valemos. Eu valia exatamente o mesmo que o fato que me carregava, o mesmo que a lembrança externa que o prolongava e começava a se apagar. Raros são aqueles que criam e sabem alimentar seu próprio contexto. Esse não era o meu caso — principalmente porque, como alguns de meus companheiros sobreviventes, embora aceitasse ser protegido, queria manter a discrição. No entanto, discretamente, fiquei contrariado. As pessoas orgulhosas não deixam de ser contraditórias, e eu era orgulhoso.

Assim que me instalei no quarto, olhei para o grande telhado cinza e fechei a persiana: meu medo dos assassinos de novo e bruscamente se confundiu com a visão de seu surgimento. Pela primeira vez, ouvi as sonatas de Beethoven: sua violência melancólica e repetitiva era para mim impossível de ouvir até então. Ouvindo-as, olhei para o quarto e compreendi que a euforia sentida era uma ilusão. Eu levara poucos dias nos Invalides para me acostumar a uma vida diferente. Saí do quarto para a caminhada da noite. O corredor que eu tanto percorrera me pareceu estreito, sinistro e claustrofóbico. Eu talvez tivesse voltado para casa, mas dentro de um caixote cirúrgico. Trouxeram-me uma refeição leve, com um iogurte. Uma parte da comida, como o suco de fruta na casa dos amigos, escorreu pelo estoma.

Na manhã seguinte, ao alvorecer, antes de descer para o centro cirúrgico, recebi o e-mail de um velho amigo, Philippe, que eu não via desde 2014 e que me chamava de Felipe. Ele dizia:

Na minha infância, meus avós moravam ao lado dos Invalides. Terminei o serviço militar em 1989, censurando-me por aquela vida caseira. Era como se eu avançasse num jogo de tabuleiro em espiral que me devolvia ao ponto de partida. Um de meus filmes preferidos era *A um passo da liberdade*, de Jacques Becker: com mil artimanhas, os prisioneiros da Santé cavam um túnel, mas um erro de cálculo topográfico os faz sair bem no meio do pátio da prisão. Precisei envelhecer para me livrar dessa sensação de fuga fracassada.

Anotei num caderno a expressão "jogo de tabuleiro", acrescentando: "Três casas para a frente, duas casas para trás. Aqui, voltei para trás". Depois pensei em *A um passo da liberdade*, filme de que eu gostava tanto quanto Philippe, o implacável relato do fracasso de uma fuga. Perto do fim, dois dos quatro detentos saem uma primeira vez do túnel que todos cavaram, para verificar onde ele desembocava. Antes de voltar para a cela, eles avistam o alvorecer de Paris, cidade aberta, o céu e a liberdade. Conseguirei um dia me livrar do sortilégio dos meus buracos? Respondi a Philippe e, alguns minutos depois, desci ao centro cirúrgico na primeira posição. Eu adorava colocar a correspondência em dia naquele momento. De preferência, respondia às pessoas que não via havia tempo, ou havia muito tempo. Uma série de amigos fantasmas continuava surgindo, por e-mail, das diferentes camadas de minha vida passada. Eu respondia a tudo com atraso, como se estivesse às vésperas de uma viagem interplanetária ou da extinção.

Quando Chloé entrou na sala de cirurgia, eu já estava dormindo. Era a primeira vez que não a via surgir acima de mim. No momento em que estava perdendo a consciência, pensei: "Por que ela ainda não chegou?". Aprendemos a dormir na ausência da mãe, é assim que crescemos, e eu agora precisava aprender a apagar sem o rosto de minha cirurgiã. Nunca mais voltei a vê-la a partir da posição horizontal da mesa de operação.

Na sala de recuperação, a boca ardia e eu não conseguia acordar. Uma alucinação inédita me embalava na zona intermediária e me impedia de sair dali. Eu via a enfermeira debruçada sobre mim, apesar de ela estar a uma dezena de metros de distância, e pouco a pouco, enquanto eu voltava para o sono, sua cabeleira e seu rosto inteiro se metamorfoseavam. Ouvi-a gritando de sua mesa: "Sr. Lançon, chega de dormir! Precisa respirar! Acordar! Ou terei que colocá-lo no oxigênio!". Tentei obedecer, como na escola primária, mas não consegui. Voltei ao sono e à enfermeira fantasma de rosto transformado, debruçada sobre mim, até que a voz, dessa vez mais próxima, disse: "Sr. Lançon! Para onde está indo? Respire! Respire!". Eu nunca sentira tanta dificuldade de voltar ao mundo dos vivos e me sentia quase aliviado com isso. O bem-estar estava do outro lado.

Mais tarde, o maqueiro me deixou encostado a uma parede, perto do elevador. A Castafiore aproveitou para vir falar de música comigo, segurando minha mão. Ela a massageou suavemente, como costumava fazer, e me passou os programas musicais dos Invalides, que trouxera para mim. Eu estava com dor no pescoço: a última zona de enxerto estava infectada. O lábio ardia cada vez mais. Dessa vez, Chloé o havia puxado para tapar o buraco. Depois de pensar uma noite inteira, ela também tomara uma decisão audaciosa: subir uma parte do retalho ao encontro desse lábio e fixá-lo com um tampão que, no meio do queixo, formaria uma pequena bolota de algodão gorduroso. De novo, e por um tempo indeterminado, eu teria o dever de ficar calado e deixar a boca em repouso.

À noite, Hossein me explicou, num tom sereno, que eu devia desistir da ideia de recuperar o rosto e as sensações que tivera por cinquenta anos. "Elas voltarão", ele disse, "mas serão diferentes, e vai demorar para que pareçam naturais." Três anos depois, no momento em que escrevo estas linhas, ainda não parecem.

No dia seguinte, fiz o tour do La Salpêtrière com meu pai. Um jovem policial de Bordeaux nos acompanhou. Meu pai e ele conversaram sobre a região sudoeste e os Pirineus. Eu os ouvia falar de lagos e picos e acompanhava o passeio de visitantes, pacientes e médicos pelo parque. Um vento de primavera fazia os jalecos brancos esvoaçarem. As vozes me embalavam enquanto nos dirigíamos para a saída, pois meu pai precisava renovar sua autorização de estacionar o carro na frente do prédio onde eu ficava. A mulher da recepção nos encarou com desconfiança e disse: "Não estou acostumada a ver armas por aqui". Meu pai lhe respondeu: "É para o meu filho, ele foi vítima do atentado do *Charlie Hebdo*!". Havia tristeza, nervosismo, mas também orgulho em sua voz. A vida era uma catástrofe cheia de pilhérias: ele, assinante do *Figaro*, vindo de uma família monarquista militante da Action Française, nunca teria pensado em ler o *Charlie*, e menos ainda em se vangloriar dele, num hospital ou onde quer que fosse. O sangue havia tudo misturado, simplificado, unido. Agora, meu pai recortava minhas crônicas de um jornal que não achava engraçado e, como minha mãe, sentia-se ligado afetivamente a vários sobreviventes. Eu não me surpreendia. Quando se tratava de indivíduos, de vidas concretas, a bondade e os escrúpulos de meu pai triunfavam sobre sua raiva e seus preconceitos.

O jovem policial tocava violão e tinha um ar de roqueiro, com suas mechas escuras e seu nariz redondo. Numa vida anterior, cantara em bares. Lia novelas de Stefan Zweig e andava de bicicleta. Eu lhe escrevi que a minha ficara na frente do *Charlie* depois do atentado. Ele se ofereceu para, assim que pudesse, ver se continuava lá. Certa noite, enquanto eu ouvia jazz, ele bateu à porta. Abri-a e ele me perguntou o que eu estava tocando: o violonista espanhol Niño Josele. Ele anotou o nome e eu deixei a porta aberta para que pudesse aproveitar. Depois disso, mantive esse hábito quando ouvia jazz. O quarto 102 se abria para o exterior.

Naquela noite, pela primeira vez ativei meu novo telefone celular, presente de um amigo. Por muito tempo acreditara poder recuperar o antigo, que ficara no local do atentado, mas ele havia desaparecido no cemitério das provas do crime. Como não podia falar, aproveitei para enviar mensagens de texto a meu irmão, aos policiais que me acompanhavam, e para responder a Gabriela pelo FaceTime. Estávamos mais ou menos reconciliados. Ela me ligava todos os dias. Eu a ouvia falar de seus problemas, de seu trabalho, de seu marido, da retomada dos estudos. Eu respondia escrevendo algumas palavras em maiúsculas num caderno que colocava na frente da câmera do celular. Nem sempre ela conseguia ler. Às vezes, tentava a linguagem de sinais, mas eu sempre estava cansado e não entendia nada. Também nos escrevíamos, mas os e-mails eram fonte de conflitos e mal-entendidos quase constantes: eu temia lê-la e escrever-lhe. Em dez dias, ela voltaria. Perspectiva que me alegrava, mas que não me acalmava. Dessa vez, ela dormiria na casa de Éric, o amigo com quem eu havia falado do Mal e que pegara no sono em meu quarto, e cujo apartamento ficava a quinze minutos do hospital. Ainda assim, perguntei a Christiane e a Chloé se Gabriela poderia passar algumas noites em meu quarto. Chloé não respondeu, e Christiane acabou dizendo que não seria desejável. Ninguém queria reviver o espetáculo de fevereiro.

Eu estava com doze cicatrizes novas. Todas precisavam cicatrizar ao mesmo tempo. Mas não conseguiam: o corpo não tinha energia suficiente. Quando uma cicatriz se abre, diz-se que ela se desuniu. Havia desunião no ar. Apesar da proliferação de bolsas de Freubin, que me faziam ingerir 3 mil calorias por dia, eu seguia emagrecendo: a cicatrização gastava tudo. Novos sonhos recorrentes lutavam com o sonífero. Num deles, eu era perseguido pelas ruas de Paris, com Marilyn, e sentia o cheiro de pólvora dos tiros. Em outro, eu entrava numa padaria e pedia uma maçã e um *pain au chocolat*, mesmo sabendo estar proibido de comer. Mordia o pão e me sentia culpado. Mordia a maçã e perdia os dentes. Acordava em pânico, com o cheiro de pólvora no nariz ou com a boca em frangalhos.

Qualquer pequena coisa podia me deprimir. Por exemplo, as respostas a meu artigo sobre Velázquez. Pensaram que o jornalista estava de volta e, como eu não parecia escrever pior do que antes, concluíram que tudo corria às mil maravilhas e que eu voltara para casa, rosto refeito. A gentileza e as palavras de encorajamento desses e-mails me comoviam, obviamente, mas a cegueira de seus autores me deprimia tanto quanto. Eles confundiam, ou queriam confundir, o estado do escritor com o do paciente. Nunca senti tão fortemente a sentença proustiana: a escrita era de fato o produto de outro eu, um produto justamente destinado a me fazer sair do estado em que eu me encontrava, ainda que consistisse em relatar esse estado. Eu escrevia sobre um quadro de Velázquez para o *Libération* da mesma maneira que escrevia sobre meu percurso cirúrgico para o *Charlie*, a fim de entrar no primeiro e escapar do segundo. Também escrevia para compartilhar uma experiência, mas a maioria das respostas me lembrava da cruel frase de Céline: "A experiência é uma lâmpada fraca que só ilumina aquele que a carrega".

Minha ansiedade também exagerava tudo. Por exemplo, a carta da Sécurité Sociale que me perguntava, num tom ameaçador, se depois de quase três meses eu continuava em licença médica. Nesse caso, acrescentava o funcionário, eu devia provar minha condição dentro do menor prazo possível, caso contrário as medidas legais seriam tomadas. Fiz a carta circular entre meus amigos, no setor. Com exceção de mim, todos riram: o automatismo da burocracia parecia saído de uma peça de Ionesco, na qual eu felizmente não atuava.

Abri o balcão de queixas com Véronique, a psicóloga que tinha um caminhar e um porte que lembravam os de minha mãe aos quarenta anos. Tornara-se a única, ao lado de Corinne, a fisioterapeuta, capaz de me consolar: ela tinha tempo, não para me ouvir, mas para me ler, pois eu não tinha permissão de falar. Eu escrevia num caderno grande, iniciado especialmente para a ocasião. Comecei-o com as seguintes palavras: "Aqui, é difícil: o rosto, a vaselina que escorre, os policiais que falam alto atrás da porta dia e noite, o fato de que sou um velho paciente que é deixado em paz, que é pouco auxiliado. Sinto que minhas feridas se tornaram secundárias. Há coisas mais graves, mais urgentes. Mas foi Chloé quem insistiu para que eu voltasse".

Ora, no momento em que eu mais parecia precisar dela, Chloé começava a me evitar. Indiquei-lhe isso, primeiro em meias palavras, chamando-a pelo sobrenome e não apenas pelo nome, maneira bastante ridícula de fingir tomar a distância que ela parecia tomar comigo:

Envio-lhe uma foto da manhã, depois de fazer a barba e dos primeiros cuidados, pois escorria um pouco de sangue.

À noite, enquanto eu dormia, minha mão direita inconscientemente coçou, de leve, a parte de baixo do lábio, sem dúvida porque a cicatrização, como durante o dia, coçava.

Acordei num sobressalto e logo chamei a enfermeira, que limpou tudo.

Mais cedo, a cicatriz da clavícula abriu, aspergindo minha camisa de sangue.

Escrevo tudo isso porque o fim de semana aqui é bastante vazio, e o setor, pelo que sinto e sou informado, está um pouco na correria nesses últimos tempos, as interações às vezes são meio tortas, o que não tranquiliza nem um pouco o paciente. Mas creio que você sabe de tudo isso.

Mesmo assim, hoje à tarde irei ao teatro.

Desejo-lhe um bom domingo, apesar da chuva.

Philippe Lançon

Ela me respondeu à noite:

Olá, Philippe.

Não tema a confusão a seu redor: é a atmosfera básica de um setor de cirurgia, mas somente os iniciados, dos quais você agora faz parte, sabem disso. Portanto, obrigado por nos ajudar a preservar ciosamente esse perturbador segredo.

Há algum vazamento na região aberta pela coceira da noite? Se nenhuma saliva estiver passando, estamos no caminho certo. Sua foto confirma as afirmações da equipe: a pele puxada do retalho suportou bem a manobra. Isso é excelente.

Era isso

Coragem

Bom domingo

Chloé

Não era um domingo qualquer. Pela primeira vez desde o dia 6 de janeiro eu iria ao teatro — no início da tarde, no Carreau du Temple. A poucos metros do *Libération*. A saída, como sempre, havia sido organizada por meu irmão junto com os policiais do Serviço de Proteção. Eles passariam para me buscar às catorze horas, e Arnaud se encontraria comigo no local, com Sophia, que comprara os ingressos. Às quatro horas da manhã, fui ligado a uma primeira bolsa de alimento, às oito horas a uma segunda, para que eu pudesse sair repleto de calorias. Por volta do meio-dia, senti-me tão constipado que comecei a passar mal. Fui ao banheiro e fiz o que não devia: força demais. Nada saiu, apenas suor e as pequenas luzes que surgem antes de um desmaio. Quase caí no chão, mas, depois de recuperar o fôlego, voltei para a cama e chamei a enfermeira. A dor me fisgava a barriga com uma lentidão de carrasco. Nenhuma posição conseguia me aliviar. Ornella, uma jovem de origem africana que parecia pousar seu sorriso leve e gracioso nas cicatrizes, estava de plantão. Ela trouxe o enema de costume, um pouco constrangida. Creio que não estava acostumada a me ver naquele estado. Eu tomava o cuidado de preservar minha intimidade o máximo possível junto àqueles de quem dependia. Ela saiu e eu me apliquei o enema. Não funcionou. Apertei de novo a campainha. Era domingo, Ornella demorou para voltar. Ela precisava da autorização do médico para fazer uma lavagem mais eficaz. O tempo passava. Eu me sentia cada vez pior. A dor provocada pela constipação extrema é insuportável: sentimos todos os inconvenientes de uma violenta vontade de cagar, sem a vantagem final de conseguir; temos a constante sensação de que vamos explodir. Essa impressão dissolve toda a perspectiva de espaço e tempo, e não extingue o ridículo da situação. Fiquei de pé e comecei a andar em círculos, como um animal selvagem, pensando: "Preciso cagar, preciso ir ao teatro, preciso cagar, preciso ir ao teatro...". Com o aumento da dor, comecei a contar meus passos em voz alta. Ornella voltou e disse que eu estava pálido. Ela tirou minha pressão, que estava bastante baixa. O novo enema finalmente chegou. Deitei de costas e perguntei se ela poderia me ajudar. Ela sorriu, de novo constrangida, e disse: "Preferiria que o senhor fizesse isso sozinho...". Fiquei com vergonha, mas senti-me grato. Ela me lembrava de uma qualidade que, naquele lugar, podia parecer infundada, mas que justamente não era: o pudor. O pudor, ali, não era uma questão de moral, de boas maneiras; era um ato terapêutico. Se o impudor pudesse melhorar meu estado, eu o teria manifestado.

Cabia a mim, portanto, enfiar o pequeno tubo no cu e esperar alguns minutos por seu efeito. Depois de injetar o produto, é preciso esperar alguns minutos; uma eternidade, que é vivida como uma dor suplementar e um desafio, que aceitamos porque queremos acabar com aquilo. Acabei correndo em direção à patente e ao alívio, um pouco antes do tempo recomendado. Duas horas depois, chegava ao teatro mais orgulhoso que Pompeu depois de uma vitória.

Na saída, disse a Sophia que queria seguir na direção do *Libération*, para ver o prédio de fora. Não o via desde o dia 6 de janeiro. Assim que percorri alguns metros, comecei a chorar. Não conseguia avançar. Um paredão de tristeza se erguera, ou talvez fosse uma fenda, naquela paisagem urbana familiar, entre bistrôs, carros, bicicletas, árvores e cocôs de cachorro, como no fundo de minha alma. Agarrei o braço de Sophia. Ela entendeu. Chovia de leve. Fomos embora. Era cedo demais para me aproximar de meu futuro, de meu passado.

Uma frase do espetáculo me marcara: ela evocava "a esperança profunda e não formulada de fraternidade dos pacientes". Eu acreditava ter formulado essa esperança. Mas, na visita do dia seguinte, foi outra frase que mostrei aos residentes, perguntando o que pensavam: "Qual o impacto, na imaginação de um médico, dos sofrimentos com que ele se depara cotidianamente e que ele não pode aliviar com uma receita?". Um deles me respondeu, sorrindo: "Chega um momento em que, de tanto sermos escravos e estarmos exaustos, perdemos a imaginação. Então o impacto se dá diretamente no corpo do médico: eczemas, problemas gástricos, insônias, tensão extrema. No meu caso, estou sempre brigando com minha namorada". De fato, eles tinham horários terríveis, e eu, o albatroz, sentia compaixão quando eles entravam no meu quarto pela manhã, exaustos, o rosto desfeito, pálidos como os jalecos que usavam, depois de uma sequência de noites em claro. Eu sabia que eles, às vezes, trabalhavam fora das horas em que estavam cobertos por seguro. A instituição, sem dinheiro e mal organizada, explorava-os para sobreviver. Ela se tornava delinquente, pois infringia as leis para não ter que pagar por mais cirurgiões. E, no entanto, aqueles jovens cirurgiões escravos obtinham ali, em atividades constantes e pouco seguras, uma formação de ferro. Eram como soldados romanos.

Depois da saída dos residentes, escrevi uma crônica sobre o espetáculo, publicada no *Charlie*. Comecei a escrevê-la com as pernas e as bolas de fora, sob uma bandeja esterilizada que Constance, a enfermeira de olhos claros, abandonara ao ser chamada com urgência: só voltaria duas horas depois. Eu quase não conseguia me mexer, mas podia usar o tablet por cima do peito e abrir o computador. Foi escrevendo essa crônica que tomei consciência de um estado que, até então, mais ou menos dissimulava: eu não conseguia mais falar sobre o que via ou lia sem relacioná-lo abertamente à minha experiência, que se tornava o filtro, a vesícula pela qual tudo circulava. O que não a tocasse não me dizia respeito; com isso, um novo problema se apresentava, ao menos para mim: como fazer para não me tornar um "vendedor" dessa experiência? Como não utilizá-la como uma muleta, uma marca, um gancho ou um sinal de reconhecimento, e como separá-la de mim? A solução, em vez ficar martelando essa experiência, era isolar aquilo que, nela, tinha forma, até libertá-la daquele que a havia vivido — ou sofrido.

No dia seguinte, escrevi de novo a Chloé, voltando a um tom mais íntimo. Sua resposta dominical tinha me acalmado, mas eu acabara de ser informado de suas férias. Como pudera não me avisar? Eu me sentia com direitos que não tinha e desamparado por notá-la insubmissa a meu abuso. Escrevi:

Cara Chloé,

Fiquei sabendo que está de férias: o paciente se sente abandonado, mas o homem deseja que sejam muito boas, espero que na ilha grega.

Aqui, ouço todo tipo de coisa sobre o tampão, o lábio que se retrai etc. As pessoas deveriam fazer como eu, que sou obrigado a ficar calado.

Espero que o tempo esteja bom e que os ventos a façam espairecer.

Hoje à noite, vou conhecer a nova sala da Philharmonie. Concerto de Pollini.

Atenciosamente

Ela me respondeu:

Não tão longe, infelizmente. Trate com desprezo aquilo que ouve. Se fecharmos o estoma, ganharemos. O resto virá, a seu tempo. Sei que a segunda parte da frase não será de seu agrado. Volto a lembrá-lo, no entanto, de todo o caminho percorrido desde o dia 7 de janeiro.

Pollini, sortudo... A última vez que o ouvi foi há 25 anos, na sala Pleyel, quando tocou as últimas sonatas de Beethoven. Aproveite.

Amanhã à tarde passo no setor.

Até lá,

Chloé

À noite, portanto, fui à Philharmonie com Sophia e, como sempre, com dois policiais. Constance fizera um belo curativo para a ocasião. Era meu curativo de passeio. Eu tinha autorização para voltar às 23h30. Vesti-me o melhor que pude e coloquei um lenço de seda por cima do curativo. Como os policiais precisavam se sentar atrás de mim, fomos promovidos a uma categoria superior. Pollini tinha escolhido um programa que atravessava um século e meio de música, de uma melancolia sem pieguice. As obras conversavam entre si sutilmente e sem ecos exagerados. Ele tocou os 24 prelúdios de Chopin, prelúdios de Debussy, uma sonata de Boulez e, de bis, *A catedral submersa*, de Debussy, e a primeira *Balada* de Chopin — a mesma que o sobrevivente judeu toca ao oficial alemão em *O pianista*, de Roman Polanski. Quando entrou em cena, lentamente, duro e encurvado, Pollini parecia um ancião de porcelana. Ao piano, parecia uma cepa viva, de raízes musicais que mergulhavam fundo no teclado e dentro da alma; havia alívio, simplicidade e elevação. Ele deixava a mão cair, como se não fosse nada, e seu corpo se contorcia suavemente para se emaranhar ao piano. Durante a sonata de Boulez, tive um momento de ausência, que me levou a uma alucinação: naquela grande sala que me lembrava do *Náutilus*, vi coelhos azuis descendo do teto dentro de gaiolas, como através de escotilhas. Seriam medusas, tubarões, animais marinhos? Seja como for, não os imaginei; eu os vi. Aquela noite foi o sol aberto de um tempo que começava a sombrear.

Eu estava no carro dos policiais quando, na volta, Gabriela me ligou. Atendi e seu rosto apareceu, sorridente e apavorado: acabavam de roubar sua bolsa com todos os seus documentos, lá em Nova York. Ela fez o inventário de tudo o que tinha perdido, de tudo o que precisaria fazer, das consequências desse novo contratempo. Eu ouvia sem poder responder. Tal era nossa situação: uma mulher sozinha e angustiada contava um novo pequeno desastre, numa tela, a um homem que estava a 6 mil quilômetros de distância, dentro de um carro de polícia, com um curativo na boca. Não era um diálogo de surdos, mas um diálogo de mudos.

No dia seguinte, quando Chloé passou para me ver, eu estava no cinema com Juan e os policiais. Tínhamos ido ver um filme de esquetes argentino, cheio de humor negro, inspirado nas mais sarcásticas comédias italianas: *Relatos selvagens*. Era a primeira vez que eu ia ao cinema. Estávamos no início da tarde. A sala estava quase deserta. O filme era tão engraçado e incrível que eu não parava de apertar o curativo para sufocar a risada que não devia dar: o lábio corria o risco de não aguentar. Ver uma comédia quando não se pode rir é uma ideia estranha, que não surpreenderá aqueles cujo rosto ferido e em parte paralisado perdeu toda expressão. Eu queria viver e me divertir, só isso. Queria provocar o futuro de minhas cicatrizes, talvez desafiá-las. Minha situação acrescentava uma nova esquete às que eu estava assistindo.

Na volta, um dos residentes verificou o estado do buraco com a pequena seringa em forma de tromba de mosquito. O estoma estava aberto e aumentava. O residente logo voltou para dizer: "O senhor irá para o centro cirúrgico amanhã, não vamos esperar por uma catástrofe". Ouvi o ar vibrando, como uma grande varejeira, com a palavra *catástrofe*, que ele havia pronunciado com um pequeno sorriso duro, tímido, ao qual eu estava acostumado. Havia pouca naturalidade naquele residente, mas muita simpatia. Ela parecia nascer de certo sofrimento, de uma tensão que outro cirurgião acabou por, se não explicar, ao menos por esclarecer: "Os pais são psicanalistas, os avós também, como queria que ele escapasse disso!". Havia certo peso em seus ombros, e era isso que retesava seu sorriso. Em janeiro, ele me dissera, com esse mesmo sorriso que eu agora chamava de subfreudiano: "Relaxe! Fique zen, sr. Lançon!". Fique zen você também, pensei, percebendo sua tensão; eu agora imaginava quatro divãs e seus antepassados caindo em cima dele, enquanto o ouvia explicar, com seus olhinhos franzidos: "O grosso do trabalho foi feito, sr. Lançon, mas essa pequena região é mal vascularizada e resiste. Poderíamos ter decidido desde o início retirar toda a pele queimada pela bala e puxar a pele restante, mas isso teria deixado seu rosto torto. Fizemos uma escolha mais estética, no entanto, mais complexa".

Com a ausência de Chloé, dessa vez eu seria operado por sua assistente, Nathalie, uma jovem eficaz e silenciosa de ar melancólico, superexplorada pelo hospital. Eu estava em pânico com a palavra *catástrofe*, com a ausência de Chloé, e deixei isso bem claro para as enfermeiras e para Christiane. Ela veio me ver no fim do dia e disse: "Precisa entender, sr. Lançon. Chloé precisa se distanciar. Ela o segue de perto, mas deu muito de si, como todos nós, e sem dúvida está pagando por isso. Pegou o que chamamos de mal do paciente. Precisa se livrar disso". Depois saiu e me deixou sozinho com esta nova expressão, *o mal do paciente*, que virei e revirei em todos os sentidos, até que acabou expulsando a palavra *catástrofe*. Seria verdade? Eu sabia que recebera de Chloé tudo o que podia esperar de um cirurgião, e até mais.

Qual era a regra? A exceção? Meu caso se tornara a exceção à regra, dadas as circunstâncias? Eu não sabia de nada, mas suspeitava que minha não cicatrização a incomodava. Cirurgiões não gostam que seus pacientes não justifiquem seus esforços, e Chloé não digeria bem o fracasso. Ela tinha empregado tanta energia em meu rosto que ele não tinha permissão de decepcioná-la. Nunca falei sobre isso com ela.

No dia seguinte, ela me escreveu:

Boa noite

Passei para vê-lo, infelizmente em sua ausência. Nathalie me descreveu com minúcia a pequena deiscência cicatricial. Pedi-lhe que amanhã já volte à cicatriz, para refazer os pontos. Isso será feito no centro cirúrgico, mas sem anestesia geral. Em caso de necessidade, uma pequena anestesia local bastará.

Ânimo! E tenha certeza de que estou seguindo tudo de perto — ainda que longe!

Chloé

Desci para o centro cirúrgico com o CD das *Variações Goldberg*, interpretadas por Wilhelm Kempff. Nathalie ligou a música, e a operação teve início. Eu sentia meu lábio puxado para a direita, tinha a impressão de que o rosto inteiro estava sendo deformado. A leveza da interpretação de Kempff, sua clareza interna sem tragicidade, lutava contra a fixação dos pontos de sutura com uma eficácia que a interpretação de Glenn Gould, a meu ver, não teria. Colocava uma gaze sobre a carne e o espírito. A operação durou quarenta minutos. De volta ao quarto, peguei uma antologia de poesia chinesa antiga, que aterrissara ali não sei como, e li um poema à enfermeira que passava. Era um poema curto. Ela ouviu em silêncio, e disse: "Que triste, não é muito animador; mas é bonito". E começamos a rir.

Alguns dias depois, durante uma caminhada, aproximei-me do pavilhão psiquiátrico, junto com os dois policiais. Escrevi, acima, que o prédio que ocupava, chamado La Force, era um dos mais antigos e bonitos do hospital; queria mostrá-lo a eles. Infelizmente, não conseguíamos ver o pátio interno, onde, antigamente, os loucos e as mulheres perdidas eram acorrentados a anéis de ferro. Uma enfermeira fumava, olhando para o nada, em frente à porta de entrada das cozinhas. Chegamos mais perto. Ela nos observou com desconfiada curiosidade, como a mulher da recepção com quem meu pai falara, e me perguntou o que havia acontecido comigo. Peguei meu caderno e expliquei-lhe. Acrescentei que estava mostrando o prédio aos que me protegiam. Ela apagou o cigarro fumado pela metade e, olhando-nos de alto a baixo, disse: "Bom, é proibido, mas entrem mesmo assim, vamos passar pela cozinha". Nós a seguimos por entre cheiros de comida. O espaço entre os móveis e os fogões era estreito. Os policiais caminhavam lentamente, com os Beretta de encontro ao corpo. Atrás das janelas, o velho pátio proibido apareceu. Havia vários doentes mentais, alguns de pé, outros sentados. A enfermeira nos mostrou os vestígios dos antigos anéis de ferro nas paredes. Um pouco adiante, uma colega sua nos mostrou o chamado pátio dos massacres. Três séculos e meio haviam se passado. As mulheres e os homens ali acorrentados estavam mortos; suas vidas, quase esquecidas. No coração daquele complexo dedicado à indústria da saúde, restavam alguns vestígios dos sofrimentos que lhes tinham sido impostos.

Os dias passavam. Esperávamos para ver se, depois da intervenção de Nathalie, o estoma finalmente tinha fechado. Havia uma greve no hospital e tudo parecia desorganizado. Fui ver no Louvre, para o *Libération*, uma exposição sobre Poussin. A visita me deixou exausto. Recebi o catálogo e uma monografia no quarto. Larguei-os em cima da cama, que subi para que ficasse como uma estante de partituras, e mostrei os quadros às enfermeiras e às auxiliares de enfermagem que passavam, perguntando quais eram seus preferidos e por quê. Eu precisava escrever um artigo e queria que ele mesclasse o olhar deles com o meu, que houvesse uma comunicação absoluta entre o hospital e o museu. Folheando a monografia, uma enfermeira se deteve em *A fuga para o Egito*. Ela analisou as cores das roupas, a posição do burro, a águia no rochedo e, depois de olhar por um bom tempo para a criança nos braços da mãe, de repente me contou algo que em três meses nunca comentara: como havia perdido o filho, sete anos antes, de morte súbita.

Na noite seguinte, Marion, a jovem enfermeira de olhos de gato, assistiu comigo a uma parte de *Pierrot le fou*. Era a segunda vez que eu o via ali. Seu desespero à la Rimbaud seguia me comovendo, mas eu nunca me sentira tão sensível à sua beleza. Marion ficou encantada com as cores do filme, que não conhecia. Ela saiu antes da morte do herói, correndo para outro quarto, onde um paciente sufocava. No caderno, anotei uma frase de Poussin, escrita em 1642, que talvez resumisse o que eu estava buscando: "Minha índole me leva a buscar e amar as coisas bem-ordenadas, fugindo da confusão que me é tão contrária e inimiga quanto a luz o é das trevas obscuras".

Outra noite, sete mandíbulas quebradas chegaram. No dia seguinte, tirei uma foto de meu rosto e enviei-a a Chloé. Ela acabou reaparecendo e logo entendi que, embora ainda não soubéssemos se a questão do estoma estava resolvida, minha saída estava na ordem do dia; mas ir para onde? Voltar aos Invalides? Minhas coisas continuavam lá, no quarto do corredor Laon, mas o posto de enfermagem ligara várias vezes a meu irmão (que não me contava nada porque não queria aumentar minha angústia) para que ele liberasse meu quarto. Sem receber notícias minhas, queriam o quarto para outro paciente.

O trabalho como chefe de empresa havia acostumado Arnaud com negociações. Ele se fez de desentendido, percebeu que não obteria nada de Chloé e contatou o homem do Eliseu, o dr. S. Era um sábado. Ele lhe recomendou, acima de tudo, que não respondesse aos Invalides, pois entraria em contato na semana seguinte. De minha parte, eu sentia tudo, mas não suspeitava de nada. Mais uma vez aprenderia que, num hospital, as decisões com frequência se assemelham aos pacientes: chegam com urgência e sem aviso prévio.

Quatro dias depois, o dr. S. ligou para meu irmão — que continuava me escondendo a situação. Cito o diário de Arnaud: "O dr. S. conversou com a cirurgiã, por um lado, e com o chefe dos Invalides, por outro. Conclusão: a cicatrização é boa, Philippe não precisa ficar num ambiente médico, ele se incrusta no hospital. Deve, portanto, deixar o Salpêtrière e não voltar aos Invalides. Caí da cadeira. Faz dez dias que Chloé não vê Philippe, que as mensagens passadas pela equipe médica são 'por enquanto tudo vai bem. Cruzemos os dedos'. Marquei com o dr. S. uma reunião no Salpe às dezoito horas, amanhã. Desliguei um pouco aturdido". Enquanto isso, eu escrevia a meu irmão dizendo que, diante do estado das minhas cicatrizes, o La Salpêtrière corria o risco de não me liberar imediatamente.

Foi então que Christiane, pela primeira vez, me disse que eu deveria pensar em ir embora. Era o dia da visita de Chloé: finalmente, eu iria vê-la. Saí do quarto com o suporte de soro e, no corredor, na frente de todo mundo, fiquei plantado na frente dela, estendendo o quadro no qual escrevera: "Não concordo!". Ela sorriu: "Não concorda com o quê?". Apaguei e escrevi: "Com minha saída". Ela sorriu novamente e respondeu: "Falaremos logo mais... Voltarei para vê-lo"; e entrou, seguida pela equipe, no quarto de um paciente. Voltei para o meu e escrevi no caderno uma dezena de perguntas bem específicas. Chloé não voltou.

No dia seguinte, por volta das oito horas da noite, o dr. S. e meu irmão me visitaram. Gabriela, chegada na antevéspera, assistia à reunião. O dr. S. finalmente conseguira que os Invalides me aceitassem de volta, "por algumas semanas, não mais que isso", embora se sentissem incomodados com um paciente que consideravam frágil demais. De repente, ele começou a me repreender: "Precisa sair do hospital, sr. Lançon! Ou decidir tornar-se um paciente eterno e nunca mais ir embora, mas então o problema será outro. Se esse não for seu caso, e espero que não seja, precisa levar sua vida e pensar no depois". Agitava os braços e levantava as sobrancelhas, como um touro vigoroso; perguntei-me se ele enxergava o homem que tinha à sua frente e que era ferido por suas injunções. Ele falava, eu não podia responder e pensava: está de fato me passando uma lição de moral? Tornando-me culpado pela situação? Estou abusando do hospital? Entendi, naquela noite, que meu crédito de compaixão junto à instituição corria o sério risco de se transformar em dívida e que, como Simon e eu tínhamos pressentido nos Invalides, seria preciso astúcia para obter o que não necessariamente queriam nos dar. Não é porque são voltadas a ajudar os mais fracos que essas instituições os apreciam. Preferem se livrar deles o mais rápido possível, apesar da boa vontade de seus funcionários. O mundo não parece feito para sustentar por muito tempo os que estão à margem.

Na manhã seguinte, escrevi a Chloé meu único e-mail desagradável:

Cara Chloé,

O dr. S. passou uma hora em meu quarto ontem à noite e anunciou minha partida para os Invalides na segunda-feira, deixando claras as verdadeiras razões pelas quais eles não queriam mais saber de mim: eu não estava curado (no plano das cicatrizes, estoma). Espero que desta vez dê certo, pois não existe "terceira chance": se por alguma infelicidade não estiver cicatrizado, não poderei voltar.

Você me disse que viria, que responderia à dezena de perguntas que elaborei esta manhã. Não veio. Não é a primeira vez e, depois dessas duas semanas de silêncio, não de minha parte, mas da sua, não sei o que pensar. Vou embora com a cara torta no meio do nevoeiro, sem saber se está de fato cicatrizada, você mal a viu ontem, não olhou por dentro, mas lembro-me perfeitamente do que me disse nos Invalides, ao anunciar meu retorno: "Desta vez, não o deixaremos sair enquanto tudo não estiver absolutamente resolvido".

Está absolutamente resolvido? Como, se você pede minha albumina e tem dúvidas sobre a cicatrização? Se hoje de manhã uma enfermeira localizou uma desunião? Se todo mundo aqui me dizia: "Chloé virá vê-lo para explicar tudo"? Eu gostaria de ter certezas. Parece-me inoportuno dizer, mais uma vez, que estou com o complexo do paciente--que-não-quer-mais-sair: não sou uma criança e, na verdade, agora saio quase todos os dias, forço-me a isso, sei que devo fazê-lo e tomo iniciativas. Acredite, não é fácil. Com guarda--costas, bolsas de alimentos e cansaço, nada é fácil.

Na verdade, todas essas incertezas e todo esse silêncio não fazem mais que me pôr numa situação de estresse muito pouco propícia à reconstrução, e espanta-me que você não tenha consciência disso ou que talvez o considere um simples capricho. Minha vida não está em jogo, obviamente; mas mesmo assim, está. Quanto maior a confiança e a segurança, melhor as coisas para o paciente. É o que me parece, ao menos.

Gabriela, que estava na mesma sintonia que você ("Precisa cuidar de si mesmo"), depois de duas sessões na academia, com seu olho profissional, logo viu que sou incapaz, no momento, de viver sozinho em casa, no quarto andar, e deixou isso bem claro ao dr. S.

O que dizer desse espaço à direita do lábio, aberto e purulento? Desse pequeno buraco à esquerda? Posso voltar aos bochechos (Nathalie desaconselhou-os depois da operação da última quarta-feira)? Quando poderei voltar a comer? Por quanto tempo mais ficarei com a gastrostomia? Quando poderei voltar à fisioterapia? Como anda minha mandíbula? Para quando posso esperar o que vem depois, os dentes?

Sei que você não tem todas as respostas, mas creio que deveria ouvi-las e tirar um quarto de hora para falar comigo abertamente.

Perdoe-me por este e-mail um pouco duro, mas estou decepcionado e exasperado; acredito na relação de confiança entre o cirurgião e seu paciente, pelo menos, entre você e mim. Nem mais, nem menos.

Bom dia.

Philippe

Dessa vez, ela não demorou para responder:

Caro Philippe,

Leio suas inúmeras críticas e as considero, não negarei, um pouco injustas. Não faz mal.

Entendo perfeitamente suas angústias e seu desejo de respostas e programações inabaláveis — e, infelizmente, não posso corresponder a elas sem correr o risco de decepcioná-lo se a realidade se revelar diferente de meus prognósticos. Em suma, e infelizmente, sei muito pouco.

No entanto, o que ontem constatei foi que a estratégia de reconstrução que escolhemos começa a dar frutos: hoje de manhã me confirmaram que não há nenhuma fuga de saliva embaixo do lábio. Esperaremos o fim de semana para confirmar esse resultado — e é por isso que, a pedido meu, você só irá para os Invalides na segunda-feira. Que não haja "terceira chance" me deixa bastante serena: não havia uma segunda até eu chamar o dr. S...

Enfim, você está na melhor condição possível, ao menos no tocante à minha especialidade.

Vejo-o antes da partida para os Invalides.

Bom dia.

Chloé

Esse foi — e continua sendo — nosso único momento de tensão. Nem ela, nem eu, nem o dr. S., ninguém estava certo ou errado. Cada um desempenhava seu papel da melhor maneira possível, segundo seu ponto de vista, numa situação delicada. E cada um agiu de maneira a que, nessa última etapa, eu aterrissasse onde não pudesse me esborrachar. Purguei a situação escrevendo uma crônica, intitulada "O culpado e suas cicatrizes":

Chega um momento em que o ferido se sente culpado por suas cicatrizes: não é preciso invocar Kafka para isso. Porque ele não cicatriza mais, ou direito. Dois, três meses se passaram. No braço, as veias desapareceram e ficaram rígidas, como gravetos se quebrando sob as passadas daquele que colhe cogumelos. Elas não quebram, mas desaparecem ou fogem da agulha. As mais perversas se defendem fazendo acreditar que vão oferecer alguma coisa, mas, depois de umas gotas, dizem adeus e vão-se embora, não sabemos direito para onde. E desse sumiço o paciente também se sente culpado: não tenho mais nada para lhes oferecer e, acreditem, isso é contra minha vontade. Como ele gostaria de participar de sua cura da melhor maneira possível!

Mas o corpo deu muito: seus quilos, sua energia. Em três meses, correu uma série de maratonas, na cama e na mesa de operações, sem sair do lugar: o paciente é um homem de ação, um atleta imóvel. De agora em diante, com a ajuda das bolsas de alimento que lhe fornecem até 3 mil calorias por dia, ele faz de tudo para fechar suas feridas, abertas pelas balas que queimaram a pele e pelas cirurgias. Ele fica preso de nove a dez horas por dia a seu suporte de soro, que alguns chamam de "namorada". Na maioria dos hospitais, a "namorada" avança com dificuldade. Tem os pés sujos e está envelhecida, suas quatro rodinhas têm reumatismo. Caminhar com ela faz os músculos dos braços trabalharem. É preciso encontrar o ângulo de rolamento — quase sempre apenas um — e aprender a levantá-la para transpor os ressaltos do chão.

Esta é a Assistance Publique: pessoas quase sempre heroicas, que trabalham com equipamentos velhos que parecem lembrá-las de seus magros salários, de seus esforços por vocação, de suas dores mascaradas e do fato de que todos ali, pacientes e profissionais da saúde, parecem custar caro demais a uma sociedade cuja única vontade aparenta ser reduzir a imaginação, a atenção e os custos; pois não são somente os pacientes, ali, que têm uma vida difícil. Os que cuidam deles com frequência passam por dramas, doenças graves etc. Descobre-se isso aos poucos, como num espelho da própria situação.

Sinto-me culpado por minhas cicatrizes, pois sempre chega um momento em que me sinto sozinho com elas. Sozinho, portanto, culpado, porque sempre chega um momento em que o solitário se sente culpado de sê-lo, diante do grupo, dos conselhos, das injunções às vezes contraditórias, da instituição que esmaga e regurgita, do peso que ele representa para a família e os amigos, solitário diante do mundo que não espera por ele, diante de tudo. O paciente não faz o que lhe dizem para fazer, ou faz mal, ou não faz o suficiente. Ele não massageia bem as cicatrizes. Ele não põe vaselina suficiente nelas. Ele se esquece de comprar o óleo. O sol o torna culpado de se expor a ele, mesmo por um minuto, ao passar de um prédio a outro. La Rochefoucauld nunca teve tanta razão: nem o sol nem a morte podem ser encarados fixamente. O paciente não deve mexer demais o lábio, que corre o risco de se "desunir", nem a clavícula, pois a cicatriz às vezes abre sobre a camisa uma pequena flor de sangue. O paciente vai ver a psicóloga, a psiquiatra, e ali seu papel é falar; mas falar não é ameaçar a cicatriz? O que deve fazer para ser um bom paciente, um paciente exemplar, em outras palavras, um paciente curado?

A cirurgiã lhe diz: "Coragem e paciência são as tetas da cicatrização". Quem duvidaria? Mas há momentos em que, como as de algumas vacas, essas tetas não produzem nada. Por mais que tentemos ordenhá-las ao amanhecer, ao entardecer: nem leite, nem coragem, nem paciência. Somente o peso do tempo, do desconforto perpétuo, e o medo da "desunião". Que palavra bonita, de enganosa suavidade! Uma espécie de divórcio epidérmico, suave e pesaroso. Uma terra prometida que se abre, deixando à mostra um sinistro rio subterrâneo de margens que se afastam. O paciente saliva de preocupação, e essa saliva, por sua vez, o torna culpado: ela também retarda a cicatrização. É chegado o momento, para ele — portanto, para mim, que escrevo —, de se consolar com uma frase de Michel Foucault, cujo pai era cirurgião: "Substituí o inapagável da cicatriz pelo apagável e rasurável da escrita".

Paralelamente, a volta de Gabriela começava a desfazer o mal de que eu me queixava. Ao chegar de Nova York, ela havia deixado sua grande mala na casa de Éric, perto do Jardin des Plantes. Marcamos de nos encontrar no parque do hospital, na frente da grande capela. Cheguei primeiro, máscara no rosto, nervoso. Ela chegou com seu sobretudo escuro, a pequena mochila de bailarina de rodinhas. Os policiais se afastaram enquanto eu a abraçava. Senti que ela estava com medo de me machucar. A emoção me dominava. Eu chorava sem falar, ela sorria falando. Caminhamos alguns metros e nos sentamos num banco. Havia pacientes passando, esculturas modernas, folhagem nova nas árvores. Peguei meu caderno, mas ela não quis que eu escrevesse: queria se comunicar com o rosto, o corpo e os gestos. Estávamos felizes de nos ver.

Nos dias seguintes, vimos *O absolutismo: A ascensão de Luís XIV*, de Roberto Rossellini. Eu ainda me comparava ao jovem rei que aprendia a viver sua nova vida sob os olhares constantes da corte e dos criados. Ele não tinha o direito de errar, eu tampouco; ele para se impor aos Grandes e ao Estado, eu para me impor à equipe médica. Gabriela dava aulas durante o dia. Os policiais me acompanharam várias vezes até a pequena academia onde ela trabalhava, perto do cemitério Père Lachaise. O tempo começava a ficar bom, quase quente. Durante uma hora, na sala deserta, ela me fazia trabalhar os braços, as pernas, a flexibilidade, o alongamento. Um policial esperava na entrada, o outro no carro. Depois, eles me acompanhavam de volta ao hospital. Gabriela não estava autorizada a entrar na viatura, mas alguns deixavam. Na última vez, atravessamos a pé o Père Lachaise, falando de nossas vidas fugidias. Não estávamos tão mal naquele cemitério. O sol acariciava seu rosto e minha testa por cima da máscara. Num banco, ao nos ver, um homem disse a uma mulher: "Aquele ali teve problema nos dentes!". Um policial nos seguia. O outro nos esperava na saída do cemitério.

O estoma parecia fechado. Fui enfim autorizado a voltar a comer alimentos líquidos e pastosos e, também, a passar uma parte do fim de semana com Gabriela no apartamento de Éric, que ficava a quinze minutos de caminhada. No sábado à tarde, dois policiais vieram me buscar. Era a primeira vez que eu andava pelas ruas sem amigos, sem família, somente com eles. Aquele que eu conhecia melhor estava voltando de uma missão de três meses no Afeganistão, um país onde o perigo era constante e onipresente. Eu conhecia bem o bairro, mas não o reconhecia mais. Tinha se tornado um bairro de ficção, e a Grande Mesquita, um cenário de cinema que minha vida, como quase todas as coisas, abandonara. Gabriela nos esperava no apartamento. Os policiais nos perguntaram se pensávamos em sair, pois eles precisariam ser avisados. "O melhor", acrescentou o sujeito do Afeganistão, "seria que não saíssem até o retorno ao hospital." Assim, eles teriam passe livre. Fechamos a porta, tirei a máscara e, pela primeira vez em cinco meses, dei um leve beijo nos lábios de Gabriela. Senti seu hálito, que aspirei. Cinco minutos depois, estávamos nus na cama.

Gabriela não sabia como agir, a frase de Chloé lhe voltava à mente e ela estava com medo de tocar minhas cicatrizes. Eu estava em cima dela, mas, entre nossos corpos, havia o tubo e a pequena flor da sonda gástrica, que iam da direita para a esquerda, da esquerda para a direita, ao sabor de nossos movimentos. Eu não podia beijá-la de verdade, também estava com medo de desunir as cicatrizes e encher seu rosto com a vaselina que as protegia. Eu via sua pele, seu pescoço estendido, seus olhos fechados, seus longos cílios, seu rosto contraído numa mistura de prazer e dor, sentia seu cheiro e meu prazer subindo e me perguntava se estava sonhando. Não acredito em milagres, mas eu tinha a tal ponto esquecido a possibilidade do desejo que não estava longe de aceitar que eles existiam. Não estava longe, mas não exatamente, pois, ao mesmo tempo que reencontrava a potência do corpo, também sentia seus limites, ou melhor, para ser mais concreto, a ameaça da ejaculação precoce. Eu estava com 51 anos e voltara a ser virgem. Apesar de todos os meus esforços, não conseguia me controlar. Era a primeira vez, e não era: mais de trinta anos de vida sexual me informavam a respeito da situação, sem me permitir remediá--la. Para retardar um pouco o que eu sentia chegar, tentei fazer o inventário dos livros colocados em cima da mesa de cabeceira de Éric, em vão, depois olhei para a pequena flor de plástico que acariciava o ventre de Gabriela imaginando que, em 24 horas, ela de novo estaria conectada ao suporte de soro. Não adiantou nada.

Um pouco depois, apesar do pedido dos policiais, saímos sozinhos pelo bairro. Eu olhava para as pessoas com inquietação. Elas caminhavam rápido, sem olhar, com uma indiferença que não existia no ambiente hospitalar. Num livreiro do Sena, comprei uma velha edição do *Diário* de Katherine Mansfield. Esse gesto me aproximou de todos aqueles que eu havia sido, ali mesmo, desde que aos dezesseis anos comprara meu primeiro livro no cais. Passamos uma noite calma, como se os últimos meses nunca tivessem existido. Gabriela trouxera alguns DVDs. Vimos *Tempos modernos*, de Charlie Chaplin, e adormecemos naquela cama diferente enquanto Carlitos e Paulette Goddard pegavam a estrada, de mãos dadas. Não lembro mais se ao nascer do sol ou se ao pôr do sol.

Dois dias depois, numa ambulância, ao lado de Gabriela e de sua grande mala, deixei o setor hospitalar onde passara três meses e fui para o pequeno quarto dos Invalides, onde passaria seis. Gabriela conheceu o quarto, a academia, os fisioterapeutas, os coelhos, percorreu os jardins e pátios. No início da tarde, vi-a partir para o aeroporto e pensei que nada se parecia mais com uma ambulância do que um táxi.

20.
O regresso

Na tarde do domingo, 19 de abril, voltei ao meu apartamento pela primeira vez. Foi uma visita simples. Eu não tinha a menor vontade de voltar. Estava com medo. Precisei me preparar.

Ao amanhecer, fiz meu passeio diário de cerca de uma hora pelos Invalides, ou seja, o tour inteiro, contornando os fossos. Eu gostava muito desses fossos com seus canhões adormecidos: eles nos separavam, nós, os pacientes hospitalizados, do mundo exterior, que entrava principalmente entre dez e dezoito horas, sob sua forma turística. *Ceux d'en face* [Os outros] eram personagens abundantes, malvestidos, barulhentos e sem mistério, personagens que iam mais ou menos rápido do ponto A ao ponto B. Estabelecíamos seu itinerário rumo ao túmulo, e o vento logo os dispersava, mas sua presença não era inútil: ela nos misturava ao mundo que tínhamos deixado. Eu gostava de ir à cafeteria, perto do túmulo, para vê-los beber, comer, ouvir conversas em todas as línguas, sobretudo as que eu não entendia. A vida normal entrava no castelo e em nossos labirintos particulares. Sentíamos, assim, o ar do tempo, sob uma forma que nos estava quase inteiramente proibida: lazer, frivolidade, movimento sem sofrimento. Não há leveza nos pacientes; os visitantes dos Invalides a traziam.

Naqueles velhos e belos prédios, os pacientes eram silhuetas quase imóveis. Eles flutuavam em cena, sozinhos ou em pequenos grupos. Faziam parte dos móveis e arbusto locais. Alguns se sentavam sempre nos mesmos lugares do pequeno jardim à frente do hospital, que, com seu chafariz, lembrava um jardim italiano. Um jovem arquiteto, que tinha sofrido um AVC um ano e meio antes, tomava sol à esquerda da entrada, em sua cadeira de rodas, perto de um banco. Ele lia muito, sorria bastante, falava pouco. Quando o conheci, estava lendo um romance de Le Clézio. Seu rosto estava levemente oleoso e vermelho. Sua mulher o deixara. Aos poucos, seus amigos tinham se cansado de visitá-lo. Ele logo iria para um apartamento mobiliado. Não insistia em nenhum de seus sofrimentos. Um sorriso selava a constatação de sua solidão e as incertezas de sua vida.

A poucos metros, sempre no mesmo banco, um antigo *harki** manco se instalava à sombra das árvores. Ele vivia numa casa, na Normandia, e voltava regularmente para tratamentos. Quase sempre usava um velho terno de calça manchada e um antiquado colete de tricô. Uma careta indicava que sofria ao caminhar. Seu ferimento no quadril datava da Guerra da Argélia. Sentado, fazia na terra, com a bengala, desenhos de motivos geométricos cujo sentido nunca entendi. Nunca ousaria lhe perguntar. Ele também falava pouco. Seu francês era aproximativo. Sua cortesia o mantinha à distância. Como o arquiteto, estava sozinho. De tempos em tempos, outro argelino, numa cadeira de rodas, aproximava-se de seu banco. Eles começavam a conversar em árabe, cada vez mais rápido, cada vez mais alto, gesticulando; a cena era recorrente e eu nunca soube se brigavam ou não. Depois, o da cadeira de rodas se afastava enquanto eles continuavam falando alto, cada vez mais alto, como dois velhos camponeses distantes um do outro, como se as palavras fossem elásticos que os retivessem e que, puxados, se tornassem estridentes. Quando ele desaparecia, o *harki* voltava à bengala e ao desenho. Na hora de ir embora, ele apagava tudo.

---

* Argelinos que combateram do lado francês durante a Guerra da Argélia. [N. E.]

Num banco perto do chafariz, um rapaz de olhos verdes, na casa dos vinte anos, fumava ao sol. Tinha o rosto fino e nervoso, um corpo musculoso comprido e uma perna a menos. Uma noite, no subúrbio da região norte, depois de tomar alguma substância, ele brigara com um amigo e, por bravata ou mágoa, deitara num trilho à chegada de um trem. Puxara o corpo de volta tarde demais. Eu vira, na Colômbia, crianças brincando disso com trens de mineração. O último a tirar o corpo ganhava. Havia, entre os vencedores, vários mutilados. O rapaz de olhos verdes exalava uma raiva violenta e silenciosa, ameaçadora, como um perfume ou uma fumaça. Ele a liberava na academia, levantando pesos ao ritmo dos próprios gritos. Esses eram os três principais personagens do jardim italiano.

Atravessei o grande pátio, deserto naquele horário. No caminho, cruzei com o diretor dos Invalides e o cumprimentei. Estava indo embora e, pensativo, passeava com seus dois cães. Um deles morreu durante minha estada. Na entrada do grande pátio, subi a escadaria de degraus largos e baixos, uma maravilha arquitetônica que me dava a impressão de caminhar sem esforço. Ela conduzia à galeria superior, onde ficavam as celas dos antigos soldados feridos, das guerras de Luís XIV e Napoleão. Um pouco adiante, armas de arremesso pendiam das paredes. Haviam pendurado fotos em preto e branco de diferentes guerras francesas nos pilares das arcadas. Parei, como todas as manhãs, diante de uma que me fascinava: um soldado da Primeira Guerra Mundial, cansado, numa estrada, em meio a uma paisagem devastada. Não dava para saber se era negro ou branco, se era homem ou mulher. Acima de um corpo de boneco viam-se apenas olhos infinitamente brancos e esbugalhados de exaustação e terror. Via algo além daquele para quem olhava e que o fotografava. Era um renascido.

No fim da galeria, havia um grande salão. Ali, eram organizados concertos, conferências, coquetéis e jantares empresariais, quando não aconteciam sob uma grande tenda erguida diante do túmulo. Na entrada do pátio e da escadaria, recepcionistas magras e louras, de salto alto, que passavam frio sorrindo no vazio em meio a implacáveis correntes de ar, pediam às pessoas seus convites. Eu sempre passava por lá para ter o prazer de mostrar o meu rosto e constranger. Certa noite, um vigia da empresa que havia "privatizado" o local se aproximou. "Sou um paciente", eu disse. Ele ficou constrangido, sem saber o que fazer. Ternos e casacos de pele passavam, bastante vulgares. Era bom lembrar àqueles pássaros de luxo que ali havia albatrozes.

Fiz minhas flexões e alongamentos na frente do grande salão, diante do pedestal da estátua de Napoleão, que estava em restauração; depois, desci as escadas e fui para o gramado e os coelhos. Segui os grandes fossos e caminhei nos velhos bancos de pedra para exercitar a perna sem perônio. Meu trajeto era preciso: modifiquei-o um pouco apenas para acompanhar um paciente de quem voltarei a falar, o disciplinado sr. Laredo. Naquela manhã, vi um coelho morto, não muito longe da entrada. Avisei os guardas. No dia seguinte, o cadáver não havia sido retirado. Não falei mais nada. Entrei no pátio do grande canhão cheio de inscrições turcas e, depois de olhar uma última vez para a ponte Alexandre III e o telhado do Grand Palais, atravessei o grande pátio pelo centro e voltei para o hospital e para o meu quarto, passando na frente do posto das enfermeiras. Era hora do café da manhã.

Depois, fui fazer bicicleta e esteira na academia, que os fisioterapeutas de plantão me deixavam utilizar nos fins de semana pela manhã. Nunca tinha ninguém. Era um momento de grande tranquilidade. O esforço nutria a solidão. Explicaram-me como utilizar o equipamento de som da academia. Coloquei música cubana no volume máximo. A faxineira africana que cheirava bem e ria alto chegou. Ela deslizou a vassoura cantando enquanto eu pedalava. Ao sair, me abraçou e disse: "Até amanhã!". Seu perfume ficou um bom tempo no ar, depois do silêncio que se seguiu ao fim do disco. Eu ouvia Los Zafiros, incríveis imitadores dos The

Platters, quarteto a capela que tinha conquistado a ilha nos anos 1960. A vida deles tinha sido trágica e marcada pelo álcool. De volta ao quarto, tomei um banho, fiz a barba, passei o creme protetor. Precisei cuidar dos curativos, das cicatrizes, e gastei meia hora nisso. Tinha voltado a escovar os dentes.

Eu estava conversando em meu quarto com Simon, instalado a dez metros dali, no quarto que havia sido ocupado pelo presidente argelino Bouteflika, quando meu irmão chegou. Lembro que ouvíamos um disco de Dave Brubeck, mas não sei mais do que falávamos. Do *Charlie*, sem dúvida, pois havia muita tensão naquele momento; os artigos que surgiam de todos os lados sobre a inevitável crise vivida por esse pequeno jornal simbólico e sobrevivente não ajudavam muito: embora julgassem compreendê-lo — ninguém se acha mais esperto do que um jornalista, sei do que estou falando —, não faziam ideia do que tínhamos passado. Quando um homem ou um grupo entra no campo de reflexão dos intelectuais ou dos produtores de informação, ele acorda um animal furioso e não deve estranhar que os mais impacientes e medíocres o massacrem. Eles fazem isso com suas teorias, seu orgulho, seu pretenso senso de missão, seus preconceitos. O *Charlie* tinha entrado numa esfera em que muita gente estava decidida a não lhe perdoar nada.

Entrei no carro de meu irmão. Os policiais à paisana nos seguiam no deles. Como de hábito, substituíam aqueles que, fardados, ficavam dia e noite na frente de meu quarto e me acompanhavam pelos Invalides. A cidade me pareceu quase deserta. Ao entrar na minha rua, senti meu coração bater um pouco mais forte. Senti vontade de fugir, não me sentia à vontade, mas precisava continuar. Pela primeira vez, entrava em contato com o coração geográfico de minha vida passada. A primeira pessoa que me viu foi Lourdes, a prostituta basca que fazia ponto a poucos metros de minha casa. Ela me abraçou, disse que recebera notícias por meus pais e mencionou a elegância de meu pai. Ela tinha razão, meu pai continuava elegante, com sua barba branca de fidalgo impecavelmente cortada. Ele poderia ter um lugar no Prado, não é mesmo, Lourdes? Falamos em espanhol, como sempre, e, como sempre, ela ria e se esgoelava. Sua presença me acalmou.

Minhas chaves estavam na casa dos meus pais. Peguei a cópia com os vizinhos, amigos mauricianos que eu conhecia fazia mais de vinte anos e que as tinham havia muito tempo: cuidavam de meu apartamento e guardavam minha correspondência quando eu não estava. Eles fizeram isso depois do atentado. Tinham sido avisados de que eu passaria por lá; a emoção foi mais forte do que a ausência de surpresa da parte deles. Conversamos um pouco e eles me deram uma pilha de cartas. Outro vizinho, com quem cruzei na escada, me abraçou. Ele estava com os olhos vermelhos. Eu estava calmo, quase frio. Precisava me acostumar com essas manifestações sentimentais, aceitá-las. O filme de emergência hospitalar, em que tudo é sempre ação, chegava ao fim.

Manifestações de surpresa ou de emoção podem ser inconvenientes, por isso divertidas. Na véspera, jantei na casa de Juan pela primeira vez. Disse aos policiais que queria parar numa loja de vinhos que ficava a poucos metros de sua casa e aonde eu costumava ir. O vendedor de vinho começou encarando a parte de baixo de meu rosto, o olhar interessado mas apagado, depois seu olhar subiu até o meu, e foi então que me reconheceu. Perguntou-me: "O que aconteceu com o senhor?". Expliquei-lhe rapidamente. Ele quase se desculpou por não saber que eu tinha sido vítima do atentado e disse que conhecera bem uma das vítimas, Elsa. "O senhor chegou na hora certa", acrescentou: ele estava deixando a loja no dia seguinte para se lançar num negócio de importação e exportação com a África, sem qualquer relação com vinhos; pela primeira vez, deu-me um desconto na última garrafa que eu lhe comprava. "Nós dois", eu disse, "estamos começando uma vida nova."

Na casa de Juan, havia amigos que eu conhecia bem, mas que não via fazia cinco ou seis meses. Tive a impressão de que trinta anos tinham se passado. Eram franceses, italianos, espanhóis. Seus olhares eram afetuosos, ou alegres, ou preocupados, ou aterrorizados. Eu tinha a impressão de estar dentro de uma cabine de vidro, como a pequena bailarina de Degas. Mas estava feliz de estar ali e, pela primeira vez, bebi champanhe. Giusi, uma amiga bolonhesa que era, para Juan e para mim, como uma irmã elegante e deprimida, pegou-me pelo braço e o segurou por uma boa parte da noite, murmurando: "Vai dar tudo certo, Philippe, *dai, dai, dai...*". Ela tinha algo de felino, mas sem as garras. Suas palavras me massageavam tanto quanto suas mãos, que agora me lembravam das mãos da Castafiore. Eu bem que lhe daria um pouco de leite, um beijo ou um sorriso; mas eu não podia beijar ou sorrir, e ela preferia vinho.

Onze dias antes, ela e Juan tinham ido me visitar, à noite, pela última vez no La Salpêtrière. Eu tinha acabado de começar a dieta líquida. Juan, cozinheiro fora de série, me trouxera mais um gaspacho feito em casa. Tomei-o com dificuldade na frente deles — estavam sentados diante da mesa de rodinhas e eu atrás dela, todos em absoluto silêncio. A noite havia caído. A persiana não fora fechada. Era o gaspacho da melancolia. Os lentos gestos da colher de sopa na tigela e o guardanapo embaixo do queixo criavam um vazio no quarto e entre nós, um vazio de tristeza contra o qual nem o cheiro de tomate nem o de pepino podiam lutar. O velho trio se depositara, com extrema densidade, bem no fundo da tigela. Giusi e Juan comiam com os olhos o que eu comia, a boca deles escorria junto com a minha. Depois, colocamos um disco de Bill Evans. Não tínhamos o que dizer. Passei a noite mijando.

Os dois policiais, uma mulher e um homem, não entraram no apartamento. A jovem policial tinha tatuagens, brincos, cabelos curtos, olhos claros e intensos. Magra, determinada, de uma beleza andrógina, causava em mim a impressão de uma espada nas mãos de uma amazona. Com ela, sentia-me seguro e como que restabelecido. O homem, magro e musculoso, lembrava Jack Palance, mas como se o verdadeiro Palance fosse a caricatura daquele que me protegia, pois, ao contrário do ator, ele era bonito. Vinha de Bordeaux.

Fui o primeiro a entrar. A primeira coisa que me chamou a atenção foi o cheiro — cheiro de ambiente fechado e embolorado, de livros e de carpete velho, evocado no segundo capítulo; um cheiro que significava: aquele que você foi convida para entrar aquele que você se tornou, mas a visita acontecerá na ausência do primeiro; você está no apartamento que é testemunha de sua vida passada. A segunda coisa foi o grande tapete iraquiano, mais destruído do que eu lembrava. Pensei que estava na hora de jogá-lo no lixo. A terceira foi a pilha de jornais perto da janela. Aproximei-me: no topo, o número do *Libération* de 6 de janeiro. Nada havia mudado desde a manhã do dia 7. Minha respiração se acelerou. Eu acariciava os livros e os objetos com um nervosismo automático. Depois de percorrer todo o apartamento em busca de vestígios de minha própria presença, e nada tendo encontrado, passei o aspirador. O formigamento tomou conta da mandíbula. Os livros se empilhavam por toda parte, de qualquer jeito. Entendi o susto dos meus pais quando entraram ali em janeiro e mudei alguns de lugar, ao acaso. Eles resistiram. Eu os perturbava. Aproximando-me da pilha de jornais, senti que, se voltasse logo a morar ali, seria por pouco tempo, pois a primeira coisa que faria seria me atirar pela janela. Uma hora depois, fomos embora. Devolvi as chaves aos vizinhos e levei um livro de poesia espanhola, poemas de Góngora.

O calor durou meses. Como os quartos dos Invalides ficavam abaixo do telhado e não tinham ar-condicionado, logo se tornaram insuportáveis. Durante o dia, eu fixava um lençol duplo à janela de caixilhos de madeira. Os policiais sofriam no corredor. Em maio, ventiladores foram distribuídos. Alguns pacientes não suportavam o barulho que faziam. Nas horas mais difíceis, quando não estava na academia ou em consulta médica, eu descia para ler ou cochilar nos subsolos. Só tínhamos acesso ao primeiro nível. A temperatura, ali, era de dezoito graus. Homens e mulheres de cadeira de rodas, estropiados de todo tipo e idosos iam e vinham em silêncio sob as abóbadas antigas, às vezes auxiliados ou empurrados por enfermeiras e auxiliares de enfermagem. Todos, ou quase todos, mantinham-se em silêncio. As luzes eram fracas. Era como a sala da guarda de um castelo medieval e um velho salão proustiano em decadência, de *O tempo redescoberto*, e foi ali que reli parte do último volume de *Em busca do tempo perdido*; mas não era apenas o tempo que metamorfoseava rostos e corpos, eram os crimes, os acidentes, as doenças. Naqueles imensos corredores de pedra, havia algumas pequenas fileiras de poltronas, menos afastadas umas das outras do que as instaladas nas plataformas de metrô para impedir os sem-teto de deitar. Quando me sentia exausto, pelo calor e pela mandíbula e por tudo, deitava nelas e, apesar do desconforto, adormecia em poucos minutos, sonhava. Ali, nem os assassinos, nem o calor, nem o mundo externo entravam. Ali, o passado e o presente se tornavam indiferenciados. Era *o tempo misturado*.

Durante a semana, meus horários eram apertados. Às nove horas, tinha uma primeira sessão de reabilitação na academia dos fisioterapeutas. Por volta das onze horas, ia para a segunda academia, que ficava do outro lado do túmulo de Napoleão. Quando estava quente demais ou quando chovia, eu ia até lá pelos subsolos. Sybille, uma jovem voluntária com águias tatuadas no braço, era minha treinadora. Ela não demorou para me dizer, num tom marcial e zombeteiro: "Você se deu mal, mas vou te dar um corpo de guerreiro. Quando tiver acabado com você, nada vai poder te abalar, só eu". Ela exigia muito, dava mais ainda, sabia me fazer rir de minhas queixas. Era uma combinação nervosa de firmeza alardeada com afeto reservado. Quando eu dizia que não aguentava mais? Um brilho irônico e uma careta apareciam: "Está tentando me fazer chorar, é isso? Não é o lugar para isso". E o exercício era retomado. Eu pedalava e fortalecia os músculos sob seu comando preciso, entre um centenário membro da Resistência e uma das vítimas de Mohammed Merah. Era o momento em que meu corpo mais trabalhava e em que minha mandíbula mantinha a discrição.

Eu retornava rápido para tomar banho e comer. Depois disso, a partir de junho, saía para ver Denise, minha fisioterapeuta especializada, para uma hora e meia de tortura eficaz. Voltava cerca de 14h30, descansava meia hora e ia ao estúdio de ergoterapia, onde aos poucos recuperava o uso da mão direita, e acabava o dia na primeira academia para uma segunda sessão de fisioterapia. Somavam-se a isso visitas semanais à psicóloga e à psicomotricista. Elas eram fundamentais, pois nessas sessões ocorriam, diversas vezes, meus "colapsos", como se diz em psicologia; é à psicóloga dos Invalides que devo o fato de ter lá permanecido por mais tempo do que o dr. S. e Chloé teriam imaginado.

Esse programa não sofreu variações por meses a fio, cinco dias por semana. Nos intervalos, eu lia e escrevia artigos para o *Libération* e para o *Charlie*. Eles faziam, no fim das contas, parte da terapia. Os amigos passavam mais tarde, por volta das sete ou oito horas da noite, depois que eu havia jantado. Bebíamos, conversávamos na entrada, sob o túmulo de Napoleão. Havia pouca gente ali. Às vezes, quatro pacientes, sempre os mesmos, jogavam baralho: dois deitados de barriga para baixo em macas, por causa de suas escaras, um na cadeira de rodas e outro com uma perna mecânica. Um dia, o último me pediu que o filmasse para sua família, que estava na Argélia, enquanto ele caminhava entre árvores e canteiros. Fizemos várias tomadas. Precisava ser perfeito, para que o vissem se mover de todas as maneiras possíveis com a perna naquele cenário bonito. Foi a única vez na vida em que me considerei um diretor. Amigos que não se conheciam chegavam dispersamente, participavam desses momentos, falavam do mundo externo, iam embora juntos. Minhas várias vidas se misturavam no pátio de entrada. Quando eles partiam, eu estava exausto. Luva de limpeza, vaselina, escova de dentes, visita da enfermeira da noite, analgésico, sonífero, baba molhando o travesseiro, despertares, pesadelos, vista para o domo iluminado.

A academia de fisioterapia era como uma fonte de água para os animais da África: o lugar onde todos os pacientes se encontravam. Maria, uma jovem boliviana com problemas de visão, tinha sido a primeira a movimentar, em março, o periscópio que me servia de pescoço. Como ela iria com o marido para a Austrália, foi substituída por Pawel, um jovem polonês de cabeça raspada que passara um tempo num monastério budista. Quando o conheci, ele estava lendo um romance de Albert Camus para aperfeiçoar o francês, que já falava bem. Os fisioterapeutas dos Invalides eram excelentes, atenciosos e educados, e Pawel não era exceção. Foi ali, ouvindo a rádio FIP ou música cubana, que o sr. Tarbes enxotou ou apagou Philippe Lançon. O sr. Tarbes era o homem cujas cicatrizes se fechavam. A cada semana, ele cedia momentaneamente seu lugar a Philippe Lançon, que voltava ao La Salpêtrière de ambulância para verificar o estado da boca e das cicatrizes; mas Philippe Lançon tinha pressa em voltar aos Invalides, aquele maravilhoso abrigo de transição, para voltar ao sr. Tarbes, o amigo das estátuas.

Os pacientes que se cruzavam na academia, cada um com seu fisioterapeuta, eram de todos os tipos. Os ferimentos de uns eram colocados em perspectiva diante das doenças de outros: era raro ouvir reclamações. Por alguma razão, todos tínhamos naufragado naquele mundo à parte, e vivíamos ali uma vida paralela e secreta, suspensa, como um carro na oficina mecânica.

Havia militares feridos em combate, atletas lesionados em treinamento; um velhíssimo membro da Resistência que havia setenta anos sobrevivia, em silêncio, ao filho morto durante a guerra; um empresário sarcástico que tinha tido um AVC e cujas piadas nervosas faziam a sala inteira cair na gargalhada; um antigo e famoso ministro, na mesma situação, que rolava os olhos furiosos e desesperados na cadeira de rodas. Eu escrevera um perfil seu em nossa vida anterior, mas ele não me reconheceu. Havia um jovem elegante e sofisticado, de cabelo impecável e limpo, ao estilo militar, que recuperava o ligamento cruzado do joelho. Machucara-se jogando futebol. Seu rosto nunca se contraía sob esforço ou dor. Alguns meses depois, nós o vimos voltar por causa do mesmo problema, mas dessa vez não era ele: era seu irmão gêmeo, com quem acontecera exatamente a mesma coisa e que, de certo modo, o substituía. Ele também não demonstrava qualquer emoção, a não ser sua calada sofisticação e sua boa educação. Havia um amputado consumido aos poucos pelo diabetes, como uma lepra. Ele tinha perdido uma perna e começava a perder o pé da outra. Seu regime era draconiano, mas ele sempre fraquejava e devorava um ou dois pacotes inteiros de biscoitos. "Eu sei que não devia", ele me disse um dia, "mas não tenho o menor senso de dever, nem mesmo aqui." Sua paixão era o rock, e ele se organizava para ir a todos os shows possíveis. Havia um boxeador negro, Louis, que levara um tiro nas costas numa calçada, depois de um ajuste de contas em que ele tentara proteger um amigo. Ele quase sempre estava de bom humor em sua cadeira de rodas e hoje dá aulas de boxe para cadeirantes numa academia do subúrbio. Havia um velho coronel careca que rodava pelos corredores, nariz empinado, olhos semicerrados, e quase nunca respondia aos que lhe dirigiam a palavra; no entanto, quando via uma mulher que lhe interessava, aproximava-se sem demonstrar vê-la, fazia a cadeira girar subitamente e, plantado à sua frente, recitava um poema clássico. Conhecia dezenas deles, seu quarto estava cheio de coletâneas e sua memória continuava intacta. Foi assim que, certo dia, ele se plantou na frente de Gabriela, que voltara em maio para me ver, e recitou por inteiro "A beleza", de Baudelaire, sem sequer olhar para mim, que, no entanto, o via todos os dias. Havia um jovem militar guadalupense que fora ferido por Mohammed Merah. Tetraplégico, muito deprimido, finalmente saía do quarto quando cheguei aos Invalides. Eu pedalava a poucos metros dele. Havia um antigo combatente da Argélia de belos cabelos prateados e olhos cinzentos, sempre sorridente, que fora ferido na perna durante a guerra, mas se recuperara rápido. Cinquenta anos depois, como uma lembrança, seu ferimento acordara, ninguém sabia por quê, talvez sob o efeito de um vírus adormecido. A gangrena se alastrara, e a perda da perna definitivamente refrescara sua memória. Havia Simon, havia Fabrice, havia vinte outros, e por fim havia o disciplinado sr. Laredo e aquela que logo passei a chamar de pequena Ofélia.

O disciplinado sr. Laredo era um policial militar de altura mediana, cabelos curtos e grisalhos, sobrancelhas negras, robusto, musculoso, cortês, de uma fragilidade inabalável e inteiramente vestido de preto, calção, camiseta e sapatos. Ele tinha sido enviado junto com um colega para uma missão em Erbil, no Curdistão. Na noite de sua chegada, durante uma saída de seu colega, ele começou a flutuar no pequeno apartamento que eles ocupavam. Viu as paredes se moverem e o sofá ser arrastado, mas o terremoto vinha de dentro. Ele caiu e, sentindo que perdia os sentidos, reuniu as forças que ainda tinha e se arrastou até o telefone, conseguindo fazer uma ligação e murmurando algumas sílabas que o salvaram — logo já não conseguia falar direito e o espaço se fechou sobre ele. Era um AVC. Foi repatriado com urgência e no final de maio chegou aos Invalides, com sua energia muda e suas dificuldades de fala. Dormia pouco. De manhã, saía da cama às seis horas e dava vinte voltas completas nos

Invalides, correndo. Quando eu saía para caminhar, por volta das 7h15, via sua silhueta negra passando às cores cinzentas da aurora e algumas vezes me juntava a ele. Seu itinerário era ainda mais lunático que o meu. Ele subia nas muretas que margeavam os fossos para não perder nenhum metro de circunferência. Cronometrava suas voltas falando de sua missão, de sua mulher, que chamava de "a mulher", de seu filho, que chamava de "a criança". Algumas frases saíam sem esforço, outras travavam irremediavelmente em alguma palavra. Eu o encontrava na academia, onde, entre sessões com o neurologista e o fonoaudiólogo, ele queimava sua angústia no trampolim instalado para ele no magnífico pátio vizinho, que eu chamava de pátio das castanheiras. O disciplinado sr. Laredo pulava, pulava e pulava, e Pawel me dizia, sorrindo, entre zombeteiro e inquieto: "Se continuar assim, ele vai explodir. É preocupante". No final da manhã eu o encontrava na segunda academia, onde ele levantava pesos e fazia abdominais sem soltar um gemido. Sem dúvida, poderia atravessar o Saara com um cantil e um saco de pedras nas costas, mas as palavras impronunciáveis criavam obstáculos maiores que uma tempestade de areia e, mais do que a morte, ele temia não poder voltar a estar em uma missão.

Filha de uma família de nobres e de militares, a pequena Ofélia cursa faculdade de negócios. Numa estação de esqui, três dias depois do 7 de janeiro, ela é trancada numa sacada por espirituosos colegas de curso. É noite. Faz muito frio. Ela está no segundo andar. Tenta passar para a sacada vizinha, até então tudo não passa de uma brincadeira, mas ela escorrega ou perde o equilíbrio — não se lembrava mais — e cai. Ela não sabe como: os acontecimentos mais brevemente violentos e inesperados tomam todo o espaço de nossas vidas, pois vão virá-las de ponta-cabeça, mas os detalhes de suas minúcias irreversíveis parecem escapar à memória — escrevo com a parca esperança de recuperá-la em parte. Proust se lembra de tudo, talvez porque não tenha lhe acontecido quase nada; mas ele, sem dúvida, teria esquecido, como a pequena Ofélia, se, numa noite de inverno, tivesse caído da sacada dos Guermantes sobre os paralelepípedos desencontrados — que não lhe evocariam nada de uma infância a partir de então abolida. Em vez do tempo perdido e redescoberto, teríamos aquilo que vivemos: o tempo interrompido. O livro teria sido mais curto, menos genial, sem dúvida: o gênio também é determinado pelos limites que transpõe. O tempo do acontecimento brutal é obscuro e infinito. Ele não tem limites.

A pequena Ofélia se lembrava apenas de ter contraído um dos braços de encontro ao corpo — um dia me mostrou com firmeza o gesto: de um pássaro fechando mecanicamente a asa na queda. Perguntei-me, olhando para ela: que caçador teria atirado nela? Depois da queda, ela entrou em coma: traumatismo craniano. Foi parar nos Invalides. Por meses a fio, nós nos cruzamos todos os dias na academia de fisioterapia, nos corredores, nos jardins, acompanhados ou não. Sua mãe se parecia com ela. Em sua família, as mulheres que vi tinham olhos claros.

Era uma jovem magra e esguia, loura, pálida, de rosto anguloso, nariz um pouco comprido, e toda aquela longilínea graciosidade parecia ter sido reprogramada para fazer dela um autômato cujo único motor fosse a angústia. Era pela marionete de Ofélia que passávamos, uma marionete de passos trôpegos, ombros curvados, que ia e vinha como uma borboleta ofuscada pela própria queda, pelos nervos que não respondiam mais, uma heroína sem coroa de flores que percorria os grandes espaços hospitalares. Seu olhar inocente e assustado passava por mim sem sequer me ver, ou me vendo, quem sabe. Sem querer, fixava minha cara quebrada.

O mundo da neurologia é nebuloso para os que sofrem traumatismos e também para cirurgiões e fisioterapeutas. É o mundo do olhar claro e assustado da pequena Ofélia. Quem o frequenta vê-se embarcado no rio em que flutua o corpo da verdadeira Ofélia, a da ficção, a de *Hamlet*. A dos Invalides era tão arisca em sua aflição que eu conseguia imaginar seus esforços para recuperar o mínimo de confiança em si mesma e em qualquer outra pessoa. Ela às vezes vagava à noite pelos corredores, o olhar aterrorizado. Tinha uma voz de garotinha, que se tornava cada vez mais fraca. Nos grandes corredores desertos àquela hora, onde os visitantes se perdiam e os próprios fantasmas teriam dificuldade para se achar, ela encontrava as trevas dependentes e perturbadas da primeira infância. Um dia, tempos depois, eu lhe perguntei: "Você não achava seu quarto. Lembra?". Ela sorriu: "Um pouco. Eu entrava no quarto dos outros... Por acaso entrei no seu?". Eu: "Não. Mas uma vez eu a acompanhei até o seu". Na época, meu quarto era protegido dia e noite pelos policiais e a pequena Ofélia estava sempre perdida. Os funcionários não sabiam mais o que fazer.

Talvez ela em parte tenha sido a causa — por inconsciência, por falta de jeito — do atentado contra sua própria vida. Mas não havia nisso diferença entre os pacientes: as vidas se uniam pelo ritual de perspectivas incertas e pelos exercícios destinados a nos tirar dali. Éramos como o homem transformado em barata de *A metamorfose*; mas, ao contrário do personagem de Kafka, nossas companhias não nos rejeitavam, não nos esmagavam. Elas nos ajudavam a subir paredes, a ficar o máximo possível sobre nossas próprias patas, fortalecendo-as, mas não nos deixavam esquecer de que nos tornáramos réplicas do pobre Gregor Samsa.

Por que a pequena Ofélia havia caído? Por que existe tanta angústia? Como funcionam os nervos que falham? Não sabemos muito. Fazemos o possível. E a pequena Ofélia aos poucos aprendia a falar no tom específico que quase todos tínhamos, ali, quando acreditávamos ser especialistas de nosso próprio caso: um tom modesto, "objetivo" e preciso. Ela começava a enfrentar seus problemas lendo os *Contes de la bécasse* [Contos da galinhola], de Maupassant, primeiro os mais curtos, depois os mais longos. Dois anos mais tarde, eu e ela tínhamos saído dos Invalides, mas não do labirinto. Um dia, ela foi almoçar no Museu d'Orsay com seu fonoaudiólogo. Em outro, escreveu-me: "Em janeiro de 2015, um desvio apareceu. Ele passa pelo monte Belukha. À medida que o tempo transcorre, o frio siberiano se esfumaça. Os russos são tão fascinantes. Ao que tudo indica, é a vodca que os deixa assim!". Ela me lembrava de que tínhamos entrado no mundo em que as visões prolongavam as sensações e que seu drama a transformara, à sua maneira, numa escritora.

Paralelamente à reabilitação, a lenta e progressiva cerimônia de regresso continuava.

Um dia, junto com meu irmão e os policiais, voltei ao local onde fora ferido. As investigações estavam encerradas fazia tempo. Antes de limpar e devolver aquele maldito lugar a não sei quem, os sobreviventes foram convidados a voltar e pegar coisas que ainda pudessem estar ali. Eu já tinha ido à frente do prédio com Gabriela algumas semanas antes. Não fiquei muito mais tempo do que na rua do *Libération* no dia em que fora ao teatro. Comecei a tremer. Eu tinha chegado ao lugar onde o tempo se repetia, até o sufocamento, sob um céu cinzento e em meio ao cheiro de pólvora. Por toda parte havia a sombra das pernas pretas dos assassinos. Gabriela segurou meu braço. Saímos dali na mesma hora, os policiais atrás de nós, na direção do bulevar e de outra vida.

Quando voltei lá, eu estava febril, portanto. Não sabia o que encontraria. Sabia que meu gorro e meu casaco rasgado pelos tiros e pelas tesouras dos socorristas tinham acabado no purgatório das provas do crime. Meu telefone e minhas chaves também deviam estar em algum lugar, sob custódia. O que eu mais queria era recuperar o livro de jazz, *Blue Note*, que tinha mostrado a Cabu logo antes da entrada dos assassinos.

Havia uma nova porta blindada, policiais, um porteiro. A sede continuava igual, sentiam-se violência e ausência, como um cenário esquecido, mas faltava, no meio da sala onde o massacre principal ocorrera, um elemento essencial: a grande mesa de reunião. Sem ela, o atentado tornava-se quase incompreensível. O sangue havia sido lavado: vi pedaços de papelão no chão, nos lugares onde ele resistira. As marcas dos tiros continuavam visíveis. Voltei a descrever a cena de 7 de janeiro para os que estavam ali, e também para mim mesmo, indiquei o posicionamento dos corpos, entre os quais o meu, e a entrada dos dois irmãos. Voltei a ver Franck, o guarda-costas de Charb, sacando a arma antes de morrer. Mas não encontrei o livro de jazz.

Uma colega me disse que o pessoal da limpeza devia tê-lo jogado no lixo, junto com tudo que estava sujo demais. Fui embora com um livro de Wolinski, *Mes années 70* [Os meus anos 1970], no qual ele não tivera tempo de escrever uma dedicatória, e com o *Dictionnaire du jazz* [Dicionário do jazz], que naquele dia eu tinha colocado, junto com o *Blue Note*, dentro da mochila de pano da Colômbia. Não estava sujo. No carro que me levou de volta aos Invalides, folheando o livro de Wolinski, mais uma vez pude medir pelo riso, pela audácia, pela imaginação, tudo o que nos separava daqueles anos livres. Duas horas depois, recebi uma ligação. O livro de jazz fora encontrado. "Mas está manchado de sangue", me disseram, "melhor que saiba disso. Você o quer mesmo assim?" Eu queria.

Descrevi o livro no capítulo sobre o atentado. Um magnífico livro de fotos em preto e branco, tiradas nos anos 1950 e 1960 por Francis Wolff, um dos dois fundadores do famoso selo nova-iorquino Blue Note. Ele e Alfred Lion eram judeus alemães, exilados do pré-guerra. De Miles Davis a John Coltrane, de Eric Dolphy a Dexter Gordon, de Horace Silver a Thelonious Monk, a maior parte dos nomes do jazz daqueles anos tinha gravado para o selo momentos musicais inesquecíveis.

Nas fotografias, todos os músicos são bonitos, todos têm uma classe e uma elegância absolutas. Quase todos são negros. O que mostram as imagens de Francis Wolff? Um mundo em que grandes artistas, vindos de uma minoria oprimida, trabalhando e vivendo à noite, com frequência atravessando túneis de droga e álcool, criam uma música aristocrática. As formas sensíveis da distinção e da dignidade.

Na tarde do dia seguinte, o entregador do *Charlie* estacionava na frente dos Invalides enquanto eu saía para ir ao encontro de Denise, minha fisioterapeuta especializada. Ele se ofereceu para deixar o grande envelope no posto de enfermagem, mas eu não podia esperar. Peguei-o e fui direto para o consultório. Na pequena sala de espera, abri-o, tirei o livro e olhei para ele. A grande capa dura e escura estava manchada, mas mal se notava. Via-se apenas o pianista Herbie Hancock em 1963 — ano em que nasci. Estava usando óculos. Olhava para a direita, levemente para o alto, elegante e altivo, as mãos no teclado. Devia estar olhando para algum solista que não aparecia na foto. As manchas de sangue se confundiam com o preto da foto. Abri o livro, para procurar a foto de Elvin Jones que eu mostrara a Cabu. Foi quando percebi que as páginas estavam coladas. Olhei para as bordas. Estavam cobertas por uma mancha enorme: o sangue — o meu sangue, talvez misturado ao de meus colegas —, ao secar, colara as páginas umas nas outras. Descolei uma a uma, enquanto esperava a sessão de fisioterapia, e voltei no tempo até a época em que, aos dezesseis anos, com minhas primeiras economias, comprara meu primeiro vinil de John Coltrane: *My Favorite Things*. O jazz me ajudara a viver; o livro, a não morrer. Os dois, agora, estavam marcados.

Meu irmão e eu planejamos, para o fim de semana da Ascensão, encontrar nossos pais no vilarejo de nossa infância, no Nivernais, onde ficava a casa de nossos avós maternos. Seria minha primeira viagem ao interior. Estava tudo organizado com os Invalides e os policiais que me acompanhariam, mas, alguns dias antes da partida, tive um pequeno incidente cirúrgico.

Numa tarde, meus pais e minha tia me visitaram nos Invalides. Estava quente. Nós tomávamos suco de fruta à sombra, dentro do meu quarto. De repente, enquanto eles falavam, uma chuva de pequenas manchas surgiu no alto de minha camisa branca, que eu escolhera para a ocasião. Achei que o lábio não tinha segurado o suco de frutas, até que entendi que aquilo era sangue. Meus pais e minha tia continuaram falando. Não notaram nada. Fiquei mudo. Olhei para as palavras saindo da boca deles e para as gotas de sangue saindo de meu rosto. Acabei pedindo licença e fui ao banheiro: no espelho, vi um buraco na bochecha direita, no alto da maior das cicatrizes, mal recoberta por uma fina camada de pele que parecia papel filme: uma fístula acabava de aparecer. No dia seguinte, fui para o La Salpêtrière, e Chloé, com a seringa em forma de tromba de mosquito, confirmou que a comunicação entre exterior e interior fora restabelecida. Para ela, não era sério: o buraco podia ser tapado por meio de uma "cicatrização dirigida"; mas o procedimento exigia a presença de uma enfermeira capaz de trocar três vezes por dia uma mecha de curativo à base de alga, o Algosteril, que precisava ser colocado sobre o buraco com delicadeza suficiente para que seu tamanho aos poucos diminuísse, sem formar uma pequena cavidade sob a pele reconstituída. "Ora!", disse Chloé. "Vá para o interior e encontre uma enfermeira por lá! Não deve ser tão difícil!" Era sim, ao menos durante o fim de semana da Ascensão no vilarejo, mas, por sorte, nossa vizinha mais próxima era enfermeira aposentada. Por quatro dias, ela cauterizou o novo buraco depois de cada refeição, bondosamente, e eu o vi fechar enquanto tentava, naquele lugarejo, tapar outro buraco, fazendo a junção, como teria dito Ernest Renan, de minhas lembranças de infância com as de juventude.

Os policiais tinham se instalado num albergue situado a alguns quilômetros de distância. Eles aproveitavam para correr nos campos e para comer bem. A cadela de meu irmão, Usoa, uma spaniel tibetana, me reconheceu, tal qual o cachorro de Ulisses no seu retorno. Caminhei ao longo do rio Yonne e do canal do Nivernais. Olhei para cada uma das nogueiras que conduziam à praia. Contemplei a grama verde das margens, o camping deserto e o grande cotovelo do rio onde eu adorava nadar, porque ele parecia o Amazonas e não dava pé. Vi a pequena ilha coberta de urtigas que ficava na frente da praia, de onde cem vezes imaginara que seria impossível voltar. Parei sob a tília à frente da prefeitura, onde meu avô adorava sentar. Fui buscar ovos na casa de Ginette, a camponesa que falava tão alto quanto o *harki* dos Invalides ao se despedir. Confirmei a agressividade de seus gansos. Cruzei com vizinhos camponeses que eu conhecia havia meio século, com quem brincara nos silos e nos campos e que pouco via. Senti o cheiro de esterco das ruas, empurrado pelo vento norte. Fui ao jardim encantado dos pais de Toinette, minha amiga de infância, que entrara em meu quarto no dia 9 de janeiro e que não estava ali. Visitei Colette, outra antiga vizinha, que nunca saía de casa e que me ofereceu uma cerveja. Ela perdera todo o cabelo e estava sendo consumida pelo câncer que a mataria. Olhamos um para o outro demoradamente, com zombeteira circunspecção. Ela me achou bem consertado. Fui às encostas do monte Breuvois, onde costumava colher amoras e que marcava a fronteira com outro mundo, o do vilarejo seguinte. Percorri a estrada acidentada que levava ao Armance, pequeno rio perto do qual, aos sete anos, eu ficara um pouco desfigurado ao cair de bicicleta. Tomei suplementos alimentares e fiz cumprimentos culinários a minha mãe, pelas comidas pastosas que preparava. Fui ao túmulo de meus avós. Admirei o velho lilás de nosso jardim, sob o qual minha avó sentava no verão, e me pus no mesmo lugar. Pisei com um pé direito ainda sensível no ladrilho vermelho de meu quarto. Dormi em minha cama e tive muita insônia.

De volta aos Invalides, a sonda gástrica rasgou um músculo abdominal assim que saí da viatura. No dia seguinte, ela foi retirada no La Salpêtrière. Senti-me livre e preocupado. Só teria a boca para me alimentar. Ao anoitecer, escrevi uma crônica bastante enfática, publicada no *Charlie* na semana seguinte. Ela resumia a breve temporada no vilarejo, num mundo que não era nem o passado, nem o presente, nem o tempo redescoberto, nem o tempo interrompido, e sim, dessa vez, o tempo suspendido. Cito-a na medida em que informa sobre meu estado. Corto apenas uma passagem agressiva para com um intelectual que prefiro esquecer:

Nem todo mundo tem a sorte de ter uma casa no campo. A de minha família, no Nièvre, é uma pequena casa do interior. Seu discreto charme, que não é o da burguesia, vem de uma velha escada de pedra e de uma claraboia. Foi nela que meus avós, pessoas simples e pobres vindas do mundo camponês, se instalaram depois da aposentadoria, nos anos 1960. O que eles pensariam da contemporânea multiplicação de fanáticos e de cretinos sem humor? O que teriam dito? Não consigo imaginar. Conheceram outros horrores, a começar pela Primeira Guerra, no caso de meu avô.

Passei nessa casa inúmeras férias, fins de semana, doenças infantis, temporadas de adolescente solitário, de homem casado, de homem divorciado, de repórter que volta de países distantes, de leitor, de escritor. Ali caminhei, corri, pedalei, dirigi, na menor das estradas e no menor dos caminhos em um raio de vinte quilômetros. Meu corpo foi em parte construído e determinado naquele lugar e por aquele espaço bem temperado, o vale do Yonne. Ele não é o Anjou de Du Bellay; poderia ser.

Foi para lá que fui, portanto, depois de mais de quatro meses de hospital, em minha primeira saída longa — três dias. Minha família estava à minha espera. Vizinhos e amigos de infância passaram para me ver ou me receberam em sua casa. Ninguém me vira depois do dia 7 de janeiro. Demonstravam uma atenção calma, delicada, elegante. Todos estavam mais do que horrorizados, emudecidos pelo atentado. No portão de uma casa sob cujo alpendre eu brincava quando criança ainda havia o cartaz: "Je suis Charlie".

O que eu vi, no vilarejo, como no setor hospitalar que me reconduziu à vida, foram simplesmente mulheres e homens de boa vontade. Eles reconhecem e sentem — ao menos foi o que me pareceu — que não querem uma sociedade em que o sono da razão produz monstros como os de 7 de janeiro. Sabem o que querem? Utilizemos, no condicional, uma expressão de Rousseau: eles gostariam, sem dúvida, de um contrato social eficaz, equitativo e civilizado. No entanto, ainda que haja uma maioria de pessoas para assiná-lo, não há mais ninguém na França para escrevê-lo e colocá-lo em prática.

Eu tentava compô-lo, caminhando ao longo do canal, quando de repente tomei consciência de minha condição de renascido. Ignoramos até que ponto o lugar onde crescemos nos molda até voltarmos a ele como se estivéssemos mortos. O corpo e a mente reencontram o espaço familiar, mas estão mudados. Como os nervos em torno de um enxerto, a paisagem, a luz e o ar tentam abrir caminho até eles, mas não conseguem. Tudo se perturba, se eletriza. Ora o superaquecimento, ora a insensibilidade. Tudo está como sempre, no lugar. Mas o ambiente familiar, com suas centenas de histórias microscópicas, seus quilômetros tantas vezes percorridos, não nos reconhece mais. Estamos inteiramente em casa e somos estrangeiros. E as lembranças, que continuam sendo nossas, nos remetem, ao sabor da corrente, a um futuro incerto: eu fui alguém, serei outro e, por enquanto, não sou mais.

Mais tarde, tive um sonho que foi o negativo dessa viagem, dessa crônica. Há uma guerra contra os islamistas, primeiro na Argélia, depois em meu vilarejo. Pertenço a um grupo, ao que parece, que luta contra eles. Mas eles cercaram o vilarejo [*village*] (ato falho: escrevi rosto [*visage*]) e ocupam um grande prédio no qual reuniram reféns, aos quais devo me juntar, cercado por membros das forças locais (recrutados à força). Conheço um deles, que me sussurra que eu serei salvo, o único, pois há alguns anos salvei a vida de um de seus chefes. Entro na grande sala onde todos os reféns estão ajoelhados. Posicionam-me ao lado deles e começam a degolar um por um. Quando chega minha vez, o degolador diz: "Levante-se! Desta vez, pode ir. Pagamos nossa dívida com você. Mas não haverá uma segunda vez". Então me vejo em meu quarto, a porta da rua está aberta e um casal de amigos toma sol enquanto fala dos islamistas. Esses amigos são militares. Eles não têm mais ilusões. Compreendo que os islamistas ganharam, que vão voltar e que, dessa vez, não me deixarão escapar. O vilarejo de minha infância não é um lugar de descanso. Nenhum lugar me permite escapar do que me espera.

O verão havia chegado. Voltei a meu apartamento várias vezes, sempre com meu irmão e os policiais, sempre por uma hora ou duas. Logo tomei a decisão de *me mudar sem sair do lugar*. Eu não tinha forças para voltar a viver na mesma casa, tampouco para mudar de casa. Precisava mudar tudo, portanto, de alto a baixo. O apartamento inteiro seria contornado por uma grande biblioteca de madeira de bétula, feita sob medida pelo filho de Sophia, que trabalhava incrivelmente bem a madeira. Essa biblioteca me permitiria guardar todos os livros, com folga. Ela era o símbolo de minha reconstrução. Precisava ser bonita; e foi. A obra foi feita durante os últimos três meses que passei nos Invalides.

Os meses seguintes foram marcados pelo início do tratamento com Denise, minha fisioterapeuta maxilofacial. Ela era uma mulher firme, divorciada, de caráter jovial e dominante, tão severa consigo mesma quanto exigente com os pacientes. Conheci pouquíssimas pessoas em quem o dever e o prazer pareciam sair àquele ponto do mesmo regimento, como militares. Ela havia lutado muito para ser livre, autônoma. Praticava com obstinação dança de salão, caminhada de montanha e teatro amador. Sonhava em ser atriz; na juventude, porém, uma atriz da Comédie-Française lhe dissera que sua voz não era adequada. Ociosa juventude, de tudo cativa… principalmente dos conselhos pessimistas dos outros, quando se trata de descobrir e de conduzir por meio da arte como será nossa personalidade.

A relação terapêutica é de mão dupla: o trabalho e a natureza de Denise combinavam com um único tipo de paciente, do qual eu visivelmente fazia parte. Como definir esses pacientes — sem me fazer passar por um herói da careta organizada e do cotidiano? Como bons alunos, resistentes à dor. Que se sentavam na primeira fila, longe dos que matavam aula e do fundão. Que queriam belas cicatrizes, boas notas e se submetiam às ordens de Denise, cuja generosidade nada tinha de democrática. Que eram ou aprendiam a ser resistentes, disciplinados. Que sabiam que não estavam ali para ser elogiados ou mimados: a bondade de Denise era profunda, mas blindada. Que deviam deixar na porta de entrada a preguiça, o mau humor, a arrogância. Que adivinhavam no autoritarismo de Denise um sinal a mais de seus escrúpulos e de sua dedicação. Chloé me avisara: "Ela faz os pacientes fugirem e tende a acreditar que é a única capaz de tratá-los, mas nunca conheci alguém que lhes dedicasse tanto tempo, atenção e energia". Os pacientes fiéis logo viam os resultados: a boca se abria, o lábio mole se fortalecia, o retalho se coloria, as cicatrizes se nivelavam, os maxilares se distendiam. Cada sessão, por mais difícil que fosse, entre massagens e ventosas, era um diálogo e uma troca de confissões. Depois da lista de exercícios a fazer em casa, passava a mesma recomendação: "E acima de tudo, de tudo mesmo, trate-se bem!". Denise gostava muito de bolo, de gengibre e de chocolates finos.

Depois de Chloé e antes de minha psicóloga, ela logo se tornou um de meus superegos terapêuticos. Há grande satisfação em seguir certas mulheres: elas são corajosas, sem vaidade, e não falam bobagens. Denise me lembrava de minha terceira avó, que tinha uma vontade de ferro, que andou de um lado para outro como uma lebre até os 85 anos, com um chapéu preto alto em forma de cogumelo na cabeça e sem nunca se queixar. A coluna vertebral de minha avó estava descalcificada, os médicos não entendiam como ela conseguia caminhar. Mas como dizia Denise, sorrindo: "Os cirurgiões pensam e dizem certas coisas. Estamos aqui para surpreendê-los".

Quando eu não fazia, ou fazia mal, o que ela me passara, logo tinha a mesma sensação desagradável de quando entregava um artigo que achava ruim. Eu adivinhava os erros, as repetições, os lugares-comuns que tinha preguiça de retirar. Farejava as manchas de tinta no braço do cúmplice que é todo escritor, mas, ao contrário de Lady Macbeth, não tentava limpá-las, mesmo que elas saíssem. Um texto oportuno era sempre o produto de um acidente da mente (ou de um atentado sobre ela). O texto ruim é um paciente que não foi adequadamente operado ou reabilitado, ou que seria melhor ter deixado morrer. Há uma luta entre a preguiça, a consciência e o esquecimento. A preguiça e o esquecimento costumam se unir: para o artigo, amanhã será outro dia que não existe. Para o paciente, é diferente: seu tempo é ao mesmo tempo interminável e contado, o amanhã depende implacavelmente do esforço de hoje. Eu via Denise colocar as ventosas em minhas cicatrizes e dizia para mim mesmo que só deveria escrever sob a ameaça do pior.

A paixão pelo teatro e pela elocução a tinha levado, nos anos 1980, a desenvolver com outras pessoas, numa época em que os cirurgiões pouco se preocupavam com isso, alguns exercícios que permitissem regenerar o rosto, a mandíbula e a boca de acidentados, lábios leporinos, cancerosos, queimados e deformados de todo tipo. Fui seu primeiro ferido a tiros. Ela tinha sido uma dessas heroínas discretas que facilitavam com severidade a vida dos *gueules cassées*, os "caras quebradas". Na época, ela estava ensaiando uma peça de Jean Anouilh, *Les Poissons rouges* [Os peixes vermelhos]. Também me falava de sua juventude nas alturas, em Chamonix. A escalada fora para ela uma escola de vida: "É preciso preparar o corpo, concentrar a mente, estar atento aos mínimos detalhes. Encontrar o caminho e, seguindo as regras de segurança, descobrir as preensões que mais nos convêm. Acima de tudo, nunca entrar em pânico. E embora seja preciso confiar no guia, devemos aprender a não depender dele". A fisioterapia de Denise era uma corrida na montanha, por uma encosta norte que permitia o vislumbre da luz do sol. Alguns de seus pacientes a chamavam de Carabosse, a fada má, o que ela repetia com prazer. Alguns cirurgiões diziam que ela tinha um lado sádico. Alguns de seus antigos colegas não queriam mais vê-la: ela tinha os defeitos de suas qualidades, e eu aproveitei as segundas sem precisar sofrer com os primeiros. Ela me acompanharia ao longo de dois anos e meio, três vezes por semana, em sessões de uma hora e meia, até sua aposentadoria. A última delas aconteceu fora do consultório, que ela acabara de fechar, numa sala de dança que ela costumava frequentar, em cima de um tablado. Fechamos a cama de massagem, guardamos o aparelho de ventosas, ela tirou o jaleco e surgiu num bonito vestido pregueado preto, pronta para dançar. A noite começava. Nós nos posicionamos na frente do grande espelho e pela primeira vez tiramos uma foto juntos, como uma saudação ao fim de um espetáculo. Fui seu último paciente.

Foi dirigindo-me a seu consultório, a duzentos metros dos Invalides, que pela primeira vez caminhei sozinho na rua, no fim do mês de maio. Na véspera, por volta das nove horas da noite, uma funcionária do Serviço de Proteção me ligara para dizer que a guarda permanente na frente de meu quarto seria suspensa ao amanhecer: as decisões pareciam ser tomadas tão bruscamente quanto no hospital. Senti-me não apenas abandonado, mas frustrado. As dezenas de policiais uniformizados que tinham se revezado noite e dia atrás da porta, que tinham me acompanhado a cada uma de minhas caminhadas pelo hospital, faziam parte da minha vida. Minhas sombras eram retiradas sem aviso e sem tato. Eram retiradas sem que eu tivesse tempo de cumprimentá-las e de lhes agradecer, uma por uma. Não pude colocar em prática os rituais aos quais me tornara visceralmente apegado.

Eu não veria mais o policial com quem certa manhã presenciara François Hollande recebendo o presidente ucraniano no grande pátio, ao som de uma fanfarra típica do cerimonial republicano, uma dessas fanfarras cheias de metais que por muito tempo encheram de heroísmo o coração dos cidadãos e que, naquele lugar, sob aquela luz, entre aquelas arcadas, teatralizava a nostalgia do sonho republicano. Não veria mais o policial árabe, antigo combatente do Afeganistão que tinha repulsa à guerra e ao modo de agir dos americanos. Não o ouviria mais contar em voz baixa, entre as estátuas, como precisara atirar, numa aldeia, numa criança que talvez carregasse uma bomba e como precisara levar para dentro de um blindado seu melhor amigo com o cérebro escorrendo. Não veria mais o policial que lia Stefan Zweig e que me dissera que minha velha bicicleta continuava na frente do *Charlie*. Não veria mais a pequena policial que estava escrevendo um romance lésbico, nem o policial que eu chamava de Smurf Gênio, porque estava sempre arrotando sua erudição sobre qualquer assunto, a noite inteira, para o colega, que era uma versão melhorada de Jack Palance, nem aquele que havia corrido para fora da minha casa para acabar com uma briga de rua que avistara pela janela, nem a loura alta e mordaz de olhos claros que num domingo à tarde me acompanhara à casa de meus pais. Eu não mais os veria e não poderia sequer me despedir. Em vez disso, escrevi-lhes uma carta coletiva. Fiz com que chegasse a eles e fui informado de que ela foi lida para eles.

Na manhã seguinte, quando saí para caminhar, não havia ninguém à frente do quarto. O corredor estava deserto. Coloquei a máscara e o chapéu de palha italiano que ganhara de Sophia e, pela primeira vez, atravessei sozinho o portão na direção do Boulevard des Invalides. Ao passar na frente da guarita, olhei para os policiais e me perguntei se seria detido. Sentia-me como o prisioneiro que, nos filmes, passa pelos postos de controle usando algum disfarce. Deveria ter chamado os policiais à paisana, sempre dispostos a me acompanhar quando eu saía do hospital, mas não o fiz. Estava em falta, estava sozinho e estava livre.

Quando cheguei à rua, perguntei-me aonde ir. Tinha a sensação de que, se me afastasse demais, poderia me perder e nunca mais voltar. Antes de ir para o consultório de Denise, decidi contornar os Invalides por fora, como *ceux d'en face* [os outros], mantendo os prédios à vista, e pude ver a silhueta do sr. Tarbes caminhando lá dentro, do outro lado do fosso, na companhia do disciplinado sr. Laredo. Na altura da esplanada, vi, dessa vez de verdade, a ex-mulher de um amigo. Ela caminhava sorrindo para o nada, os olhos míopes enevoados. Parecia uma gazela, muito magra, com seu longo e belo focinho, e usava um vestido marrom. Estava quente. Passei a poucos metros dela, que caminhava rápido, morrendo de medo de ser reconhecido, apesar da máscara e do chapéu. Virei a cabeça e olhei para o domo do túmulo. Eu não tinha forças para falar com fantasmas improvisados num pedaço de calçada, para ser olhado por eles como uma espécie de coronel Chabert. Ela passou sem me ver, feliz atrás de um sorriso que a levava para a frente, enquanto eu sentia o adeus de seu perfume.

Depois de contornar todo o complexo, cheguei à rua onde ficava o consultório de Denise, passando na frente do Museu Rodin. Eu olhava para as pessoas, não para reconhecê-las, mas para verificar se olhavam para mim, se me observavam, se alguma coisa em mim as fazia parar, por exemplo, a máscara no rosto, que, por mais de um ano, protegeria minhas cicatrizes do sol. Nem policiais, nem irmão, nem amigos: não havia mais intermediários entre os outros e mim, entre as paredes e mim, entre as vitrines e os carros e mim. Percebi que as pessoas caminhavam rápido, que pareciam preocupadas. Com exceção das crianças, sempre curiosas, acostumadas ao mundo paralelo, ninguém olhava para nada. Aquilo me surpreendeu: eu vinha de um mundo, o do hospital, em que tudo era feito de gestos e de olhares precisos — como no ateliê de um artista. Ali, na rua, tudo parecia vago e mecânico. Percorri a estreita calçada da Rue de Bourgogne olhando as vitrines, lentamente, em busca dos meus antigos passos. Uma selva congolesa teria parecido menos estranha do que aquela rua comercial e burguesa onde todos pareciam ter reuniões, atividades, preocupações. Entrei num mercadinho e comprei um iogurte líquido, o primeiro desde a manhã de 7 de janeiro. Tirei a máscara. Vi no olhar da caixa que ela notou a cicatriz. Ela passou o produto sem dizer nada e, na calçada, depois de pegar um lenço, bebi o iogurte e virei quase tudo. Cada uma das gotas caídas no asfalto sujo, como as pedrinhas do Pequeno Polegar, me levava de volta para casa.

Na noite de 13 de julho, assisti aos fogos de artifício dentro dos Invalides, desertos, junto com uns trinta pacientes. Estava fresco, um leve vento soprava. As cadeiras de roda estavam na rua. Tinham enfrentado o cascalho para se instalar a poucos metros do túmulo de Napoleão. Dali, tínhamos a impressão de tocar os fogos, lançados do Champ de Mars. Em dado momento, afastei-me e olhei para os pacientes, meus semelhantes, meus irmãos, sabendo que mais dia, menos dia, logo, nos separaríamos. Sob as luzes multicores, ninguém se mexia. Como personagens de Watteau. Estávamos embarcando para Citera, ou voltando de lá? A resposta não me foi dada.

Com o verão, as saídas se multiplicaram. Uma noite, fui à minha primeira noitada mundana. Uma festa organizada por uma amiga do mundo editorial no telhado do Museu da Marinha. Aquele terraço parecia abandonado, com seus diferentes níveis, suas pedras rachadas e suas paredes descascadas. Ervas daninhas cresciam em alguns pontos. Em vez de participar de um coquetel como sobrevivente quinquagenário, eu teria preferido voltar aos meus sete anos para brincar ali de Robinson Crusoé. Em cada recanto eu imaginava um esconderijo, uma cabana. Encontrei escritores que não via fazia muito tempo e a quem não sabia direito o que dizer. Os petiscos me eram proibidos, então eu bebia champanhe. Meus policiais ficaram num canto, junto com os de outro protegido, Michel Houellebecq. Ele estava encolhido em outro canto, acompanhado de uma mulher sorridente, também escritora, hoje morta. Eu nunca me encontrara com Michel Houellebecq, o homem que, no dia 7 de janeiro, fora nosso último tópico de discussão. Trocamos um aperto de mão. Ele parecia devastado, rígido e compassivo. Seu sorriso beirava o esgar. Ele criava raízes onde estava, com seu rosto sem idade e sem gênero, seu ar de fetiche atirado ao fogo. Qualquer homem que tomasse para si, com tanta eficácia, o desespero do mundo, tinha que voltar no tempo e acabar na pele de um dinossauro. Era este o animal que estava diante de mim, e, enquanto murmurávamos algumas palavras sem sentido sobre o atentado e os mortos, ele me encarou fixamente e disse uma frase do Evangelho de Mateus: "E os violentos saem vitoriosos". Fui embora alguns minutos depois.

Epílogo

No verão, a proteção policial foi suspensa de vez. Eu agora andava sozinho pela cidade, de um hospital a outro. Às vezes cruzava por acaso com os que tinham me protegido, uniformizados à frente da sede de um partido quase morto, ou, à paisana, no terraço de um café, a poucos metros de um ministro. O que eu tinha vivido se superpunha ao que estava vivendo num espaço familiar no qual logo deveria voltar a viver e que parecia ficção.

Nessa época, à noite, eu costumava ter uma alucinação. Acordava e ouvia, no quarto onde dormia, um marimbondo voando. Ele ora se afastava de mim, ora se aproximava. Eu tinha medo de que me picasse na mandíbula ou na garganta. Sempre acendia a luz, saía da cama, pegava e dobrava um jornal e começava a procurar o marimbondo para matá-lo. Não como sonâmbulo, eu estava absolutamente desperto. Não o encontrava e seu zumbido logo cessava. Eu voltava para a cama, apagava a luz, o zumbido recomeçava e a caçada era retomada. Não era a consciência de estar tendo uma alucinação que fazia o barulho cessar: eu sabia que provavelmente estava tendo uma alucinação, mas a dúvida era mais forte. Tampouco havia insensibilidade ao medo: eu sentia tanto medo na terceira caçada quanto na primeira, se não mais. Era simplesmente cansaço.

Os cirurgiões do La Salpêtrière aos poucos assentaram as bases para uma prótese dentária. O responsável por ela,

Jean-Pierre, fora estudante de matemática na juventude, e também maoista. Ele conhecia alguns dos jornalistas que tinham me formado no *Libération*. Gostava de velejar e da Itália. Era um pioneiro e um jovial ás da implantodontia. Seus dedos eram tão grossos quanto musculosos, tão musculosos quanto virtuosísticos. Como Denise quando me massageava, ele fechava os olhos testando a prótese, aparafusando os implantes. Eu abria os meus e olhava para ele: um artista, talvez um músico. Conheci pianistas como ele, que interpretavam todas as nuanças de Liszt com mãos de lenhador. Jean-Pierre logo pareceu positivamente surpreso com a evolução da mandíbula. Tudo ia bem, tudo ia mal. Com Jean-Pierre, eu passava para a fase de reconstrução. Mas o estágio anterior não corria o risco de ser esquecido. Chloé me lembrou dele um dia, durante uma consulta, enquanto eu protestava contra a ausência de sensibilidade nervosa ou seu excesso, dependendo dos lugares, em torno do lábio e do queixo: "É normal, você é um mutilado!".

No outono, voltei para casa. Não era mais exatamente minha casa, nem totalmente outra casa. Sentia-me o melhor possível, num universo íntimo e renovado, com o corpo na corda bamba e a cabeça não sei onde. Coloquei no banheiro a cerâmica que levara meses para completar, com minha mão ferida, no estúdio de ergoterapia: representava um barco perseguido por um tubarão, num mar tropical cercado por duas palmeiras.

Gabriela voltou, por alguns dias, para ajudar a me instalar. Na primeira noite, um radiador começou a vazar. Em pânico, eu quis voltar aos Invalides para dormir. Ela levou tão a mal isso que tive mais medo de sua raiva do que de ficar em casa. Estava tão furiosa que dormi na cama-trenó. O apartamento tinha sido totalmente restaurado, mais rapidamente que meu rosto. A nova biblioteca dava uma segunda vida aos milhares de livros que tinham sido devorados por vinte anos de caos e cuja existência eu costumava esquecer. Eles ressurgiam como velhos amigos na esquina de casa, sem me assustar. Eram silenciosos, pacientes. O que eu vivera só podia alimentar as vidas que eles me ofereciam.

A minha era cotidianamente ritmada pelas consultas nos Invalides, no La Salpêtrière, com Denise. Eu ia a todas as consultas a pé. A bicicleta estacionada na frente do *Charlie* acabara desaparecendo e eu desistira de ter outra. Caminhar por horas a fio tornou-se uma maneira de viver, de sentir e de respirar.

Continuavam a acontecer as primeiras vezes, para tudo e para nada. Algumas me perturbavam, outras não. Eu não deixara de ser virgem, mas nos acostumamos a tudo — ou, para ser mais exato, nos acostumamos a não nos acostumarmos a quase nada. Uma primeira vez se repetia mais que as outras: o angustiado encontro com o jovem árabe no metrô. Os policiais tinham me desaconselhado a andar de metrô, mas táxis custavam caro, os motoristas costumavam ouvir rádios estúpidas, alguns queriam saber o que acontecera comigo; além disso, eu queria me testar e, como teria dito Chloé, "voltar ao normal". Não era normal, ao menos para mim, ficar com medo de todos os árabes com menos de trinta anos com os quais cruzava.

Um dia, em setembro, peguei a linha 13 no horário de pico. Impus meu retalho aos passageiros. Eu tinha aprendido rápido a olhar para o lado quando eles me encaravam, a estar presente e ausente. Numa estação, um jovem árabe entrou no vagão. Não tinha uma cara boa, boné enfiado na cabeça. Sentou num assento retrátil. Restava um único lugar no vagão, ao lado dele, mas ninguém o ocupava, nem eu. No entanto, sentia-me cansado. Alguma coisa dentro de mim não queria sentar meu retalho, minha fragilidade e meus nove últimos meses ao seu lado. Ele fuzilava os presentes com olhares agressivos, como se quisesse ver a impressão que causava: "Tento ser exatamente aquele que vocês pensam que sou, e sou pior ainda, porque vocês acham que sou". Seu jeito, minha fraqueza, a falsa indiferença dos passageiros, tudo me entristeceu para além do que eu poderia imaginar. Ele desceu antes de mim.

Alguns dias depois, foi pior. Outro jovem árabe, dessa vez muito bonito, magro, musculoso, flexível e teso, postou-se ao meu lado. Estávamos de pé num vagão cheio. Como o anterior, ele lançava olhares para todos os lados, não agressivamente, mas com extraordinária intensidade. Parecia estar procurando alguma coisa. Talvez apenas olhasse para um mundo que a maioria das pessoas não via. E de repente, no meio daquela multidão e daquele calor, ele colocou o gorro, com extraordinária lentidão, posicionando-o na ponta das orelhas como se estivesse se preparando para correr no frio. Pensei então nos assassinos do *Charlie*, no louco do Thalys, nos palestinos que matavam judeus com pistolas e facas, e, a contragosto, afastei-me alguns metros, pensando: "Se ele decidir matar, começará pelos que estão entre nós dois". No exato momento em que formulava essa ideia, fiquei horrorizado comigo mesmo e com a associação que fazia. A vergonha, como sempre, era irmã do medo: embora fosse desagradável, não era ruim lembrar que ela existia e tentar enfrentá-la. Não dei nenhum passo para me afastar e, embora outras primeiras vezes como aquela tenham existido, nunca mais saí do lugar ou desci do vagão.

Em novembro, fui para Nova York ver Gabriela, que finalmente se divorciara. Era minha primeira viagem para o exterior desde o atentado. A universidade de Princeton me convidara para participar de uma mesa com o escritor peruano Mario Vargas Llosa. Eu havia sido seu leitor por trinta anos. Fazia quinze anos que era um de seus críticos e cheguei a entrevistá-lo em seu apartamento parisiense. O atentado fazia de mim, pelo tempo que dura uma conferência, um de seus interlocutores. Eu não tinha ideias nem informações sobre a democracia e o terrorismo. Imagino que meu retalho falasse por mim. Eu estava feliz, no entanto, de poder falar com um romancista que admirava, um arquiteto da escrita, cuja obra soubera narrar os delírios nefastos da ideologia.

Na tarde de 13 de novembro, o tempo estava bom e acompanhei Gabriela a Wall Street. Ela tinha um encontro com o advogado para resolver questões financeiras. Fiquei na sala de espera enquanto ele a recebia. Abri as memórias de Edith Wharton e, pela segunda vez, li o retrato que ela faz de Henry James: "Os que não o conheceram não podem imaginar a que ponto seus livros não passam de uma sombra da substância e das nuanças de seu espírito durante uma conversa". Eu tinha lido, naquela cidade e na casa de Gabriela, no verão de 2014, *Os embaixadores*, e me perguntei que conversa poderia ser mais nuançada, mais complexa e mais densa do que esse romance genial. Gostaria de ter conhecido Henry James e de ter vivido na civilização que permitira tal melancolia mesclada a tal sutileza criativa. Seus livros eram funerais de primeira classe.

O dia chegava ao fim. Fechei o livro de Edith Wharton e caminhei até o fim do longo corredor do escritório de advocacia. Pela grande janela envidraçada, vi o sol pintar de cobre o sul de Manhattan e o mar. Tudo emanava poder e paz. Não me movi até a volta de Gabriela. O advogado, um judeu nova-iorquino corpulento, engraçado e baixinho, poderia ter saído de um filme de Woody Allen. Gabriela parecia satisfeita. Fiquei feliz.

Como o crepúsculo estava esplêndido, decidimos caminhar em direção à Broadway. Estávamos perto da Trinity Church quando meu telefone tocou. Atendi e ouvi a voz de Fabrice, um antigo colega do *Libération* que agora vivia em Nova York e se tornara, ao cruzar o Atlântico, um amigo. Era uma bela voz grave, bastante quente, uma voz que eu conhecia bem. Ela me anunciava que um ataque acabara de ocorrer, naquele exato momento, no Bataclan, e que havia mortos, feridos, reféns, não se sabia quantos nem como. A voz de Fabrice acrescentou que se tratava de um ataque terrorista, provavelmente islamista, mas que ainda não se tinha certeza de nada. "Preferi avisar", acrescentou a voz, "para que você não ficasse sabendo por qualquer fonte, de qualquer jeito, numa tela, num café ou na rua." Eu estava na rua e pensei que não havia uma maneira adequada de descobrir uma coisa daquelas, um soluço sangrento da história e de minha própria vida. Quanto mais a voz falava, mais as informações chegavam, retificavam e escureciam o que tinha acabado de ser dito e corrigido. Acabei agradecendo a Fabrice, desliguei e apertei o braço de Gabriela, dizendo: "Vamos caminhar".

Ela olhou para o meu rosto, franziu o seu e perguntou: "*¿Qué pasa?*". Dei mais alguns passos antes de responder, depois pedi que conferisse no celular as notícias exatas, as mais recentes. Ela me disse que essas notícias só poderiam me fazer mal e que seria melhor continuar caminhando e esperar chegar em casa. Mas eu podia esperar? Naquele momento, um ar cinza-escuro com cheiro de pólvora desceu do mais alto arranha-céu, como uma nuvem de chumbo. Ele me envolveu e, através do medo, apartou-me de tudo o que me cercava e que chamamos de vida. Mais uma vez, como ao despertar depois do atentado, tive um *descolamento de consciência*, e senti que tudo recomeçava, ou melhor, que tudo continuava, em mim e ao meu redor, paralelamente a tudo o que acontecia diante de meus olhos. Naquela nuvem, havia os gritos à entrada do *Charlie*, o gesto lento de Franck, os corpos dos amigos mortos, o cérebro de Bernard, os olhares de Sigolène e de Coco, e pairando acima de tudo, a respiração e a presença dos assassinos de pernas pretas, que ressurgiam como se por uma falha no espaço-tempo.

Numa carta, Henry James escreveu que via a história "como um homem a bordo de uma locomotiva, sem ajuda nem competência, vendo o veículo correr". Não estávamos muito longe do lugar onde, no dia 11 de setembro de 2001, a locomotiva mais uma vez acelerara. Essa corrida começara muito antes, os especialistas discutiam acontecimentos e datas, mas ali se iniciara algo cuja sequência, depois do marco de 7 de janeiro em que acabáramos na caldeira, se repetia e ampliava. Nova York, lugar onde me acreditava ao abrigo da onda maléfica, não me protegia de nada. Descemos para o metrô e seguimos o mais rápido possível para o apartamento de Gabriela, do qual não saímos mais. Naquela noite, fiquei olhando para as luzes da cidade e não dormi. Por volta da uma hora da manhã, recebi uma mensagem de texto de Chloé: "Fico feliz de que esteja longe. Não tenha pressa de voltar".

Cet ouvrage a bénéficié du soutien des Programmes d'aides à la publication de l'Institut Français.

Este livro contou com o apoio à publicação do Institut Français.

Le Lambeau © Éditions Gallimard, 2018

Todos os direitos desta edição reservados à Todavia.

Grafia atualizada segundo o Acordo Ortográfico da Língua Portuguesa de 1990, que entrou em vigor no Brasil em 2009.

capa
Daniel Trench
preparação
Rita Palmeira
revisão
Jane Pessoa
Tomoe Moroizumi

Dados Internacionais de Catalogação na Publicação (CIP)
— —
Lançon, Philippe (1963-)
O retalho: Philippe Lançon
Título original: *Le Lambeau*
Tradução: Julia da Rosa Simões
São Paulo: Todavia, 1ª ed., 2020
464 páginas

ISBN 978-65-80309-77-1

1. Literatura francesa 2. Memórias 3. Terrorismo
4. França I. Simões, Julia da Rosa II. Título

CDD 848.9203
— —
Índice para catálogo sistemático:
1. Literatura francesa: Memórias 848.9203

todavia
Rua Luís Anhaia, 44
05433.020 São Paulo SP
T. 55 11. 3094 0500
www.todavialivros.com.br

fonte
Register*
papel
Munken print cream
80 g/m²
impressão
Geográfica